JN431421

제 2 판

A GUIDE TO OPERATING SYSTEM

운영체제 길라잡이

공학박사, 정보통신기술사

김창환 저

D.B.Info

머리말

운영체제는 분명히 컴퓨터 시스템을 사용하기 위하여 필요한 소프트웨어이며, 시스템을 사용하는 이용자들에게 인터페이스를 제공하는 기능과 시스템 내의 각종 자원들을 관리하는 역할을 담당하는 소프트웨어이다. 이는 컴퓨터 시스템에서 가장 기본적이고 핵심적인 소프트웨어이며, 시스템을 보다 효율적으로 사용하고, 이에 대해 전문적인 지식을 갖기 원하는 독자라면 운영체제에 대해 많은 관심을 가져야 될 것이라고 생각된다.

예를 들면, 플랫폼은 소프트웨어 응용 프로그램들을 돌리는데 쓰이는 하드웨어와 소프트웨어의 결합이다. 플랫폼은 하나의 운영 체제라고 단순히 말할 수 있으며 그 두 가지를 통칭해서 말할 수도 있다. 이러한 운영체제는 컴퓨터의 기계적인 부분에 대해서 자세히 모르더라도 컴퓨터 시스템의 중요한 부분을 차지하고 지난 수십여 년 간 다양한 기술적인 발전을 거듭해왔다.

운영체제는 전산 분야를 다루는 인력들에게는 상당히 중요한 학문이지만 종전에 발간된 교재 중에는 상당히 이해하기 어렵도록 되어 있는 부분이 많아 기초 지식을 습득하는데 상당히 애로 사항이 많았다.

그러므로 본서는 기본 이해를 중심으로 다양한 주제에 대하여 저자가 현장에서 경험한 실무와 강의를 토대로 독자들이 보다 쉽게 이해할 수 있도록 집필하였다.

이 책은 비교적 접근하기 쉬운 용어로 집필하였으며 독자들이 스스로 문제점을 해결할 수 있도록 다음과 같은 내용에 중점을 두었다.

1. 이론을 중심으로 체계적으로 정리하였으며, 전산을 전공하지 않은 독자들에게도 쉽게 이해할 수 있도록 하였다.
2. 각 장마다 이해력을 높이기 위해 그림을 많이 실었으며 어려운 분야에 대해서는 별도로 '학습 활동'이라는 블록에서 설명을 더하였다.
3. 각 장의 끝 부분에 전체 요약을 제시하여 독자들에게 중요한 부분을 한 번 더 상기시켜 정리할 수 있는 기회를 가지도록 하였다.
4. 이해에 대한 폭을 넓히기 위하여 연습문제를 풍부히 제시하여 스스로 예습 및 복습도 할 수 있게 하였다.

그러나 앞으로 계속 노력하여 학문의 발전에 순응시켜 보다 좋은 책으로 개정되기를 바라면서 선배 제현들의 사랑스런 관심과 충고를 바라는 바이다.

끝으로 이 책을 출간하도록 협력을 아끼지 않는 송광헌 사장님에게 감사를 드리며 늘 관심을 보여준 지인들에게 감사를 드립니다.

저자 드림 profeng@hanmail.net

차례

제4장 주기억장치관리

제5장 메모리 관리 방식

제6장 페이지 대체 알고리즘

제7장 디스크 스케줄링

제8장 교착상태와 기아상태

01

컴퓨터시스템 개요

인류가 시작되면서 계산이 필요하였고, 계산의 도구로 손가락이나 주판 등을 이용하였다. 그런데 생활이 복잡하고 다양해지면서 대량의 데이터와 큰 단위의 숫자 계산이 필요하게 되었으며, 오래 전부터 수학자들은 컴퓨터의 기초가 되는 일부 개념과 계산기들을 창안해 내었다.

최초의 실질적인 기계식 계산기는 1600년대 파스칼에 의해 청동으로 제작되었으며 일렬로 늘어선 8개의 톱니바퀴가 있는 것이었다. 근대식 전자식 컴퓨터는 미 국방부의 지원으로 1944년에 에커트와 모클리가 공동으로 ENIAC(Electronic Numerical Integrator And Computer)을 만들면서 시작되었다.

컴퓨터는 다양한 대량의 데이터를 사용자가 원하는 형태로 계산하고, 논리적인 비교 및 판단을 자동으로 신속 정확하게 처리할 뿐만 아니라 저장장치에 기억시켜주는 여러 구성장치로 구성된 정보처리 시스템을 말한다. 여기서 데이터는 원시자료로써 이것을 수집하여 가공 처리하여 이용 가능한 형태로 변형함으로써 유용한 정보를 얻게 되는데, 이 과정을 데이터처리라고 한다. 컴퓨터에 의해 처리된 정보나 적절한 양식으로 자료화한 것은 기억 매체에 영구히 기억시켰다가 필요시 즉각적으로 검색하거나 사용할 수 있다.

컴퓨터의 대표적인 기능으로는 앞에서도 간단히 언급한 바와 같이 계산과 정보 처리 등을 갖고 있다. 계산 기능은 컴퓨터 본래의 기능으로 고속으로 사칙 연산을 비롯한 복잡한 셈을 수행하며, 과학 · 수학적 응용, 각종 자료의 분석이나 모의실험, 기후 및 경제 예측 등에서도 컴퓨터의 계산 기능은 중요한 역할을 담당한다. 또한 컴퓨터는 대용량의 자료 저장, 원하는 자료의 신속한 검색과 전달 기능을 제공하며, 이를 이용하여 여러 형태로 자료를 분류하여 보관할 수 있으며, 필요할 때에는 언제든지 자료를 찾아볼 수 있는 정보 처리 기능을 제공하고 있다. 이외에도 컴퓨터는 일련의 작업 순서를 기억할 수 있으며, 비교 · 판단하면서 작업을 진행할 수 있다. 그러므로 컴퓨터는 일의 순서만 입력해 놓으면 인간 대신 여러 가지 일을 판단하여 진행한다.

본 장에서는 개인이나 단체에서 올바른 의사 결정을 신속 정확히 하고, 합리적이고 효율적인 경영 및 관리를 하기 위해 필요한 컴퓨터의 구조에 대한 이해를 먼저 한 다음 컴퓨터 구조의 발전 과정에 대한 전반적인 내용을 고찰함으로써 향후 운영체제에 대한 이해를 돕고자 한다.

학 습 목 표

1. 컴퓨터의 기본 구조에 대하여 이해한다.
2. 정보의 표현과 저장에 대하여 공부한다.
3. 시스템 버스에 대하여 학습한 후 CPU와 기억장치 사이에 적용해본다.
4. 컴퓨터 구조의 발전 과정에 대하여 숙지한다.

사 전 학 습

▶ 컴퓨터 시스템 구성

컴퓨터는 하나 이상의 프로세서와 메모리, 다양한 입출력장치로 구성되며 이런 구성 요소는 컴퓨터의 주 기능인 프로그램의 실행을 위해 버스로 상호 연결되어 있다.

▶ 버스

프로세서를 비롯해 각 장치 간 또는 서브 시스템을 서로 연결하여 정보(데이터)를 주고받을 수 있게 해주는 통로이다. 위치에 따라 내부 버스와 외부 버스로 구분하며 기능에 따라 데이터 버스, 주소 버스, 제어 버스로 분류한다.

▶ 레지스터

저장되는 정보의 종류에 따라 데이터 레지스터, 주소 레지스터, 상태 레지스터로 구분된다.

1.1 컴퓨터의 개념

1) 개 념

컴퓨터를 전자계산기라고도 하며 EDPS(Electronic Data Processing System)라고도 부른다. 전자계산기는 다양한 대량의 데이터를 사용자가 원하는 형태로 연산하고, 논리적인 비교 및 판단을 자동으로 신속 정확하게 처리할 뿐만 아니라 저장장치에 기억시켜주는 여러 구성장치로 구성된 정보처리 시스템을 말한다. 여기서 데이터를 수집하여 가공 처리하여 이용 가능한 형태로 변형함으로써 비로소 유용한 정보를 얻게 되는데, 이 과정을 데이터 처리라고 한다. 컴퓨터에 의해 처리된 정보나 적절한 형식으로 자료화한 것은 기억 매체에 영구히 기억시켰다가 필요시 즉각적으로 검색하거나 사용할 수 있다.

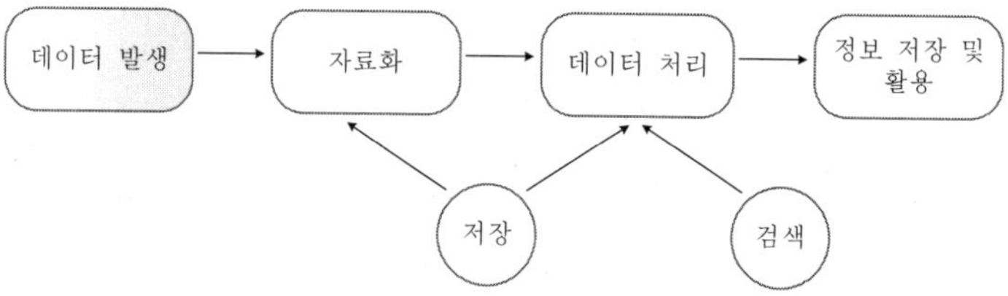

[그림 1-1] 컴퓨터에 의한 데이터 처리

2) 필요성

개인이나 단체에서 올바른 의사결정을 신속 정확히 하고, 합리적이고 효율적인 경영 및 관리를 하기 위해 컴퓨터는 반드시 필요하다.

3) 데이터 처리 원리

컴퓨터는 데이터가 입력되어 처리과정을 거쳐 가공된 정보가 출력되는 원리를 기본으로 하며, 이것을 GIGO(Garbage In Garbage Out)라고 한다. 다음 장에 언급되는 하드웨어의 각 부분의 동작은 인간의 각 기능과 흡사하다.

인간이 어떤 일을 하고자 할 때 필요한 정보는 문서나 말로 외부에서 입력된다. 이들 정보를 받아들이는 입력장치로는 문자나 그림인 경우 눈으로 보고, 사람의 말인 경우 귀로 듣고, 그 외 접촉 등의 감각의 경우 신경을 통해 뇌에 전달된다. 뇌 속에서는 과거에 경험한 기억 등을 회상하면서 사고를 하게 된다. 이때 실시간으로 처리하기 힘든 것은 과거의 자료나 메모를 이용한다. 사고에 대한 결과는 입이나 손을 사용하여 출력을 나타낸다.

컴퓨터의 데이터 처리 능력도 이와 유사하다. 인간의 기능을 컴퓨터의 경우와 비교해 보면 눈이나 귀의 경우에는 입력장치, 뇌에 해당하는 부분은 중앙처리장치, 실시간으로 처리하기 힘든 부분은 기억장치를 이용한다. 메모가 보조저장장치, 입이나 손은 출력장치가 된다.

예를 들면, 영어단어를 외울 때 눈만 사용하여 외우는 경우보다 필기도구와 노트 등을 이용해 일기와 병행하면서 외우면 보다 빠르고 쉽게 외워 간다. 이것은 사람의 정보처리 구조와 컴퓨터의 정보처리 구조의 공통성을 엿볼 수 있다. 즉, 정보처리시 보다 많은 입력 자료를 주면 처리속도의 향상은 물론 그 처리결과에 대한 신뢰성을 개선할 수 있게 된다.

1.2 컴퓨터의 기본 구조

컴퓨터는 크게 기계 그 자체만을 의미하는 하드웨어(hardware)와 기계를 실제로 동작하게 하는 소프트웨어(software)로 나눌 수 있다. 전자는 중앙처리장치, 기억장치 및 입출력장치 등으로 이루어져 있으며 후자는 기계를 활용할 수 있는 프로그램이나 이에 따르는 기술을 말하며, 크게 시스템 소프트웨어(System Software)와 응용 소프트웨어(Application Software)로 구성되어 있다.

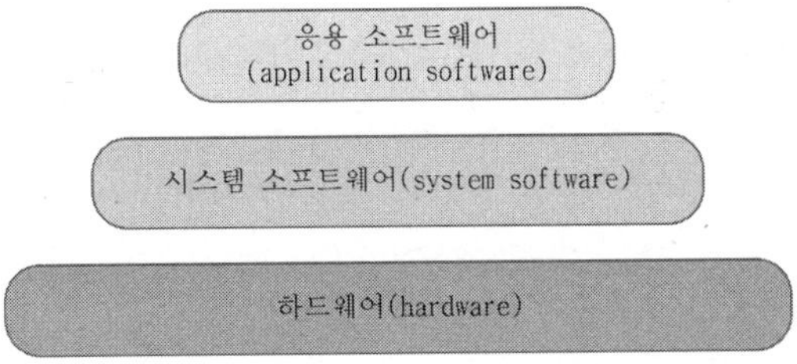

[그림 1-2] 컴퓨터 시스템의 구성

컴퓨터 하드웨어에 대하여 부연 설명하자면 전자회로 및 각종 장치로써 이루어진 기계의 부분으로써 연산장치, 제어장치, 기억장치 및 입출력장치로 구성되어 있다.

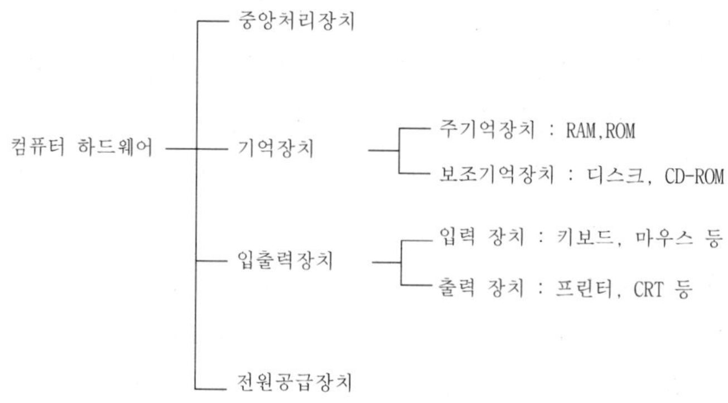

[그림 1-3] 컴퓨터 하드웨어의 주요 구성요소들

1) 중앙처리장치(Central Processing Unit, CPU)

중앙처리장치는 자료의 입력을 저장된 프로그램 명령어로 처리하여 원하는 형태의 출력으로 만드는 통제 센터의 역할을 담당하는데 제어장치와 연산장치 및 각종 레지스터를 포함하고 있다.

제어장치는 신호를 통해서 컴퓨터에 저장되어 있는 프로그램 명령어를 실행시키는 회로를 갖고 있으며, 이 회로를 통해 자료의 처리 순서를 명령하고 통제한다. 즉 주기억장치에 저장되어 있는 프로그램들의 각 명령어들을 해독하여, 그 결과에 따라 컴퓨터를 구성하고 있는 입출력장치, 기억장치 그리고 연산장치들을 제어한다.

한편, 연산장치는 제어장치의 지시에 따라 전송된 데이터에 대하여 산술연산과 이동, 비교, 판단 등과 같은 논리연산을 수행한다. 이 장치는 레지스터(register), 누산기(accumulator), 가산기(adder), 시프터(shifter) 및 카운터(counter) 등으로 구성되어 있다.

2) 기억장치

CPU가 실행할 프로그램들과 데이터는 기억장치에 저장되는데, 기억장치는 크기, 속도 및 용도에 따라 주기억장치(Main Memory)와 보조저장장치(Auxiliary Storage Device)로 나누어진다.

주기억장치는 중앙처리장치 안에 있는 프로그램과 데이터를 보관하는 장소로서 특성에 따라 RAM(Random Access Memory)과 ROM(Read Only Memory)으로 구분된다. 반도체 기억장치 칩들로 구성되어 있기 때문에 고속 액세스가 가능하지만, 가격이 높고 면적을 많이 차지하기 때문에 저장 용량을 크게 할 수 없다.

한편, 컴퓨터는 다양한 이용자의 요구를 충족시켜줄 수 있도록 수많은 비트들로 된 문자들을 저장할 수 있어야 하며, 필요한 데이터에 접근할 수 있는 접근 기능을 갖추고 있어야 한다. 이와 같이 대량의 정보를 기억시켜 놓고 관리하기 위한 장치를 보조저장장치 또는 2차 기억장치라고 한다. 보조저장장치는 디스크나 CD-ROM과 같은 영구 저장 능력을 가진 기억장치들을 말하며, 저장 밀도가 높고 비트당 가격이 낮지만 기계적인 장치가 포함되기 때문에 속도가 느리다.

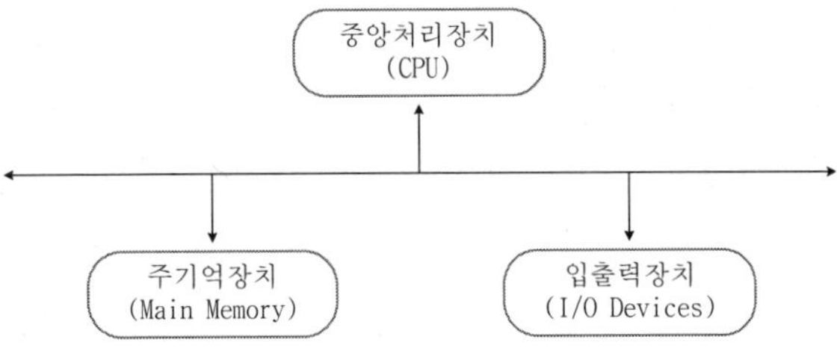

[그림 1-4] 시스템 버스를 중심으로 한 컴퓨터 구조

3) 입출력장치(I/O Devices)

입출력장치는 입력장치와 출력장치로 이루어지는데 기억장치 대신에 CPU와 직접적으로 데이터 교환을 할 수 없으며, 각 장치마다 별도의 제어기가 있어서 CPU로부터의 명령을 받아 데이터를 이동시키는 일을 수행한다.

입력장치는 입력 매체에 기록된 프로그램과 데이터를 컴퓨터 내부로 읽어 들이는 장치이다. 이것은 마치 사람의 눈, 코, 입 등의 감각 기관을 이용하여 외부의 어떤 상황이나 정보를 머릿속으로 받아들이는 것과 같은 역할을 하는 장치이다.

한편, 출력장치는 컴퓨터가 저장하고 있는 정보나 데이터 등의 연산 결과를 제어장치의 명령에 따라 사용자가 인식할 수 있는 숫자나 문자 등의 형태로 변환하여 출력 매체를 통해 외부에 나타낸다. 대표적인 출력장치로는 모니터, 프린터, 플로터 및 스피커 등이 있다.

| 학 습 활 동 |

컴퓨터의 하드웨어와 소프트웨어에 대하여 설명하시오.

하드웨어(hardware)는 컴퓨터 정보들의 전송 통로를 제공해 주고, 그 정보에 대한 처리가 실제 일어나게 해주는 물리적인 실체들이고 소프트웨어(software)는 정보들이 이동하는 방향과 정보 처리의 종류를 지정해주고, 그러한 동작들이 일어나는 시간을 지정해주는 명령(command)들의 집합으로서 시스템 소프트웨어(System Software)와 응용 소프트웨어(Application Software)가 있다.

1.3 정보의 표현과 저장

정보(information)란 생명력을 가진 개체에 그 의미가 있다. 이때 정보에는 반드시 생명체 → 사실, 개념 획득 → 판단 → 행동 → 평가라는 사이클이 있게 마련이며, 이를 정보 사이클이라고 한다.

인간이 역사의 변천에 따라 생존 전략이 수정되고 보완되어 온 것처럼 정보의 개념도 상황에 따라 변하여왔고, 언어나 문자와 같은 고도의 정보매체가 생산되었고, 이들이 유기적으로 결합되고 융합되어 왔다.

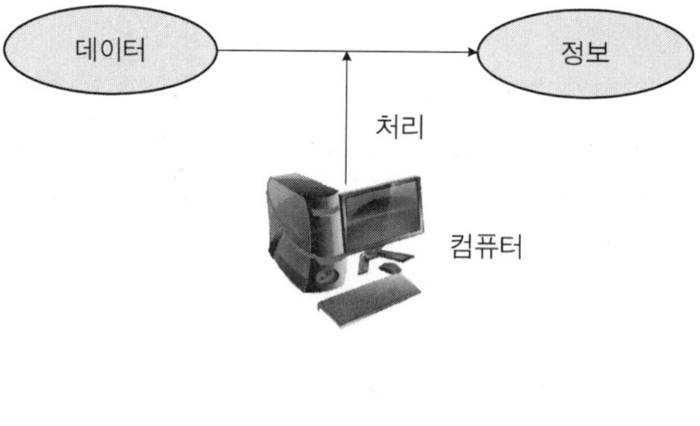

[그림 1-5] 데이터 및 정보의 개념

컴퓨터가 받아들이고 처리하는 정보의 종류로는 프로그램 코드(Program Code)와 데이터(data)가 있다. 우리가 사용하고 있는 컴퓨터가 1과 0으로만 표현되는 2진법의 논리표현을 사용한다는 것은 잘 알고 있는 사실이다.

컴퓨터 프로그램은 C와 같은 고급 언어를 이용하여 작성된다. 이렇게 작성된 프로그램은 영문자들과 숫자들로 이루어져 있어서 사람들이 이해하기는 쉽지만, 디지털 회로 부품들로 이루어진 컴퓨터의 하드웨어들은 전혀 이해하지 못한다. 따라서 이 프로그램은 컴파일러(complier)에 의하여 하드웨어 부품들이 번역할 수 있도록 한다. 이때 컴퓨터의 하드웨어가 이해할 수 있는 이러한 언어를 기계어(Machine Language)라고 한다.

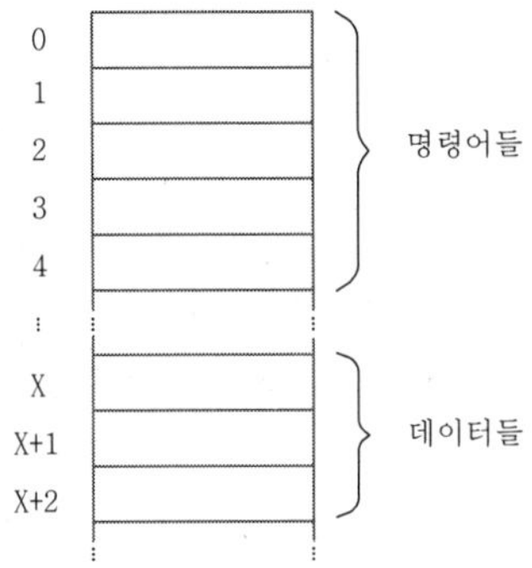

[그림 1-6] 기억장치에 저장된 명령어들과 데이터

번역된 기계어들은 순서대로 기억장치에 저장되는데, [그림 1-6]에서 기계어들은 0번지부터 저장되어 있고, 연산에 사용될 데이터들은 각각 X번지부터 저장되어 있다.
각 기억장소에 저장되는 데이터 단위로서, 2진법에서는 0과 1의 두 가지만 사용하므로 1개의 자릿수인 비트(bit)가 기본이 된다. 또한 1비트에 또 하나의 1비트가 추가 결합되면 자릿수 표현은 0과 1의 조합으로 나타내게 된다.

여기 사용되는 데이터의 단위로는 다음과 같이 나열하여 설명할 수 있다.

(1) 비트(bit)

정보 표현의 최소의 단위로 0과 1의 두 가지 상태를 나타내는 컴퓨터에서 데이터 표현의 최소 단위이다.

n개의 서로 다른 상황을 나타내는데 필요한 비트의 최소수를 m이라고 하면

$$2^m \geq n$$

이 된다. 예를 들면, 0에서 9까지의 십진수에서 최소의 m값은 4가 된다.

(2) 바이트(byte)

하나의 문자를 나타내는데 필요한 단위 즉, 비트의 8개 묶음 단위가 바이트이다. 특히, 1바이트의 반 즉, 4비트를 니블(nibble)이라 한다.

(3) 워드(word)

바이트의 여러 묶음 단위가 워드인데 세 가지의 구분이 있으며 다음과 같다.

① half word : 2바이트 즉, 16비트이다.
② full word : 4바이트 즉, 32비트이다.
③ double word : 8바이트 즉, 64비트이다.

결국 키보드나 프린터의 경우 바이트 단위로 데이터 전송이 일어나지만, 하드디스크나 CD-ROM과 같은 보조저장장치의 경우 블록(512바이트, 1024바이트 또는 4096바이트) 단위로 전송이 이루어지기 때문에 적어도 한 블록 이상을 임시 저장할 수 있는 데이터 버퍼가 있어야 한다.

쉬 어 가 기

컴퓨터의 기본적인 기능

- 프로그램 실행 : CPU가 인출된 명령어 코드를 해독하고, 그 결과에 따라 필요한 연산을 수행한다.
- 데이터 저장 : 프로그램 실행 결과로서 얻어진 데이터를 주기억장치에 저장한다.
- 데이터 이동 : 보조저장장치에 저장되어 있는 프로그램과 데이터 블록을 주기억장치로 이동한다.
- 데이터 입 · 출력 : CPU에서 처리하여야 할 내용을 외부로부터 읽어 들이거나, CPU에 의해 처리된 내용을 외부로 내보낸다.
- 제어 : 프로그램이 순서대로 실행되도록 또는 필요에 따라 실행순서를 변경하도록 조정하며, 각종 제어신호들을 발생한다.

1.4 시스템의 구성

1) CPU와 기억장치의 접속

시스템 버스(System Bus)는 컴퓨터 메인 보드가 거대한 도시라고 할 때 그 도시 내에 각 건물 간에 사람이나 차량이 이동할 수 있는 도로이다.

컴퓨터에서 시스템 버스는 CPU와 시스템 내의 다른 요소들 사이에 정보를 교환하는 통로가 되는 역할을 한다. 시스템 버스는 주소 버스(Address Bus), 데이터 버스(Data Bus) 및 제어 버스(Control Bus)로 구성된다.

주소 버스는 일정한 메모리 번지를 찾는데 사용되는 신호를 운반하는 컴퓨터 내의 단방향 배선 버스이다. 간단히 말해 물리 주소를 지정하는 데 쓰인다.

주소 버스의 대역은 시스템이 할당할 수 있는 메모리의 양을 결정한다. 이를테면, 32비트 주소 버스를 지닌 시스템은 2^{32}개의 메모리 위치를 할당할 수 있다. 각 메모리가 하나의 바이트를 보유한다면 할당 가능한 메모리 공간은 4 GB가 된다.

데이터 버스는 CPU가 기억장치 혹은 I/O 장치와의 사이에 쌍방향으로 데이터를 전송하기 위한 신호선들의 집합이다. 데이터 선들의 수는 CPU가 한 번에 전송할 수 있는 비트 수를 결정해준다. 예를 들면, 데이터 버스가 32비트인 시스템에서는 CPU가 기억장치로부터 한 번에 32비트씩 읽어올 수 있다.

제어 버스는 CPU가 기억장치나 입출력장치와 데이터 전송을 할 때나, 자신의 상태를 다른 장치들에 알리기 위해 사용하는 신호를 전달한다. 이러한 신호에는 기억장치 읽기/쓰기(Memory Read/Write) 신호와 I/O 읽기/쓰기(I/O Read/Write) 신호가 있다.

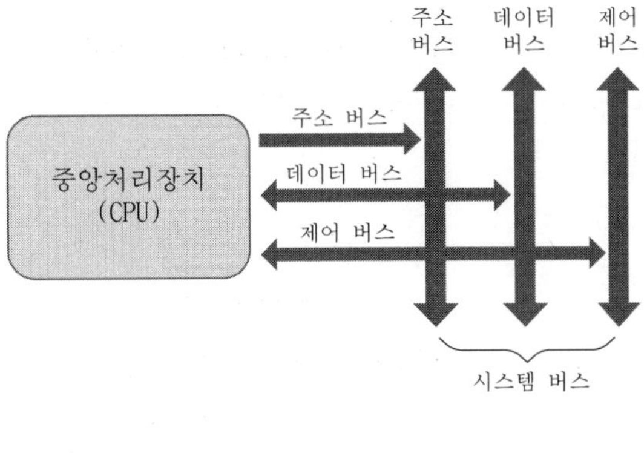

[그림 1-7] 시스템 버스의 종류

제어 버스에 관한 예로, CPU가 연산을 실행한 후 입출력 프로세서에 신호만 주고 제어 권한을 넘겨주고 CPU는 다른 일을 하러 간다.

| 학 습 활 동 |

컴퓨터의 시스템 버스에 대하여 설명하시오.

시스템 버스(system bus)는 CPU와 시스템 내의 다른 요소들 사이에 정보를 교환하는 통로를 말하며 주소 버스(address bus), 데이터 버스(data bus) 그리고 제어 버스(control bus)가 있다.

주소 버스는 CPU가 기억장치 사이에 발생하는 주소 정보를 전송하는 신호 선들의 집합, 데이터 버스는 CPU가 기억장치 혹은 I/O 장치와의 사이에 데이터를 전송하기 위한 신호 선들의 집합, 그리고 제어 버스는 CPU가 시스템 내의 각종 요소들의 동작을 제어하기 위한 신호 선들의 집합이다.

2) 기억장치 쓰기 및 읽기 동작

CPU가 기억장치의 특정 장소에 데이터를 저장하거나 이미 저장되어 있는 내용을 읽는 동작을 액세스(access)한다고 말한다. 이때 사용하는 스트로브(strobe) 방식은 전송을 시작한 송신 장치가 버스에 놓인 데이터를 수신 장치가 받아들였는지의 여부를 알 수 없다. 그러므로 제어신호가 필요하며, 이는 수신 장치가 데이터를 받아들일 수 있는지의 여부를 송신부에 알리기 위해 사용한다.

제어 버스에서 기억장치로 보내주는 정보는 다음의 두 가지 경우가 있다. CPU가 특정 기억 장소로부터 데이터를 읽고자 할 때는 읽기 신호이며, 기억 장소에 데이터를 저장하고자 할 때는 쓰기 신호이다.

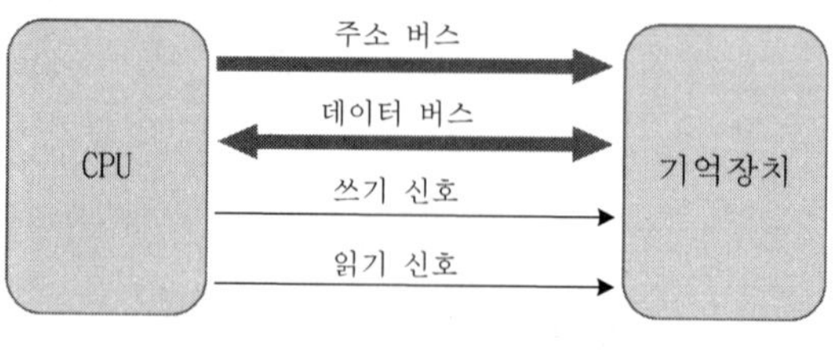

[그림 1-8] CPU와 기억장치의 접속

CPU는 데이터를 저장할 기억 장소의 주소와 저장할 데이터를 각각 주소 버스와 데이터 버스를 통하여 보내면서 동시에 쓰기 신호를 활성화시킨다. CPU가 주소와 데이터를 보낸 순간부터 저장이 완료될 때까지의 과정을 쓰기(write)라고 하며 이때 걸리는 시간을 쓰기 시간(Write Time)이라고 한다.

한편, CPU는 데이터가 저장되어 있는 기억 장소의 주소를 주소 버스를 통하여 보내면서 읽기 신호를 활성화시킨다. 그러면 일정 지연 시간이 지난 후에 기억장치로부터 읽혀진 데이터가 데이터 버스상에 실리며, 이때 지연 시간은 주소를 디코딩하는데 걸리는 시간과 선택된 기억 소자로부터 데이터를 읽는데 걸리는 시간의 합이 된다. CPU가 주소를 발생한 시간부터 읽기 동작이 완료될 때까지의 과정을 읽기(read)라고 하며 이때 걸리는 시간을 읽기 시간(Read Time)이라고 한다.

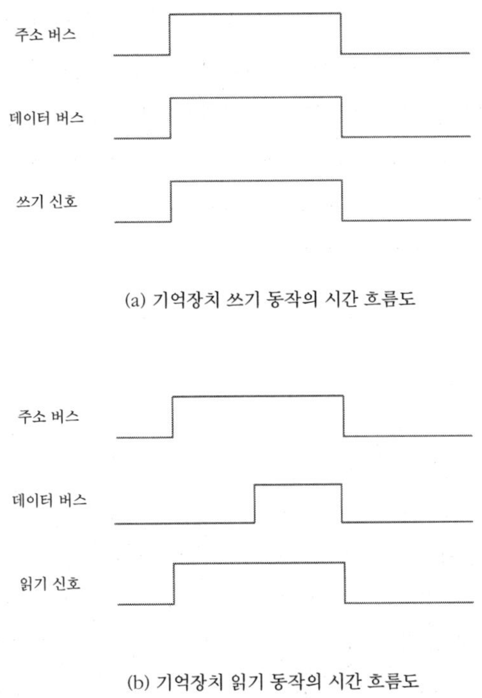

[그림 1-9] 기억장치 액세스 시간 흐름도

3) CPU와 입출력장치의 접속

입출력장치에는 외부와의 데이터 입출력을 위한 각종 주변장치들과 보조저장장치들이 포함된다. 보조저장장치를 I/O 장치로 취급하는 이유는 다른 주변장치들과 마찬가지로 별도의 인터페이스 회로(Interface Circuit) 또는 제어기(controller)를 통해야 하기 때문이다.

키보드로부터 데이터를 입력하면 키보드 제어기로 데이터가 전송되어 데이터 레지스터(Data Register)에 저장되며, 동시에 상태 레지스터(Status Register)의 지정된 비트가 세트된다.

데이터 레지스터는 입력장치에서 보내온 데이터를 일시적으로 저장하는 장치로서 자료의 증가와 감소 같은 간단한 자료 처리에도 사용된다.

한편, CPU는 데이터를 프린터로 보내기 전에 프린터 제어기 내의 상태 레지스터를 읽어서, 데이터 출력 준비 비트를 검사한다. 이때 이 비트가 1 상태, 즉 On 상태가 되면, CPU는 프린트할 데이터를 프린터 제어기의 데이터 레지스터에 쓰게 되며 제어기는 프린터를 구동하여 해당 내용을 프린트한다.

데이터 레지스터는 컴퓨터의 CPU와 입출력장치 사이에서 데이터를 주고받을 때 각 장치들 사이에 존재하는 전송되는 속도차 또는 시간차로 인해 발생되는 문제점을 해결할 수 있는 고속의 임시 기억장치 역할을 하기 때문에 버퍼(buffer)라고 부르기도 한다.

버퍼가 사용되면 CPU는 입출력 자료를 기다릴 필요 없이 입력이나 출력 명령을 내릴 수 있다. 버퍼를 이용하면 처리속도가 빨라지므로 특히 느린 시스템 구성요소의 동작을 기다리는 동안 유용하게 사용되기도 한다. 또한 버퍼는 논리회로에서 신호의 전달을 잠시 지연시키는 게이트 역할을 하기도 한다.

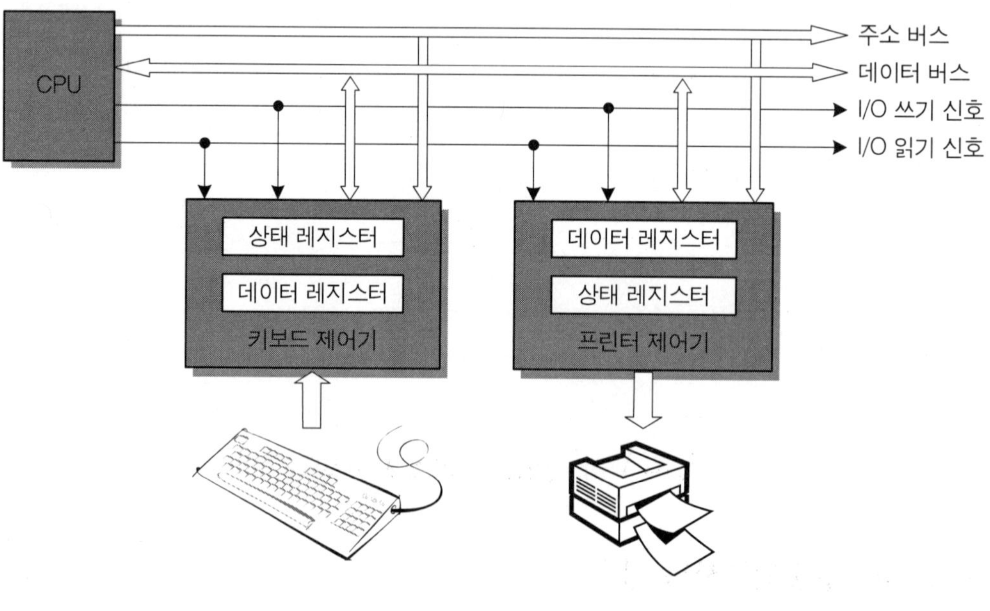

[그림 1-10] CPU와 I/O 장치들 간의 접속

한편, 버퍼 캐시(Buffer Cache)란 보조기억장치로서, 특히 디스크의 입출력 효율을 높이기 위해 주기억장치의 한 영역을 최근에 사용된 디스크 블록의 내용을 기억하는 버퍼영역으로 할당한 것을 말하는데, 버퍼 캐시에 있는 디스크 블록은 디스크 액세스 없이 바로 이용할 수 있으므로 효율이 높아진다. 이는 주기억장치와 CPU 캐시 기억장치와 관계가 비슷하다.

또한, 버퍼풀(Buffer Pool)이란 프로그램들이 사용할 버퍼를 한 장소에 미리 정해 두고 공유하여 사용하게 한 것인데 프로그램마다 따로 버퍼 영역을 할당해 줄 필요가 없으므로 기억장소를 절약할 수 있다.

쉬어가기

캐시(Cache)

처리 속도가 빠른 프로세서와 상대적으로 느린 메인 메모리 사이에서 데이터나 정보를 저장하는 고속 버퍼로서 메인 메모리에서 일정 블록의 데이터를 가져와 워드 단위로 프로세서에 전달하여 정보를 빠르게 제공하고, 데이터가 이동할 수 있는 통로(대역폭)을 확대하여 프로세서와 메인 메모리의 속도 차를 줄인다.

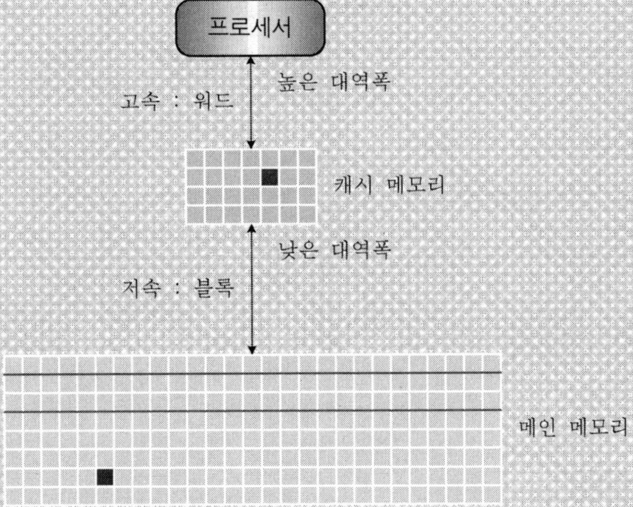

1.5 초기 컴퓨터의 발전 역사

초기의 컴퓨터들은 릴레이(relay)와 같은 기계식 부품들을 이용했다. 그 후에 주요 부품들이 트랜지스터나 IC(Integrated Circuit) 칩으로 대체하면서, 처리 속도가 향상되고 있다. 또한 반도체 기억장치 칩의 밀도가 높아짐에 따라 저장용량도 크게 개선되고 있다. 최근에는 시스템 성능을 높이기 위하여 한 시스템 내에 장착되는 CPU의 수를 증가시키거나 구성 요소들 간의 연결 통로를 고속화하기 위한 새로운 상호연결망 구조를 개발하는 과정이 보이고 있다.

1983년 미국의 저명 시사주간지인 타임지의 신년호에 올해의 인물로 사람이 아닌 Machine of the Year로 IBM PC가 등장한 것은 컴퓨터의 충격을 대변해주는 역사적인 사건으로 기록될 것이다. 21세기에는 컴퓨터를 활용한 융합(convergence)이 계속 진행 중인데 산업 · 서비스 · 매체의 통합을 지칭하며, 경계가 뚜렷했던 과거와 달리 모든 경계가 뚜렷하지 않고 오히려 서로 섞이는 현상이 나타나고 있다.

스마트폰은 일반 휴대폰과 달리 운영체제를 탑재해 PC처럼 사용자가 원하는 프로그램을 설치해 사용할 수 있는 제품이다. 스마트폰은 세계 휴대폰 시장 축소에도 불구하고 급성장하고 있다. 휴대폰과 PC를 결합한 '스마트폰'은 디지털 기기간 융합의 현주소를 보여주는 대표적인 사례다.

〈표 1-1〉 일반폰과 스마트폰의 특징 비교

일반 휴대폰	스마트폰
- 보이스 중심 서비스 - WIPI 기반 호스트만 접속 - 카메라, MP3 및 멀티미디어 기능 - SMS · MMS 위주	- 윈도우즈 모바일, 리눅스 등 범용 OS - 멀티태스킹/데이터 중심 서비스 - Wi-Fi, 블루투스 지원 - 풀브라우징 서비스

여기서는 당시에 구현되었던 초기의 컴퓨터들의 구조를 간략히 분석하고, 그 이후의 발전 과정을 살펴봄으로써 향후 운영체제 학습에 도움이 되도록 한다.

1) 수동식 계산기

컴퓨터에 대한 최초의 발전은 자동 계산 장치의 요구에서 시작되었다. 동양에서는 수의 계산을 돕는 도구로 BC 450년경부터 중국에서 주판이 사용되어 왔으며 일부 지역에서는 아직까지 사용되고 있다.

2) 기계식 계산기

컴퓨터의 실제적인 역사는 기계들이 자동적으로 네 가지 연산(덧셈, 뺄셈, 곱셈, 나눗셈)을 처음으로 할 수 있게 된 17세기부터 시작된다.

1642년 프랑스의 파스칼(Blaise Pascal)은 가감산을 자동으로 할 수 있는 톱니바퀴 계산기를 고안했는데 이것이 수동계산기의 효시라고 할 수 있다. 한편, 1671년에 독일의 라이프니츠(Gottfried Leibniz)는 덧셈과 뺄셈뿐만 아니라 곱셈과 나눗셈도 할 수 있는 계산기를 만들었다. 이것은 파스칼의 계산기에 두 개의 원형판들을 추가하여 반복적인 방법으로 곱셈과 나눗셈을 수행하도록 하였다.

3) 자동식 계산기

현대 컴퓨터의 아버지라고 불리는 영국의 찰스배비지(Charles Babbage)는 1823년 차분기관(Difference Engine)을 완성하였다. 차분기관은 표에 있는 수들을 자동적으로 계산하고, 그 결과를 금속천공기를 거쳐서 프린트하도록 설계되었으며 파스칼의 계산기와 마찬가지로 덧셈과 뺄셈만 수행할 수 있었다.

배비지는 계속하여 1834년 해석기관(Analytical Engine)이란 것을 주장했는데 이것은 현대 컴퓨터의 원리(입력, 출력, 제어, 연산 및 기억기능 등)를 모두 포함하는 것이었고, 배비지의 공헌은 연산의 순서를 자동으로 변경하는 방법인데 안타깝게도 그 당시 기술 수준의 낙후로 실현되지는 못하였다.

4) 현대식 계산기

해석기관(Analytical Engine)에서는 주요 부품들이 모두 기계적인 장치들이었기 때문에 속도가 느리고 신뢰도가 낮다. 1940년대에 들어와서 진공관이 발명되면서 그러한 단점들이 개선될 수 있었고, 진공관을 사용한 최초의 전자식 컴퓨터인 ENIAC(Electronic Numerical Integrated And Computer)이 펜실베니아 대학의 머클리(John Mauchly)와 에커트(John Eckert)에 의해 1943년에 착수되어 1946년에 개발되었다. 그러나 이 컴퓨터의 가장 큰 단점은 프로그램을 저장하고 변경하는 것이 불가능하다는 점이다.

프로그램과 데이터를 기억장치에 저장할 수 있다면 처리과정이 이전보다 용이해질 수 있다. 'Stored-program'으로 알려진 이 개념은 폰노이만(Von Neumann)에 의하여 제안되었는데 그의 설계 개념은 다음과 같다.

① 2진수 체계(Binary Number System)를 사용한다.
② 프로그램과 데이터를 내부에 저장한다.

폰 노이만이 이 개념들을 사용한 EDVAC(Electronic Discrete Variable Automatic Computer)을 1945년에 처음 발표하였다. 현재는 지금까지의 폰 노이만형 컴퓨터와는 다른 개념을 가지고, 음성 인식, 영상 인식이 가능한 인공 지능(Artificial Intelligence, AI)을 갖춘 컴퓨터가 현실화될 것으로 예상되고 있다.

용어설명

인공 지능(Artificial Intelligence)

판단, 추론, 학습 등 인간의 지능이 가지는 기능을 갖춘 컴퓨터 시스템이며 전문가 시스템, 자연 언어의 이해, 음성 번역, 로봇 공학, 인공 시각, 문제 해결, 학습과 지식 획득, 인지 과학 따위에 응용한다.

1.6 세대별 컴퓨터 부품들의 진화 동향

1) 제1세대 컴퓨터

진공관을 기억 소자로 했으며, 이것은 정보 처리의 고속화를 가능하게 해 주었고, 프로그램 내장 방식이 컴퓨터의 지능화를 가져다주었다. 앞서 언급한 ENIAC은 10진수 중 한 개의 수를 표시하기 위해 10개의 진공관을 사용하였다.

이 시기에 2진 연산의 개념, 자료의 임의 접근(Random Access) 개념, 프로그램 내장 개념 등을 대부분 채택하기 시작하여 컴퓨터 기술의 진보에 주목할 만한 컴퓨터들이 제작되었다. 이때 처리속도는 ms 정도이고, 부피가 크고 소모 전력도 높아 신뢰성이 낮은 편이었다.

2) 제2세대 컴퓨터

1947년 벨 연구소에서 트랜지스터가 발명되면서 컴퓨터의 역사는 완전히 새로 쓰이게 되었다. 진공관 컴퓨터가 1세대 컴퓨터였다면 트랜지스터는 2세대 컴퓨터 시대를 열게 되었으며 이때의 계산 속도는 μsec 단위까지 향상되었다.

2세대 컴퓨터들은 주기억장치로서 접근시간이 짧은 자기코어(Magnetic Core)를 이용하였으며, 기억용량이 큰 자기드럼, 자기디스크, 자기테이프를 이용하여 보조기억장치로 사용하였다. 그리고 주어진 제한 시간 안에 지역적으로 분산된 각각의 작업을 중앙의 컴퓨터 시스템과 연결하여 작업을 처리하는 실시간 온라인 시스템(on-line system)과 하나의 컴퓨터를 여러 명의 사용자가 공유하면서 동시에 작업을 수행하는 시분할 시스템(Time Sharing System, TSS), 그리고 하나의 컴퓨터에서 동시에 두 개 이상의 프로그램을 실행시키는 다중 프로그래밍 등의 개념이 도입되었다.

3) 제3세대 컴퓨터

컴퓨터의 기능이 확대되고 기억 용량이 증가함에 따라 부품의 수는 수십만 개로 계속 증가되었고, 트랜지스터를 이용하여 대용량 컴퓨터를 제작하는 것은 점차 더 어려워지게 되었다. 이때 반도체 공학의 획기적인 발명이 일어났는데 그것이 바로 집적회로(Integrated Circuit, IC)이다. 그와 함께 컴퓨터는 집적회로의 시대로 정의되는 제3세대로 넘어가게 된다.

특히 3세대에서는 집적회로는 저비용으로 대량 생산되었다. 따라서 더욱 많은 컴퓨터들이 집적회로를 써서 만들어지므로 컴퓨터의 값은 자꾸만 떨어졌다. 제3세대 컴퓨터는 값도 싸고 크기도 작아서 많은 회사들이 보유할 수 있게 되었다. 그러므로 과학기술 외에 사무 처리도 할 수 있는 범용 컴퓨터가 개발되었다.

동일 기종 간에는 소·대형을 막론하고 모두 공통된 소프트웨어를 사용할 수 있도록 시스템을 설계하는 Man Machine 개념이 도입되어 컴퓨터 내부에서 시스템을 관리·제어하는 운영체제(Operating System, OS)가 발달하였고, 개인 단말기에 의한 자료 처리가 보편화되었으며, 복수 개의 일 또는 다수의 사용자에게 우선순위를 주어 일정시간 내에 컴퓨터 시스템을 원격으로 데이터 통신을 이용한 정보처리가 가능하게 되었다.

4) 제4세대 컴퓨터

대부분의 컴퓨터 제조 회사들은 제3세대까지의 진공관—트랜지스터—집적회로로 특징지을 수 있는 것에 비하여 여전히 집적회로 기술이지만 고밀도 집적회로, 초고밀도 집적회로의 사용에 따라 이 기간을 제4세대로 분류하기도 하며, 같은 집적회로 기술의 향상으로 보아 세대 구분을 하지 않기도 한다.

1970년대 들어서 실리콘 위에 수 만개의 트랜지스터를 집적시킨 초대형 집적회로(Very Large Scaled Integration)가 개발되면서 이에 기반을 둔 4세대 컴퓨터 시대가 열리게 되었다. 이는 3세대 컴퓨터보다 10배나 빠르며 2세대 컴퓨터보다는 1,000배, 1세대 컴퓨터보다는 10,000배나 빠르다.

캐시 및 가상기억장치가 개발되어 가상기억 기능을 실용화하였으며 파이프라인처리, 벡터처리 기술이 도입되었다. 특히, 모든 산술과 논리연산을 처리하는 산술논리연산장치(Arithmetic Logic Unit, ALU)와 연산을 체계적인 순서에 의해서 실행하도록 제어하는 제어장치를 하나의 칩에 집적시킨 마이크로프로세서의 출현은 컴퓨터업계의 일대 혁신이라고 할 수 있는 커다란 변화를 불러오게 했다.

컴퓨터의 주요 부품으로 사용되고 있는 IC를 집적도에 따라 분류하면 다음과 같다.

① SSI(Small Scale IC) : 수십 개의 트랜지스터들이 집적되는 IC로서, 주로 기본적인 디지털 게이트(Digital Gate)들을 포함하는 칩으로 제조되고 있다.
② MSI(Medium Scale IC) : 수백 개의 트랜지스터들이 집적되는 IC로서, 조합 회로나 순차 회로를 포함하는 칩으로 제조되고 있다.

용어설명

조합회로(Combinational Circuit)

① 출력 값이 0과 1의 입력 값에 의해서만 결정되는 회로
② 정보를 기억하는 회로를 가지고 있지 않은 게이트들의 집합
(예) 반가산기, 전가산기, 디코더, 인코더, 멀티플렉서, 디멀티플렉서

순서회로(Sequential Circuit)

① 입력 값과 회로의 현재 상태에 따라 출력 값이 결정되는 회로
② 정보의 이전 상태를 기억할 수 있는 게이트들의 집합
(예) 플립플롭, 레지스터, 카운터

③ LSI(Large Scale IC) : 수천 개의 트랜지스터들이 집적되는 대규모 IC로서, 8비트 마이크로프로세서 칩이나 소규모 반도체 칩들이 속한다.
④ VLSI(Very Large Scale IC) : 수만 내지 수십만 개 이상의 트랜지스터들이 집적되는 초대규모 IC로서 16비트 마이크로프로세서 칩들과 대용량 반도체 칩들이 속한다.
⑤ ULSI(Ultra Large Scale IC) : 수백만 개 이상의 트랜지스터들이 집적되는 32비트 이상의 마이크로프로세서 칩들과 수백 메가비트 이상의 반도체 칩들을 지칭하는 용어이지만 일반적으로 사용되는 용어가 아니다.

이와 같은 집적도의 향상으로 집적회로를 사용하는 제4세대 컴퓨터는 다음과 같은 이

점을 지니게 되었다.

① 소자들이 근접하게 위치함으로써 동작속도가 개선되었다.
② 컴퓨터의 크기가 대폭 줄어들어 가격 하락을 유도하였다.
③ 회로들 간의 상호 연결이 칩 내부에서 이루어지기 때문에 부품들의 신뢰성이 높아졌다.
④ 전력 소모가 줄어들어 냉각 장치의 설계가 용이해졌다.

미래의 컴퓨터에서 혁명은 컴퓨터 인터페이스와 인간의 교류 방식에서 나타나고 있다. 앞으로 다가올 시대에는 그 활용 가능성이 다양하고 사용자 중심으로 기존의 컴퓨팅의 개념을 변화시킬 것이라고 생각한다. 그러므로 차세대 네트워크는 PC, 서버 중심의 협의의 네트워킹뿐만 아니라 오디오 · 비디오 기기, 정보가전, 휴대전화, 게임기, 제어기기 등과 같은 다양한 기기가 접속될 수 있어야 한다.

〈표 1-2〉 컴퓨터의 세대별 특징

세 대 / 구 분	1 세 대 (1946~1958)	2 세 대 (1959~1963)	3 세 대 (1964~1969)	4 세 대 (1970년 이후)
논리소자	진공관	트랜지스터	집적회로	고밀도집적회로
운영체제	기본기능	일괄처리	다중처리	가상운영체제
적용분야	통계집계, 과학계산	생산관리, 원가관리	의사결정, 모의실험, 금융, 전산처리	인공지능, 전문가 시스템
특 징	- 내장프로그램, 기계어 등 저급 언어 사용 - 기본적 기능	- 코볼, 포트란 등의 고급 프로그래밍 언어사용 - 컴퓨터 크기의 소형화 가시화	- 시분할시스템으로 컴퓨터에 통신 부가 - 미니 컴퓨터등장	- 개인용 컴퓨터의 보편화

쉬 어 가 기

양자컴퓨터

오늘의 컴퓨터 기술을 압도할 기술로 양자컴퓨터가 손꼽힌다. 양자컴퓨터는 양자역학의 파동-입자의 이중성 근간을 두고 있다. 즉, 입자의 중첩상태를 이용한다.

그래서 디지털 컴퓨터의 비트는 0 아니면 1의 두 가지 상태를 가진다. 양자컴퓨터는 qubit라는 양자비트를 가지며 0과 1의 두 가지 상태를 동시에 가진다. 또한 2개의 qubit는 00, 01, 10, 11의 네 가지 상태를 공유하게 되며 결국 한 개의 처리 장치로 수많은 계산을 별도로 처리할 수 있다. 이러한 양자정보기술은 근본적으로 도청이 불가능하도록 정보를 전달하거나, 기존의 컴퓨터로는 불가능한 문제를 쉽게 해결할 수 있는 기술이다. 전문가들은 2020년경 양자컴퓨터가 실용화될 것으로 전망하고 있다.

1.7 컴퓨터 시스템의 분류

실제로 우리 주변에서 컴퓨터를 분류하는 방법으로, 부품별 컴퓨터들의 진화 과정보다 컴퓨터의 성능, 가격, 기억 용량, 처리 속도, 입출력장치 수 또는 S/W의 지원에 따라 분류하게 되는데 이에 대한 자세한 내용은 다음과 같다.

1) 마이크로 컴퓨터

한 명의 사용자 전용으로 사용되며, 자료의 입력은 키보드나 마우스를 사용하고, 결과는 모니터나 프린터를 사용하여 출력하도록 설계되었다. 전용 마이크로 컴퓨터는 한 가지 작업을 위해 사용되지만 대부분의 마이크로 컴퓨터는 응용 프로그램의 지시에 의해 다양한 작업을 수행할 수 있다.

2) 미니 컴퓨터

대부분의 마이크로 컴퓨터보다 많은 기억 용량과 빠른 처리 속도를 가지며 메인프레임의 축소 버전(version)이다. 소규모의 회사 또는 연구실 단위의 전문가 집단의 특별한 필요성에 적합하다.

미니 컴퓨터는 빠른 처리 속도와 다수의 사용자들이 이용할 수 있도록 다중 작업(multitasking) 능력을 갖는 운영체제를 가지므로 공통 문제에 대해서 작업을 하는 사람들에게는 매우 중요하다. 예를 들면 어떤 사실을 효율적으로 찾고 공유할 필요가 있는 연구자나 동일 빌딩의 다른 서브시스템에 대해 작업하는 건축가는 미니 컴퓨터를 사용한다.

3) 중형급 컴퓨터 시스템

초기의 미니컴퓨터 수준의 시스템들은 많은 과정을 거듭하여 기술적 개선이 이루어져 워크스테이션(workstation)에 이어서 슈퍼미니컴퓨터(super-minicomputer)로 구분되어 발전하고 있다.

전자는 32비트 혹은 64비트 마이크로프로세서를 CPU로 사용하고 있으며, 고속 그래픽 처리를 위한 하드웨어들을 가지고 있어서 CAD와 같은 응용 등에 널리 사용되고 있다. 대부분의 워크스테이션은 운영체제로서 UNIX를 사용하고 있다.

한편, 후자인 슈퍼미니컴퓨터는 미니컴퓨터들보다 수십 배 이상의 처리속도를 가지며, 한 시스템 내에 다중프로세서(multiprocessor) 구조를 가지고 있다.

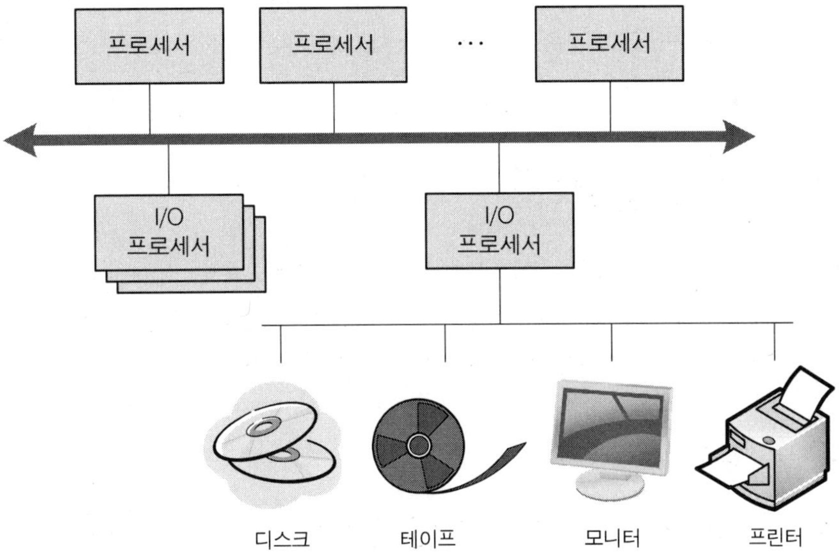

[그림 1-11] 슈퍼미니컴퓨터에서의 다중프로세서 구조

4) 대형급 컴퓨터 시스템

대부분 일괄처리(Batch Processing)와 온라인 처리가 가능하고 정교한 데이터베이스 관리 시스템에 의하여 운영되는 거대한 데이터베이스를 갖출 수 있으며, 다양한 입출력 매체와 기기들을 포함한다. 또한 이는 일상적인 자료 처리는 물론 컴퓨터의 도움을 받아 의사 결정 등에 사용되기도 한다.

5) 슈퍼 컴퓨터

메인 프레임보다 빠른 처리 속도를 갖기 위해 병렬 처리(Parallel Processing)가 가능한 복잡한 구조로 설계되어 있으며, 이들 컴퓨터는 복잡한 비행기표 예약 시스템, 방대한 시분할 통신망(time-sharing network) 등과 같이 방대한 양의 데이터를 가지고 빠르게 처리하는 소수의 기관들을 위하여 설계되었다.

결론적으로 응용 면에서 보면 8비트 마이크로프로세서는 주로 가정용의 PC나 게임기, 가전제품이나 기계 제어 등에 사용되고 있고, 16비트 마이크로프로세서는 일반적인 개인용 컴퓨터나 산업용의 제어기기에, 32비트 마이크로프로세서는 고성능의 개인용 컴퓨터나 워크스테이션, 미니급 컴퓨터에 주로 사용되고 있다. 특히 근래에는 미니 컴퓨터나 대형 컴퓨터를 사용하기보다 병렬 처리(Parallel Processing)에 대한 연구가 많이 이루어지게 되었다.

1.8 컴퓨터의 활용 분야

컴퓨터의 급속한 발달과 보급, 컴퓨터 이용 기술의 향상, 보다 신속하고 정확한 정보에 대한 필요성, 컴퓨터에 대한 인식의 확산, 경영에서의 각종 과학적 기법의 도입 등과 같은 여러 가지 요인에 따라 컴퓨터의 활용분야가 급속히 확산되고 있다.

1) 사무 처리 분야

1970년대부터 기업 경쟁력 측면에서 생산성 향상이나 인력 절감을 위해 컴퓨터의 도입이 시작되었다. 기업에서는 컴퓨터를 이용하여 대용량의 정보를 가공하고 처리하기 위해 회계 관리, 인사 관리, 성적 관리 업무 분야에 컴퓨터가 널리 이용되고 있다. 이와 같이 사무실에서 컴퓨터와 같은 정보화 기기를 사용하여 업무의 효율을 향상시키는 것을 사무자동화(Office Automation, OA)라 한다.

최근에는 모든 데이터가 컴퓨터에 집착되고, 다양하게 가공 편집되어 기업의 모든 업무가 키보드만 누르면 바로 그 결과를 볼 수 있게 하는 개념을 갖는 경영정보시스템(Management Information System, MIS)에 대한 관심이 높아지고 있다.

2) 과학 응용 분야

기술 계산, 정보 검색, 공장자동화(Factory Automation, FA), 가정자동화(Home Automation, HA), CAD 등의 특수 분야가 과학 응용 분야에 속한다.

대표적인 예로 각종 설계 분야, 모의실험(simulation) 분야 등이 여기에 속한다. 특히 설계 분야에서는 이제까지 일일이 수작업으로 설계하던 것을 CAD 시스템을 이용하여 보다 정확하고 효율적으로 설계할 수 있다. 모의실험은 실제의 실험이 불가능한 경우나 실험은 가능하더라도 경제적, 시간적으로 어려움이 많은 경우 또는 해석적인 방법으로 해답을 구할 수 없는 경우 등의 복잡한 현상에 대하여 가상적 실험을 통해서 그 해답을 얻는 방법이다.

정보 검색 분야는 유용한 정보를 대량으로 보조기억장치에 기억시켜 주고 필요시에 즉시 활용하는 분야이다. 예를 들어 도서관의 문헌 검색, 주민 등록 업무, 좌석 예약, 상품 쇼핑 등이 여기에 속한다.

주로 신속한 정보의 처리가 요구되는 분야로서 공장자동화와 관련된 공정 제어, 자동 가공 제어 등이 있다. 최근에는 가정자동화와 관련된 원격조정 시스템도 등장하고 있다. 이 시스템을 이용하게 되면 외출 중에도 외부에서 전화선 등을 이용하여 가정의 가전제품 등을 조정할 수 있다.

3) 교육 분야

컴퓨터와 네트워크를 중심으로 한 정보통신 기술의 발전으로 인터넷이 새로운 교육 매체로서 등장하면서, 우리의 교육 환경은 지금까지와는 질적으로 다른 방향으로 변화하고 있다. 온라인 교육(이하 e-learning이라고 한다.)은 교육과 네트워크 기술이 접목된 새로운 교육 분야로 대변된다. e-learning의 개념에 관하여는 아직 명확하게 정립되지는 않았지만 대체적으로 전자적인(electronic) 기술과 교육(learning)이 합쳐진 기술기반 교육을 지칭한다.

최근에는 유비쿼터스의 머리글자를 따서 만들어진 U-Learning이 등장했는데 웹기반 외에 무선 단말기를 활용하여 학습을 한다는 의미이다. 유비쿼터스는 일반적으로 언제 어디서나 유 · 무선을 모두 활용하여 생활에 편의를 줄 수 있는 모든 IT 기술 기반의 시스템이나 장비, 서비스 등을 말한다. 그래서 U-Learning은 이런 기반기술을 활용 하여 학습할 수 있는 형태이다. 단적으로 핸드폰이나 PDA 특히 요새는 DMB를 통한 학습이나 PMP를 통해 학습 콘텐츠를 받아 학습을 하는 형태를 말한다.

요 약

1. 컴퓨터는 다양한 대량의 데이터를 사용자가 원하는 형태로 연산하고, 논리적인 비교 및 판단을 자동으로 신속 정확하게 처리할 뿐만 아니라 저장장치에 기억시켜주는 여러 구성장치로 구성된 정보처리 시스템을 말한다.
2. 컴퓨터는 크게 기계 그 자체만을 의미하는 하드웨어(hardware)와 기계를 실제로 동작하게 하는 소프트웨어(software)로 나눌 수 있다.
3. 중앙처리장치는 '프로그램 실행'과 '데이터 처리' 기능을 수행하는 요소이다.
4. 시스템 버스는 주소 버스, 데이터 버스 그리고 제어 버스로 구성되어 있다.
5. 기억장치 읽기 동작에서는 일정 지연 시간이 경과한 후에 기억장치로부터 읽혀진 데이터가 데이터 버스상에 실리며, CPU는 그 데이터를 버스 인터페이스 회로를 통하여 읽는다.
6. I/O 장치 제어기에서는 상태 레지스터와 데이터 레지스터가 있다.
7. 제1세대 컴퓨터는 진공관을, 제2세대 컴퓨터는 트랜지스터를, 제3세대 컴퓨터는 집적회로를, 제4세대 컴퓨터는 초대형 집적회로를 기억소자로 했다.
8. 워크스테이션(workstation)은 32비트 혹은 64비트 마이크로프로세서를 CPU로 사용하고 있으며, 고속 그래픽 처리를 위한 하드웨어들을 가지고 있어서 CAD와 같은 응용들에 널리 사용되고 있다.
9. 슈퍼미니컴퓨터는 미니컴퓨터들보다 수십 배 이상의 처리속도를 가지며, 한 시스템 내에 다중프로세서(multiprocessor) 구조를 가지고 있다.

기초 문제

1. 다음 버스들 중에서 단방향 전송 기능을 가져야 하는 버스는?

① 주소 버스 ② 데이터 버스
③ 제어 버스 ④ 인터럽트 버스

(정답) ①
(해설) 주소 버스에서 주소가 CPU로부터 기억장치 혹은 I/O 장치들로 전송되는 정보이기 때문에 단방향버스이다.

2. 다음 중 0에서 9까지의 십진수를 나타낼 때 필요한 최소의 비트수는?

① 2 ② 4
③ 6 ④ 8

(정답) ②
(해설) n개의 서로 다른 상황을 나타내는 데 필요한 비트의 최소수를 m이라 하면 $2^m \geq n$이다.

3. 다음 중 보조저장장치에 관련된 내용 중 맞지 않는 것은?

① 주기억 장치에 비해 상대적으로 속도가 느리다.
② 기계적인 장치가 포함되기 때문에 고속 액세스가 가능하다.
③ 저장 밀도가 높고, 비트 당 비용이 저가이다.
④ 2차 기억장치에 속한다.

(정답) ②
(해설) 보조저장장치는 저속 액세스가 가능하다.

4. I/O 제어기의 구성 요소가 아닌 것은?

① 데이터 레지스터 ② 장치 제어회로
③ 상태 레지스터 ④ 산술논리연산장치

(정답) ④
(해설) I/O 제어기에서는 데이터 레지스터, 장치 제어 회로, 그리고 상태 레지스터가 있다.

5. 수천 개의 트랜지스터들이 집적되는 대규모 IC이며 8비트 마이크로프로세서 칩이나 소규모 반도체 기억장치 칩과 관련 있는 IC는?

① SSI(Small Scale IC)
② MSI(Medium Scale IC)
③ LSI(Large Scale IC)
④ VLSI(Very Large Scale IC)

(정답) ③

(해설) LSI는 수천 개의 트랜지스터들이 집적되는 대규모 IC이며 8비트 마이크로프로세서 칩이나 소규모 반도체 기억장치 칩이다.

심화 문제

1. 컴퓨터 하드웨어의 구성 요소에 대하여 자세히 서술하시오.

2. 컴퓨터에서 열거되는 데이터의 단위에 대하여 자세히 서술하시오.

3. 시스템 버스(System Bus)는 컴퓨터 메인 보드가 거대한 도시라고 할 때 그 도시 내에 각 건물 간에 사람이나 차량이 이동할 수 있는 도로이다. 이때 구성 요소를 제시하시오.(세 가지)

4. 컴퓨터의 주요 부품으로 사용되고 있는 IC를 집적도에 따라 분류하시오.

5. 컴퓨터의 활용 분야에 대하여 자세히 서술하시오.

6. 다음을 간단히 설명하시오.
   1) GIGO
   2) 버퍼 캐시(Buffer Cache)
   3) 스마트폰
   4) 사무 자동화
   5) 조합회로와 순서회로의 차이

약 어

EDPS(Electronic Data Processing System)
GIGO(Garbage In Garbage Out)
ENIAC(Electronic Numerical Integrated And Computer)
TSS(Time Sharing System)
ALU(Arithmetic Logic Unit)
OA(Office Automation)
MIS(Management Information System)
FA(Factory Automation)
HA(Home Automation)
SSI(Small Scale IC)
MSI(Medium Scale IC)
LSI(Large Scale IC)
VLSI(Very Large Scale IC)
ULSI(Ultra Large Scale IC)

02

운영체제의 소개

컴퓨터의 소프트웨어는 컴퓨터를 이용하려는 사용자가 손쉽게 컴퓨터를 쓸 수 있도록 도와주면서 컴퓨터 시스템 자체의 사용 효율을 높여 주는 기능을 갖는 시스템 소프트웨어(System Software)와 어떠한 특정 문제를 해결하기 위해 작성된 응용 소프트웨어(Application Software)로 나눌 수 있다. 운영체제(Operating System)의 경우는 전자에 해당한다.

컴퓨터 시스템에서 컴퓨터를 작동시키기 위해서 반드시 있어야 되는 부분이 운영체제이다. 예를 들면 컴퓨터를 사용하고자 할 때 Window 7과 같은 운영체제가 시스템에 탑재되어 있지 않은 상태에서 전원을 켜면 시스템이 작동되지 않는 것을 알 수 있다.

운영체제란 인간과 기계 사이의 인터페이스로, 사용자의 프로그램 설계, 작성, 오류 수정 및 유지 보수를 쉽게 해주고, 시스템의 효율적인 처리를 위해 제한된 자원의 할당을 통제하는 프로그램의 집단이다.

UNIX 운영체제에서는 커널과 유틸리티의 두 부분으로 구성되며 이 중 커널 부분은 부팅 시에 주기억장치에 적재되어 시스템이 운영되는 동안 이 곳에 상주하게 된다. 커널은 컴퓨터 운영 체제의 가장 중요한 핵심으로서 운영체제의 다른 모든 부분에 여러 가지 모든 서비스를 제공한다.

OS의 설계목표는 처리 능력을 최대한 향상시키는 것으로 처리능력을 향상시키기 위해서는 시스템에 생기는 유휴시간을 최소화함으로써 각 장치가 갖고 있는 본래의 성능에 가까운 능력을 발휘할 수 있도록 하는 것이다. 이를 위해서는 시스템의 자원을 최대한 활용하는 것이 필요하다.

이 장에서는 운영체제의 정의 및 목적을 알아봄으로써 왜 운영체제가 컴퓨터 시스템에서 반드시 필요한 소프트웨어인지에 대해 이해하도록 하며 운영체제가 어떻게 발전해 왔는지에 대해 살펴보게 될 것이다.

결국 OS는 새로운 하드웨어나 이용기술을 간단히 받아들여 성장해 갈 수 있도록 설계되어야 한다. OS가 진부화하여 시대에 뒤떨어져 못쓰게 되어서는 안 되므로 스스로 기능상의 여러 능력을 확장하여 변화에 쉽게 적응할 수 있도록 개방식으로 설계되어야 하는 것이 바람직하다.

학 습 목 표

1. 운영체제의 정의와 목적에 대하여 이해한다.
2. 운영체제의 역사에 대하여 공부한다.
3. UNIX 운영체제를 학습한다.
4. 모바일 운영체제에 대하여 이해한다.

사 전 학 습

▶ 운영체제 목적

운영체제는 편리성과 효율성의 두 가지 목적을 달성하기 위해 발전해왔다.

▶ 운영체제의 역할

운영체제는 조정자, 자원 할당자 또는 관리자, 다양한 입출력장치와 사용자 프로그램을 제어하는 역할을 한다.

▶ 운영체제 발전과정

제1세대(버퍼링, 스풀링, 일괄처리시스템), 제2세대(다중 프로그래밍, 다중 처리, 시분할 시스템), 제3세대(범용 시스템, 다중모드시스템), 제4세대(네트워크분산 처리, 개인 컴퓨터)로 발전하였다.

2.1 운영체제의 개요

1) 정 의

운영체제란 인간과 기계사이의 인터페이스로, 사용자의 프로그램 설계, 작성, 오류 수정 및 유지 보수를 쉽게 해 주고, 시스템의 효율적인 처리를 위해 제한된 자원의 할당을 통제하는 프로그램의 집단을 말한다.

운영체제는 컴퓨터의 물리적인 기반인 하드웨어를 사용자(user)가 손쉽고 효과적으로 사용할 수 있게 지원해주는 프로그램의 집단이기 때문에, 컴퓨터의 종류나 규모에 관계없이 어떠한 형태로든 항상 컴퓨터 시스템 내에 존재하여야 한다.

그러므로 운영체제는 다양한 시각에서 고려해 볼 수 있는데 먼저 사용자의 편의성 제고 입장에서 생각할 수 있으며, 시스템의 효율적인 사용 측면을 고려하여 시스템이 갖고 있는 각종 자원을 어떻게 관리하느냐 하는 관점에서도 운영체제를 바라볼 수도 있다. 그뿐만 아니라 프로세스의 관점, 계층적 관점 등 여러 시각에서 운영체제를 고려할 수 있으나, 결국 추구하는 목표는 일치한다고 볼 수 있다.

이 절에서는 컴퓨터 사용자와 하드웨어 간의 인터페이스를 제공하는 입장에서 운영체제를 크게 다음과 같이 세 가지 관점에서 자세히 살펴보기로 한다.

가) 사용자 인터페이스(User Interface)

사용자 인터페이스는 사용자의 입장에서 본 운영체제의 역할이라고 할 수 있으며 이는 운영체제가 사용자들로 하여금 컴퓨터를 사용하는 데 있어 편리함을 제공하는 역할을 담당한다. 예를 들면, 사용자가 메모리 스틱에 저장되어 있는 어떤 파일의 내용을 프린터로 출력하고자 할 때 본인이 원하는 파일의 위치를 정확히 알아야 하며, 이를 읽기 위해 I/O 출력기에 어떤 방법으로 명령을 내려야 하는 지도 알아야 하고, 또한 이를 프린터로 출력하기 위해서는 프린터의 작동 방법 및 드라이버도 알아야 한다.

그러나 이러한 복잡한 작업들을 운영체제가 모두 대신해 주기 때문에 사용자들은 하드웨어의 구조나 작동 과정에 대한 충분한 지식이 없더라도 운영체제가 제공하는 간단한 명령으로도 편리하게 컴퓨터를 사용할 수 있다. 마치 가입자들이 스마트폰의 자세한 하드웨어 구조를 모르더라도 카카오톡과 같은 기능을 사용자들이 자유자재로 구현할 수 있도록 하는 것과 동일한 내용에서 보면 될 것이다.

이와 같이 운영체제는 사용자가 사용하려는 하드웨어 자원을 지원해주거나, 시스템과의 인터페이스를 제공해준다. 사용자 인터페이스 관점에서 운영체제가 제공하는 서비스 내용을 정리해 보면 다음과 같다.

① 프로그램 생성 : 사용자의 프로그램 생성을 지원하기 위하여 편집기(editor)나 디버깅 등의 다양한 유틸리티 사용을 지원한다.

용어설명

유틸리티

응용프로그램의 작성이나 실행을 쉽게 하기 위해 여러 가지 문제해결에 초점을 맞춘 소프트웨어

② 프로그램 수행 : 프로그램과 데이터의 주기억 장소 내 적재, 입출력장치와 파일의 초기화, 필요한 자원들의 준비 및 정상적인 수행 서비스를 제공한다.

③ I/O 기기에 대한 제어 : 프로그래머가 단순히 입출력 명령을 내렸을 때, 해당 I/O 기기가 요구하는 고유의 명령어나 제어 신호 등을 자세하게 생성시켜 준다.

④ 파일 시스템 조작 : 파일의 생성이나 기록 등의 파일에 대한 조작 및 다수 사용자들 간의 동시 접근을 제어하고 지원한다.

⑤ 시스템에 대한 접근과 보호 : 허가받지 않은 자에 대한 시스템의 접근을 제한하며 자원에 대한 동시 접근으로 인해 충돌이 생길 때에는 이들을 조정한다.

⑥ 계정(accounting) : 각종 자원에 대한 사용 내역이나 자원에 대한 접근 횟수를 기록하여 시스템의 효율을 향상시키는 요소로 사용할 수 있게 한다.

⑦ 에러 제어(Error Control) : 컴퓨터 통신에서의 에러 제어를 하며 이에 따른 조치를 한다.

나) 자원의 관리(Resource Management)

운영체제는 시스템 내에 존재하는 모든 자원(resource)들을 관리하는 역할을 한다. 예를 들면, 다수의 사용자들이 동시에 한 컴퓨터를 사용하는 다중 프로그래밍의 경우 컴퓨터의 주기억장치에는 여러 사용자들이 실행시킨 프로그램들이 동시에 적재되어야 한다.

이런 경우 각 프로그램들은 서로 겹치지 않는 기억 장소에 배치되어야 하고 또한 각 사용자의 프로그램이 기억된 장소를 구분할 수 있어야 하며 각 프로그램이 다른 프로그램 영역을 침범하지 않도록 해야 하는데 이러한 일을 기억장치 관리(Memory Management)라 하며 이는 운영체제에서 담당하는 자원 관리의 한 예이다.

운영체제는 기억장치, 프로세서, 입출력장치 그리고 파일 자원을 관리의 대상으로 한다. 그리고 특정 프로그램 또는 이들 자원을 요구하는 사용자가 필요로 하는 자원을 효율적으로 관리해 주기 위하여 자원에 대한 상태 파악, 자원의 분배 정책 결정, 자원의 할당 및 회수 등의 작업을 수행하게 된다.

[그림 2-1]은 운영체제에 의해서 관리되는 주요 자원을 보인 것이다. 주기억 공간 내에는 운영체제에서 가장 자주 사용되는 커널(kernel)을 포함한 운영체제의 일부가 상주하고 있다. 주기억 공간의 나머지 부분은 사용자 프로그램과 데이터가 들어가게 된다. 이러한 주기억 공간에 대한 자원 할당은 운영체제의 주기억장치 관리 프로그램과 각종 기억장치 관리 하드웨어의 유기적 결합에 의해서 관리된다.

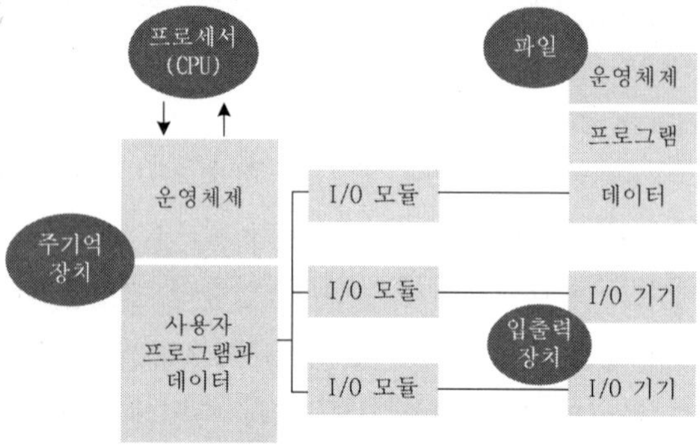

[그림 2-1] 운영체제에 의해 관리되는 자원의 종류

다) 프로그램의 계층화(Program Module)

운영체제를 어떠한 관점에서 보더라도 운영체제는 대단히 많은 프로그램의 집단으로 복잡한 관계를 갖게 된다. 그러므로 운영체제는 명확하게 정의된 작은 조각으로 구분하여 작성한 후, 내부 연결을 통하여 개발 또는 운영되게 하는 것이 일반적인 방법이다.

시스템 내부의 변경에 대해서 아주 자유롭게 대처할 수 있도록 운영체제는 제어 프로그램(Control Program)과 처리 프로그램(Process Program)의 형태로 계층화(Modular OS) 하여 구성되고 있다.

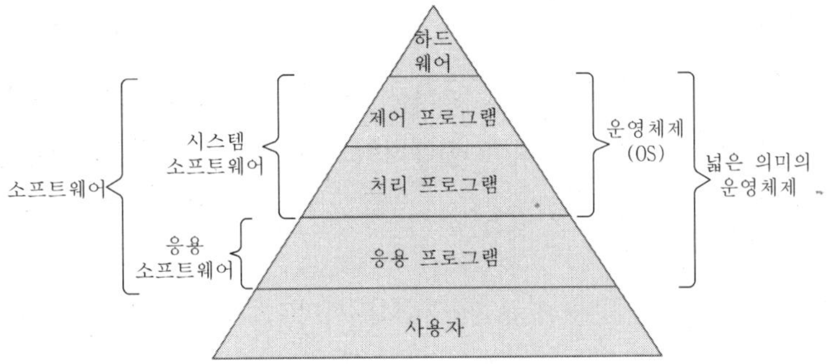

[그림 2-2] 계층화된 운영체제

전자는 처리기(processor), 기억장치, I/O 장치, 그리고 파일(file)과 같은 자원들을 관리하는 소프트웨어로서 처리기 관리(Processor Management), 기억장치 관리(Memory Management), 파일 경영자(File Management), 주변장치 관리(Device Management)의 프로그램 모듈로 구성되어 있다.

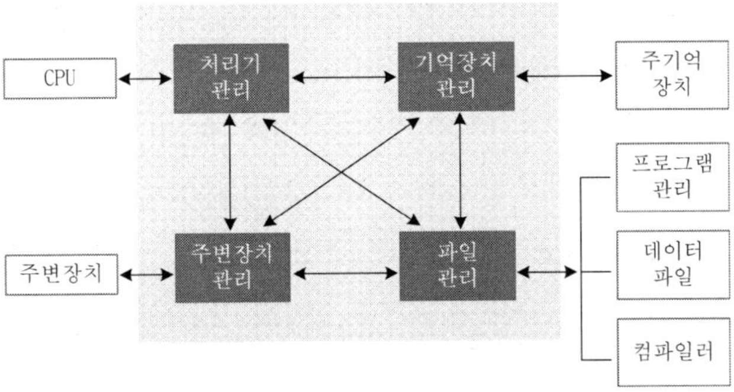

[그림 2-3] 제어 프로그램의 프로그램 모듈

한편, 후자는 언어 번역 프로그램과 서비스 프로그램으로 구성되며 언어 번역 프로그램은 사용자가 작성한 프로그램을 시스템이 이해할 수 있는 기계어(Machine Language)로 바꾸어 주는 프로그램으로 컴파일러를 말하며 컴퓨터 언어에 따라서 각각의 언어 번역 프로그램을 갖고 있다.

2) 서비스 기능

운영체제의 목적은 다수의 사용자로 하여금 자원들을 공유하도록 하며 자원 사용시에 생길 수 있는 분쟁(conflict)을 해결하고 컴퓨터의 성능을 극대화하며, 컴퓨터 시스템을 효율적으로 이용할 수 있게 해주며, 사용자 프로그램과 하드웨어 사이의 인터페이스로 작용한다.

운영체제는 전형적으로 다음과 같은 영역에서 서비스 기능을 제공하는데 그 내용을 보면 다음과 같다.

가) 프로그램 생성(Program Creation)

운영체제는 프로그램을 생성시킬 때 디버거와 같은 다양한 유틸리티와 서비스를 제공해준다. 전형적으로 이 서비스는 운영체제라기보다는 운영체제를 통해서 액세스 가능한 유틸리티 프로그램(Utility Program) 형태이다.

나) 프로그램 실행(Program Execution)

운영체제는 프로그램을 실행하기 위해서 명령어와 데이터가 주기억장치 속에 적재되어야 하고 다른 자원들이 준비되어야 한다.

다) I/O 장치들에 대한 액세스(Access to I/O Device)

각 I/O 장치는 작동을 위하여 자신의 고유한 명령어들과 제어신호를 요구한다. 운영체제는 사용자가 간단한 read와 write들을 할 수 있도록 고려해야 한다.

라) 파일들에 대한 액세스(Access to Files)

다중 사용자 시스템의 경우 여러 프로그램들이 동시에 주기억장치에 적재되어야 하므로 주기억장치의 관리가 더욱 복잡해질 것이며, 또한 여러 프로그램들이 중앙처리장치에서 실행되어야 하므로 파일 액세스에 대한 스케줄링(scheduling) 문제도 해결되어야 할 것이다.

마) 시스템 액세스(System Access)

운영체제는 전체로서의 시스템뿐만 아니라 특정 시스템 자원들도 액세스를 제어한다. 따라서 이 액세스 기능은 비허가자들에게 자원과 자료의 보호가 제공되어야 하고 자원들의 분쟁을 해결할 수 있어야 한다.

바) 에러 탐지와 응답

전송 매체를 통해 전송된 데이터가 오류로 인해 실제 전송된 내용이 수신측에 변질되어 나타날 수 있다. 이때 데이터의 변질 요인을 에러라고 하는데 이런 현상이 컴퓨터 시스템을 부팅하고자 할 때도 나타난다.

메모리 에러, 주변 장치 고장과 같은 하드웨어 에러나 산술연산의 오버플로우(overflow)와 같은 여러 가지 소프트웨어 에러가 있기 때문에 이런 경우 운영체제는 작동되는 응용 범위에서 최소한의 에러 상태에 대한 응답을 해주어야 한다.

사) 계정정보(Accounting Information)

운영체제는 다양한 자원에 대한 통계자료를 수집하고 다양한 사용자 시스템에서는 사용료를 청구하는 데 이용될 수 있다.

| 학 습 활 동 |

버퍼링(buffering)의 도입배경 및 구현 방법에 대하여 설명하시오.

1. 도입 배경
   입출력장치와 CPU 간의 처리 속도 차이에서 발생하는 CPU의 대기(유휴) 시간을 최소화하기 위해 필요하며, CPU의 효율적인 시간 관리를 지향

2. 구현 방법
   - 주기억장치의 일부를 버퍼로 설정
   - I/O 작업은 가상의 I/O 기기인 버퍼에서 수행
   - 실제 입출력은 블록(Block) 단위로 버퍼와 I/O 기기 사이에서 처리
   - 느린 I/O 기기로 인한 CPU의 대기시간을 최소화하며, CPU의 효율적 관리가 가능

3) 운영체제의 목적

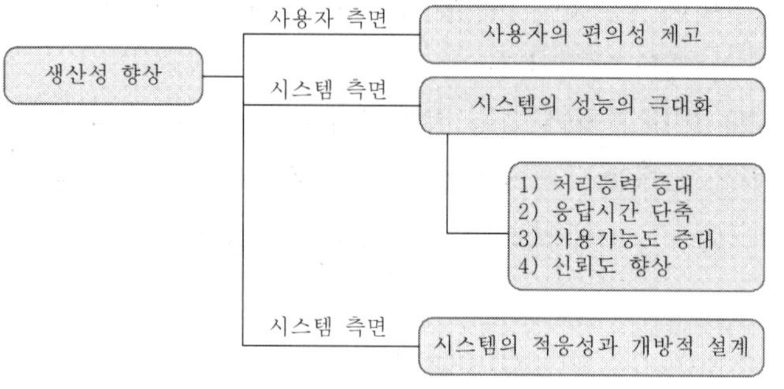

[그림 2-4] 운영체제의 목적

운영체제의 최종 목적은 생산성 향상을 들 수 있는데 사용자 측면과 시스템 측면으로 나누어 볼 수 있다. 시스템의 성능이 아주 우수하다 하더라도 사용자가 그 시스템을 이해하기 어렵게 되어 있다면 전체적으로 컴퓨터의 생산성이 저하됨을 의미한다.

반면에 사용자의 편의성 제고를 위해서만 운영체제가 설계된다면 시스템의 성능이 저하되어 역시 전체적인 생산성은 떨어지게 된다는 것을 의미한다. 이와 같이 사용자 측면에서 본 운영체제의 목적과 시스템 측면에서 본 운영체제의 목적이 서로 이율배반적인 면이 있기 때문에, 이들을 어떻게 잘 조화롭게 구성시키느냐가 바로 운영체제가 추구해야 과제라고 할 수 있다.

가) 사용자의 편의성 제고

컴퓨터 사용자는 응용프로그램에 접속하여 자기가 요구하고자 하는 기대결과를 도출하고자 할 때, 각종 서비스 프로그램들이 사용자에게 제공되어야 전체적인 생산성 향상을 실현할 수 있을 것이다.

운영체제의 목적 중 하나가 사용자의 편의성 제고이므로, 컴퓨터에 대한 자세한 사항을 모르는 컴퓨터 사용자라 하더라도 쉽고 편리하게 그리고 효율적으로 컴퓨터를 사용할 수 있는 환경을 제공하기 위하여 MMI(Multi-Modal Interface)가 개발되고 있다.

용어설명

MMI(Multi-Modal Interface)

사용자 편의성 제고를 위한 컴퓨터 사용 환경의 경우는 마우스 입력과 2차원 그래픽을 이용한 아이콘이나 윈도우 위주의 GUI(Graphic User Interface) 형태에서, 지금은 펜 입력, 음성을 통한 생체 인식, 화상, 애니메이션, 3차원 그래픽을 포함한 MMI 형태로 진화되고 있다.

나) 시스템 성능의 극대화

(1) 처리능력(throughput)의 증대

처리능력이란 시스템 전체의 효율을 측정하는 단위로 단위 시간당 컴퓨터 시스템이 얼마만큼의 생산성을 올릴 수 있는 가를 관심으로 하고 있다.

예를 들면, 입출력장치는 CPU의 처리 속도에 비하여 처리속도가 느리므로 시스템 자원 활용 시에 불균형(unbalance)이 생기며, 또 어떤 작업의 실행은 모든 입력장치가 쓰이지 않으며, 몇 개는 놀기 마련이다.

주기억장치의 경우에도 모두 다 쓰이는 경우는 별로 없다. 따라서 이들 시스템을 구성하는 요소들은 가능한 한 실행시키도록 하는 것이 처리 능력의 향상을 위하여 필요하다.

처리 능력의 향상은 일정 시간 내에 시스템이 처리하는 일의 양을 극대화시키는 것으로, 시스템을 구성하고 있는 각 장치가 개별적으로 처리하는 일의 양보다는, 전체 시스템이 공동으로 작동하여 일정 시간 내에 처리하는 일의 양이라는 면에서 측정되어야 한다.

처리 능력을 증대시키기 위해서는 사람의 개입을 최소한으로 줄이고, 입력된 작업을 지연 없이 연속적으로 처리시킬 수 있도록 해야 하는데 다중 프로그래밍(multi-programming)이 대표적인 경우이다.

(2) 응답시간(Turnaround Time)의 단축

응답시간이란 일의 처리를 컴퓨터에 의뢰하고 나서, 결과를 얻을 때까지 걸리는 시간으로 가능한 단축하는 것이 바람직하다.

급여계산과 같이 데이터를 모아서 배치(batch) 처리를 할 때는 경과시간이 길어도 별로 문제가 되지 않는다. 그러나 은행 창구나 좌석예약 창구 등에서의 처리와 같이 요구가 있을 때마다 즉시 처리되어야 할 경우에는 신속한 응답이 요청된다. 또한 배치 처리의 경우라도 긴급한 처리를 요구할 경우 대부분 정해진 시간 내에 응답을 해주어야 한다.

응답 시간의 단축을 위해서는 작업의 연속 처리, 온라인 실시간 처리(on-line real time),

다중 프로그래밍, 그리고 시분할 처리(Time Sharing) 등이 도입되어야 한다.

그러나 배치 처리 방식과 실시간 처리(Real Time) 방식을 공용하고 있는 시스템의 경우 경과 시간이 다양하다. 앞에서 언급한 바와 같이 배치 처리 방식은 경과 시간이 길어도 되지만 실시간 처리 방식에서는 요구되는 경과 시간이 짧을수록 좋다.

배치 처리에서도 특히 긴급한 작업에 대처하기 위해서는 작업마다 우선순위가 부여되어야 한다. 우선순위가 높은 작업은 여러 작업 입력에서 우선적으로 선택되어 다른 작업보다도 먼저 실행되게 하는 것이다. 이 방식이 처리기 경영의 Job Scheduler에 의해서 행해진다.

(3) 사용 가능도(availability)의 증대

사용 가능도는 컴퓨터 시스템 내의 한정된 각종 자원을 여러 사용자가 요구할 때, 어느 정도 신속하고 충분히 지원할 수 있는 정도를 말한다. 이것은 사용 가능한 하드웨어 자원의 수나 다중 프로그래밍의 정도 등의 수에 좌우되며, 같은 종류의 시스템 자원수가 많을 경우에는 사용 가능도가 높아질 수 있다. 그러나 자원이 제한되어 있으므로 각종 자원에 대한 정보 관리가 필요하며, 신속히 지원해 줄 수 있는 스케줄링 기법이 필요하다.

이때 컴퓨터 시스템의 자원수가 많고, 응답시간이 빠르더라도 시스템의 유지 보수나 오동작에 대한 회복 처리에 많은 시간이 소요된다면 목적하고자 하는 시스템 성능의 극대화에 도리어 역행할 수 있게 된다. 그러므로 시스템의 유지보수나 오동작에 대한 자동적 대처 기법도 같이 도입해야만 사용 가능도를 개선시킬 수 있다.

(4) 신뢰도(reliability)의 증대

신뢰도는 시스템이 정확하게 작동되는 정도를 말하는데 하드웨어적인 오류의 자체 회복 재시도나 소프트웨어의 오류에 대한 상세한 메시지 등이 시스템의 신뢰도 향상을 위한 기법으로 사용된다.

다) 시스템의 적응성과 개방적 설계

컴퓨터 시스템과 적용 업무의 교량 역할을 하는 운영체제도 변화와 다양성에 적응할 수 있도록 설계되어야 한다. 이 때문에 운영체제는 다종다양한 적용 업무에 알맞은 프로그램 기능을 갖고 있음은 물론 기기 구성과 용도에 따라 운영체제의 기능을 여러 형태로 조합할 수 있도록 되어 있다. 다양한 조합이 될 수 있고 변화에 적응할 수 있게 하기 위해서는 모듈러 개념(Modular Concept)이 반드시 필요하다.

모듈화는 대규모 프로그램을 구현하기 위해서는 먼저 다수의 작은 프로그램으로 패키지한 다음 시스템의 확장성을 높이며 개발 및 유지 보수를 용이하게 한다. 모듈화에서 가장 기본적인 개념은 기능별로 분할하는데 운영 체제에서 처리기 경영, 기억장치 경영, 그리고 주변 장치 경영의 기능 분할이 이런 기본적인 개념에서 수행된다.

운영체제가 노후화되어 시대에 뒤떨어져 사용하지 못하게 되서는 안 되므로 스스로 기능상의 여러 능력을 확장하여 변화에 쉽게 적응할 수 있도록 개방식으로 설계되어야 한다.

2.2 운영체제의 역사

1) 일괄 처리 시스템(Batch Processing System)

일괄 처리 시스템에서 여러 개의 작업들은 한 개의 그룹 또는 일괄적으로 묶어 자동적으로 처리할 수 있는 모니터(monitor)라는 운영체제에 의해서 시행되었다. 일괄처리 시스템의 자료처리 방식은 일정 시간 모여진 변동자료(Transaction Data)를 컴퓨터의 입력 자료로 만들었다가 필요한 시점에서 이 자료를 입력하여 실행시켜서 그 결과를 출력시켜 주는 방식을 말한다.

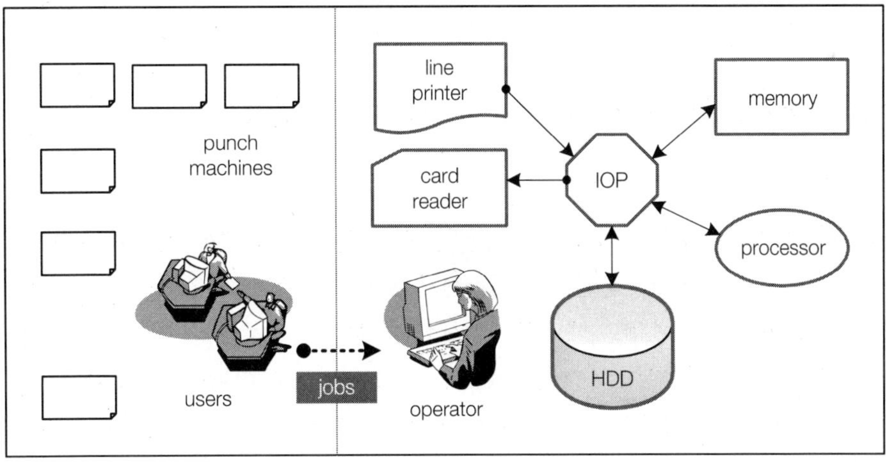

[그림 2-5] 일괄 처리 시스템

초기의 컴퓨터 시스템들은 거의 대부분이 일괄처리 시스템이었으며 이러한 시스템에서는 전자계산소에 컴퓨터 본체뿐만 아니라 기타의 일체 장비 즉, 카드 리더, 프린터, 하드디스크, 자기테이프 등의 입출력장치 및 보조기억장치들까지 모두 모아 놓고 운영하였다.

이 시스템은 사용자들이 천공 카드(Punch Card) 등의 입력 매체에 자신의 프로그램과 데이터를 천공하여 전자계산소에 접수시키고 일정 시간이 지난 후에 자신의 프로그램의 출력 결과를 찾아가는 형태로 운영되었다.

이와 같이 중앙 집중적으로 시스템을 구성한 이유는 운영체제 기술이 미숙하기 때문이지만 컴퓨터 시스템이 최소의 경비로 운영될 수 있다는 장점이 있었다. 그러나 이와 같은 시스템의 가장 큰 문제점은 바로 최종 사용자의 번거로움과 생산성의 저하라는 점이다.

이러한 시스템의 운영체제는 일괄적으로 입력된 프로그램들을 다중 작업 처리 방식(multi-tasking)으로 처리했으며 시스템 전체의 효율성, 즉 작업 처리량이나 자원의 활용도를 높이는 데에만 초점을 맞추고 있었다.

용어설명

자원 활용도(Resource Utilization)

특정 자원에 대해 그 자원이 실제로 사용된 시간을 총 가용시간으로 나눈 값을 의미한다. 예를 들면, 주어진 10시간동안 프린터 장치가 사용된 시간이 2시간이라면 이 프린터의 자원 활용도는 20[%]가 된다고 볼 수 있다.

2) 다중 프로그래밍(multi-programming)

가) 도입 배경

컴퓨터 시스템을 한사람의 사용자만 사용할 수 있는 시스템에서 작업의 준비나 실행을 자동화한다 하더라도 하나의 작업만이 시스템의 모든 자원들을 독점하여 사용하게 되므로 많은 자원들이 유휴 상태에 빠지게 되는 현상이 발생한다.

CPU는 저속의 입출력장치보다 빠른 속도로 동작하므로 한 사람의 사용자만 사용할 수 있는 시스템에서는 입출력장치의 수행이 끝날 때까지 CPU는 오랜 시간동안 기다려야 하는 문제점을 안고 있다. 이러한 문제는 시스템의 사용이 한사람으로 제한되어 있기 때문에 그 작업이 끝날 때까지는 다른 사람과의 작업을 수행할 수 없으므로 발생하는 것이다.

이를 해결하기 위한 방법으로 다중 프로그래밍(multi-programming) 기법이 도입되었다.

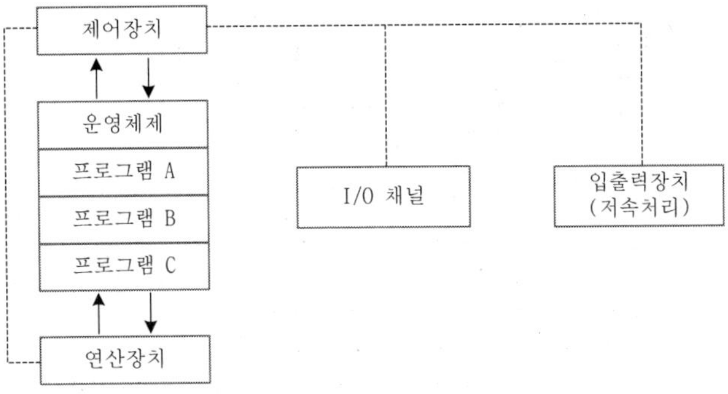

[그림 2-6] 다중 프로그램의 상태

나) 구현 방법

다중 프로그래밍은 컴퓨터의 주기억장치상에 두 개 이상의 프로그램이 적재되어 하나의 프로그램이 중앙처리장치를 사용하다가 상대적으로 느린 입출력 동작을 수행하고자 할 때 CPU로 하여금 다른 동작을 수행하여 컴퓨터의 효율을 증대시키고자 하는 방법이다. 이때 다중 프로그래밍이 가능하게 되려면 입출력작업을 독립적으로 수행할 수 있는 처리기(processor)가 있어야 하며, 이를 보통 입출력채널(I/O channel)이라고 한다.

[그림 2-7]은 프로그램 1과 2의 CPU 작업 시간과 I/O 작업 시간이 동일한 경우에 다중 프로그래밍을 하게 되면, CPU의 유휴 시간(Idle Time)이 전혀 없게 됨을 보여주고 있다. 그러나 일반적으로 대부분의 프로그램들은 I/O 작업 시간이 CPU 작업 시간보다 훨씬 길기 때문에 다중 프로그래밍의 정도를 높일 필요성이 있다. 여기서 5란 작업 시간을 의미한다.

이러한 다중 프로그래밍을 위한 운영 체제는 아주 복잡하다. 이를 위해서는 충분한 주기억공간이 있어야 하며, 주기억장치 관리 프로그램 및 CPU 스케줄링 기법이 필요하다.

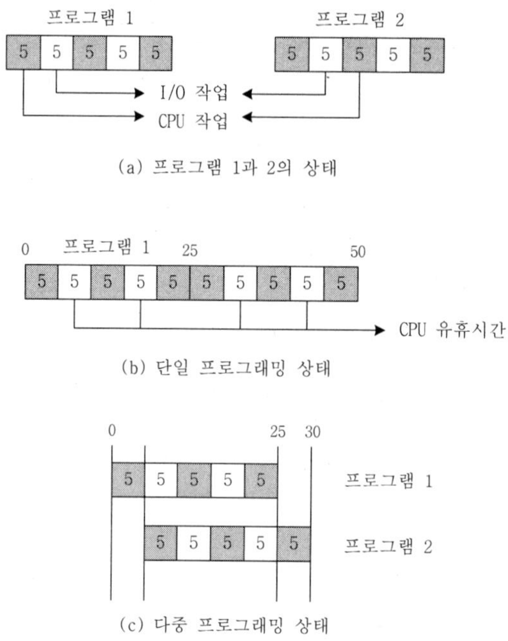

[그림 2-7] 다중 프로그램의 시간별 구현 방법

3) 실시간 처리 시스템(Real-time Processing System)

실시간 처리 시스템이란 컴퓨터에 어떤 자료를 입력시켰을 때, 빠른 시간 내에 응답을 주어 사용자가 실제로 원하는 시간 내에 문제를 해결할 수 있도록 해 주는 처리 방식을 말한다.

실시간 처리 시스템은 입력되는 작업이 제한 시간(deadline)을 갖는 경우가 일반적인데 정해진 제한 시간 내에 작업의 수행을 끝마쳐 주어야 하며 이를 끝마치지 못하는 경우 치명적인 결과를 초래하게 되는데 이의 대표적인 경우로는 공장의 공정 제어를 컴퓨터가 담당하는 경우나 컴퓨터가 군사적인 목적으로 사용되는 경우를 들 수 있다.

실시간 처리 시스템에서는 모든 업무의 결과가 똑같은 시간대에 처리되는 것은 아니며, 업무 처리 내용과 성격에 따라 달라질 수도 있다. 실시간 처리를 위해서는 CPU의 처리 속도가 매우 빨라야 하며, 자료를 저장해두는 보조기억장치의 용량도 매우 커야 한다. 그리고 자료의 발생과 동시에 곧바로 처리되기 위해서는 중앙의 시스템과 단말기 사이의 정보를 신속하게 주고받을 수 있는 통신 장치도 필요하다.

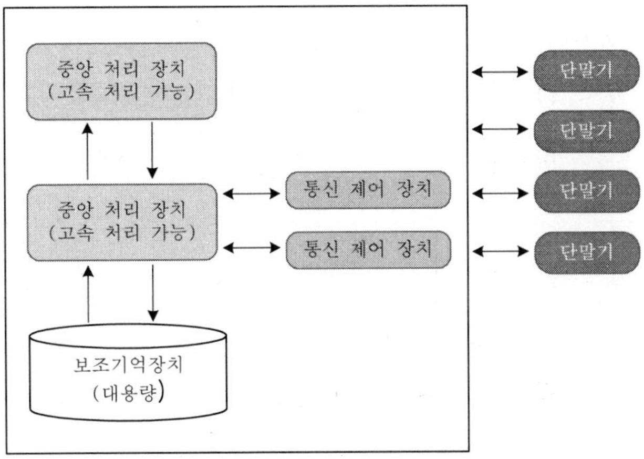

[그림 2-8] 실시간 처리 시스템

4) 시분할 처리 시스템(Time Sharing System, TSS)

시분할 처리 시스템은 CPU의 시간을 각 단말기가 똑같이 분할하여 사용하는 체제로 모든 컴퓨터 사용자에게 똑같은 서비스를 제공하는 것을 목표로 삼고 있다.

전송 시스템에서도 시분할의 의미를 적용하는데 전송로에 할당되어 있는 시간대역을 각 채널별로 시간단위로 나누어 할당하는 방식으로 회선 교환에 속한다. 이때 각 채널들은 고속통신 선로를 독점한 것처럼 보이나 실제로 분배된 시간만 이용한다.

시분할 다중화기 내부는 고속 전송이므로 저속도의 각 단말 데이터를 완충시켜주기 위한 임시 기억장치인 버퍼(buffer)가 필요한데 각 채널들의 총합 속도는 고속회선의 시분할 속도를 넘지 못한다.

시분할 처리 시스템은 진화하여 사용자와 컴퓨터가 직접 대화하는 형태로 발전되었으며, 다중 프로그래밍 체제와 대화형 체제(Interactive System)를 합쳐 놓은 형태로 볼 수 있다. 일반적으로 CPU의 사용 시간을 매우 짧게 요구하는 많은 사용자를 위하여 이용되고 있으며, 실제로 많은 사용자들이 하나의 컴퓨터를 공유하지만 CPU의 처리 속도가 워낙 빠르기 때문에 각 사용자들이 각각 자신의 컴퓨터를 사용하고 있는 것처럼 보인다.

한편, 시분할 처리 시스템은 인터럽트(interrupt)의 개념으로 다루어지는데, 인터럽트라고 하는 것은 다른 프로그램으로 시스템의 제어권을 넘길 수 있는 기회로 볼 수 있는데, CPU의 사용 시간을 각 프로그램마다 일정 시간을 넘지 못하도록 하여 그 시간이 초과되는 것을 인터럽트로 간주된다.

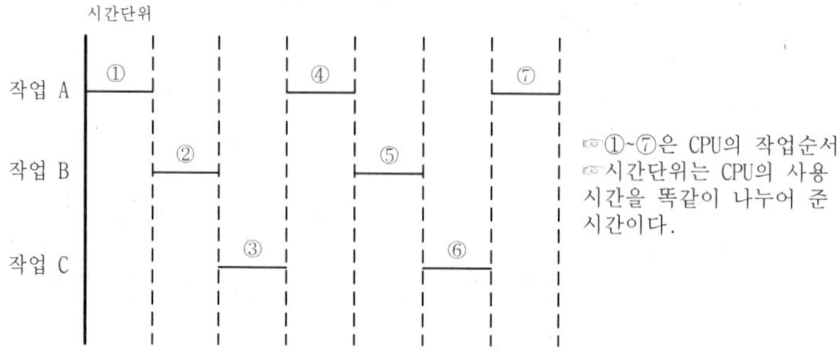

[그림 2-9] 시분할 처리 시스템의 작업 처리 순서

| 학 습 활 동 |

스풀링(Simultaneous Peripheral Operation On-Line, SPOOLing)에 대하여 설명하시오.

1. 도입 배경

시스템이 보유하고 있는 유한한 개수의 입출력장치의 사용을 원활하게 하며, 입출력장치의 사용을 원하는 사용자에 대한 지원을 용이하게 한다.

2. 구현 방법

- 주기억장치와 입출력장치를 직접 연결하지 않고, 그 사이에 스풀(spool)을 위치
- 버퍼와의 차이점

▶ 버퍼 : 주기억 공간 사용, 한 작업에 대한 I/O를 대상

▶ 스풀링 : ① 한 작업의 I/O와 다른 작업의 계산이 중복 실행 가능

② 작업 풀(pool)의 구조이므로 작업 스케줄링 수행

5) 분산 운영 체제(Distributed Opening System, DOS)

가) 도입 배경

지금까지의 운영 체제는 대형의 컴퓨터를 센터에 설치해 놓고 멀리 떨어져 있는 단말기와 통신선로로 자료처리를 하는 실시간 처리(Real-time Processing)와 일괄처리 방식

(Batch Processing)을 병행하는 중앙 집중식 처리 방법이었다.

그러나 이러한 방법은 모든 자료가 중앙에 집중됨으로써 중앙의 컴퓨터는 업무량이 폭주하여 더욱 큰 컴퓨터의 설치가 요구되고 센터가 이상이 생겼을 경우 전체의 정보처리 서비스가 마비되는 결과가 발생하게 된다.

한편, 센터와 단말기 간의 통신선을 단순히 LAN으로만 대체되는 경우 사용자들의 입장에서는 아직도 많은 불편을 느낄 수 있다. 우선 사용자들은 통신망에 연결되어 있는 시스템을 사용하기 위해서 각 시스템들의 사용법을 미리 알아야 하며, 해당 시스템의 주소나 호스트의 이름(Host Name) 등도 미리 숙지하고 있어야 하고, 통신망의 컴퓨터 시스템들 간에 정보를 전송하고자 할 경우에는 각 컴퓨터 시스템의 자료 표현법도 미리 염두에 두고 있어야 한다.

이와 같은 번거로움을 해소하고 모든 사용자들에게 일관되고 통일된 환경을 구축해 주기 위해서 구성된 시스템을 분산 시스템(Distribution System)이라고 한다.

나) 정 의

분산 운영 체제는 처리장치, 기억장치, 입출력장치 등의 기본적인 처리능력을 가진 독립적인 기계(autonomous computing machine)들을 네트워크로 연결하여 구성한 보다 종합적인 컴퓨터 시스템에서 수행되는 운영체제이다.

부연설명하면 분산 운영 체제는 여러 개의 물리적인 프로세서와 각종 데이터베이스가 지역적으로 분산되어 있으면서, 한 조직 내의 고유 업무를 수행하거나 조직 간의 관련 업무를 처리하고 정보 교환을 수행하는 시스템에서 운영되는 운영체제라고 할 수 있다.

그리고 분산 운영 체제에서는 그 시스템 내에 분산되어 있는 각 노드들이 각종 응용 업무의 연산을 나누어 맡아 처리할 수 있기 때문에 어떤 조직 부분의 업무 특성에 가장 자연스러운 시스템으로 구성할 수 있으며, 중앙의 호스트가 고장남에 따라 전체 업무가 마비되어 버리는 중앙 집중식 처리 시스템의 단점을 보완할 수 있다.

분산 처리 시스템은 서로 다른 기능이나 자원을 갖는 여러 노드가 서로 연결되어 있으므로, 어떤 한 노드의 사용자는 다른 노드의 기능이나 자원을 사용할 수 있다. 분산 운영 체제의 자원 공유(Resource Sharing) 방식으로는 특수 목적의 연산 기능을 갖고 있는 원거리 노드의 하드웨어 사용 또는 원거리 노드가 갖고 있는 파일이나 분산 데이터베이스에 대한 정보 처리 등이 있다.

다) 요구 조건

분산 운영 체제는 여러 노드에 분산되어 있는 자원을 관리하고, 사용자의 위치에 관계없이 투명(transparent)하게 이용할 수 있게 한다. 또한, 분산 시스템의 부분적인 고장 발생 시 기존의 단일 시스템에서는 전체 작업을 중단해야 하는데 반해 분산 시스템에서는 고장 난 부분을 제외한 나머지는 계속 가동되므로 돌연한 작업 중단이나 급격한 성능 저하는 없다. 이러한 분산 시스템은 다음과 같은 요구조건을 만족하는 컴퓨터들의 집합이라고 할 수 있다.

① 다양성(multiplicity) : 사용자에게 동적으로 할당되는 자원들이 각 노드에 분산되어 있고 또한 중복되어 있다.
② 메시지 전달(Message Passing) : 분산된 요소들은 네트워크를 이용하여 메시지를 주고받음으로써 정보를 교환한다.
③ 시스템 투명성(System Transparency) : 사용자는 자원들의 물리적인 위치를 모르고도 그 자원을 이용할 수 있어야 한다.
④ 지역독립성(Local Autonomy) : 시스템의 구성 노드들은 각각 어느 정도의 자율성을 갖는다.
⑤ 통합적인 제어기능(Unified Control) : 각 노드의 자율성은 어느 정도 보장하면서 시스템 전체의 정책을 결정하는 통합적인 제어기능이 있어야 한다.

6) 다중 처리기 시스템(Microprocessor System)

가) 개 념

다중 프로그래밍 방식은 하나의 CPU를 공동으로 다수의 프로그램들이 사용하기 때문에 완전하게 동시에 처리한다는 것은 불가능하다. 이에 따라, 여러 개의 작업을 동시에 처리할 수 있도록 다수 개의 CPU를 가지고 있으면서, 주기억 공간이나 주변기기를 서로 공유할 수 있도록 하는 다중 처리기 시스템이 필요하다.

다중 처리기 시스템의 주된 능력은 하드웨어뿐만 아니라 프로그램의 병렬성(concurrency)을 이용하는 것으로, 이를 자동적으로 지원하는 것이 다중 처리기 운영 체제의 핵심적인 역할이라고 할 수 있다.

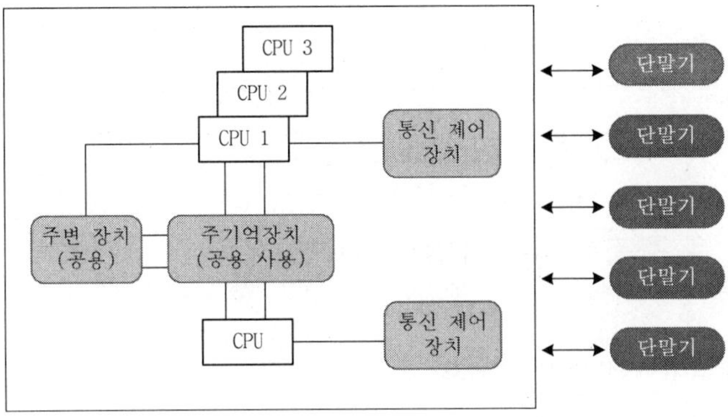

[그림 2-10] 다중 처리기 시스템

나) 특 징

① 주기억장치를 복수개의 CPU가 공유하여 동시에 사용할 수 있으며, 시스템 구축 비용은 올라가지만 프로그램의 처리 속도는 매우 빨라지게 된다.

② 한 쪽의 CPU가 고장 나더라도 다른 CPU를 이용하여 업무 처리를 계속할 수 있기 때문에 시스템의 안정성이 높아진다.

다) 메모리를 공유하는 여부에 따른 분류

① 공유 메모리형 : 복수의 프로세서가 하나의 주기억장소를 공유하는, 이른바 강결합형(highly-coupled)를 말하며 공유 메모리에 대한 액세스는 lock 기능에 의해 제어된다. 고속 시스템 버스나 캐시 메모리에 의해 높은 성능을 얻을 수 있다.

② 분산 메모리형 : 복수의 프로세서가 하나의 주기억장소를 공유하지 않는, 이른바 약결합형(weekly-coupled)를 말한다.

라) 각 프로세서의 메모리 액세스법에 따른 분류

(1) UMA(Uniform Memory Access)

공통 버스로 결합하여, 공유 메모리와 같은 방법으로 액세스할 수 있는데, 공유 메모리가 모든 프로세서에 의해 동일하게 접근되므로 프로그램하기 쉽다는 장점을 가지지만, 메모리의 접근 시간이 언제나 일정하게 소요되고 메모리 접근이 일정 순간에 집중되면 상호 연결망이 병목 되는 단점을 가지게 된다.

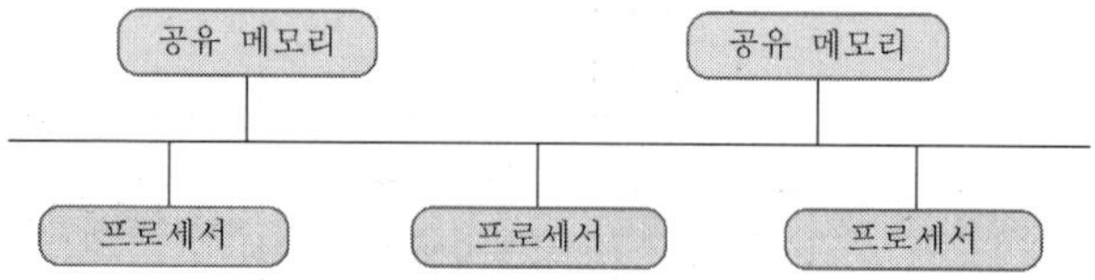

[그림 2-11] UMA

(2) NUMA(No Uniform Memory Access)

공유 메모리에 대한 액세스가 불균일한 것으로 큰 메모리 다중 처리기 시스템의 설계에 확장성을 제공하므로 다수의 처리기를 지원하는 여러 시스템들이 NUMA를 채택하고 있다.

메모리가 분산되어 원격 메모리에 비해 지역 메모리에 대한 접근시간이 단축되지만, 원격 메모리에 대해 참조하는 데 비용이 크기 때문에 구역성이 시스템 전체 성능에 영향을 끼친다. 여기서 프로세스가 어떤 주소를 참조할 때에는 해당 페이지들이 적재된 실기억공간의 모든 영역이 아니라, 지역적인 부분만 참조하게 된다.

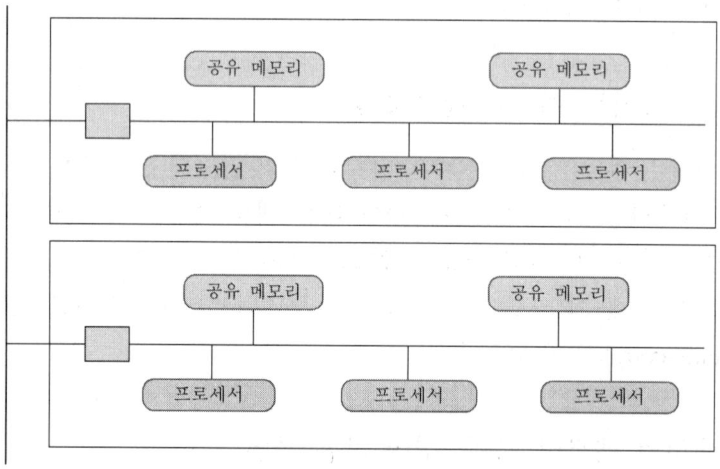

[그림 2-12] NUMA

(3) NORMA(No Remote Memory Access)

공유 메모리를 가지지 않으며 각 프로세서는 국소 메모리를 가지며 다른 곳으로부터 액세스를 허락하지 않는다. 메모리를 공유하지 않으므로 프로세서 간의 통신 속도는 늦으며 시스템 기동시의 오버헤드로 시간이 걸린다. 그러나 프로세서 수를 증가시켜도 성능이 그렇게 저하되지 않는 장점이 있다.

여기서 UMA와 NUMA는 강결합형 다중 처리기 시스템, NORMA는 약결합형 다중 처리기 시스템에 해당된다.

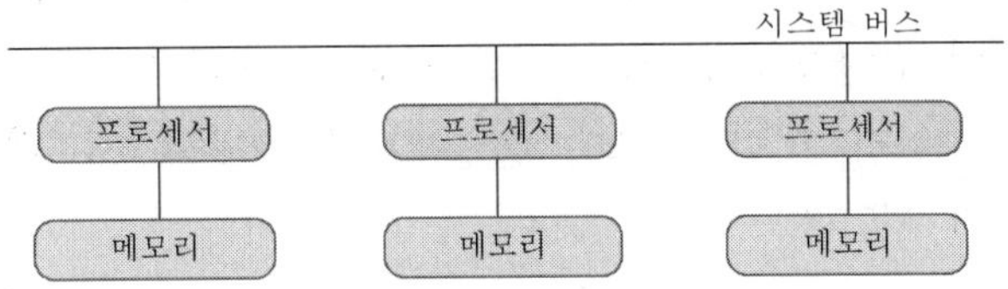

[그림 2-13] NORMA

쉬어가기

〈 운영체제의 발전 과정 〉

구분	시대	특징
제0세대	1940년대	- 운영체제 없음 - 기계어 사용
제1세대	1950년대	- IBM 701(운영체제 효시) - 작업 간의 원활한 변환 - 버퍼링, 스풀링, 일괄 처리 시스템
제2세대	1960년대 초	- 고급 언어로 운영체제 작성 - 장치 독립성 - 다중 프로그래밍, 다중 처리, 시분할 시스템
제3세대	1960년대 중반 ~ 1970년대 중반	- IBM 360 시리즈, 유닉스 - 범용 시스템 - 다중 모드 시스템
제4세대	1970년대 중반 ~ 현재	- 네트워크 시스템 - 가상 머신, 분산 데이터 처리 - 개인 컴퓨터

2.3 UNIX 운영체제

1) 탄 생

벨 연구소의 케네스 레인 톰프슨(Kenneth Lane Thompson)과 데니스 리치(Dennis Ritchie)는 1960년 중반에 GE와 MIT가 공동으로 개발하고 있던 범용 컴퓨터용 운영체제인 Multics 프로젝트에 참여하고 있었는데, 벨 연구소가 이 프로젝트를 중단하자 이들은 미니컴퓨터용으로 어셈블리 언어로 쓰인 운영체제의 개발을 시작하게 되었고, 이것이 UNIX가 탄생한 계기가 되었다.

따라서 UNIX는 Multics의 영향을 강하게 받았으며, UNIX라는 이름도 "Multics를 단순화 그리고 통합화한 운영체제"라는 의미로 인식되었다. UNIX의 초기 이름은 Unics(Uni는 하나를 의미)이며, 나중에 UNIX로 바뀌었다. 그들은 컴퓨터 기종에 따른 의존성이 적고 호환성이 풍부한 고급 언어를 만들어 낼 시도도 하였으며, 1972년에는 C 언어를 탄생시켰다.

C 언어로 쓰인 UNIX는 변경이 쉬워졌기 때문에 많은 기관에서 개량 및 확장을 시도하였고, 특히 캘리포니아 대학의 개량판은 BSD(Berkeley S/W Distribution)로 유명하다.

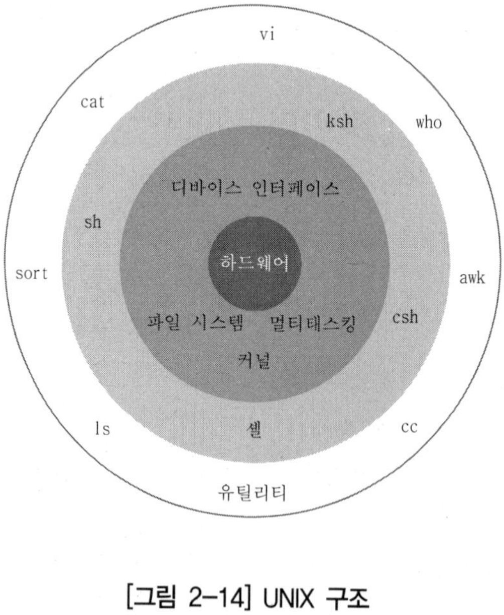

[그림 2-14] UNIX 구조

1990년대에 들어서 개방시스템(Open System)이 중요한 컴퓨터 비즈니스의 흐름으로 자리 잡게 되는데 이것은 결국 분산처리 네트워크로 연결된다. 이 흐름에 대응하여 OSF

(Open System Foundation)는 1991년 9월 분산 처리 환경의 기본 기능을 패키지한 DCE (Distributed Computing Environment) 버전 1.0을 발표하였고, UI(Unix International)도 1991년 9월 분산 처리 기능의 프레임 워크를 규정한 UI-ATLAS를 발표하였다.

2) 사용자 인터페이스

가) 셸(shell)

명령어 해석기(Command Language Interpreter)의 역할을 하며, 이 명령어 해석기는 사용자 프로세스로 운영 체제의 커널을 둘러싸고 있다. 그러므로 셸은 사용자와 UNIX 간의 인터페이스 역할로서 프로그램 언어와 명령어를 마련하는 역할을 한다. 한편, 셸은 단순히 상호작용하는 명령어 해석기이면서, 유닉스 프로그램들의 조정 및 협동을 위한 기능을 수행한다.

셸은 커널에 내장된 기능이 아니라 독자적인 유틸리티 중의 하나이기도 한다. 그러므로 UNIX 시스템에서는 여러 개의 명령어 해석기가 존재할 수 있으며 사용자는 여러 명령어 해석기 중에서 사용 목적에 적합한 것을 선택할 수 있다. 최근 유닉스에는 많은 메뉴 방식과 아이콘 인터페이스가 추가되어 사용하고 있다.

나) 커널(kernel)

운영체제의 핵심이 되는 부분으로 항상 주기억 장소에 상주하면서 프로세스 관리, 입출력 관리, 파일 관리 및 프로세스 간의 통신 등을 한다.

한편, 마이크로커널(microkernel)은 커널의 기능을 최소화하고, 가장 핵심적인 기능만을 모아 놓은 구조로서 프로세스 간 통신(InterProcess Communication, IPC), 주소공간, 그리고 기본적인 스케줄링을 포함한 몇몇 소수의 핵심 기능만을 커널에 포함시키고 그 밖의 운영체제 서비스들은 서버라 불리는 프로세스에 의해 제공하는 방식으로서 이식성이 대단히 높은 것이 특징이다.

2.4 모바일 운영체제

모바일 운영체제는 효율적인 프로세서 성능 구현과 프로그램 구동을 위한 플랫폼으로, 데스크톱이나 노트북 OS와 달리 휴대용 단말의 특성을 고려한 구동 환경과 편리한 유저 UI(User Interface)가 고려된다. 스마트폰의 조작성을 극대화하는 터치스크린 기술 기반의 멀티터치 기능을 비롯해 LBS(Location Based Service), 증강현실과 같은 스마트폰의 특성을 활용한 기능 구현 능력 등이 스마트폰에서의 모바일 OS의 경쟁력을 판가름하는 요소로 꼽힌다.

스마트폰 OS는 Windows Mobile이나 iPhone과 같은 폐쇄적 플랫폼과 Symbian과 Android와 같은 개방적 플랫폼으로 구분된다. 전자는 OS 보유업체의 관리가 용이한 반면 후자는 반대로 외부 업체의 적극적인 참여를 유도할 수 있어 시장 확산 효과가 크며, 대신 플랫폼 버전 간 호환에 차질이 발생하는 등 관리상의 어려움이 있다.

1) 안드로이드

필수 기능만 갖춘 휴대폰은 모바일 인터넷 단계를 벗어나 소비자들은 이동성을 가진 PC 기능을 요구하게 되었다. 그러므로 PC와 어깨를 나란히 하는 단계로 진입하면서 검색 기능과 휴대폰에 맞추어진 애플리케이션 기능이 필요하게 되었다.

이와 같은 필요성에 의해 안드로이드(Android)가 등장하였으며 휴대전화기를 비롯하여, 모바일 디바이스를 위한 운영체제와 미들웨어 그리고 핵심 애플리케이션을 포함하고 있는 개방형 모바일 플랫폼이다.

[그림 2-15] 안드로이드 로고

안드로이드는 구글이 만든 개방형 모바일 운영체제로서 통신 관련 회사 연합체인 '오픈 핸드셋 얼라이언스(Open Handset Alliance, OHA)'가 2007년 11월에 공개하였다. 사실상 구글이 작은 회사인 안드로이드사를 인수하여 개발하였으므로 '구글 안드로이드' 라고도 한다.

안드로이드는 개발자들이 자바(Java) 언어로 애플리케이션을 작성할 수 있게 하였으며, 안드로이드 SDK(Software Development Kit)를 통해 애플리케이션을 개발하기 위해 필요한 각종 도구들과 API(Application Programming Interface)를 제공할 뿐 아니라 리눅스 커널 위에서 동작하며, 다양한 안드로이드 시스템 컴포넌트에서 사용되는 C/C++ 라이브러리들을 포함하고 있다.

용어설명

API(Application Programming Interface)

응용 프로그램에서 사용할 수 있도록 운영 체제나 프로그래밍 언어가 제공하는 기능을 제어할 수 있게 만든 인터페이스를 뜻한다. 주로 파일 제어, 창 제어, 화상 처리, 문자 제어 등을 위한 인터페이스를 제공한다.

2) Windows Mobile

Windows Mobile은 MS가 2003년 윈도우 모바일 2003을 출시함으로써 첫 선을 보였다. 기존 PDA의 운영체제인 윈도우 CE(Consumer Electronics)를 기반으로 휴대전화 기능이 추가되었으며 모바일 환경에 적합한 새로운 터치식 사용자 인터페이스를 추가하여 개발하였다. Symbian과 더불어 초기 모바일 플랫폼 시장을 주도하였지만, 최근 경쟁력이 약화되어 점유율이 감소하는 추세이다.

[그림 2-16] Windows Mobile 로고

3) iOS(iPhone OS)

애플에서 개발한 운영체제로 원래는 'iPhone OS'였는데, 2010년 아이폰4의 발표와 함께 'iOS'라는 명칭으로 다시 공개하였다.

iOS는 2007년에 애플이 발표한 모바일 OS로서 아이폰(iPhone)은 터치스크린 기반의 아이팟, 휴대전화 그리고 인터넷의 세 가지 주요 기능을 가진 모바일 전자 기기이다.

아이폰은 휴대전화에서 쓰이는 전화를 걸기 위한 다이얼패드가 없이 손가락을 이용한 터치스크린으로 작동되며 구글과 제휴하여 아이폰에 맞춰 특별히 제작된 구글 맵 기능을 사용하면 지도와 지역 정보, 위성사진들을 아이폰에서 볼 수 있다. 한편, 자신의 위치를 찾을 수도 있는데 GPS와는 달리 근처의 무선 기지국과 무선랜 시설을 인식하여 자기 위치를 추적할 수 있다.

[그림 2-17] iOS 로고

4) BlackBerry

BlackBerry는 Research In Motion(RIM)사에서 자회사 단말기를 위해 자체적으로 개발한 자바기반의 모바일 OS로서 우리나라에서 '오바마폰'이라고 많이 알려져 있다.

BlackBerry는 전 세계적으로 비즈니스맨들을 위한 업무용 스마트폰으로 유명한 만큼, BlackBerry OS가 내세우는 점은 뛰어난 안정성과 속도, 그리고 메시징 기능이다. 다른 운영체제들에 비해 빠른 응답속도를 자랑하며, 특히 이메일을 실시간으로 받아주기 때문에 업무용으로 메시지를 주고받는데 엄청난 강점을 보이고 있다.

[그림 2-18] BlackBerry 로고

〈표 2-1〉 모바일 운영체제의 비교

	안드로이드	Windows Mobile	iOS	BlackBerry
장점	- 파일 관리 용이 - 빠른 성장세 - 다양한 파일 지원 - 다양한 기기 라인업과 UI 신기술 개발 유망	- 파일 관리 용이 - 친숙한 UI - MS Office 지원 - 자사 제품과 호환성 우수 - 메신저 기능 우수	- 직관적이며 감각있는 UI - 최적화 매우 우수 - 꾸준한 업데이트 - 바이러스에 대한 극복 능력 우수 - 콘텐츠 매우 다양	- 텍스트에 용이
단점	- 바이러스, 해킹 등의 위험 등으로 불안정 - 일부 기기와 최적화 미흡 - 어플 시장 미흡	- 콘텐츠 부족	- 다양한 파일 지원에 불리 - 파일 관리를 위해서는 iTunes 반드시 필요	- 콘텐츠 부족
특징	개 방 형	폐 쇄 형	폐 쇄 형	폐 쇄 형

요 약

1. 운영체제의 목적은 처리 능력 증대, 응답 시간 단축, 사용가능도 증대, 그리고 응답 시간 단축이다.
2. 일괄 처리 방식은 여러 개의 작업들을 한 개의 그룹 또는 일괄(batch)적으로 묶어 자동적으로 처리할 수 있는 모니터(monitor)라는 운영체제에 의해서 시행한다.
3. 다중 프로그래밍에서는 하나의 작업이 I/O를 하는 동안, 다른 작업이 CPU를 쓸 수 있도록 여러 개의 프로그램을 주기억 공간에 적재시킨다.
4. 실시간 처리 시스템(Real-time Processing)은 컴퓨터에 어떤 자료를 입력시켰을때 빠른 시간 내에 응답을 주어 사용자가 실제로 원하는 시간 내에 문제를 해결할 수 있도록 해주는 처리방식이다.
5. 시분할 시스템(Time Sharing System, TSS)은 CPU의 시간을 각 사용자가 균등하게 분할하여 사용하는 시스템이다.
6. 분산 운영 체제는 처리장치, 기억장치, 입출력장치 등의 기본적인 처리능력을 가진 독립적인 기계들을 네트워크로 연결하여 구성한 보다 종합적인 컴퓨터 시스템이다.
7. 다중 처리기 시스템은 여러 개의 작업을 동시에 처리할 수 있도록 다수 개의 CPU를 갖고 있으면서, 주기억 공간이나 주변기기를 서로 공유할 수 있도록 하는 시스템이다.
8. UNIX 운영체제에서 셸(shell)은 사용자와 UNIX 간의 인터페이스 역할로서 프로그램 언어와 명령어를 마련하는 역할을 한다.
9. 모바일 운영체제는 효율적인 프로세서 성능 구현과 프로그램 구동을 위한 플랫폼으로, 데스크톱이나 노트북 OS와 달리 휴대용 단말의 특성을 고려한 구동 환경과 편리한 유저 UI(User Interface)가 고려된다.

기초 문제

1. 다음 운영체제 형태 중 시대적으로 가장 먼저 생겨난 형태는?

① 다중 처리 시스템 ② 시분할 시스템
③ 일괄 처리 시스템 ④ 분산 처리 시스템

(정답) ③
(해설) 운영체제 형태 중 일괄 처리 시스템이 시대적으로 가장 먼저 태어난 형태이다.

2. UNIX 시스템에서 운영체제의 핵심이 되는 부분으로서 프로세스 관리, 입출력 관리, 파일 관리 등을 하는 곳은?

① 파일 시스템 ② 커널(kernel)
③ 파이프(pipe) ④ 필터(filter)

(정답) ②
(해설) UNIX 시스템에서 커널은 운영체제의 핵심이 되는 부분이다.

3. 시분할 시스템(Time sharing system)에 관련된 내용은?

① 다중 프로그래밍 기법을 사용한다.
② 일괄처리 시스템에 주로 사용한다.
③ 입력되는 자료들을 일정 기간 모았다가 한꺼번에 처리한다.
④ 실시간 처리 시스템이라고도 한다.

(정답) ①
(해설) 시분할 시스템은 다중 프로그래밍 기법을 사용한다.

4. 구글이 만든 개방형 모바일 운영체제로서 2007년 구글, 삼성전자, LG전자, 모토로라, HTC, NTT도코모, 브로드컴, 퀄컴 등과 함께 OHA를 결성하고 발표한 운영체제는?

① 블랙베리 ② iOS
③ 윈도우 모바일 ④ 안드로이드

(정답) ④
(해설) 안드로이드는 구글이 만든 개방형 모바일 운영체제로서 2007년 구글, 삼성전자, LG전자, 모토

로라, HTC, NTT도코모, 브로드컴, 퀄컴 등과 함께 OHA를 결성하고 발표한 운영체제이다.

5. UNIX 시스템의 특징과 거리가 먼 것은?

① 명령어 해석기는 운영체제 커널에 포함되어 있다.
② 이식성이 높다.
③ 커널 코드의 대부분이 C언어로 작성되어 있다.
④ 커널의 크기가 비교적 작다.

(정답) ①
(해설) UNIX 시스템에서 명령어 해석기는 운영체제 셸에 포함되어 있다.

심화 문제

1. 운영체제 설계시 적용되는 계층적 접근 방법에 대하여 제시하시오.

2. 운영체제의 목적에 대하여 간단히 요약하여 설명하시오.

3. 다중 프로그래밍의 도입 배경과 구현 방법에 대하여 서술하시오.

4. 시분할 시스템(Time Sharing System)과 실시간 처리 시스템(Real-time Processing System)의 주요 개념을 설명하고, 각각 적용 분야에 대하여 설명하시오.

5. 다중 처리기 시스템(Microprocessor System)의 개념, 특징 그리고 구현 방법에 대하여 설명하시오.

6. UNIX 시스템의 특징에 대하여 설명하시오.

7. 모바일 운영 체제의 종류에 대하여 아는 대로 설명하시오.

약 어

MMI(Multi-Modal Interface)

SPOOLing(Simultaneous Peripheral Operation On-Line)

DOS(Distributed Opening System)

UMA(Uniform Memory Access)

NUMA(No Uniform Memory Access)

NORMA(No Remote Memory Access)

DCE(Distributed Computing Environment)

API(Application Programming Interface)

SDK(Software Development Kit)

GUI(Graphic User Interface)

IPC(InterProcess Communication)

UI(User Interface)

OHA(Open Handset Alliance)

LBS(Location Based Service)

03

프로세스 관리

프로세스(process)란 수행중인(executing) 프로그램을 말하는데, 사용자의 명령 또는 작업 요청이 컴퓨터 시스템에 입력되어 운영체제의 관리 하에 들어갔으며 아직 그 수행이 종료되지 않은 상태를 의미한다. 일반적으로 프로세스는 생성 상태(New State), 준비 상태(Ready State), 실행 상태(Running State), 대기 상태(Blocked State), 그리고 종료 상태(Exit State) 등의 몇 가지 상태 중 어느 한 상태에 있게 되며, 이러한 상태를 각각 전이하면서 수행을 계속하게 된다.

프로세스의 효율적인 동작은 응용 프로그램 및 시스템 자체의 성능에 큰 영향을 미친다. 최근에는 프로세스를 고속으로 조작하기 위해 경량 프로세스(Light Weight Process, LWP)의 개념을 도입하고, 많은 운영체제에서 이를 지원하고 있다. 프로세스의 무게는 프로세스가 포함하거나 참조하는 자원의 논리적 총량을 말하고, 프로세스 간의 상대적인 무게는 두 프로세스가 개별적으로 포함하거나 참조하는 자원의 논리적 총량을 말한다. 결국 프로세스의 무게는 프로세스 동작의 오버헤드와 밀접한 관계가 있다.

한편, 스레드(thread)란 프로세스보다 더 작은 CPU의 실행 단위를 의미하는 경량 프로세스가 등장하였다. 이어서 단일 프로세서용 운영 체제에서 프로세스의 생성과 유지에 드는 비용을 줄이고, 동시 처리나 병렬 처리의 문제를 해결하기 위하여 스레드를 실행의 기본 단위로 하는 다중 스레드(Multi Threading)라는 개념이 출현하게 되었다.

마이크로프로세서 기술의 발전에 의해 한 컴퓨터 시스템에 CPU가 여러 개 있는 병렬 처리 시스템의 경우 프로세서의 효율적인 관리는 매우 중요한 문제라고 할 수 있다. 프로세서 관리에서는 컴퓨터 시스템 내에 존재하는 많은 프로세스들 중 어느 프로세스를 먼저 실행시킬 것인가를 결정하는 프로세스 스케줄링과 컴퓨터 시스템에 프로세서들이 여러 개 있는 경우 각 프로세스들은 어느 프로세서에 할당하여 처리하도록 할 것인지 등에 대한 결정을 하게 된다.

이 장에서는 언급한 프로세스와 스레드를 근거로 프로세스의 개념과 상태에 대하여 개념을 정리하고 이어서 스레드의 개념에 대하여 소개한 뒤 프로세서들의 수행 순서를 결정하는 프로세스 스케줄링(Process Scheduling) 기법이 구체적으로 왜 필요한 지와 운영체제가 어떤 방법으로 수행하는 지에 대한 여러 가지 기법들을 소개하기로 한다.

학 습 목 표

1. 프로세스의 개념과 상태에 대하여 이해한다.
2. 스레드(thread)의 개념에 대하여 숙지한다.
3. 프로세스 스케줄링에 대하여 이해한다.
4. 프로세스 스케줄링 알고리즘을 학습한다.

사 전 학 습

▶ 스케줄링

- 시스템의 목표를 달성할 수 있도록 프로세서를 할당하는 일련의 과정
- 프로세서의 효율성을 높이고 시스템의 작업 처리 능력을 향상시키며 작업의 응답시간을 최소화함
- 각 프로세스의 실행 여부를 결정하므로 시스템 성능에 영향을 미침

▶ 작업 스케줄링

- 프로세서를 사용하기 위해 경쟁할 프로세스들을 선택
- 작업 특성에 따라 선택하여 준비 큐로 이동
- 자원 할당을 고려, 기억장치 관리에 의해 크게 영향을 받음

▶ 프로세스 스케줄링

- 대기 프로세스를 선택하는 작업과 준비 큐에서 프로세서를 할당할 프로세스를 선택
- 각 프로세스는 PCB로 표현되며, 프로세스들의 큐들을 형성하기 위해 함께 연결 가능

3.1 프로세스

1) 개 념

컴퓨터 시스템의 동작 과정을 이해하기 위해서 알아야 할 개념 중의 하나가 프로세스(process) 개념이다. 간단히 설명하면 프로세스란 실행 중인 프로그램을 의미한다고 할 수 있지만 이에 대해서는 다른 사항들에 대한 수반적인 이해가 필요하다.

한편, 사용자가 컴퓨터에서 실행시키기 위하여 작성한 프로그램과 이 프로그램의 실행에 필요한 입력 데이터를 묶어서 작업(job)이라고 한다. 결국 작업이란 프로그램과 이에 필요한 데이터를 의미하는 것으로 이는 컴퓨터에 실행 의뢰하기 전의 상태 또는 실행 의뢰하는 과정에서 사용하는 용어이다.

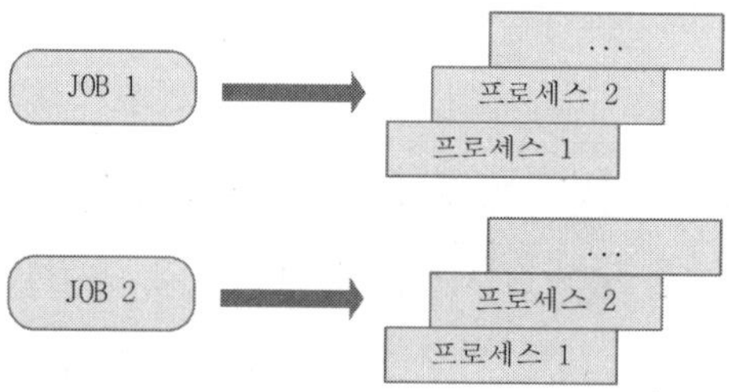

[그림 3-1] 작업(job)과 프로세스의 관계

오늘날 대부분의 컴퓨터는 다수의 사용자를 지원하기 위한 다중 프로그래밍(multi-programming) 운영 체제의 형태를 가지고 있다. 이러한 상황에서 컴퓨터 사용자가 각각 자신의 작업을 프로세서가 처리하는 일의 단위인 프로세스(process)로 나누어 작업을 시행하게 된다.

프로세스는 커널(kernel)에 등록되고 커널의 관리 하에 있는 작업을 의미하며, 컴퓨터 시스템에 입력된 즉, 커널에 등록된 프로세스는 자신이 실행해야 할 프로그램을 가지고 있다. 이 프로그램을 실행시키기 위하여 프로세스는 커널에게 각종 자원(resource)들을 요청하게 된다. 여기서 자원이란 기억장치, 프로세서, 디스크 등의 각종 하드웨어 장치나 메시지, 파일 등의 소프트웨어 요소들을 의미한다.

용어설명

커널(kernel)

컴퓨터 운영 체제의 가장 중요한 핵심으로서, 운영 체제의 다른 모든 부분에 여러 가지 기본적인 서비스를 제공한다.

프로세스는 자신이 실행해야 할 프로그램이나 이와 관련된 데이터를 기억장치에 저장시키기 위하여 기억장치를 요구할 것이며, 이를 실행시키기 위하여 프로세서도 요구할 것이다. 또한 프로그램이 실행되는 동안 필요한 파일들에 접근하기 위하여 각종 자원들을 요구할 수도 있다. 이와 같은 관점에서 프로세스를 정의하면 협의적인 의미를 볼 때는 프로세서를 할당받을 수 있는 개체(entity)로, 광의적인 의미를 볼 때는 컴퓨터 시스템 내의 각종 자원들을 요구하고 할당받을 수 있는 개체로 정의한다.

프로세스는 종종 스케줄링의 대상이 되는 작업(task)이라는 용어와 거의 같은 의미로 사용하며, 일반적으로 다음과 같이 사용할 수 있다.

① 실행중인 프로그램 또는 살아있는 프로그램
② 언제든지 실행 가능한 프로그램
③ 프로세스 제어 블록(Process Control Block)을 가진 프로그램
④ CPU가 할당되는 단위

여기서 프로세스 제어 블록은 통상 PCB(Process Control Block)라고 부르는데, 특정 프로세스에 대한 각종 정보를 갖고 있는 주기억장치 내의 저장 공간을 말한다.

한편, 프로세스는 스스로 움직이는 능동적인 개체인데 비하여 자원이란 커널에 의해 다른 주체에게 할당되고 이의 사용이 종료되었을 경우 다시 반납되는 피동적인 개체에 해당한다.

하드웨어 자원은 기억장치나 프로세서, 하드디스크, 자기테이프, 단말기, 모니터, 키보드 등의 각종 하드웨어 장치들을 의미하며, 소프트웨어 자원은 메시지, 신호(signal), 파일, 각종 공유 소프트웨어 등을 의미한다고 할 수 있다.

〈표 3-1〉 자원의 종류

하드웨어 자원	기억장치, 프로세서, 하드디스크, 자기테이프, 단말기, 모니터, 키보드 등
소프트웨어 자원	메시지, 신호(signal), 파일, 각종 공유 소프트웨어 등

2) 프로세스의 종류

가) 운영체제 프로세스

운영체제 프로세스는 프로세스들의 실행 순서를 제어하거나 사용한 프로세스가 다른 사용자 또는 운영체제 영역을 침범하지 못하도록 예방하는 등 시스템 감시 기능을 담당하는 프로세스이다.

이 프로세스는 사용자 프로세스를 생성하거나 입출력 프로세스를 생성하는 등 시스템 운영에 필요한 코드를 수행하며 커널 프로세스 또는 시스템 프로세스라고도 한다.

나) 사용자 프로세스

사용자 프로세스는 사용자 프로그램을 수행하는 프로세스이다.

다) 병행 프로세스

병행 프로세스는 여러 개의 프로세스들이 동시에 수행 상태에 있을 때의 경우를 말하며 동시에 시스템에 존재하나 어느 순간에는 단지 한 개의 프로세스만 프로세서에 실행한다.

이 프로세스는 서로 관련이 없는 독립적인 프로세스와 다른 프로세스끼리 서로 협력하면서 수행하는 협동 프로세스로 구분한다.

(1) 독립 프로세스

운영 체제 안에서 여러 개의 프로세스를 병행하며 실행될 경우 주어진 초기 값에 따라 항상 같은 결과를 보여주는 프로세스인데, 한 프로세스가 시스템 안에서 다른 프로세스에게 영향을 주거나 다른 프로세스에 의해서 영향을 받지 않는다.

(2) 협동 프로세스

다른 프로세스에게 영향을 주거나 다른 프로세스에 의해서 영향을 받을 경우 프로세스들 간에 협력을 받아 수행하며 컴퓨터 시스템의 제한된 자원을 서로 공유해야 하는 프로세스 간의 통제된 상호 작용을 할 때 적용한다.

3) PCB(Process Control Block)

시스템 내의 모든 프로세스는 프로세스가 생성되어 종료될 때까지 여러 가지 상태로 변화하게 된다. 따라서 운영 체제는 이러한 프로세스들을 관리하고 제어하기 위하여 프로세스의 위치와 프로세스의 상태 정보 등을 항상 알고 있어야 한다.

프로세스 역시 전체적인 운영 체제의 제어 구조에서 보면 관리되어야 할 자원이라고 할 수 있다. 프로세스는 사용자 프로그램과 데이터 및 시스템 호출을 위한 매개 변수, 호출 주소를 저장할 스택(stack), 그리고 운영체제가 프로세스를 제어하는 데 필요한 PCB 등으로 구성된다.

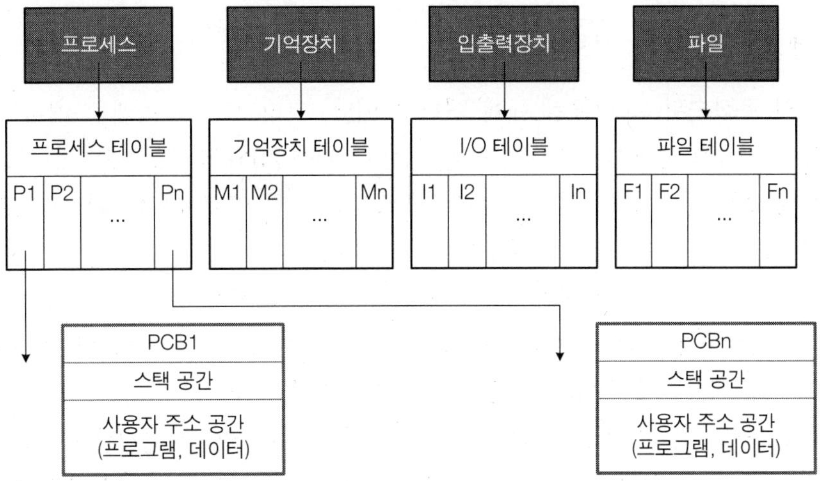

[그림 3-2] 자원 제어 구조

PCB에 저장되는 프로세스 관련 정보들은 운영체제마다 조금씩 다를 수 있지만 일반적으로 다음과 같은 정보들을 PCB에 유지하게 된다.

가) 프로세스 식별자(Process Identifier)

프로세스 식별자는 커널이 시스템 내의 프로세스들을 관리하는 데 있어서의 편리성을 위하여 프로세스마다 다르게 부여하는 번호이며 이는 프로세스가 생성될 때 부여된다.

프로세스 식별을 위한 정보로는 다음과 같은 것들이 있다.

① 프로세스 식별자(식별번호, 색인 항목)
② 해당 프로세스를 사용하는 사용자 식별번호
③ 해당 프로세스의 부 프로세스와 자식 프로세스의 식별 번호

프로세스 식별자(Process Identifier)는 일반적으로 유일한 숫자 번호를 갖는다. 이 식별번호는 해당 프로세스를 찾을 때나, 다른 자원 정보 테이블에 의해 특정 프로세스가 찾아질 때, 또는 프로세스 간의 통신 등에 이용된다.

또한, 이 프로세스에 대해서 책임을 갖고 있는 사용자 식별번호(User Identifier)도 가지며, 이 프로세스를 생성시킨 부 프로세스의 식별 번호(Parent Identifier)와 이 프로세스가 생성시킨 자식 프로세스의 식별 번호(Child Process)를 가질 수 있다.

나) 프로세스 스케줄링 정보

프로세스의 우선순위, 스케줄링 큐에 대한 포인터, 그리고 다른 스케줄 매개 변수를 가지는 정보로서, 특히 운영체제가 우선순위 기반 스케줄링(Priority-based Scheduling)을 하는 경우에 필요한 정보이다. 커널은 여러 프로세스들 중 프로세서를 할당할 프로세스를 선정하기 위해 이 우선순위를 참조할 수 있는 것이다.

주기억 공간 내에 적재된 수많은 프로세스들은 CPU를 사용하다가 I/O 장치의 사용을 위해 CPU를 반납하기도 하고, 다른 프로세스가 어떤 신호를 보낼 때까지 대기하기도 하며, 서로 CPU를 사용하기 위하여 경쟁을 벌이기도 한다.

그러나 CPU는 어떤 한 시점에서는 어느 하나의 프로세스만 시행시킬 수 있기 때문에 그 외의 다른 프로세스들은 모두 CPU의 할당을 기다리게 된다. 따라서 프로세스에 대한 CPU의 사용 순서를 스케줄링 한다는 것은 매우 중요한 문제가 된다.

다) 프로세스 상태 정보

커널에 등록된 프로세스들이 각각 어떤 자원들을 할당받고 있고, 어떠한 상황에 있는가에 따라 프로세스 상태(생성, 준비, 실행, 대기 및 중단)를 구분할 수 있는데 이에 대한 정보가 프로세스 현재 상태에 저장되며, 프로세스의 상태가 변화할 경우 커널은 이 필드의 정보를 갱신하게 된다.

라) 프로세스 제어를 위한 정보

프로세스가 현재 어떤 자원들을 할당받고 있는지에 대해 항상 커널이 알 수 있도록 프로세스가 할당받은 자원들에 대한 정보를 제어하는 영역이다. 커널은 이 영역을 참조함으로써 시스템 내의 어느 자원이 어느 프로세서에게 할당되어 있는지를 알 수 있으며 이를 자원의 제어에 참조하고 사용할 수 있는 것이다.

프로세스 제어를 위한 정보로는 다음과 같은 것들이 있다.

① 프로세스의 자료 구조 정보
  - Parent-Child 프로세스의 구조에 관한 정보
  - 다른 프로세스와의 연결 포인터

② 프로세스 간의 각종 통신 정보
  - 다른 프로세스와의 통신을 위한 각종 Flag, Signal, Message 등

③ 프로세스의 각종 권한 정보
  - 기억장치에 대한 접근 권한과 명령어 수행에 대한 권한 정보
  - 유틸리티와 서비스 사용 권한에 대한 정보

④ 주기억장치 관리 정보
  - 주기억장치에 대한 보호 관련 정보
  - 세그먼트(segment), 페이지(page) 테이블에 대한 정보

3.2 프로세스의 상태

프로세스의 상태는 직관적으로 프로세스가 현재 어떤 상태에 있는지 또는 어떤 일을 하고 있는지에 따라 구분된다고 볼 수 있으나, 공식적으로는 프로세스가 현재 소유하고 있는 자원들의 종류 및 현재 요청하고 있는 자원들의 종류에 따라 구분되어진다.

프로세스는 실행되기 위하여 우선적으로 기억장치를 할당받아야 하고 할당받은 기억장치에 자신의 프로그램과 데이터 등을 일부라도 적재시켜야 한다. 이러한 관점에서 프로세스의 상태는 크게 활동 상태(Active State)와 지연 상태(Suspended State)로 나누어지는데 활동 상태란 프로세스가 기억장치를 할당받은 상태를 말하며, 지연 상태란 프로세스가 기억장치를 할당받지 못한 상태를 말한다.

〈표 3-2〉 프로세스 상태의 종류 및 특성

<table>
<tr><th colspan="2">상 태</th><th colspan="2">특 성</th></tr>
<tr><td rowspan="3">활동 상태</td><td>실행상태
(running)</td><td>프로세서를 할당받은 상태</td><td rowspan="3">기억장치를 할당받은 상태</td></tr>
<tr><td>준비 상태
(ready)</td><td>프로세서만 없는 상태</td></tr>
<tr><td>대기 상태
(block)</td><td>프로세서 외 다른 자원이 없는 상태</td></tr>
<tr><td rowspan="2">지연 상태</td><td>지연 준비 상태
(suspended ready)</td><td>프로세서만 없는 상태</td><td rowspan="2">기억장치를 잃은 상태</td></tr>
<tr><td>지연 대기 상태
(suspended blocked)</td><td>프로세서 외 다른 자원이 없는 상태</td></tr>
</table>

여기서는 먼저 프로세스의 간단한 상태 모델(State Model)을 먼저 살펴본 다음 프로세스 상태의 세분화를 설명함으로써 프로세스 상태의 전체적인 개념에 대하여 알아보기로 한다.

1) 상태 모델(State Model)

하나의 CPU를 가진 다중 프로그래밍에서 주기억장치에 여러 개의 프로세스가 적재되어 있을 때라도 실행 상태의 프로세스는 오직 한 개이며, 다른 프로세스들은 실행 상태 이외의 다른 상태를 갖게 된다.

그러므로 프로세스의 상태를 간단하게 살펴보면, CPU를 점유하여 실행되는 상태, 즉 실행 상태(Running State)와 CPU를 차지하지 못하는 비실행 상태(Not Running State)로 나눌 수 있다. 즉, 운영 체제가 새로운 프로세스를 생성하여 CPU를 차지하기를 기다릴 때 그 프로세스는 비실행 상태에 있게 되는 반면 해당 프로세스가 CPU를 할당받으면 실행 상태가 된다.

다음으로, 어떤 정의된 시간 할당(Time Slice) 혹은 우선순위(priority) 인터럽트에 의해 실행 상태를 벗어나거나 종료하게 되면, 프로세스 스케줄링에 의해서 대기 중인 프로세스들 중에서 하나의 프로세스를 선택하여 실행 상태로 만들어 주게 된다.

[그림 3-3]은 프로세스의 상태를 아주 간단한 두 가지 상태로 나타낸 것이다. CPU를 할당 받은 상태에서는 미리 정의되어 있는 알고리즘인 프로세스 스케줄러에 의해서 오직 한 개의 프로세스만이 존재하며, 비실행 상태에서는 스케줄링에 의해서 다루어지고 주변 장

치 경영자들에 의해 I/O 신호에 의해서 시작되어진다. 이어서 큐(queue)와 같은 자료 구조에 여러 개의 프로세스들이 CPU의 할당을 준비하고 있는 상태를 보이고 있다.

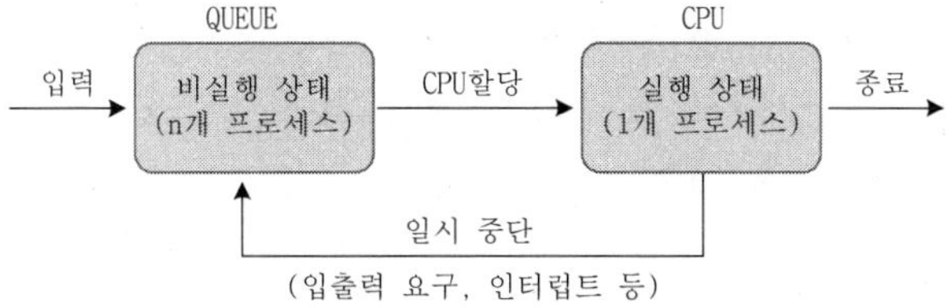

[그림 3-3] 프로세스의 간단한 상태 모델

2) 프로세스 상태에서의 활동 상태

프로세스의 상태는 좀 더 세분화될 수 있는데, 예를 들면 비실행 상태의 프로세스가 들어가게 되는 큐(queue)의 자료 구조를 FIFO(First-In First-Out)와 같은 구조로 하게 되면, I/O 요구에 의해서 일시적으로 중단되어 FIFO 큐에 들어가 있는 프로세스들의 경우에 그들이 요구한 I/O 작업이 완전히 끝나지 않았는데도 불구하고 프로세스의 상태가 명확히 정의되지 않아서 도리어 CPU를 할당받게 되는 문제점이 발생하므로 프로세스 상태의 세분화가 명확하게 구체적으로 제시될 필요가 있다.

먼저 프로세스는 실행되기 위하여 우선적으로 기억장치를 할당받아야 하고 할당받은 기억장치에 자신의 프로그램과 데이터 등을 일부라도 적재시켜야 한다. 먼저 프로세스 상태에서 실행 상태가 포함된 활동 상태(Active State)에 대하여 자세히 그 내용을 살펴보기로 한다.

가) 활동 상태의 세분화

(1) 생성 상태(New)

사용자가 요청한 작업이 커널에 등록되어 프로세스가 새롭게 생성된 상태를 말하며 수행을 원하는 새로운 프로세스의 입력이나 OS 자체 또는 현존하는 프로세스에 의해서 생성되는데 커널은 기억장치 공간을 검사하여 생성된 프로세스에게 할당할 충분한 공간이 있으면 이를 할당하여 프로세스를 준비 상태로 전이시키고, 그렇지 않으면 기억장치를 할당하지 못하고 프로세스를 지연 준비 상태(Suspended Ready State)로 전이시킨다.

(2) 준비 상태(Ready)

준비 상태란 CPU 사용을 위한 실행 준비 상태로서 CPU의 할당만을 기다리고 있으며 다음에 할 일은 오직 CPU 작업이다. 다시 말해서, 어느 프로세스가 준비 상태에 있다 함은 프로세서가 주어질 경우 그 프로세스가 즉시 실행할 수 있음을 의미하는 것이다.

준비 상태로 전이된 프로세스는 프로세서로부터 처리를 할당받을 때까지 기다리게 되며 언젠가 프로세서를 할당받으면 실행 상태로 전이하게 되어 프로그램을 실행하게 된다.

(3) 실행 상태(Run)

실행 상태란 CPU를 차지하여 현재 수행되고 있는 상태로, 프로세서가 한 개인 시스템에서는 오직 한 개의 프로세스만 실행 상태에 있게 된다.

실행 상태의 프로세스는 자신에게 할당된 프로세서 시간 할당량(Time Slice)이 끝나거나 자신보다 높은 우선순위의 프로세스가 들어오는 상황에서 프로세서를 반납하는 경우가 있을 수 있는데 이때를 선점(preemption)되었다고 하는데 이와 같이 선점당한 프로세스는 준비 상태에서 다시 프로세서를 할당받을 때까지 기다리게 된다.

(4) 대기 상태(Block)

대기 상태란 실행 상태의 프로세스가 I/O 요구 등의 사건 발생으로 CPU를 양도한 후, 요구한 입출력이 종료될 때까지 기다리고 있는 상태를 말한다. 이와 같이 대기 중이던 프로세스에게 필요한 자원이 할당되면 이 프로세스는 다시 준비 상태로 전이되는데 이러한 전이를 wakeup이라고 한다.

이와 같이 wakeup되어 준비상태로 전이된 프로세스는 언젠가 다시 실행상태로 전이될 것이며 이때 바로 직전에 실행하던 프로그램을 중단되었던 지점 이후부터 계속해서 실행하게 된다.

(5) 종료 상태(Exit)

더 이상의 CPU를 요구하지 않고, 모든 수행 가능 프로세스 상태에서 종료된 상태를 말하며 다만 커널 공간 내에 PCB 등의 프로세스 관리 정보만이 남아 있는 상태를 의미한다.

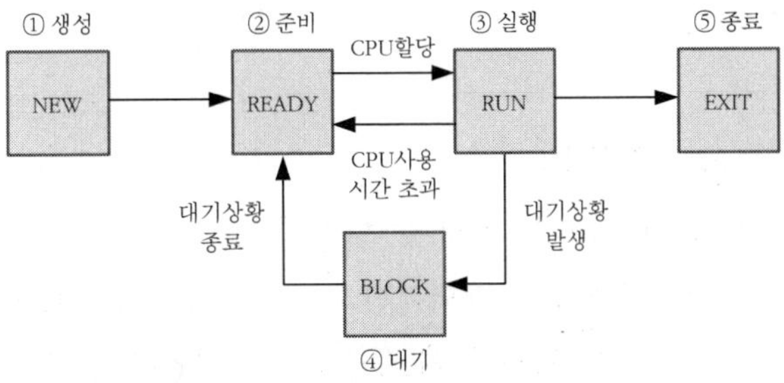

[그림 3-4] 활동상태의 세분화

나) 상태 전이

(1) 생성 상태에서 준비 상태로 이동

새로운 프로세스가 생성되어 생성 상태(New)로 들어가면, 시스템이 가질 수 있는 제한된 준비 프로세스의 수를 고려하여 준비 상태(Ready)로 이동하게 된다. 대화식 시스템에서는 프로세스가 보류 상태를 거치지 않고 바로 준비 상태 큐(queue)에 놓이게 된다. 물론, 준비 상태의 큐에 제한된 수의 프로세스가 모두 들어 있을 때에는 상태 전이가 일어나지 않는다.

(2) 준비 상태에서 실행 상태로 이동

준비 상태에 있는 프로세스들 중에서 어느 한 프로세스를 선택하여 CPU를 사용할 수 있도록 하는 상태 전이는 미리 정의되어 있는 알고리즘인 프로세스 스케줄러에 의해서 다루어진다.

(3) 실행 상태에서 준비 상태로 되돌리는 경우

어떤 정의된 시간 할당량(Time Slice) 혹은 우선순위(priority) 인터럽트에 따라 CPU를 할당받아 실행중인 프로세스는 준비상태로 전이된다. 모든 시스템이 이러한 CPU의 사용 시간에 대해서 제한을 가하는 것은 아니지만, 대부분의 다중 프로그래밍 환경 하의 운영체제는 전체 시스템의 효율을 고려하여 이러한 정책을 사용하고 있다.

(4) 실행 상태에서 대기 상태로 이동

실행 중인 프로세스가 CPU에 할당된 규정 시간을 모두 사용하기 전에 입출력 요구나 또 다른 자원의 요구 등 CPU 작업이 아닌 어떤 다른 사건을 요구하게 되면 대기 상태로 전이가 일어나게 된다.

(5) 대기 상태에서 준비 상태로 이동

이 과정은 프로세스 스케줄러에 의해서 다루어지고 주변장치 경영자로부터 READ, WRITE를 끝냈다는 신호에 의해서 시작되어진다. 다시 말하면, 대기 상태의 프로세스는 대기의 원이 되었던 해당 사건의 처리가 완료되었다는 신호를 받을 때, 준비 상태로 전이 된다.

(6) 실행 상태에서 종료 상태로 이동

실행 중인 프로세스가 성공적으로 완료되거나 에러가 발생해서 작업이 미리 종료되고 있다는 것을 프로세스 스케줄러나 작업 스케줄러에 의해서 실행된다.

3) 프로세스 상태에서의 지연 상태

활동 상태에 있던 프로세스가 기억장치를 잃게 되는 이유는 먼저 시스템 자원들을 관리하는 커널의 입장에서 기억장치 공간을 다른 목적으로 이용하고자 할 때 필요한 공간이 부족하면 기존에 기억장치를 할당받고 있던 프로세스들의 공간을 빼앗을 수 있다. 이 경우에 커널에 의해 선택된 프로세스는 자신의 의지에 관계없이 기억장치 공간을 잃게 되는 것이다.

다음으로 사용자는 자신이 실행시킨 프로그램의 실행 도중 중간과정을 보고 이의 실행을 중지시킬 수도 있는데 이런 경우 프로세스는 기억장치를 반납하고 지연 상태로 전이되는 것이다.

지연 상태란 프로세스가 기억장치를 할당받지 못하고 있는 상태를 말하며 크게 지연 준비 상태(Suspended Ready)와 지연 대기 상태(Suspended Ready)로 나누어지는데 여기서는 프로세스 지연 원인과 지연 상태의 세분화에 대하여 자세히 알아보기로 한다.

가) 프로세스 지연 원인

프로세스의 연기 원인을 고려하여 프로세스의 상태를 세분화해 보면 다섯 가지(생성, 준비, 실행, 대기, 종료) 상태 이외에 연기(suspend)와 연기된 프로세스를 다시 동작할 수 있도록 하는 재동작(resume)이 이루어지는 새로운 상태가 추가로 나타날 수 있다. 이때 프로세스의 지연 원인에 대하여 자세히 알아보기로 한다.

① 운영 체제 자신이 전체적인 효율을 높이기 위하여 충분한 주기억 공간을 확보할 필요가 있을 때, 주기억 공간에 들어 있는 일부의 프로세스들을 외부의 보조기억장치로 교체(swap-out)할 경우
② 처리되는 프로세스가 어떤 문제에 직면한 것을 컴퓨터 운용자나 운영 체제가 발견하여, 이를 해결할 수 있을 때까지 프로세스를 연기할 경우
③ 통신 선로의 고장 등으로 더 이상 작업이 진행될 필요가 없을 때 프로세스를 연기할 경우
④ 대화식의 처리(interactive processing)를 하는 프로세스의 경우, 정상 수행을 위한 프로그램의 수정이나 데이터의 수정 작업이 끝날 때까지 프로세스를 연기할 경우
⑤ 주기적으로 수행되어야 하는 프로세스의 경우, 해당 주기가 될 때까지 프로세스를 연기할 경우

나) 지연 상태의 세분화

(1) 지연 준비 상태

프로세스가 생성된 후 기억장치의 양이 부족하여 지연 준비 상태로 전이될 수 있을 뿐만 아니라 이미 기억장치를 할당받고 준비 상태에 있던 프로세스가 기억장치를 빼앗기고 지연 준비 상태로 전이될 수도 있다.

준비 상태에서 지연 준비 상태로 전이되는 것을 지연(suspended)이라고 하는데 이때 대기, 준비, 그리고 실행 상태에 있는 프로세스는 주기억 장소에 적재되어 있으나, 지연 준비 상태에 있는 프로세스는 보조기억장치에 적재되는데 이것을 swap-out이라고 한다. 역으로 지연 준비 상태에서 준비 상태로 전이되는 것을 있는 프로세스가 재동작(resume) 명령을 받았을 때에는 다시 주기억 장소로 적재되는 시간이 필요한데 이것을 swap-in이라고 한다.

(2) 지연 대기 상태

어떤 자원을 얻고자 대기 상태에 있던 프로세스도 커널에 의하여 기억장치를 빼앗길 수 있다. 이와 같이 대기 상태에서 기억장치를 잃은 프로세스는 지연 대기 상태로 전이된다. 지연 대기 상태의 프로세스에게 다시 기억장치가 할당될 경우 이 프로세스는 원래의 대기 상태로 전이되며, 지연 대기 상태의 프로세스가 요청하고 기다리던 자원이 할당될 경우에는 지연 준비 상태로 전이된다.

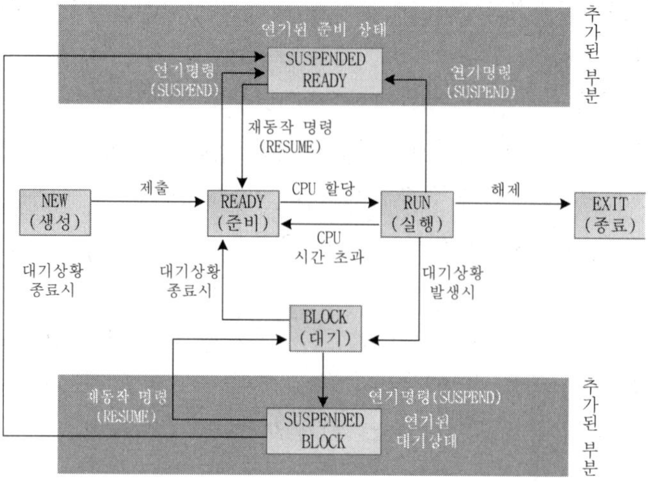

[그림 3-5] 지연 상태가 추가된 프로세스 상태

학 습 활 동

문맥 전환 (Context Switching)

■ 개념

중단된 프로세스의 현재 상황(정보)을 시스템에 보관하고, 새로 수행될 프로세스의 각종 상황을 시스템에 적재시키는 경우

■ 구현 방법

사용자 공간	운영체제 공간
↓	운영체제모드로 전환
P_i 실행 →	- P_i의 하드웨어 상태를 PCB_i에 저장 - P_k를 다음에 실행할 프로세스로 선택 - PCB_k로부터 P_k프로세스의 정보를 얻어 CPU에 재저장
P_k 실행 ←	사용자 모드로 전환

3.3 스레드(thread)

1) 도입 배경

시스템에서는 프로세스를 써서 다양한 레벨의 병행처리를 하고 있다. 프로세스의 효율적인 동작은 응용 프로그램 및 시스템 자체의 성능에 큰 영향을 미친다. 그러므로 프로세스 교체에 따른 부담을 줄이고 시스템 성능을 더욱 향상시키기 위한 동기 부여가 발생되었다.

최근에는 프로세스를 고속으로 조작하기위해 경량 프로세스(Light Weight Process)의 개념을 도입하고, 많은 운영체제에서 이를 지원하고 있다. 프로세스의 무게라는 개념은 프로세스가 포함하거나 참조하는 자원의 논리적 총량을 말하고, 프로세스 간의 상대적인 무게는 두 프로세스가 개별적으로 포함하거나 참조하는 자원의 논리적 총량을 말한다.

그러므로 프로세스의 무게는 프로세스 조작의 오버헤드와 밀접한 관계가 있다. 이때 프로세스에 대한 기본 조작은 다음과 같다.

① 프로세스의 교체(또는 문맥(context)의 교체)
② 문맥의 변경
③ 프로세스 간의 동기 및 통신
④ 프로세스의 생성, 수행, 소멸

여기서 문맥(context)은 프로세스가 포함하거나 참조하는 자원에 의해 정의되는 실행 환경을 말하며 경량 프로세스 또는 스레드라고 한다. 이에 반해 중량 프로세스는 지금까지 언급했던 일반적인 프로세스를 지칭하는 것으로 하나의 프로세스가 하나의 스레드로 이루어진 것을 의미한다. 중량 프로세스라는 이름은 경량 프로세스 개념 즉, 하나의 프로세스 내에 여러 개의 스레드가 존재한다고 하여 붙여진 이름에 대비하여 붙여진 이름이다.

2) 개 념

스레드는 프로세스보다 더 작은 CPU의 실행 단위를 말하며, 다중 프로그래밍을 지원하는 시스템 하에서 CPU에게 보내져 실행되는 단위이다. 이와 같이 스레드의 목적은 프로세스의 상대적인 무게를 경감시켜 효율을 올리자는 것이다. 특히 공유 메모리형의 다중처리기 시스템상에서 프로그램은 공유 메모리에 두고 스레드를 각 프로세서에 할당하여 병렬 실행시킬 수 있으면 다중 처리기의 성능을 더욱 향상시킬 수 있다.

최근 단일 프로세서용 운영 체제에서 프로세스의 생성과 유지에 드는 비용을 줄이고,

동시 처리나 병렬 처리의 문제를 해결하기 위하여 스레드를 실행의 기본 단위로 하는 다중 스레드(multi threading)가 주목되고 있으며 다음과 같이 설명할 수 있다.

예를 들면 한 사람의 직원을 가진 보험(이것을 중량 프로세스라고 한다.)이 제공하는 다양한 서비스, 즉 보험, 연금 및 대출 업무가 있다. 한 사람인 경우라면 그 사람은 모든 것을 하는 방법을 알아야 하고, 그렇게 할 수 있어야 한다. 따라서 여러 업무들 사이에 연결 짓는 데는 많은 시간이 걸릴 것이다. 두 사람 이상인 경우라면(스레드들이라 한다.) 그들은 동일한 영리 이익을 공유할 수 있을 것이지만, 이들은 각각의 다른 기능에 전문화될 수 있을 것이다. 그래서 그들 모두가 같은 날 들어와서 일을 한다면 많은 고객들은 쉽게 서비스를 받게 될 것이다.

이와 같이 프로세스가 여러 개의 스레드들로 구성되어 있을 때, 하나의 프로세스를 구성하고 있는 여러 스레드들은 각각 독립적인 제어 흐름을 갖게 되지만, 주소공간 및 시스템 자원들은 관련 스레드들 사이에 공유하게 되며, 프로그램 카운터와 각종 레지스터 및 스택 공간들은 각각의 스레드들이 별도로 갖게 된다.

이상과 같이 스레드는 기존의 프로세스에서 CPU 동작의 흐름을 제어하는 실행의 개념을 가지고 있는데 다음은 스레드의 의미를 요약해 본다.

① 제어의 흐름을 의미하며, 실행의 단위이다.
② 독립적인 프로그램 카운터를 가진다.
③ 한 프로세스 내부에서 스케줄이 가능한 개체이다.

3) 종 류

가) 사용자 수준 스레드(User-level Thread)

스레드의 관리 동작들은 커널의 개입 없이 사용자 주소공간에서 구현된 스레드 패키지에 의해서 수행된다. 예를 들면, 스레드의 생성과 종료, 문맥 교환, 동기화, 그리고 메모리의 할당이 이에 속한다.

사용자 수준 스레드는 커널의 갱신 없이 다양한 목적의 응용 프로그램들이나 언어 인터페이스들의 요구에 쉽게 적용될 수 있는 장점을 가진 반면 커널의 효율적인 서비스를 지원받지 못하는 단점을 가지고 있다.

나) 커널 수준 스레드(Kernel-level Thread)

여러 응용 프로그램들이나 컴파일러(complier)에 의해 사용된 커널 지원 스레드들은 운영체제 커널의 직접적인 지원으로 실행되므로 사용자 수준 스레드가 겪는 커널 지원 부족의 문제를 극복할 수 있다.

그러나 문맥교환의 비용뿐만 아니라 프로그램상의 오류나 악의 있는 프로그램들로부터 자신의 영역을 보호하기 위한 검사에 많은 비용을 낭비할 뿐만 아니라 다양한 응용 프로그램들이나 언어 인터페이스들의 요구에 쉽게 적응할 수 없는 문제점을 가지고 있다.

다) 다중 스레드(Multi-thread)

(1) 도입 배경

커널 지원 스레드는 스레드 관리에 있어 문맥 교환과 보호 영역을 위해 많은 비용을 요구하기 때문에 심각한 성능감소의 문제를 야기한다.

이런 성능 문제를 해결하기 위해서, 기존의 다중 프로세서 운영체제들은 커널 수준 스레드 대신 성능과 융통성면에서 우수한 사용자 수준 스레드를 이용한 다중 스레드 관리 기법을 지원하였다. 이런 다중 스레드 관리 기법에서 사용자 수준 스레드는 정확하게 커널 수준 스레드상에서 실행되며, 이들의 관리는 사용자 주소공간의 스레드 패키지에 의해 지원된다.

다중 스레드는 다수 개의 스레드를 이용하여 하나의 프로그램을 동시에 수행한다는 점에서 다중 프로세싱(Multi Processing)과 같은 의미를 갖는다. 그러나 하나의 프로세스가 다수의 실행단위를 갖고 있기는 하지만, 수행에 필요한 자원들을 공유하기 때문에 자원의 생성과 관리의 중복을 피할 수 있다는 점이 달라진다.

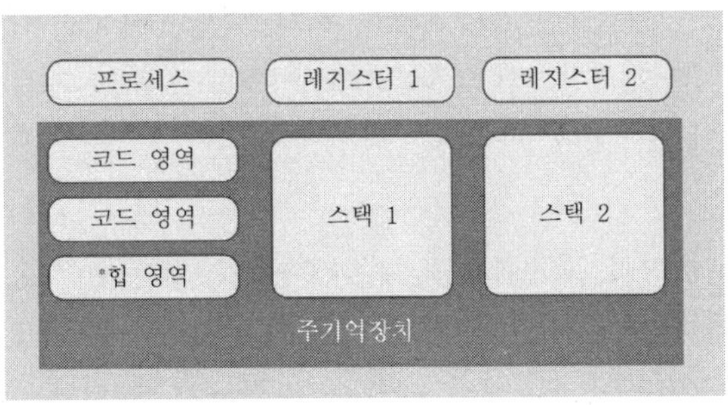

*힙 영역: 동적 메모리 할당을 위한 곳

[그림 3-6] 다중스레드(multi-thread)

(2) 특 징

다중 스레드를 작성하는 주요 이점은 다음과 같이 설명할 수 있다.

① 하드웨어의 병렬성(parallelism)으로 인해 성능이 향상된다.

한 개 이상의 처리기를 가진 컴퓨터는 다중의 동시성 실행시점을 제공한다. 다중 스레드는 다중 프로세싱으로 인한 병렬성을 이용하고자 하는 응용 프로그램 개발자들에게 자주 이용된다.

② 응용 프로그램의 처리율(throughput)이 향상된다.

단일 스레드 프로그램이 운영체제로부터 서비스를 요구할 때 그 서비스가 완료되기를 기다려야 하고, 해당 CPU를 유휴상태로 만든다. 그러나 다중 스레딩으로 인해서 한 프로세스가 한 개 이상의 블로킹(blocking) 시스템 호출로 연산이 중첩되게 한다.

③ 응용 프로그램의 응답성(responsiveness)이 증가된다.

응용 프로그램이 다중 스레드 되면 긴 연산은 독립적인 스레드에 의하여 행하여지며 그 응용 프로그램은 active 상태로 되고 또한 그 응용 프로그램은 사용자에게 더욱 더 응답성이 좋도록 해준다. 예를 들면, 하나의 스레드가 프로그램으로부터 I/O를 기다리고 여러 개의 스레드는 연산을 한다.

④ 프로세스 간에 통신(communication)이 향상된다.

기존의 프로그램들은 전통적인 IPC(InterProcess Communication) 시설을 통해서 프로세스들 사이에 통신을 했지만, 그 스레드 응용 프로그램은 본질적으로 그 프로세스의 공유 메모리를 사용할 수 있다.

⑤ 시스템 자원들의 이용성이 효율적으로 개선된다.

공유 메모리를 통해서 공통 자료를 액세스하기 위해 두 개 이상의 프로세스를 사용하는 프로그램은 가상기억공간과 커널 상태를 포함해서 완전한 PCB를 유지해야 한다. 이런 상태를 생성하고 유지하는 데는 시간과 공간 면에서 스레드보다 비용이 많이 든다. 그러므로 프로세스들 대신에 이 통신에 대한 스레드를 사용함으로써 그 프로그램은 디버그하기 쉽고 더 빨리 실행될 수 있다.

⑥ 분산 객체들의 고유한 스레드 성질을 이용할 수 있다.

어떤 행위를 수행하기 위하여 객체를 요청할 때 개개의 스레드에서 그 행위를 실행한다. 객체 서버는 분산 객체에서 가장 기본적인 요소이고, 그 서버들은 본질적으로 다중 스레드이다.

⑦ 잘 구조화된 프로그램을 생성할 수 있다.

스레드된 프로그램은 훨씬 적고 간단한 프로그램 코드로 기존 프로그램과 동일한 일을 수행할 수 있지만 특히 다중 스레드 프로그램은 단일 스레드 프로그램보다 사용자 요구에서 변형에 더욱 더 적합할 수 있다.

| 학 습 활 동 |

알고리즘 성능 평가 기준

① 프로세서 사용률
- 프로세서를 실행상태로 항상 유지하여 유휴상태가 되지 않도록 함
- 가능한 입출력 중심의 작업보다 프로세서 중심의 작업을 실행

② 처리율
- 단위 시간당 완료되는 작업 수가 많을수록 짧은 작업을 우선 처리하거나 인터럽트 없이 작업을 실행

③ 반환시간
- 작업이 시스템에 맡겨져 메인 메모리에 들어가기까지의 시간, 준비 큐에 있는 시간, 실행시간, 입출력 시간 등 작업 제출 후 완료되는 순간까지의 소요시간이 최소화되도록 일괄처리작업을 우선 처리

④ 대기 시간
- 작업의 실행시간이나 입출력시간에는 실제적인 영향을 미치지 못하므로 준비 큐에서 기다리는 시간이 최소화되도록 사용자 수를 제한함

3.4 프로세스 스케줄링

1) 개 념

시분할 시스템에서는 시스템 내에 여러 개의 프로세스들이 동시에 존재하고 있지만 실제로 임의의 순간에 프로세서를 사용할 수 있는 프로세스는 단 한 개뿐이므로 여러 프로세스들에 대해 적절히 수행 순서를 정해줌으로써 각 사용자에게는 항상 자신의 프로세스가 실행되고 있는 것 같은 느낌을 줄 수 있어야 한다. 이 장에서는 단일 프로세서에서의 프로세스 스케줄링의 개념 및 목적, 고려해야 할 사항 그리고 운영체제가 어떤 방법으로 스케줄링을 수행하는 지에 대한 여러 기법들을 소개한다.

스케줄링이란 특정 자원에 대해 그 자원을 요청하고 있는 대상들 중 누구에게 먼저 그 자원들을 할당해 줄 것인가를 결정하는 일을 말하며, 그 중에서 특히 프로세스 스케줄링 기법은 프로세스들을 대상으로 프로세서 자원들을 할당해 주는 일을 하게 되는 것이다.

시스템이 한 사용자만 선호한다면 그것은 다른 사용자에게 무한 대기(starvation) 상태로 만들거나 그것의 자원들을 효율적으로 사용하지 못하게 하는 결과가 된다. 어떤 판정이 시스템에 대하여 가장 중요한 지를 결정하는 것은 시스템 설계자에게 달려있다.

예를 들면, CPU 이용도를 최대가 되도록 결정해야 하고 반면에 응답시간(Response Time)을 최소화하고 I/O 중심과 CPU 중심 작업들의 혼합을 통해서 모든 시스템들의 사용이 균형 잡히도록 해야 한다. 그래서 판정 기준을 가장 잘 만족시키는 스케줄링 정책을 선택해야 할 것이다. 이때 응답시간은 대화형 시스템에서 사용하는 개념으로 시스템 입력을 통해서 그 응답이 나올 때까지의 시간을 말한다.

이 문제를 해결하기 위해서 프로세스 스케줄러는 미리 정해진 시간 양을 다 쓰고 나면 실행중인 프로세스들에게 주기적으로 인터럽트를 건다. 이런 경우, 프로세스 스케줄러는 현재 실행 중인 작업의 모든 활동을 중시시키고 다시 준비 상태 큐로 가서 그것을 재설계한다.

프로세스 스케줄링은 그 수행 단계에 따라 장기 스케줄링(Long-term Scheduling), 중기 스케줄링(Medium-term Scheduling), 단기 스케줄링(Short-term Scheduling) 등으로 구분된다. 이렇게 스케줄링 단계가 구분되는 이유는 각 단계마다 서로 다른 스케줄링 정책을 적용함으로써 시스템의 효율성을 증가시킬 수 있다.

장기 스케줄링에서는 시스템에 입력되는 작업들에 대해 이들 중 어느 작업부터 커널에 등록시켜 프로세스화 할 것인가를 결정하게 된다. 이 단계에서는 한 개의 프로세스가 종료될 때 작업 큐에서 대기 중인 작업들 중 가장 우선순위가 높은 프로세스를 선정하여 커널에 등록시키는 기법을 사용하는 것이 일반적이다.

장기 스케줄링에서는 FIFO(First-In First-Out) 방식을 사용하는 경우가 많으나, 프로세스의 중요도에 따라 복잡한 방법으로 스케줄링하기도 한다. 이때 프로세스의 중요도는 우선순위, 예측 수행 시간, 입출력 요구사항 등을 종합하여 결정한다.

중기 스케줄링에서는 주기억장치를 할당받지 못하고 있는 프로세스들에 대해 어느 프로세스에게 먼저 주기억장치를 할당해 줄 것인가 하는 결정을 하게 된다. 이는 운영 체제의 기억장치 관리 기법과 밀접한 연관 관계를 가지게 되며, 각 프로세스의 주기억장치 공간의 요구 정도 등을 고려하여 스케줄링이 이루어지게 된다.

단기 스케줄링 단계에서는 준비 상태에 있는 프로세스들을 대상으로 어느 프로세스에게 프로세서를 할당할 것인가를 결정한다. 이 단계에서의 스케줄링을 프로세스 스케줄링이라고도 하며, 이는 임의의 시점에 프로세서를 사용하던 프로세스가 일시 중단되거나 종료되었을 때 프로세서를 할당받을 새로운 프로세스를 선정하기 위하여 수행된다.

2) 스케줄링의 목적

프로세스 스케줄링에서 시스템 측면의 목적과 사용자 측면의 목적의 두 가지로 크게 나누어 볼 수 있는데 그 내용은 다음과 같다.

가) 시스템 측면의 목적

① 처리 능력(throughput)의 극대화를 위해 CPU의 효율이 최대화되어야 한다.

시스템의 관점에서 주어진 시간 내에 이루어지는 처리량이 극대화되어야 한다. 이와 같은 것은 자원 활용도를 최대화시키는 일과 비례하는 관계를 갖는 것이 일반적이다. 이는 주로 일괄 처리 시스템에서의 성능 지표(Performance Index)로 사용된다.

② 모든 프로세스에 대한 공평성(fairness)이 유지되어야 한다.

모든 프로세스가 일정 조건을 기준으로 공평하게 프로세서 사용 시간을 할당받아야 한다. 여기서 일정 조건은 운영자가 지정하거나 혹은 시스템 자체의 규칙에 의해 지정되는 우선순위 등에 근거한 조건을 말한다.

③ 중요 프로세스에 대해서는 우선 처리(priority)가 가능해야 한다.

스케줄링의 관점에서 우선순위란 프로세스의 중요도를 숫자로 표현한 것을 말한다. 우선순위 개념을 사용하는 시스템에서는 특별한 상황이 아닌 경우 지정된 우선순위에 따라 프로세스 스케줄링을 수행하여야 한다.

나) 사용자 측면의 목적

① 처리 작업의 완료 시간이 예측 가능해야 한다.

시간적 제약을 가진 실시간 시스템에서 예측성을 높이기 위해서는 프로세스들이 예측된 시간 내에 최대한 근접하게 실행을 마치도록 스케줄링을 해야 한다.

② 대화식 프로세스의 경우, 응답 시간(Response Time)이 최소가 되어야 한다.

응답시간이란 시스템 입력을 통해서 그 응답이 나올 때까지의 시간을 말하는 것으로 가능하면 평균 응답 시간을 극소화하는 방법으로 스케줄링이 이루어져야 한다.

③ 처리되는 작업이 무한 대기가 되지 않도록 하여야 하고, 대기 시간(Waiting Time)이 최소가 되어야 한다.

어느 특정한 프로세스가 계속해서 자원을 사용하지 못하고 무기한 대기하는 현상을 무한 대기(starvation)라고 하고, 준비상태 큐에서 기다리는 시간을 대기 시간이라고 한다. 스케줄링 기법은 이러한 현상을 보이지 않도록 설계해야 한다. 이러한 목적을 위해 에이징(aging) 기법, 즉, 대기 시간이 경과할수록 대기하는 프로세스의 우선순위를 높여줌으로서 자원을 할당받아 사용할 수 있도록 하는 기법을 말한다.

3) 스케줄링 기법에서의 고려해야 할 사항

프로세스 스케줄러는 시스템 내로 작업들을 움직이게 해서 CPU를 할당하는 특정한 정책에 근거를 둔 프로세스 스케줄링 기법에 좌우된다. 이때 프로세스들을 대상으로 수행순서를 결정하기 위해서 일반적으로 사용하는 보편적인 기준들이 있는데 다음과 같은 항목들을 고려하게 된다.

가) 프로세스의 속성

해당 프로세스가 입출력 위주의 프로세스인지 연산 위주의 프로세스인지가 스케줄링에 영향을 미치게 된다. 전자는 후자에 비해 입출력 작업의 양이 상대적으로 많은 프로세스를 말하며, 대부분의 시간을 보조기억장치나 입출력장치와의 데이터 이동에 소요하게 된다.

나) 시스템의 속성

프로세스의 스케줄링 대상이 일괄 처리 시스템인가 혹은 대화형 시스템인가 하는 점이 스케줄링에 영향을 미치게 된다. 전자는 반환 시간(Turnaround Time)을, 후자는 응답 시간(Response Time)을 중요시하고 있다.

다) 신속한 응답 시간의 중요성

어느 특정한 프로세스의 응답 시간이 다른 프로세스들에 비해 상대적으로 중요한 경우가 있고, 그 점이 반드시 고려되어야 하는 시스템에서는 특정 프로세스를 우선적으로 스케줄링할 수 있는 메커니즘이 제공되어야 한다.

라) 프로세스의 실행 시간

실행 시간이 긴 프로세스는 실행 시간이 짧은 프로세스보다 낮은 우선순위를 갖는다. 프로세스를 수행하는 데 예측된 시간을 기준으로 스케줄링을 수행함으로써 프로세서를 비롯한 각종 자원들의 활용도를 높이는 등 시스템의 효율성을 향상시킬 수 있다.

마) 프로세스의 활용 목적

응용 프로그램의 활용 분야에 따라 스케줄링 기법을 달리 함으로써 응용 프로그램이 원하는 목적을 효과적으로 달성하도록 지원할 수 있다.

바) 페이지 부재(Page Fault)의 발생 빈도

페이지 부재 현상은 많은 처리 과정과 그에 따른 많은 시간이 소요되기 때문에 페이지 부재율을 낮게 해야 한다.

사) 프로세스의 우선순위

우선순위 개념을 사용하는 시스템에서는 특별한 상황이 아닌 경우 지정된 우선순위에 따라 프로세스 스케줄링을 수행하여야 한다.

쉬어가기

데이터와 정보의 차이

데이터는 현실 세계를 단순히 관찰하거나 측정하여 수집하고 생산하는 사실이나 측정치를 말한다. 어떤 현상을 표현하기는 하나 의미는 부여할 수 없는 상태이다. 예를 들면 '5월은 봄이고 6월은 여름이다'는 사실은 단순히 계절을 월에 따라 분류한 것이다.

한편, 정보는 데이터를 가공하거나 변환하여 얻은 결과물을 말하며, 데이터 간의 상호 관계를 부여하는 의미 있는 데이터이다. 예를 들면 '5월은 봄이라고 하더라도 여름 같은 날이 많으므로 외출옷은 여름철에 입는 옷이어야 하며 6월은 여름이므로 외출옷은 5월에 입는 옷과 그다지 차이가 없다'는 의미도 들어있기에 정보가 된다.

4) 스케줄링 기법에 필요한 정책

본 절에서는 먼저 각 스케줄링 기법들에 대하여 설명하기 전에 스케줄링 기법에 영향을 주는 두 가지 정책, 즉 선점(preemptive) 및 비선점(nonpreemptive) 정책에 대하여 알아보기로 한다.

가) 선점 정책

선점 정책이란 어떤 프로세스가 CPU를 사용하고 있을 때, 그보다 높은 우선순위를 갖는 프로세스에게 CPU를 양보하는 스케줄링이다. 대화형으로 처리되는 시분할 시스템에 적용하며 일정시간이 지나면 무조건 다른 프로세스에게 CPU의 사용을 양보하므로 근본적으로 선점 알고리즘을 사용하는 시스템이라고 할 수 있다.

예를 들면, 현재 프로세서를 사용 중인 프로세스보다 우선순위가 높은 프로세스가 생성되거나 현재 수행중인 프로세스의 할당시간(Time Quantum)이 모두 소모되었을 때 운영체제는 현재 프로세스의 실행을 중단하고 프로세서를 다른 프로세스에게 할당해줄 수 있다. 그러나 프로세서를 선점하기 위하여 상황 교환이나 문맥 교환(Context Switching)을 위한 오버헤드가 커진다는 단점을 갖는다.

나) 비선점 정책

비선점 정책은 하나의 프로세스가 CPU를 할당 받은 후에는, 스스로 CPU를 반납할 때까지 다른 프로세스가 CPU를 선점할 수 없는 스케줄링이다. 이 정책을 적용하면 현재 프로세서를 사용하는 프로세스보다 우선순위가 높은 다른 프로세스가 생성된다 하여도 현재 프로세스가 작업을 종료하거나 입출력 등을 위해 스스로 프로세서를 반납할 때까지 우선순위가 높은 프로세스는 기다려야 한다.

비선점 정책은 CPU를 할당 받은 순서대로 차례차례 처리되는 공정성이 있을 뿐만 아니라 대기 중인 프로세스와 관계없이 응답 시간이 예측 가능하지만 CPU의 사용시간이 짧은 프로세스들이 사용시간이 긴 프로세스들로 인하여 오래 기다리게 되는 무한대기 문제가 발생할 수 있다.

5) 프로세스 스케줄링 기법

가) FCFS(First Come First Served)

(1) 구현 방법

FCFS는 빨리 도착하면 할수록 빨리 다루어지는 비선점 스케줄링 알고리즘을 사용하며 준비 리스트(Ready List)에서 가장 먼저 도착한 프로세스가 먼저 프로세서를 할당받도록 해 주고, 스스로 프로세서를 반납할 때까지 프로세서를 독점하도록 하는 방식을 취하고 있다.

이 기법은 CPU의 사용이 긴 프로세스에게 유리한 알고리즘이며 FIFO(First-In First-Out) 알고리즘이라고도 한다.

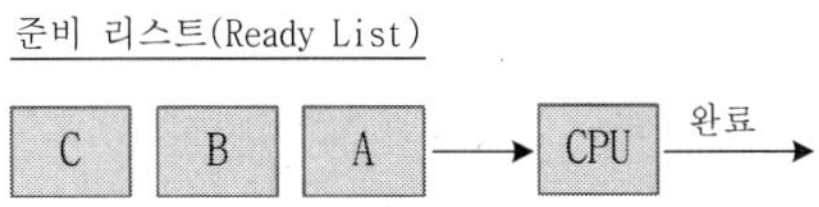

[그림 3-7] FCFS 스케줄링

(2) 장 점

FIFO의 큐를 사용하기 때문에 구현하기 쉬운 알고리즘이고 배치시스템에 좋다.

(3) 단 점

① 긴 작업이 짧은 작업을 오랫동안 기다리게 하고 중요하지 않은 작업이 중요한 작업을 기다리게 한다.

② 대화식 사용자들은 대기 시간으로 인해 적합하지 못하다.

(4) 사례 비교

CPU 실행 시간을 알고 있는 다음 세 개 작업의 평균 경과시간을 계산해본다.

〈표 3-3〉 FCFS 스케줄링을 적용하기 위한 예시

작업	CPU 요구 시간
Job A	14
Job B	4
Job C	2

작업이 A, B, C의 순서로 들어왔다면 다음과 같은 차트로 나타낼 수 있다.

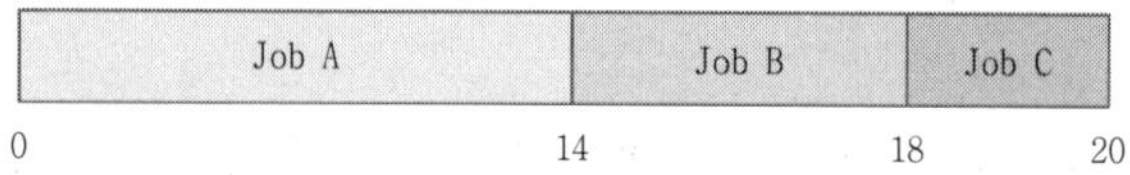

[그림 3-8] FCFS 스케줄링을 사용하고 시간상 순서가 A, B, C인 경우

이때 평균 반환 시간은 $\frac{14+18+20}{3}=17.33$ 이 된다.

반면에, 작업이 C, B, A의 순서로 들어왔다면 다음과 같이 제시할 수 있다.

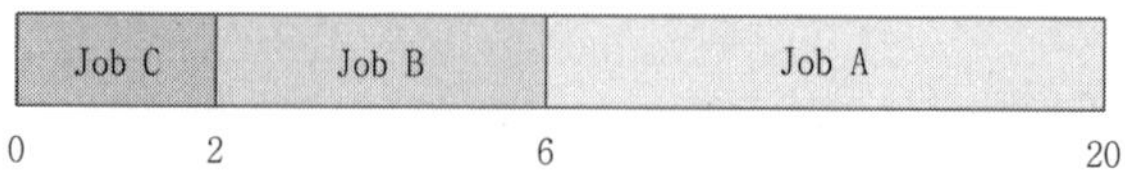

[그림 3-9] FCFS 스케줄링을 사용하고 시간상 순서가 C, B, A인 경우

경과시간은 Job C는 2, Job B는 6, Job A는 20이 되어 평균 반환 시간은 $\frac{2+6+20}{3} = 9.33$이 된다.

후자의 경우는 전자의 경우보다 훨씬 향상되었지만 두 예는 FCFS 개념을 사용하는 것으로 평균 경과시간이 다양하게 변하면서 좀처럼 최소화되지 않는 단점을 가지고 있다.

나) SJF(Shortest Job First)

(1) 구현 방법

CPU 사이클 시간에 근거를 두고 작업들을 다루는 비선점 알고리즘으로서 SJN(Shortest Job Next)이라고도 한다. 평균 대기시간이 최소가 되는 최적 알고리즘이며 CPU 사용을 짧게 요구하는 프로세스에게 CPU 사용의 우선권을 부여한다.

이 기법의 장점은 가능한 한 빠른 시간 내에 완료되는 프로세스들을 먼저 수행시킴으로써 시스템 내에 대기하는 프로세스들의 수를 최소화할 수 있다는 장점을 갖는다. 따라서 많은 프로세스들에게 빠른 응답시간을 제공할 수 있을 뿐만 아니라 준비 큐(Ready Queue)의 크기를 감소시킴으로써 이와 관련한 오버헤드를 줄이는 결과를 가져오게 된다.

(2) FCFS와의 사례 비교

여기서는 CPU 사용에 대한 요구시간을 알고 있는 4개의 프로세스에 대해서 SJF와 FCFS 알고리즘을 비교해 본다. 단, 4개의 프로세스는 거의 동일한 시간에 준비 큐에 도착한 것으로 간주한다.

〈표 3-4〉 SJF와 FCFS 스케줄링을 적용하기 위한 예시

프로세스 번호	CPU 버스트 시간
1	4
2	5
3	2
4	7

이 예에서 CPU를 할당받는 순서가 FCFS 알고리즘을 적용하면 P1→P2→P3→P4가 되어 평균 반환 시간은 $\frac{4+9+11+18}{4} = 10.5$이며, SJF 알고리즘을 적용하면 P3→P1→P2→P4

가 되므로, 평균 반환 시간을 계산하면 $\frac{2+6+11+18}{4}=9.25$가 된다.

(3) 문제점

① CPU 사용시간이 긴 프로세스가 CPU 사용시간이 짧은 프로세스에게 항상 양보되어 기아상태(starvation)에 빠질 수 있다.
② 차기 CPU 사이클 시간을 알 수 없으므로 배치 환경에 적합하나 대화 시스템에서는 적합하지 못하다.

다) 우선순위 알고리즘

(1) 정 의

우선순위(priority) 스케줄링은 처리될 작업에 대해, 높거나 낮은 우선순위를 부여하여 우선순위가 높은 작업에게 처리의 우선권을 주는 방법이다. 우선순위가 같은 경우에는 FCFS 정책을 따르며, 우선순위 알고리즘은 기본적으로 비선점 정책으로 수행된다.

(2) 우선순위의 등급

(가) 내부적 우선순위

기계 내부의 성능에 영향을 미치는 작업 처리의 제한시간, 기억장소 요구량, 사용되는 화일의 수, 평균 CPU 버스트에 대한 평균 I/O 버스트의 비율 등을 고려하여 정하게 된다.

(나) 외부적 우선순위

기계 외적인 요인으로 인한 정책적 배려에 따라 정해지며 사용자가 제시하는 것으로써 사용자가 비용을 더 지불한다는 조건을 제시하거나, 최고 경영자가 급히 처리해야 할 업무를 지시하는 경우가 해당되며 운영체제가 통제할 수 없는 것이다.

(3) 설계할 때의 고려사항

(가) 메모리 요구 사항

큰 메모리를 요구하는 작업들은 적은 양의 메모리를 요구하는 것보다 우선순위를 낮게 할당한다.

(나) 주변장치의 번호와 형태

많은 주변장치를 요구하는 작업들은 적은 주변장치를 요구하는 것보다 우선순위를 낮게 할당한다.

(다) 전체 CPU 시간

긴 CPU 사이클을 가지는 작업들은 추정되는 짧은 시간보다 우선순위를 낮게 할당한다.

(라) 시스템 내에서 이미 소비된 시간의 양

우선순위가 가장 낮은 작업이라 하더라도, 준비 큐에 입력된 시간이 경과함에 따라 우선순위를 한 단계씩 높여 주어 언젠가는 실행이 될 수 있도록, 즉 동적으로 우선순위를 높여 주는 방법(Dynamic Priority Aging)을 적용해 주어야 한다.

다) 라운드 로빈(Round Robin)

(1) 구현 방법

대화식 시스템에서 널리 사용되는 선점 프로세스로서 하나의 작업에 의해서 독점되지 않도록 활동 중인 프로세스들 사이에 CPU가 똑같이 공유되는 것을 보장하기 위해서 각 작업에 주어지는 예정된 시간 할당량(Time Quantum)에 근거를 두고 있다. 이때 시간 할당량을 시간 조각(Time Slice)이라고도 하며 이것의 크기는 시스템의 성능에 중요한 영향을 미친다.

CPU를 할당받은 프로세스가 규정된 시간 내에 작업을 끝냈을 경우에는, 그 즉시 준비 큐의 선두에 있는 프로세스에게 CPU를 할당하게 되지만, 규정 시간 내에 CPU 버스트 시간을 끝내지 못했을 경우에는 다른 프로세스에게 선점된 후 준비 큐의 맨 뒤에 가서 기다리게 된다.

이 이후 시스템에는 다음 두 경우 중 하나가 발생하게 되는데 이에 대한 수행 시나리오는 다음과 같다.

① 이것이 작업의 마지막 CPU 사이클이고, 완료되면 할당된 모든 자원들을 해제하고 완료된 작업은 다음 사용자에게로 돌아간다.

② 만약 CPU 실행시간 중에 I/O 요청에 의하여 인터럽트되면 그 작업에 대한 정보는 PCB 속에 저장되고 I/O 요청이 완료되면 CPU의 할당을 기다린다.

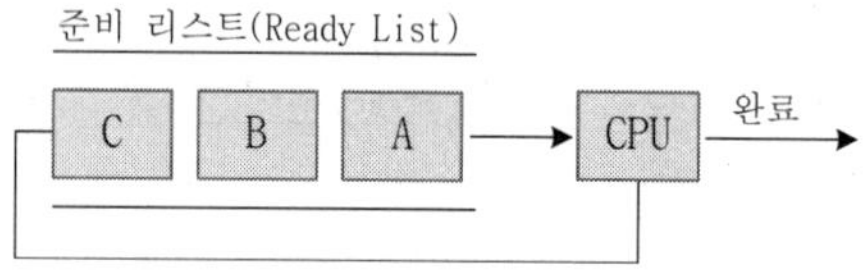

[그림 3-10] 라운드 로빈 스케줄링

(2) 적용 사례(시간 할당량은 5로 가정한다.)

여기서는 CPU 사용 시간을 알고 있는 4개의 프로세스에 대해서, 라운드 로빈 스케줄링 알고리즘을 이용하여 평균 반환 시간을 계산해 본다.

〈표 3-5〉 라운드 로빈 스케줄링을 적용하기 위한 예시

작업	도착 시간	CPU 요구시간
Job A	0	10
Job B	1	5
Job C	2	11
Job D	3	6

CPU 사용 시간을 알고 있는 4개의 프로세스에 대해서, 라운드 로빈 스케줄링 알고리즘을 사용하여 칸트 차트로 나타내면 다음과 같다.

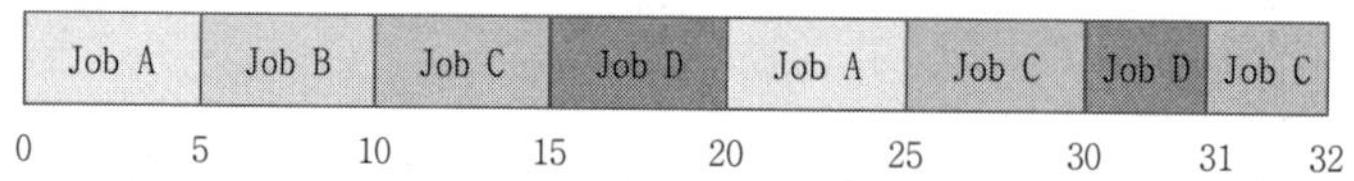

[그림 3-11] 라운드 로빈 스케줄링을 사용하는 경우로 순서가 A, B, C, D인 경우

반환 시간은 완료 시간에서 도착 시간을 뺀 것이므로

〈표 3-6〉 라운드 로빈 스케줄링에서의 Job에 따른 반환시간

작업	반환시간
Job A	25
Job B	9
Job C	30
Job D	28

따라서 평균 반환 시간은 $\frac{25+9+30+28}{4}=23$이다.

라운드 로빈 알고리즘의 성능은 CPU 규정 시간량의 크기에 따라 큰 영향을 받을 수 있다. 즉, 각 프로세스의 CPU 버스트 시간보다 규정 시간량이 항상 클 때에는 그 결과가 FCFS 방식과 동일하게 됨에 주의하여야 한다. 그리고 규정 시간량을 너무 작게 하였을 때에는 선점에 따른 문맥 교환 시간이 길어지는 오버헤드를 안게 된다.

여기서 문맥 교환 시간(Context Switching Time)이란 중단된 프로세스의 현재 상황(정보)을 시스템에 보관하고, 새로 수행될 프로세스의 각종 상황을 시스템에 적재시키는 데 걸리는 시간을 의미한다. 따라서 CPU의 규정 시간량은 문맥 교환에 사용되는 시간보다 충분히 큰 값을 주어야 하며, 시스템에 따라 달라지긴 하지만 일반적으로 문맥 교환 시간은 보통 10에서 100 ms 정도가 소요된다.

라) SRT(Shortest Remaining Time)

(1) 구현 방법

선점 SJN(Shortest Job Next)으로 처리기를 완료시키기에 가장 가까운 작업에 할당하는 방법으로 준비상태 큐 속에 좀 더 새롭고, 좀 더 짧은 작업이 들어올 경우에 이것이 선점된다.

즉, SRT 알고리즘은 현재 CPU를 차지하여 실행 중인 프로세스가 있다하더라도, 수행중인 프로세스의 잔류 요구 시간과 준비 큐에 있는 프로세스의 CPU 요구시간을 비교한 후, 그 요구 시간이 더 작은 프로세스에게 CPU를 우선적으로 할당하는 선점 방식을 택하게 된다.

이 알고리즘은 각 작업을 끝내는데 요구되는 CPU 시간을 미리 알아야 하기 때문에 배치 환경에서 사용되어진다.

(2) SJF와의 비교사례(도착순서가 A, B, C, D라고 가정한다.)

여기서는 SRT 알고리즘이 계속 잇달아 도착하는 네 개의 작업을 어떻게 처리하는 가를 보여준다.

〈표 3-7〉 SRT 스케줄링을 적용하기 위한 예시

작업	도착시간	CPU 요구시간
Job A	0	5
Job B	1	1
Job C	2	6
Job D	3	2

작업이 A, B, C, D의 순서로 들어왔다면 다음과 같이 제시할 수 있다.

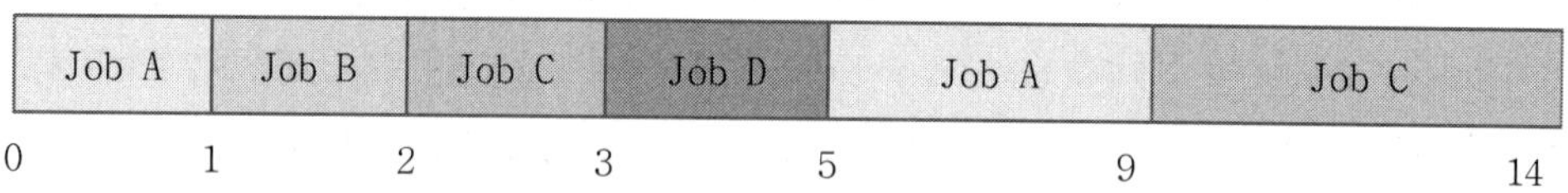

[그림 3-12] SRT 스케줄링을 사용하는 경우로 순서가 A, B, C, D인 경우

이때 반환 시간은 다음과 같다.

〈표 3-8〉 SRT 스케줄링에서의 Job에 따른 반환시간

작업	반환시간
Job A	9
Job B	1
Job C	12
Job D	2

한편, 대기 시간에 따른 SRT 알고리즘을 Time Table로 나타내면 다음과 같다.

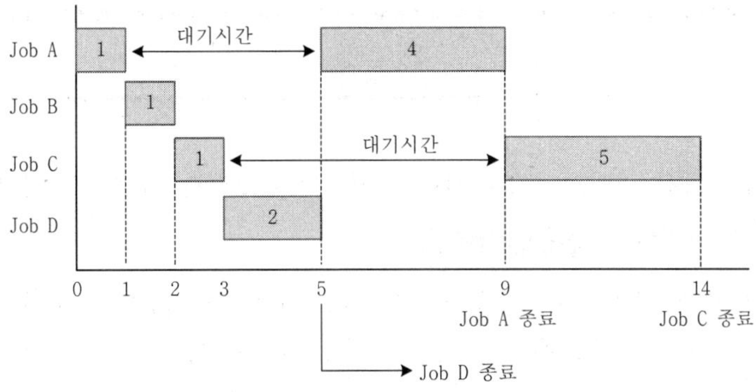

[그림 3-13] 대기 시간을 고려한 SRT 스케줄링의 Time Table

한편, 비선점 SJN, 즉, SJF 알고리즘을 사용할 경우 Job A를 먼저 실행한다고 하면

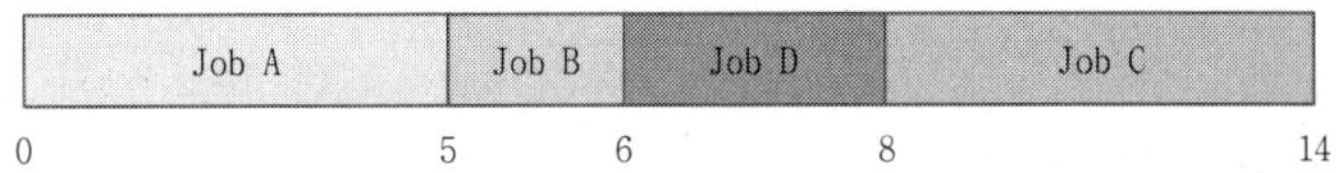

[그림 3-14] SJF 스케줄링을 사용하는 경우로 순서가 A, B, C, D인 경우

이때 평균 반환 시간은 SRT의 경우 $\frac{9+1+12+2}{4}=6.00$이 되며 SJF의 경우 $\frac{5+5+5+12}{4}=6.75$이 된다.

한편, 대기 시간에 따른 SJF 알고리즘을 Time Table로 나타내면 다음과 같다.

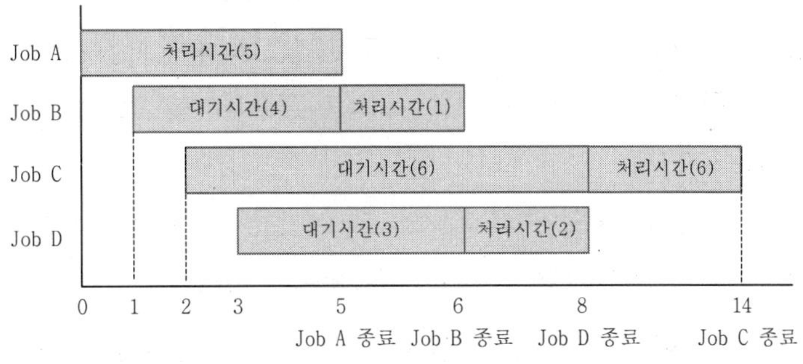

[그림 3-15] 대기 시간을 고려한 SJF 스케줄링의 Time Table

요 약

1. 사용자가 컴퓨터에서 실행시키기 위하여 작성한 프로그램과 이 프로그램의 실행에 필요한 입력 데이터를 묶어서 작업(job)이라고 한다.
2. 프로세스는 커널(kernel)에 등록되고 커널의 관리 하에 있는 작업을 의미하며, 커널에 등록된 프로세스는 자신이 실행해야 할 프로그램을 가지고 있다.
3. 프로세스 제어 블록은 통상 PCB(Process Control Block)라고 부르는데, 특정 프로세스에 대한 각종 정보를 갖고 있는 주기억장치 내의 저장 공간을 말한다.
4. 프로세스 상태 모델은 크게 실행 상태(Running State)와 CPU를 차지하지 못하는 비실행 상태(Not Running State)로 나눌 수 있다.
5. 프로세스의 활동 상태에서는 생성, 준비, 실행, 대기, 그리고 종료 상태가 있다.
6. 프로세스의 지연 상태에서는 지연 준비 상태(Suspended Ready)와 지연 대기 상태(Suspended Blocked)로 나눈다.
7. 스레드는 프로세스보다 더 작은 CPU의 실행 단위를 말하며, 다중 프로그래밍을 지원하는 시스템 하에서 CPU에게 보내져 실행되는 단위이다.
8. 스케줄링이란 특정 자원에 대해 그 자원을 요청하고 있는 대상들 중 누구에게 먼저 그 자원들을 할당해 줄 것인가를 결정하는 일을 말한다.
9. 선점 정책이란 어떤 프로세스가 CPU를 사용하고 있을 때, 그보다 높은 우선순위를 갖는 프로세스에게 CPU를 양보하는 스케줄링이다.
10. 비선점 정책은 하나의 프로세스가 CPU를 할당 받은 후에는, 스스로 CPU를 반납할 때까지 다른 프로세스가 CPU를 선점할 수 없는 스케줄링이다.
11. FCFS(First Come First Served)는 준비 리스트(Ready List)에서 가장 먼저 도착한 프로세스가 먼저 프로세서를 할당받도록 해 주고, 스스로 프로세서를 반납할 때까지 프로세서를 독점하도록 하는 방식이다.
12. SJF(Shortest Job First)는 평균 대기시간이 최소가 되는 최적 알고리즘이며 CPU 사용을 짧게 요구하는 프로세스에게 CPU 사용의 우선권을 부여한다.
13. 우선순위(priority) 스케줄링은 처리될 작업에 대해, 높거나 낮은 우선순위를 부여하여 우선순위가 높은 작업에게 처리의 우선권을 주는 방법이다.
14. 라운드 로빈(Round Robin)방식은 하나의 작업에 의해서 독점되지 않도록 활동 중인 프로세

스들 사이에 CPU가 똑같이 공유되는 것을 보장하기 위해서 각 작업에 주어지는 예정된 시간 할당량(Time Quantum)에 근거를 두고 있다.

15. SRT(Shortest Remaining Time)는 선점 SJN(Shortest Job Next)으로 처리기를 완료시키기에 가장 가까운 작업에 할당하는 방법이다.

기초 문제

1. 가장 바람직한 스케줄링 정책은?

① CPU 응답률을 줄이고 반환시간을 늘린다.
② 응답시간을 줄이고 이용률을 늘린다.
③ 대기시간을 늘리고 반환시간을 줄인다.
④ 반환시간과 처리율을 늘린다.

(정답) ②
(해설) 가장 바람직한 스케줄링 정책은 응답시간을 줄이고 이용률을 늘린다.

2. 다음과 같은 작업에서 이를 SJF(Shortest Job First) 정책으로 프로세스를 스케줄링하면 평균 반환 시간(Turnaround Time)은 얼마나 되는가?

작업	버스트 시간(Burst Time)(밀리초)
1	7
2	8
3	3
4	6

① 16밀리초　　② 6밀리초
③ 13밀리초　　④ 17밀리초

(정답) ③
(해설) SJF 알고리즘에서 적용하는 평균 반환 시간은 $\frac{3+9+16+24}{4}=13$ 이다.

3. CPU 스케줄링에 있어서 선점 알고리즘에 해당하는 것은?

① RR(Round-Robin)　　② 우선순위 알고리즘
③ SJF(Shortest Job First)　　④ FCFS(First Come First Served)

(정답) ①
(해설) RR은 CPU 스케줄링에 있어서 선점 알고리즘에 해당한다.

4. 다중 스레드 프로그램을 사용하는 주요 이점이 아닌 것은?

① 다중 프로세싱 하드웨어의 성능 향상
② 응용 프로그램의 처리율 향상
③ 응용 프로그램의 응답시간 증가
④ 프로세스들 간의 통신 향상

(정답) ③
(해설) 다중 스레드 프로그램에서는 프로그램의 응답성이 향상된다.

5. 프로세스의 상태 전이에 있어서 실행 상태에 있던 프로세스가 I/O 요구 등의 사건 발생으로 CPU를 양도한 후, 요구한 입출력이 종료될 때까지 기다리고 하고 있는 상태는?

① 대기상태
② 종료상태
③ 준비상태
④ 서스펜드 상태

(정답) ①
(해설) 프로세스의 상태 전이에 있어서 실행 상태에 있던 프로세스가 I/O 요구 등의 사건 발생으로 CPU를 양도한 후, 요구한 입출력이 종료될 때까지 대기하고 있는 상태는 대기상태이다.

심화 문제

1. 프로세스의 가장 일반적인 다섯 가지 상태를 도식화하고, 각각의 상태에 대하여 설명하시오.

2. PCB(Process Control Block)가 가지고 있는 정보에 대하여 논하시오.

3. 프로세스를 연기(suspend)시켜야 하는 원인에 대하여 설명하시오.

4. 스레드(thread)의 도입 배경, 개념 그리고 응용 분야에 대하여 자세히 설명하시오.

5. 프로세스 스케줄링의 개념 및 목적 그리고 고려해야 할 사항에 대하여 설명하시오.

6. SJF(Shortest Job First)의 구현 방법 및 문제점을 자세히 설명하시오.

7. 우선순위 알고리즘을 실행할 때 고려해야할 사항에 대하여 설명하시오.

8. 라운드 로빈(Round Robin)의 구현 방법을 칸트 차트를 이용하여 자세히 제시하시오.

9. 다음 용어를 간단히 설명하시오.
   1) 작업(job)
   2) 선점(preemptive)
   3) FCFS(First Come First Served)
   4) SRT(Shortest Remaining Time)

약 어

PCB(Process Control Block)

FIFO(First-In First-Out)

FCFS(First Come First Served)

SJF(Shortest Job First)

SJN(Shortest Job Next)

SRT(Shortest Remaining Time)

04

주기억장치관리

4.1 개　요

4.2 주기억장치 구성 정책

4.3 기억장치 시스템의 특성들

4.4 계층적 기억장치 시스템

4.5 보호 하드웨어

4.6 단일 분할

4.7 고정 분할

4.8 교　체(Swapping)

4.9 동적 분할

모든 컴퓨터 시스템들은 기본적으로 프로그램과 데이터를 저장하는 장치로서 CPU가 직접 액세스할 수 있는 주기억장치와 입출력 제어기를 통하여 액세스할 수 있는 보조기억장치를 가지고 있다. 초기 컴퓨터의 주기억장치 용량은 기껏해야 수천 바이트였다. 컴퓨터로 처리되는 문제가 비교적 단순했기 때문에 이 용량으로도 그렇게 불편을 느끼지 못했다. 또한 주기억장치가 고가라서 큰 용량을 갖추는 것이 어려웠기 때문에 기억용량의 제약에 맞추어 프로그램을 분할한다든지 overlay 기법을 많이 사용하고 있다.

한편, 컴퓨터 시스템의 성능에 가장 중요한 영향을 미치는 요소는 CPU이다. 그러나 CPU가 아무리 빠르더라도 기억장치가 느리다면 CPU는 명령어나 데이터를 액세스하는 과정에서 많은 시간을 기다리게 되어 시스템 성능이 저하될 수밖에 없을 것이다.

기억장치 제조 기술의 발전으로 기억장치의 속도가 계속 높아지고 있지만, CPU의 속도는 급속히 향상되고 있기 때문에 그 속도상의 격차는 줄어들지 않을 것이다. 그러한 격차를 줄이기 위하여 고속 반도체 기억장치를 CPU 칩 내부 혹은 그 가까이에 위치시키기도 한다. 또한 용량이 크고 영구 저장 능력을 가진 보조저장장치도 필요하지만, 그들의 액세스 속도는 현저히 느린 상태이다. 그러므로 대부분의 컴퓨터 시스템에서는 성능과 가격이 다양한 여러 종류의 기억장치들을 계층적으로 구성하여 사용함으로써 이러한 문제점을 해소시키고 있다.

또한, CPU와 기억장치들 간의 속도 차이가 커지고 저장용량이 증가하면서, 시스템 용량을 증가시키고 가격 대 성능비(Cost vs. Performance Ratio)를 개선시키기 위하여 특별한 주기억장치 경영이 필요하다. 주기억장치의 경영은 주기억장치를 효율적으로 분배하고 또한 운영체제 전체의 목적에 부합되도록 운영하는 데 그 목적이 있다.

그뿐만 아니라 한 영역에 있는 프로그램과 데이터를 다른 영역에 있는 프로그램으로부터 보호하기 위한 필수 사항은 실행 중인 프로그램 바로 앞이나, 뒤의 기억장치 공간을 보호하는 보호 하드웨어를 운영하는 것이다.

이 절에서는 계층적인 기억장치 시스템을 구성하는 방법과 그 효과에 대하여 알아보고 주기억장치의 경영기법에 대하여 자세히 살펴보도록 한다.

학 습 목 표

1. 기억장치 시스템들의 특성에 대하여 이해한다.
2. 보호 하드웨어에 대하여 숙지한다.
3. 주기억장치의 분할 기법에 대하여 이해한다.
4. 교체(swap)에 대하여 학습한다.

사 전 학 습

▶ 캐시 기억장치

CPU와 주기억장치의 속도 차이로 인한 CPU 대기 시간을 최소화시키기 위하여 CPU와 주기억장치 사이에 설치한다.

▶ 보호 하드웨어

운영체제가 적재하는 부분과 사용자 프로그램이 적재하는 두 개의 부분으로 나누어진다.

▶ 오버레이 기법

사용자가 사용할 수 있는 주기억 공간보다 큰 프로그램을 시행시킬 수 있게 하는 기법이다.

▶ 교체 기법

보조기억장치를 이용하여 두 개의 사용자 프로그램이 주기억 공간을 이용한다.

4.1 개 요

CPU가 프로그램이나 데이터를 인출하고자 할 때, 만약 그들이 주기억장치에 존재하지 않는다면 보조저장장치로부터 주기억장치로 이동시킨 다음에 인출하게 된다. 그런데 주기억장치의 용량이 적다면, 그러한 이동이 빈번히 일어나게 될 것이다. 그런데 디스크의 속도는 주기억장치로 사용하는 반도체 기억장치의 속도에 비하여 대략 10만 배 정도 느리기 때문에 CPU는 그 때마다 오랜 시간을 기다려야 한다. 이러한 CPU 대기 시간은 주기억장치 용량이 증가할수록 줄어들게 된다. 즉, 주기억장치 용량이 커질수록 더 많은 프로그램과 데이터들을 CPU 가까이 위치시킬 수 있기 때문에 평균 액세스 시간이 짧아진다는 것이다. 이때 주기억장치의 용량이 엄청나게 커지고, 또한 사용자들이 동시에 주기억장치를 사용하기 위해서는 특별한 주기억장치 경영이 필요하게 되었다.

주기억장치의 경영기법은 크게 나누어서 프로그램이 연속된 장소를 차지하는 연속 적재(Contiguous Loading)와 한 프로그램이 페이지 단위로 나누어져 산재해 있는 분산 적재(Scatter Loading)로 구분할 수 있다.

전자는 다중 프로그래밍을 하지 않는 단일 사용자가 사용하는 단일 분할과 다중 프로그래밍을 하기 위해서 주기억장치를 일정한 크기로 분할하여 사용하는 고정 분할(Fixed Partition)과 작업의 크기에 따라 주기억장소의 영역을 동적으로 할당하는 동적 분할(Dynamic Partition)의 주기억장치의 기법으로 나누어지며 또한 단편화(fragmentation)를 압축(compaction)해서 연속공간으로 만든 후 재배치시켜서 기억장소를 관리하는 동적 재배치 방법이 있다.

한편, 후자는 사용자의 프로그램이 페이지 단위로 구성되어 디스크에 존재하다가 필요한 부분이 페이지 단위로 주기억장치에 적재되어 시행하며 가상기억장치가 이 방법을 사용한다.

여기서는 먼저 주기억장치를 구성할 때 결정해야 할 정책을 제시한 다음 기억장치 시스템의 특징들과 계층적인 기억장치 시스템을 구성하는 방법을 살펴보고 프로세스의 실행에 필요한 데이터나 스택 등을 포함하여 사용자 프로그램 전체가 주기억장치에 적재되어 실행하는 환경을 가정하였을 때 주기억장치를 구성하는 기본 정책과 이와 관련된 기법을 다루어보기로 한다.

4.2 주기억장치 구성 정책

주기억장치를 효과적으로 운영하기 위해서는 먼저 주기억장치에 동시에 사용자 프로그램들이 적재되도록 할 것인가 아니면 한 번에 한 사용자 프로그램만이 적재되도록 할 것인가를 결정해야 하며 이어서 여러 사용자 프로그램들이 동시에 적재되도록 할 경우에는 각 사용자 프로그램들에게 주기억장치를 어떻게 분할하여 할당하도록 할 것인가 등에 대한 기본적인 정책이 정해져야 한다. 이와 관련하여 세부적으로 결정되어야 할 정책에 대하여 살펴보기로 한다.

1) 동시에 할당되는 프로세스 수

동시에 주기억장치를 할당받을 수 있는 프로세스의 수를 다중프로그래밍 정도(Multiprogramming Degree)라고 하는데 그 정도가 1이라 함은 항상 한 프로세스만이 주기억장치를 할당받는 경우를 의미하며, 다중프로그래밍 정도가 k라 함은 k개의 프로세스에게 동시에 주기억장치를 할당할 수 있음을 의미한다.

2) 각 프로세스에게 할당되는 주기억장치의 양

여러 프로세스들이 동일한 양 만큼의 주기억장치를 할당받도록 할 것인가 아니면 각 프로세스마다 할당받는 주기억장치의 양을 다르게 할 것인가에 관한 정책이다.

3) 주기억장치 분할 방법

다중 프로그래밍 정도가 $k(k \geq 2)$인 경우를 위하여 주기억장치를 분할할 때 주기억장치를 k개의 분할영역으로 미리 설정해놓고 이후 이 분할형태를 바꾸지 않는 고정 분할이 있으며 초기에 주기억장치를 어떻게 분할하든지 이후 필요에 따라 그 형태를 변형시키면서 프로세스를 운영하는 동적 분할이 있다.

4) 프로세스에게 할당된 분할영역의 교체 가능성

프로세스가 초기에 하나의 분할 영역을 할당받고 실행하던 중에 다른 분할영역으로 옮겨져 계속 실행할 수 있는 가에 대한 정책이다. 할당받은 분할 영역을 교체하는 일은 일반적으로 그 프로세스가 주기억장치를 완전히 반납하고 지연 상태(Suspended State)에 있다가 다시 주기억장치를 할당받고자 하는 경우에 필요하다.

5) 프로세스에게 할당되는 주기억장치 영역의 연속성

프로세스에게 주기억장치를 할당할 때 이를 연속적인(contiguous) 영역으로 할당해주는 방법과 비연속적인(discontiguous) 영역으로 할당해주는 방법이 있다. 전자는 프로세스의 프로그램 코드가 분할되지 않고 주기억장치의 연속된 하나의 분할 영역에 적재되도록 하는데 비해, 후자는 프로세스의 프로그램 코드를 몇 개의 조각들로 분할하고 이를 각각 주기억장치의 서로 다른 부분에 할당하게 되는데 전자에 비해 유연성을 가지지만 오버헤드가 수반되는 단점을 가지고 있다.

학 습 활 동

캐시 기억장치

- 구조

  CPU와 주기억장치의 속도 차이로 인한 CPU 대기 시간을 최소화시키기 위하여 CPU와 주기억장치 사이에 설치하는 고속 반도체 기억장치
- 특징

  ① 주기억장치보다 액세스 속도가 높은 칩을 사용.

  ② 가격 및 제한된 공간 때문에 용량이 적다.

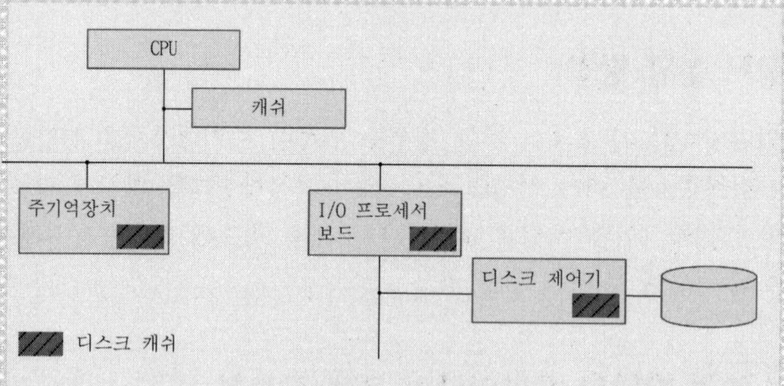

4.3 기억장치 시스템의 특성들

일반적으로 액세스(access)한다고 하는 것은 프로세서가 해당 프로세스를 실행하기 위하여 주기억장치에 있는 정보를 쓰거나(write) 읽는(read) 동작을 말한다. 기억장치는 제조 공정과 재료 및 조직에 따라 액세스하는 방법도 달라지는데 이에 대한 형태는 다음과 같이 표현할 수 있다.

1) 액세스 방법에 따른 기억장치의 종류

가) 순차 액세스(Sequential Access)

저장된 정보를 처음부터 순서대로 액세스하는 방식인데 자기테이프(Magnetic Tape) 저장장치가 이 방식을 사용하며 저장되는 모든 정보는 테이프의 처음 위치에서 시작하여 순차적으로 저장하게 된다.

이 내용들은 레코드(record)라고 하는 단위로 저장되는데, 각각은 고유의 주소를 가진다. 테이프의 모든 내용을 읽거나 쓰는 경우에는 처음부터 시작할 수 있지만, 임의의 위치에 저장된 정보를 검색하여 읽기 위해서는 찾고자 하는 위치에 도달할 때까지 테이프를 회전시켜야 한다. 그러므로 그 위치에 따라 액세스 시간이 각각 달라진다.

나) 직접 액세스(Direct Access)

액세스할 위치 근처로 직접 이동한 다음에, 순차적 검색을 통하여 최종 위치에 도달하는 방식으로서 자기디스크(Magnetic Disk)와 CD-ROM이 직접 액세스 방식을 이용하는 저장장치이다.

트랙상에 데이터를 저장하는 동작을 디스크 쓰기(Disk Write)라고 하는데 헤드가 트랙을 지나간다고 하더라도 자기 이력 현상(Hysteresis Phenomena)에 의해 자성 패턴이 표면에 기록된다. 헤드의 코일에 전류가 흐르면 자장이 발생되는 전기적 성질을 이용하는데 2진수 1은 양전류로, 0은 음전류로 각각 변환하여 헤드로 보내진다.

한편, 저장된 데이터를 디스크 표면으로부터 감지하여 인출하는 동작을 디스크 읽기(Disk Read)라고 한다. 읽기 동작은 자장이 존재하는 곳에 코일이 지나가면 코일에 전류가 발생하는 전기적 성질을 이용한다. 즉, 디스크 표면이 회전하는 동안에, 원하는 데이터가 저장되어 있는 트랙 부분이 헤드 밑을 통과하면 기록될 때와 동일한 극성의 전류가 생성된다.

용어설명

자기 이력 현상(Hysteresis Phenomena)

일반적으로 강자성체에서 일어나는 현상인데 자속 밀도와 자계의 세기가 선형적인 관계를 가지는 표현식과 달리 외부 자계를 가하여도 자성체 내부에 자속밀도 성분이 남아있는 성분, 즉 잔류 자기 성분이 존재하며 마찬가지로 외부 자계를 제거해도 자성체 내에 남아 있는 잔류 자기를 없애기 위해 역방향으로 외부자계를 인가할 때의 성분, 즉 보자력이 존재한다.

다) 임의 액세스(Random Access)

주소에 의해 직접 기억장소를 찾아 액세스하며, 어떤 기억 장소든 액세스하는 시간이 동일하며 반도체 기억장치들이 임의 액세스 방식을 이용한다.

어떤 위치든지 임의로 선택될 수 있고, 직접 주소가 지정되고 액세스될 수 있다. 결과적으로 기억장치 내의 어떤 위치를 액세스 하든지 그에 걸리는 시간은 항상 일정하다.

용어설명

임의 액세스의 예

1~10까지 숫자가 있으면, 상황이나 조건에 따라서 2, 5, 4, 3, 1, 6, 8, 7, 10, 9의 순으로 액세스하는 방식을 말한다.

라) 연관 액세스(Associative Access)

임의 액세스의 변형으로서, 저장된 내용의 특정 비트들을 비교하여, 일치하는 내용을 액세스하는데 연관 기억장치(associative memory)가 좋은 예이다.

CPU의 논리 주소에서 생성된 키(key) 값에 연관(associative)되는 비트들과 변위 값과 일치하는 기억장소의 데이터가 읽혀져 출력된다. 키 값의 비교에 걸리는 시간은 기억장소의 위치에 관계없이 일정하다. 그러나 입력 비트 패턴과 키 값들을 한 개씩 순차적으로 비교하면 시간이 많이 걸리기 때문에 일반적으로 모든 기억장소의 키 값들을 동시에 비교할 수 있는 하드웨어를 포함하고 있다.

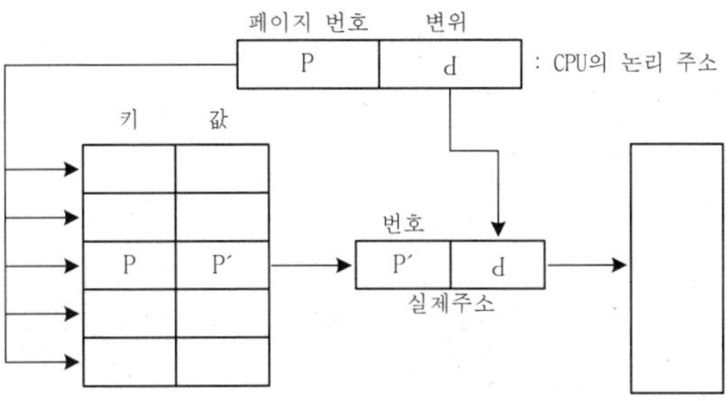

[그림 4-1] 연관 기억장치

2) 기억장치의 제조 재료에 따른 유형

가) 반도체 기억장치(Semiconductor Memory)

초기의 주기억장치로 가장 널리 사용되었던 저장장치는 자기코어(Magnetic Core)라고 불리는 자화철 고리들로 구성된 배열이었다. 그러나 기억장치들의 기술적 발전에 따라 미세전자공학(microelectronics)이 대두되어 모든 주기억장치들이 반도체 칩으로 대체되었다.

반도체 기억장치는 반도체 물질인 실리콘(Si) 칩을 이용한 기억장치로서 부피가 작고 처리 시간이 매우 빠른 장점이 있지만 열에 약한 단점이 있다.

반도체 재료로 만든 기억 회로들을 플립플롭(Flip Flop) 회로라고 하는데 이 회로들은 0과 1을 기억하는 회로들이고 자기 코어 한 개와 같은 역할을 하고 있다.

[그림 4-2] 반도체 칩

나) 자기 표면 기억장치(Magnetic Surface Memory)

알루미늄 합금의 원판 표면에 자성물질을 입힌 보조기억장치로서 일반적으로 자기디스크가 여기에 속한다. 자기디스크는 액세스 시간이 짧고 대량 정보를 기억할 수 있다는 특징이 있다.

자기디스크는 하드디스크(Hard Disk)라고도 하며, 단순히 디스크로 부르기도 한다. 정보는 다수의 동심원 위의 트랙에 기억되어 고속 회전하는 디스크의 표면과 미소간격을 유지하여 자기 헤드(head)를 통해 기록 또는 판독된다.

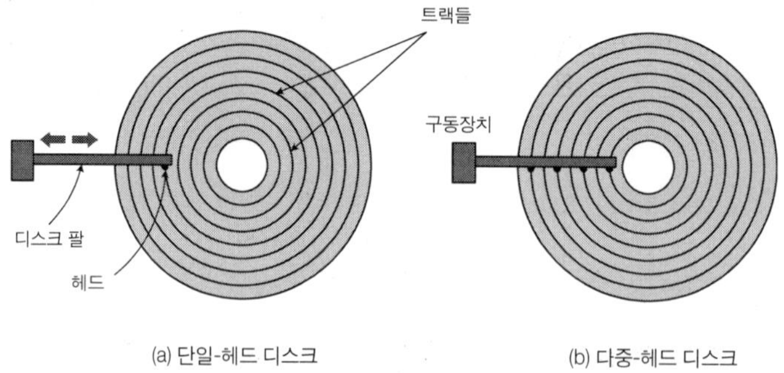

[그림 4-3] 자기디스크

3) 데이터를 저장하는 성질에 따른 유형

가) 휘발성 기억장치(Volatile Memory)

전원 공급이 중단되면 내용이 지워지는 기억장치로서 RAM(Random Access Memory)이 여기에 속한다. RAM은 임의 액세스 방식을 이용하는 반도체 집적회로로서 기억장치에 저장된 각 단어들은 CPU가 전송하는 주소에 의해 지정되어 직접 액세스 된다. 따라서 칩 내의 어느 위치에 있든, 액세스에 걸리는 시간이 같다.

RAM은 제조 기술에 따라 DRAM(Dynamic RAM)과 SRAM(Static RAM)으로 나누어진다. 전자는 커패시터에 전하(charge)를 충전하는 방식으로 기억밀도가 높고 가격이 싸다는 장점이 있는 반면, 저장되어 있는 내용을 주기적으로 재충전해 주어야 한다. 한편, 후자는 기억 소자로서 플립플롭(Flip Flop)을 이용하는데 데이터가 안정된 상태에서 저장될 수 있으므로, 전력이 공급되는 동안에는 재충전 없이도 데이터를 계속 유지할 수 있다.

나) 비휘발성 기억장치(Nonvolatile Memory)

전원 공급에 관계없는 영구 저장장치로서 ROM(Read Only Memory)이나 디스크 등이 여기에 속한다. 일단 저장된 정보는 필요에 따라 변경될 때까지는 그대로 유지되며, 정보 유지를 위하여 지속적으로 전력을 공급할 필요가 없다.

ROM은 RAM과 달리 내용을 읽는 것만 가능하고, 쓰는 것은 불가능하다. 따라서 프로그램이나 변경할 수 없는 데이터를 저장하는 데 사용된다. ROM을 사용함으로써 얻을 수 있는 장점은 데이터 혹은 프로그램이 영구 저장되므로 보조기억장치로부터 매번 이동시킬 필요가 없어 액세스 시간이 짧아진다는 점이다.

대부분의 컴퓨터 시스템에서는 RAM과 함께 주기억장치의 일부분으로서 ROM을 사용하고 있다.

| 학 습 활 동 |

ROM의 종류

① PROM(Programmable ROM)
한 번만 쓸 수 있다는 점에서 ROM과 같으며 제조 단계에서 기억 소자들에 데이터를 쓰지 않고 비워두며, 그 후에 전기적으로 데이터를 쓰는 것이 가능하다.

② EPROM(Erasable PROM)
PROM과 달리 내용을 지울 수도 있기 때문에 사용자가 여러 번 쓸 수 있다. 그러나 쓰기 전에 자외선을 이용하여 내용들을 지워서 초기 상태와 같아지도록 해야 한다.

③ EEPROM(Electrically Erasable PROM)
전기적으로 삭제 가능한 EPROM으로서 쓰기 전에 그 이전의 내용을 지울 필요가 없다. 내용의 갱신은 특정 바이트 혹은 여러 개의 바이트들에 대하여 가능하다.

4.4 계층적 기억장치 시스템

1) 개 념

사용자 프로그램과 데이터가 CPU에 의해서 실행되거나 참조되기 위해서는 CPU와 직접적으로 통신하는 기억장치인 주기억장치 내에 반드시 적재되어야 한다. 그러나 최근 기억장치 제조 기술의 발전으로 인하여 기억장치의 속도가 계속 높아지고 있지만, CPU의 속도가 더 급속히 향상되고 있기 때문에 그 속도상의 격차는 줄어들지 않을 것으로 보고 있다. 그러므로 용량이 크고 영구 저장 능력을 가진 보조저장장치도 필요하지만, 그들의 액세스 속도는 현저히 느린 상태이다.

일반적으로 컴퓨터 시스템에서 사용하고 있는 각종 기억장치의 성능은 해당 기억장치에 저장된 정보를 읽어 내거나, 정보를 기록하는 속도와 일정한 양의 정보를 읽어 내는데 걸리는 접근 시간(Access Time) 등에 의해 평가된다.

그러므로 접근 속도가 빠를수록 비트당 가격이 높아지기 때문에, 중앙처리장치와 직접 연결된 기억장치는 처리 속도가 빠른 소용량, 고가격의 기억장치를 사용하며, 자주 사용하지 않는 자료들이 저장되는 기억장치는 중앙처리장치에서 멀리 떨어지게 되고 저속의 저가격인 대용량 기억장치를 사용한다. 이러한 형태의 기억장치 구성을 기억장치의 계층 구조라고 한다.

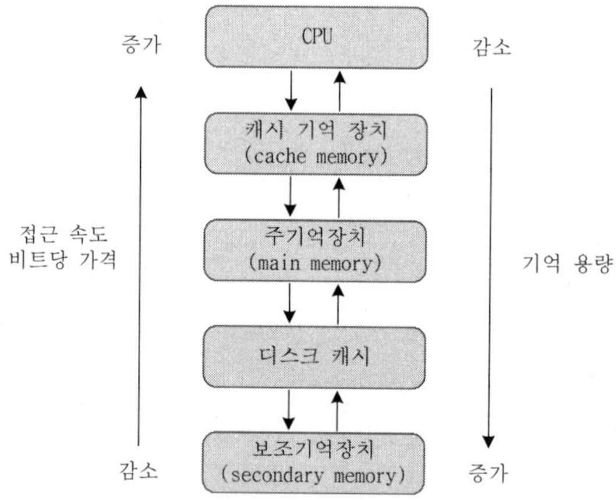

[그림 4-4] 기억장치의 계층 구조

[그림 4-4]는 전형적인 기억장치 계층 구조를 보여주고 있는데 상위 층으로 갈수록 비트당 가격이 높아지고, 용량이 감소하며, 액세스 시간은 짧아지고, CPU에 의한 액세스 빈도는 높아진다. 한편, 기억 용량이 커질수록 주소 해독 및 정보 인출을 위한 주변 회로가 더 복잡해지기 때문에 액세스 시간이 다소 더 길어진다.

2) 계층구조의 효과 예

기억장치를 계층적으로 구성함으로써 얻을 수 있는 효과를 분석해 보면 다음과 같다. 먼저, CPU가 아래와 같은 두 계층의 기억장치들을 사용하다고 가정한다.

① 첫 번째 계층의 기억장치는 액세스 시간이 30 ns이다.
② 두 번째 계층의 기억장치는 용량이 더 크지만, 액세스 시간은 300 ns이다.

CPU가 액세스할 데이터들의 50%가 첫 번째 계층에 있고 나머지 50%는 두 번째 계층에 있다면, 평균 액세스 시간은 (0.5 X 30 ns)+(0.5 X 300 ns)=165 ns가 된다. 같은 방법으로 첫 번째 계층에 데이터가 있는 비율을 20%부터 100%까지 변화시키면서 평균 액세스 시간을 구해보면 다음과 같다.

〈표 4-1〉 데이터가 첫 번째 계층에 있을 때의 평균 액세스 시간

비율(%)	평균 액세스 시간(ns)
20	246
40	192
60	138
80	84
100	30

〈표 4-1〉에서 보는 바와 같이 원하는 데이터가 첫 번째 계층의 기억장치에 있는 비율이 높아질수록 평균 액세스 시간이 그 기억장치의 액세스 시간에 접근하게 되어 두 계층의 기억장치를 사용한 효과를 더 크게 얻을 수 있다. 한편, 두 번째 계층의 기억장치는 속도가 느린 대신에 비트당 가격이 더 저렴하기 때문에, 이와 같이 두 가지 기억장치를 계층적으로 사용하면 속도 및 용량 면에서 개선된 계층적 기억장치 시스템을 사용하게 된다.

오랜 시간이 지나면 프로세스가 어떤 주소를 참조(reference)할 때에는, 해당 페이지들이 적재된 실기억 공간의 모든 영역이 아니라 지역적인 부분만 집중적으로 참조하면서 작업을 수행한다는 것을 알 수 있다. 실제 프로그램 실행 과정에서 속도가 더 빠른 첫 번째 계층의 기억장치에 대한 액세스 횟수가 두 번째 계층의 기억장치에 대한 액세스보다 많아지게 되어 평균 액세스 시간을 크게 단축시킬 수 있다.

4.5 보호 하드웨어

1) 개 념

단일 사용자를 위한 시스템의 주기억장치 관리 방법에서 한 영역에 있는 프로그램 코드와 데이터를 다른 영역에 있는 프로그램으로부터 보호하기 위한 필수적인 사항은 실행 중인 프로그램 바로 앞이나, 뒤의 기억장치 공간을 보호하는 것이다.

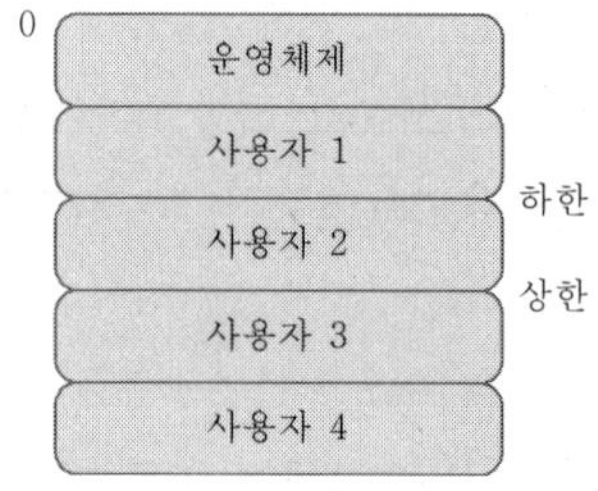

[그림 4-5] 보호 하드웨어 환경에서의 운영체제 할당

이 방법은 이른바 상주 모니터(Resident Monitor) 기법에서 볼 수 있는데 주기억 공간을 운영 체제에 해당하는 모니터(monitor)가 적재되는 부분과 사용자 프로그램이 적재되는 두 개의 부분으로 나누어 사용한다. 상주 모니터 기법은 초기의 컴퓨터 시스템에서 많이 사용되던 것으로, 현재는 개인용 컴퓨터의 주기억장치 관리 기법으로 사용되고 있다.

운영체제에 해당하는 상주 모니터는 주기억 공간의 상위나 하위 주소부터 적재시킬 수 있으며, 주기억 공간 내에는 모니터와 하나의 사용자 프로그램이 적재되기 때문에 모니터가 수행되는 시기와 사용자 프로그램이 수행되는 시기에 따라서 참조되는 주기억 공간 내의 주소 범위가 달라진다.

모니터 모드와 사용자 모드 간의 전환은 인터럽트를 통해 이루어지며, 모니터 모드에서는 주기억 공간 내의 어떠한 주소라도 참조가 가능하다.

한편, 일정한 크기의 주기억 공간에 적재되는 모니터의 크기가 아주 크면, 그만큼 사용자 프로그램의 사용 공간은 줄어들게 된다. 따라서 어떤 프로그램을 수행하는 동안 필요 없는 모니터의 특정 부분을 잠시 주기억 공간 밖으로 빼내고 그만큼의 공간을 사용자 프로그램에 할당할 수 있다.

이러한 모니터의 특정 부분을 잠정적 모니터 코드(Transient Monitor Code)라고 하며, 이 부분은 필요에 따라 주기억 공간 속으로 들어오기도 하고, 주기억 공간 밖으로 나가기도 한다. 이런 경우에는 운영체제에 속하는 상주 모니터의 크기가 수시로 달라지기 때문에, 경계 레지스터의 값은 동적으로 변하게 된다.

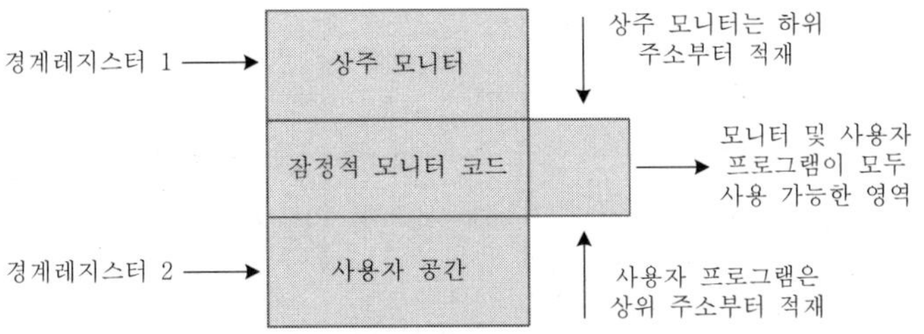

[그림 4-6] 잠정적 모니터 코드

2) 보호 하드웨어에 필요한 레지스터

보호 하드웨어에서의 주기억 할당 정책은 실행을 위한 하나의 프로그램이 상주 모니터를 제외한 사용자 공간에 수용할 수 있는 가의 여부만 판단하면 되므로 아주 간단하다.

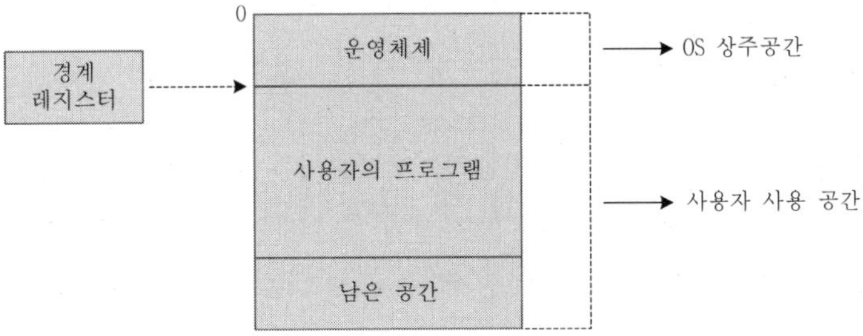

[그림 4-7] 경계 레지스터

모니터 모드에서는 주기억장치 공간 내의 모든 주소 참조가 가능하지만, 사용자 모드인 경우에는 모니터가 적재된 부분의 주기억 공간 내 주소는 참조가 불가능하다. 이런 보호는 경계 레지스터(Fence Register)와 기준 레지스터(Base Register)를 이용함으로써 가능하다. 그러면 이 두 레지스터의 기능에 대하여 자세히 살펴본다.

가) 경계 레지스터

주기억장치 내의 주소 보호를 위해서 운영체제가 적재된 부분과 사용자 프로그램이 적재된 경계선의 주소를 경계 레지스터에 두게 된다. 이때 합당한 사용자 주소의 범위 중 가장 작고, 그리고 가장 큰 실제 주소의 값을 하한과 상한 레지스터로 보호한다.

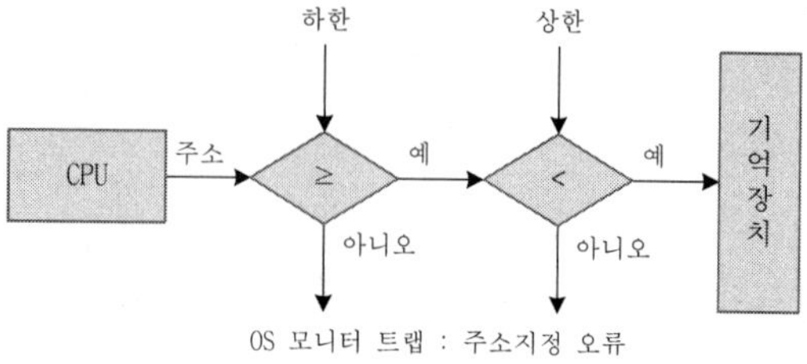

[그림 4-8] 경계 레지스터의 주소 지정 방법

사용자 프로그램에 의해 생성되는 모든 주소는 경계 레지스터와 비교하게 되며, 이때 사용자 프로그램이 생성한 주소가 경계 레지스터보다 작으면, 모니터 부분에 대한 참조이므로, 부당한 참조로 간주하여 조치를 취하게 된다. 즉, 사용자 프로그램에 의해 생성된 주소 참조(Address Reference)는 모두 할당 여부를 검사하여야 한다. 물론, 운영 체제에서는 주기억 공간 내의 모니터와 사용자 사용 공간의 모든 주소 참조가 가능하다.

나) 기준 레지스터

사용자 프로그램을 실기억 공간에 적재하기 위해서는 사용자 프로그램의 최초 주소를 갖는 기준 레지스터가 필요하며, 가장 작은 실제 주소와 논리 주소의 범위의 값으로 할당한 사용자 주소는 0에서 한계까지이며, 실제 주소는 기준에서 기준+한계까지 동적으로 재배치된다. 구체적으로 설명하면 각 논리 주소는 한계 레지스터(Limit Register) 값보다 작아야 하고, 여기에 기준 레지스터에 있는 값을 더해서 동적 재배치(Dynamic Relocation)를 하며, 이 실제주소가 기억장치로 보내진다.

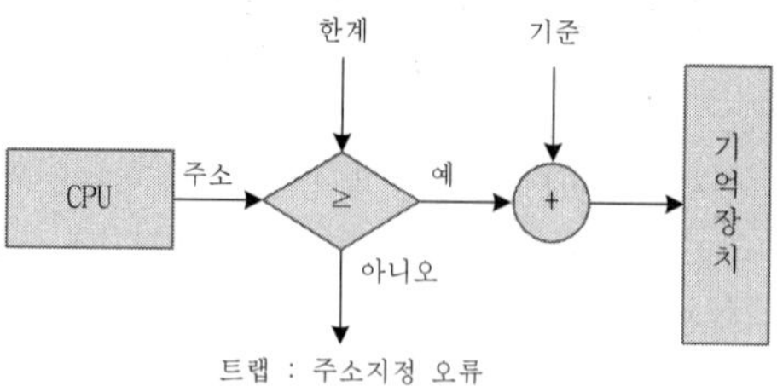

[그림 4-9] 기준 레지스터의 주소 지정 방법

그러므로 [그림 4-10]과 같이 사용자 프로그램에서 생성되는 모든 논리적인 주소를 실기억 공간(Physical Address Space)의 실제 주소로 바꾸어 주는 기억장치 사상 하드웨어가 필요하다.

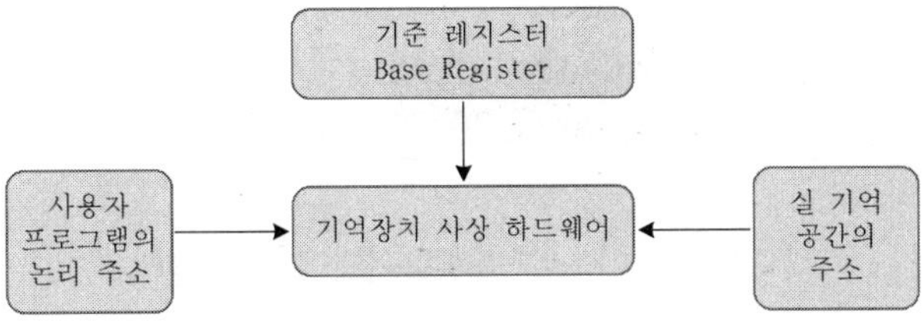

[그림 4-10] 기억장치 사상 하드웨어

3) 특 징

① I/O 실행시간 동안 CPU가 쉬게 되므로 메모리 낭비가 크다.
② 연속 적재(contiguous loading) 방식이므로, 사용되지 않는 사용자 프로그램의 부분들이 계속 상주하게 된다.
③ Overlay 기능이 없을 때 사용자 공간보다 큰 프로그램은 실행할 수 없다.

4.6 단일 분할

1) 개 념

항상 시스템 내에 하나의 프로세스만이 존재하며, 현재의 프로세스가 종료된 후에 다른 프로세스가 생성되어 실행할 수 있게 된다. 따라서 모든 시스템 자원들을 현재 존재하는 프로세스가 사용할 수 있게 되며 이에 따라 자원에 대한 관리 기법이 매우 단순해진다. 이러한 시스템에서는 상호 배제와 관련한 문제도, 교착 상태에 대한 우려도 없어지게 되는 것이다.

주기억장치의 관점에서 보아도 주기억장치 중 커널이 차지하고 있는 공간을 제외한 모든 공간을 현재 존재하는 프로세스가 사용할 수 있게 되며, 프로그램 중 아주 사용빈도가 낮은 부분에도 주기억장치를 반드시 할당해야 한다. 그렇기 않으면 이 프로세스가 사용하지 않는 공간은 그대로 낭비되는 결과를 초래하게 된다.

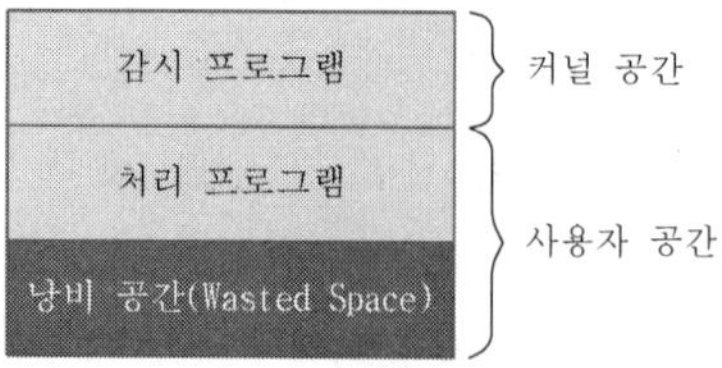

[그림 4-11] 단일 분할에서의 주기억 상태

이 결과로 사용빈도가 높은 감시 프로그램과 그렇지 않은 감시 프로그램의 주기억장치 사용 방법을 달리하는 방안이 제시되었다. 상주(resident) 루틴과 비상주(transient) 루틴의 사고방식이 그것이다. 사용빈도가 낮은 루틴은 그 루틴을 필요로 할 때만 주기억장치를 사용하도록 하는 것이다.

이 방법을 채택함으로써 OS의 기능이 대폭 강화되었으며 처리 프로그램을 overlay기법으로 사용한 것도 이때부터이다. 그러나 처리할 업무가 복잡하고 조건에 따라 여러 예외 처리를 해야 할 경우에는 이 구조를 짜기가 매우 어렵다.

2) 장 점

단일 분할은 단순할 정도로 운영체제 내의 주기억장치 경영 부분이 아주 작아도 되므로 사용자의 공간이 상당히 생기게 된다. 그뿐만 아니라 Memory 관리를 위한 H/W 및 S/W가 필요 없으므로 사용자가 자유자재로 주 기억 공간을 사용할 수 있다.

3) 단 점

① 한 프로그램이 차지하고 남는 부분은 전혀 활용되지 않을 정도로 자원이 낭비된다.
② 입출력하는 동안은 주기억장치에 적재되어 있는 프로그램은 시행하지 않기 때문에 처리기가 쉬게 된다.
③ 사용자의 공간보다 큰 프로그램이 시행될 수 없다는 것인데 overlay가 해결책이다.

| 학 습 활 동 |

오버레이(overlay)

- 사용자가 사용할 수 있는 주 기억 공간보다 큰 프로그램을 시행시킬 수 있게 하는 기법
- 필요한 시점에 사용자 프로그램의 일부 필요한 명령어와 자료만을 주 기억 공간 내에 유지시키는 방법

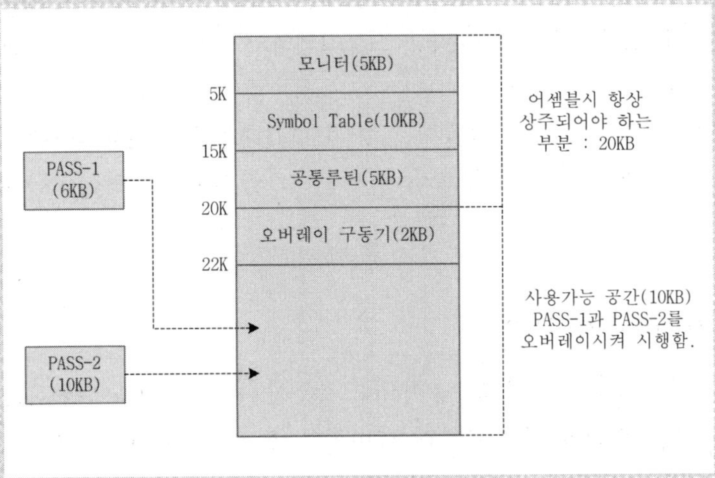

4.7 고정 분할

1) 개 념

주기억장치의 경제적인 대용량화가 가능해짐에 따라, 시스템의 효율을 높이기 위한 다중 프로그래밍 기법이 도입되었으며, 이러한 다중 프로그래밍 하에서는 한 개 이상의 프로그램이 동시에 주 기억공간에 적재될 수 있다.

다중 프로그래밍에서는 CPU를 차지하여 실행되던 하나의 프로그램이 입출력 작업을 행하게 될 때, 지체 없이 다른 프로그램의 CPU 작업이 시행되어야 하며, 이 새로운 프로그램이 CPU를 또다시 양보하게 되면, 또 다른 프로그램이 CPU를 차지하여 작업을 행하게 된다. 이에 따라 처음에 고정 분할 방식의 다중 프로그래밍이 실현되었다.

고정 분할(Multiprogramming with a Fixed number of Tasks, MFT) 방식이란 시스템 생성시 또는 초기 프로그램 적재시에 주기억장치의 크기를 일정 단위로 분할하여 고정시켜 버리는 방법이다. 이 기법에서 영역의 크기 지정은 운영 체제에 의해 정하기도 하며, 시스템 조작자(operator)에 의해 설정할 수 있다. 경우에 따라서 초기 프로그램 적재 후에라도 시스템 조작자가 명령어를 사용하여 분할의 크기를 변경할 수도 있다. 그러나 작업은 실행 중에 요구되는 크기를 주기억장치에 맞게 동적으로 분할하여 변경할 수 없다.

일단, 영역의 크기가 결정되면 시스템이 작동하고 있는 동안에는 변하지 않기 때문에, 해당 시스템에서 처리되는 프로그램의 유형과 크기를 충분히 고려하여 각 영역의 고정된 크기를 결정해 주어야 한다. 이때 고정 분할 방식은 주기억 공간 내에 들어갈 수 있는 최대 프로그램의 개수가 고정되기 때문에 다중 프로그래밍의 정도(Degree of Multiprogramming)가 고정된다.

따라서 컴퓨터 시스템의 전체 효율이 다중 프로그래밍의 정도에 비례할 수 있고, 주기억장치의 경영 기법에 따라 크게 효율이 좌우될 수 있음에 유의하여 영역의 크기를 정해 주어야 한다.

2) 단편화(fragmentation)

각 분할 기억장소에 사용되지 않는 미사용 부분이 생기는 것을 단편화라고 하는데, 이 단편화는 단일 분할 방식의 경우보다 더 낭비적일 수 있다. 게다가 작업의 성격이나 프로그램의 크기로 말미암아 어떤 분할은 일시적으로 놀고 있을 수도 있다. 또 분할 수를 늘리면 그만큼 각 분할의 크기는 작아져 큰 프로그램을 실행할 수 없게 되어 버린다.

가) 외부 단편화(External Fragmentation)

사용 가능 영역에 대한 크기가 작기 때문에 할당을 요구하는 작업을 당장 할당할 수 없을 때 발생하는 현상으로 일정 시간이 경과한 후 다른 작업에게 해당 영역을 할당한다.

나) 내부 단편화(Internal Fragmentation)

정적으로 할당된 고정 크기의 영역 내에서, 어떤 작업이 할당된 후 남게 되는 공간이 발생하는 현상으로 해당 영역에 할당된 작업이 종료할 때까지 어떠한 작업도 할 수 없게 된다.

고정 분할에서는 외부 단편화 문제보다 내부 단편화 문제가 더 심각하게 제기될 우려가 있다. 외부 단편화는 일정 시간이 지난 후 요구하고자 하는 작업에게 해당 영역을 할당하여 주기억장치의 효율성을 개선시킬 수 있으나, 내부 단편화로 생긴 공간은 해당 영역에 할당된 작업이 종료될 때까지 다른 작업이 사용하지 못한다.

[그림 4-12] 고정 분할에서의 단편화 개념

3) 특 징

가) 장 점

① 다중 프로그래밍이 가능하므로 전체의 처리 능력은 향상된다.

② 시스템의 메모리 사용 효율이 개선된다.

③ 해당 시스템에서 처리 되는 작업의 성격을 잘 파악하여 partition의 크기를 알맞게 조절해 놓으면, 주기억장치의 사용 효율을 극대화할 수 있다.

나) 단 점

분할이 고정되므로 각 분할에 사용되지 않는 주기억장치가 산재하게 되어 기억장소의 낭비가 우려된다.

4.8 교 체(Swapping)

1) 개 념

단편화의 총합이 요구되는 영역의 크기를 넘어도 연속된 장소가 없으므로 작업을 실행시키기 위해 교체가 필요하다. 이 기법은 사용자 프로그램에 대한 수용 능력이 충분히 크고, 직접적인 접근(Direct Access)을 허용하는 보조기억장치를 이용하여, 두 개의 사용자 프로그램이 주기억 공간을 이용할 수 있게 하는 방법으로써 실행되는 프로그램은 오직 하나뿐이다.

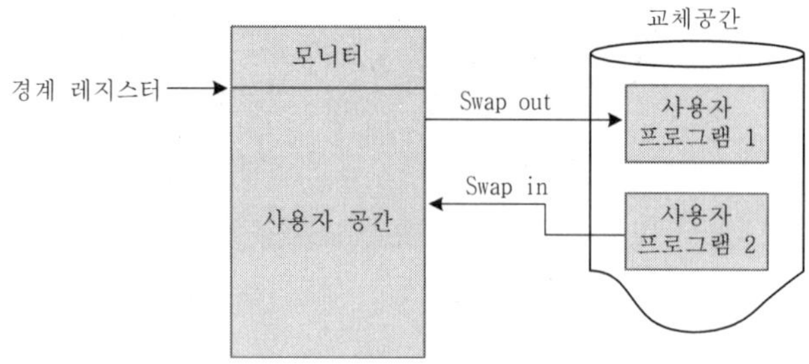

[그림 4-13] 사용자 프로그램에 대한 교체 기법

이 기법은 두 가지로 분류해 볼 수 있다. 우선, 아주 단순한 기법으로 주기억장치에 항상 한 프로세스만이 존재하도록 하고 이렇게 실행 중이던 프로세스가 어떤 이유에 의해서든 실행을 중단할 경우 프로세서뿐만 아니라 주기억장치까지 한꺼번에 반납하도록 하는 기법이 있을 수 있다. 이 프로세스는 후에 다시 프로세서를 할당받을 때 주기억장치도 다시 할당받게 되는 것이다. 결국 프로세스의 입장에서는 프로세서를 할당받을 때 주기억장치도 같이 할당받게 되고 프로세서를 반납할 때 주기억장치도 함께 반납하도록 하는 기법인 것이다.

또 다른 기법으로는 해당 작업의 우선순위가 실행중인 것보다 높으면 실행중인 작업을 점하고 있던 영역의 내용을 일시적으로 보조기억장치에 출력하여 우선순위가 높은 작업에 장소를 빌려준다. 이때 교체되어 들어온 프로그램은 교체의 원인이 되는 I/O 혹은 기타의 인터럽트가 발생할 때까지 주기억 공간을 점유하여 실행하게 된다.

교체되어 나가는 프로그램에 대한 각종 작업 상태는 인터럽트 처리시와 마찬가지로 보관(save)되어야 하며, 교체되어 다시 주기억 공간으로 들어올 때에는 정상 상태로 다시 적재(load)되어야 한다.

이렇게 하여 우선순위가 높은 작업은 제대로 처리될 수 있으나 일단 swap-out된 작업은 본래 점하고 있던 장소가 비지 않는 한 swap-in될 수 없다. 예를 들면, 다른 부분에 충분히 많은 공간이 있어도 거기에 swap-in하여 실행되려면 동적 재배치의 하드웨어가 있어야 한다.

그뿐만 아니라 교체 시간의 대부분은 교체 과정에 있는 전송 시간에 해당하므로 교체 기법이 효과를 얻기 위해서는 사용자 프로그램의 크기를 정확히 알아야 하며, 역시 보조 기억장치의 성능을 정확히 이해할 필요가 있다.

2) 개선 방안

대부분의 초기 시분할 시스템은 교체 기법을 이용하여 구현되었다. 이러한 기법은 적은 수의 사용자들에게는 적당한 응답시간을 보장할 수 있었지만, 설계자들은 많은 수의 사용자들을 취급하기 위해서는 더 좋은 기법이 필요함을 깨닫게 되었다.

교체 기법을 개선하는 방법으로 '교체 작업'과 '프로그램의 수행'을 중복시키는 것이다. 이 방법에서는 교체가 일어나는 동안 CPU를 쉬지 않게 만들고, 교체 시간을 단축시킬 수 있도록 하나의 사용자 프로그램이 수행되고 있는 동안 그 전의 사용자 프로그램을 주기억 공간에 위치하고 있는 버퍼 1로 내보내고, 실행을 위한 또 다른 프로그램을 버퍼 2에서 불러들인다.

이러한 기법은 주기억 공간과 보조 기억 공간 사이에 빈번한 교체 기법을 수행할 필요 없이 경제적인 대용량화를 구현할 수 있으며, 실기억 공간 내에서 교체가 일어나고 있으므로 이러한 교체 기법을 기억장치 대 기억장치 교체라고 부른다.

그러나 어떤 프로그램이 I/O 작동을 하고 있거나 입출력 작업을 기다리고 있을 때, 그 프로그램을 교체시켜 주기억장치의 사용자 공간을 비운 후, 다른 프로그램을 교체해 넣을 수 있는데 이 입출력 작업이 원래의 사용자 기억 공간에 있는 내용을 참조하기를 원하는 경우에는 그 프로그램을 교체해서는 안 된다는 것이다.

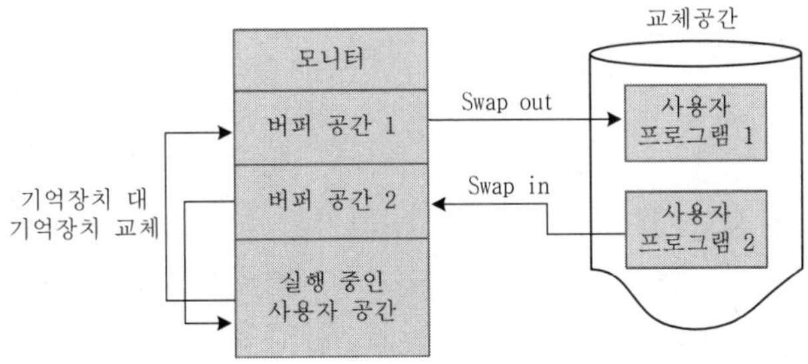

[그림 4-14] 개선된 교체 기법

| 학 습 활 동 |

통신의 역사

미국의 모스(Morse)가 1845년 워싱턴과 볼티모어 간 64 km에 전신선을 개설 개통한 것이 세계 최초 통신서비스의 시작이다. 지난 100여 년 동안 한국은 전기통신 후진국 신세를 면치 못했다. 그러나 한국은 지금 세계에서 가장 앞선, 정보화된 통신네트워크 국가로 정평이 나있다.

그런 한국이 불과 20여 년 만에 세계수준의 통신네트워크를 구축한 정보화 선진국 대열에 끼게 된 것은 무엇 때문일까. 여기에는 국력이나 정부의지보다 몇 걸음 앞서, 뚜렷한 확신에 신명을 바쳐 온 몇몇 선각자의 도전의식이 국민적 공감대를 불러일으켜 왔기 때문이다.

우리나라 통신의 역사를 뒤돌아 볼 때 홍철주(1834-?)는 빼놓을 수 없는 핵심인물이다. 늦게나마 조선정부가 정신을 차려 정부직제상 통신전담 부서를 만들고 자주적인 전선가설계획 등 통신 주권을 행사하게 된 것은 1887년 3월 1일부터이다. 정부조직 안에 '조선전보총국'이란 통신전담 관서를 창설한 것이다. 이 기관 최초의 수장자리인 총판으로 임명된 사람이다.

4.9 동적 분할

1) 개 념

주기억장치의 고정 분할 기법은 각 영역을 고정된 크기로 분할해 놓았기 때문에 내부 단편화의 문제를 피할 수 없을 만큼 기억장소가 낭비될 가능성이 있을 뿐만 아니라 분할 영역 전체가 낭비되는 외부 단편화 현상이 발생된다.

그러므로 고정 분할의 단점을 보완하며 작업이 요구하는 기억영역에 맞게 필요할 때마다 동적으로 할당하는 동적 분할(Multiprogramming with a Variable number of Tasks, MVT) 방법이 제시되었다.

MFT 기법과는 달리 각 영역의 크기를 고정하지 않고, 할당을 요구하는 작업들의 크기에 맞게 주기억 공간의 영역을 만들어주는 것으로, 이러한 경우에는 주기억 공간 내에 들어갈 수 있는 프로그램의 개수가 가변적이다.

예를 들면, 시스템에 입력된 작업들이 대부분 크기가 작은 프로그램인 경우에는 다중 프로그램의 정도(degree)가 높아지게 되며, 프로그램의 크기가 큰 작업이 들어오게 되면 다중 프로그래밍의 정도가 상대적으로 낮아지게 된다.

그러므로 내부 단편화에 대한 문제 해결 할당을 요구하는 작업의 크기에 맞게 가변적으로 영역을 운영하면 다중프로그래밍의 정도를 개선할 수 있다.

MVT 기법에서는 주기억 공간의 효율적 관리를 위하여 기억장소 상태 테이블과 사용가능한 기억장소 상태 테이블을 운영할 수 있으며, 큰 프로그램을 실행할 경우 이 프로그램에 맞는 크기를 요구하면 되므로 작성 프로그램의 크기에 대한 제약이 줄어든다.

그러나 [그림 4-15]에서 보는 바와 같이 각 프로그램은 반드시 연속된 공간을 요구하므로 요구에 맞는 만큼의 빈 공간이 있어야 기억장소가 할당되므로 영역과 영역 사이에 내부 단편화가 생기는 것은 피할 수 없다. 그뿐만 아니라 주기억장치의 사용가능 공간은 너무 작기 때문에, 앞으로 그 영역에 작업이 할당될 경우가 거의 없게 될 확률이 높게 되어 외부 단편화도 초래하게 된다.

[그림 4-15] 동적 분할

2) 작업 할당 전략

동적 분할에서의 단편화 현상을 개선하기 위하여 도입되는 주기억장치에서의 작업 할당 전략은 새로 들어온 프로그램과 데이터를 주기억장치 내의 어디에 넣을 것인가를 결정하는 데 사용되는데, 여러 참고문헌에서 자주 논의되는 세 가지 전략은 다음과 같다.

가) 최초 적합(first fit)

입력된 작업은 주기억장치 내에서 그 작업을 수용할 수 있는 첫 번째 공백에 배치된다. 즉, 사용가능 상태 테이블에 대해서 할당을 원하는 작업이 들어오면 시작주소가 낮은 것부터 찾기 시작하여 요구에 맞는 사용가능 영역이 처음 발견된 곳에 이 작업을 배치하게 된다.

장점으로는 사용 가능 부분을 시작 주소로부터 전체 주소의 절반 이내에 원하는 장소에 배치 가능하며 수행이 끝난 작업이 회수되는 영역이 다른 사용 가능한 부분과 인접해 있는가를 검토하는 데도 편리하다.

한편, 단점으로는 항상 시작 주소가 낮은 부분부터 할당되기 때문에 주소가 높은 부분은 큰 기억 장소가 남게 되어 효율성이 떨어진다.

나) 최적 적합(best fit)

할당을 원하는 작업이 적재되었을 때 남는 공간이 가장 작게 되는 사용가능 영역에 할당함으로써 주기억장치의 사용 능력을 최대로 하는 방법을 말하는데 가용 공간들에 대한 목록이 그 공간들의 크기 순서대로 정렬되어 있지 않다면 최적인 곳을 찾기 위해 전체를 검색해야 한다. 일반적으로 최적 적합이 최초 적합보다 더 느리다.

장점으로는 최적인 부분을 찾기 때문에 최초 적합의 경우와는 달리 큰 부분을 쪼개어 쓰는 일이 없어서 단편화가 최소화 되지만 할당을 원하는 작업의 크기와 거의 비슷한 사용가능 영역을 사용하기 때문에 남는 영역의 크기가 도리어 작아져서 외부 단편화가 초래될 우려가 있다.

다) 최악 적합(worst fit)

작업을 할당한 후, 가장 공간이 많이 남게 되는 partition에 작업을 배정시키는 방법을 사용하며 외부 단편화를 줄일 수 있으나, 다른 큰 영역을 원하는 작업의 할당을 만족시키지 못하는 경우가 발생한다.

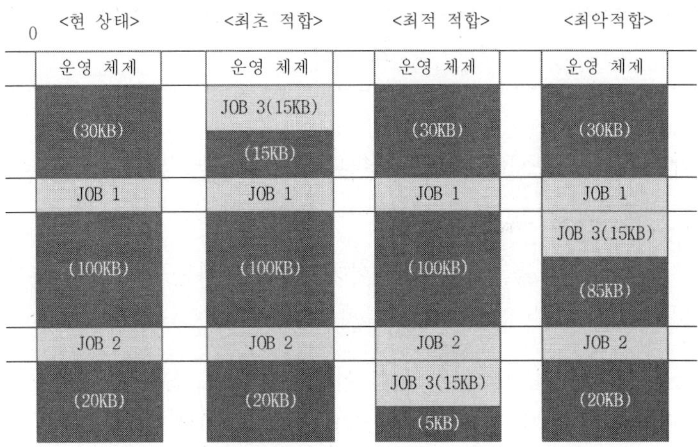

[그림 4-16] 동적 분할에서의 작업 할당 전략

요 약

1. 기억장치 액세스는 기억장치에 어떤 정보를 쓰거나 읽는 동작으로써 순차 액세스, 직접 액세스, 임의 액세스 그리고 연관 액세스가 있다.
2. 순차 액세스는 저장된 정보를 처음부터 순서대로 액세스하는 방식인데 자기테이프 저장장치가 이 방식을 사용한다.
3. 직접 액세스는 액세스할 위치 근처로 직접 이동한 다음에, 순차적 검색을 통하여 최종 위치에 도달하는 방식으로써 자기디스크와 CD-ROM이 여기에 속한다.
4. 임의 액세스는 주소에 의해 직접 기억장소를 찾아 액세스하며, 어떤 기억 장소든 액세스하는 시간이 동일하며 반도체 기억장치들이 이 방식을 이용한다.
5. 연관 액세스는 임의 액세스의 변형으로서, 저장된 내용의 특정 비트들을 비교하여, 일치하는 내용을 액세스하는데 연관 기억장치가 좋은 예이다.
6. 휘발성 기억장치는 전원 공급이 중단되면 내용이 지워지는 기억장치로서 RAM이 여기에 속한다.
7. 비휘발성 기억장치는 전원 공급에 관계없는 영구 저장장치로서 ROM이나 디스크 등이 여기에 속한다.
8. CPU와 직접 연결된 기억장치는 처리 속도가 빠른 소용량, 고가격의 기억장치를 사용하며, 자주 사용하지 않는 자료들이 저장되는 기억장치는 중앙처리장치에서 멀리 떨어지게 되고 저속의 저가격인 대용량 기억장치를 사용한다. 이러한 형태의 기억장치 구성을 기억장치의 계층 구조라고 한다.
9. 보호 하드웨어는 운영체제가 적재하는 부분과 사용자 프로그램이 적재하는 두 개의 부분으로 나누어진다.
10. 단일 분할은 다중 프로그래밍이 되지 않으며 프로그램 중 아주 사용 빈도가 낮은 부분에도 주기억장치를 반드시 할당한다.
11. 고정 분할은 시스템 생성시 또는 초기 프로그램 적재시에 주기억장치의 크기를 일정 단위로 분할하여 고정시켜 버리는 방법이다.
12. 교체(swapping)는 사용자 프로그램에 대한 수용 능력이 충분히 크고, 직접적인 접근을 허용하는 보조기억장치를 이용하여, 두 개의 사용자 프로그램이 주기억 공간을 이용할 수 있게 하는 방법이다.

13. 동적 분할은 고정 분할의 단점을 보완하며 작업이 요구하는 기억영역에 맞게 필요할 때마다 동적으로 할당한다.

14. 동적 분할의 작업 할당에 대한 세 가지 전략에는 최초 적합, 최적 적합, 그리고 최악 적합이 있다.

기초 문제

1. 다음과 같이 액세스 유형에 따라 분류된 기억장치들 중에서 데이터의 저장 위치에 상관없이 액세스 시간이 모두 동일한 것은?

① 직접 액세스 기억장치　　② 순차적 액세스 기억장치
③ 임의 액세스 기억장치　　④ 연관 액세스 기억장치

(정답) ③
(해설) 임의 액세스에서는 주소에 의해 직접 기억장소를 찾아 액세스하며, 어떤 기억 장소든 액세스하는 시간이 동일하다.

2. 보호 하드웨어 기법의 특징이 아닌 것은?

① 단순하며, 이해하기 쉽다.
② 잠정적 모니터 코드의 이용시 사용자의 사용 공간이 커진다.
③ 연속 적재 방식이므로, 사용되지 않는 사용자 프로그램의 부분들이 계속 상주하게 된다.
④ 단일 사용자 기법이므로 메모리 낭비가 적다.

(정답) ④
(해설) 보호 하드웨어 기법은 단일 사용자 기법이므로 메모리 낭비가 많다.

3. 다중 정적 분할 기법인 MFT의 특징이 아닌 것은?

① 내부 단편화가 발생하지 않으므로 기억장소에 대한 낭비의 우려가 없다.
② 다중 프로그래밍이 가능하다.
③ 시스템의 메모리 사용 효율이 가능하다.
④ partition의 크기를 알맞게 조절해 놓으면 주기억장치의 사용 효율을 극대화시킬 수 있다.

(정답) ①
(해설) MFT는 단편화로 인해 기억장소가 낭비될 가능성이 있다.

4. 기억장치의 동적 분할 방식에 대한 설명으로 옳지 않은 것은?

① 단편화 현상이 발생하지 않는다.
② 기억 장소 활용률이 높아진다.
③ 고정 분할 방식에 비해 실행될 프로세스 크기에 대한 제약이 완화된다.
④ 미리 크기를 결정하지 않고 실행할 프로세스의 크기에 맞게 기억장소를 분할한다.

(정답) ①
(해설) 기억장치의 동적 분할 방식에서도 단편화 현상이 발생한다.

5. 다음 설명이 의미하는 것은?

단일 사용자 시스템에서 프로그램의 크기는 주기억장치의 용량보다 클 수는 없다. 그러나 사용하지 않는 프로그램의 부분을 보조기억장치로 옮겨 와서 이제 더 이상 필요하지 않는 프로그램 부분이 사용하고 있는 장소를 다른 프로그램 부분이 사용하고 있는 장소를 다른 프로그램이 사용하게 되면 실제 영역보다 더 큰 프로그램의 실행이 가능하다.

① 오버레이(Overlay) ② 세그먼트(Segment)
③ 페이지(Page) ④ 스레드(Thread)

(정답) ①
(해설) 오버레이는 사용자가 사용할 수 있는 주기억 공간보다 큰 프로그램을 시행시킬 수 있게 하는 기법으로서 필요한 시점에 사용자 프로그램의 일부 필요한 명령어와 자료만을 주기억 공간 내에 유지시키는 방법이다.

심화 문제

1. 주기억장치를 구성할 때 세부적으로 결정되어야 할 정책에 대하여 설명하시오.

2. 액세스 방법에 따른 기억장치의 종류에 대하여 자세히 나열하시오.

3. 휘발성 기억장치와 비휘발성 기억장치에 대하여 자세히 비교하시오.

4. CPU가 아래와 같은 두 계층의 기억장치들을 사용한다고 가정한다.

   ① 첫 번째 계층의 기억장치는 액세스 시간이 50 ns이다.
   ② 두 번째 계층의 기억장치는 용량이 더 크지만, 액세스 시간은 500 ns이다.

   첫 번째 계층에 데이터가 있는 비율을 20 %부터 100 %까지 변화시키면서 구한 평균 액세스 시간을 지역성의 개념을 사용하여 해석하시오.

5. 상주 모니터(Resident Monitor) 기법을 수행할 때 필요한 레지스터에 대하여 설명하시오. (두 가지)

6. 주기억장치에서의 단일 분할의 개념을 설명하고 장단점을 서술하시오.

7. 운영 체제에서의 고정 분할의 개념과 단편화 현상에 대하여 설명하시오.

8. 주기억장치에서 교체(swapping)의 개념을 설명하고 개선 방안을 제시하시오.

9. 주기억장치에서의 동적 분할의 개념을 설명하고 작업 할당 방법의 종류를 자세히 나열하시오.

약 어

MFT(Multiprogramming with a Fixed number of Tasks)

RAM(Random Access Memory)

DRAM(Dynamic RAM)

SRAM(Static RAM)

ROM(Read Only Memory)

MVT(Multiprogramming with a Variable number of Tasks)

05

메모리 관리 방식

일반적으로 프로세서는 메모리에서 처리할 내용을 가져오고 처리 결과를 저장한다. 명령어 실행 과정에서 메모리는 단지 메모리 주소의 연속으로 보기 때문에 메모리 자신은 메모리 주소를 어떻게 생성하는지 모른다. 그 이유는 메모리에는 명령어 계수기(counter)나 인덱싱과 같은 정보가 없으며 생성되는 결과가 데이터인지 명령어인지에 대한 정보가 없기 때문이다.

그뿐만 아니라, 모든 프로세스는 실행되기 전에 물리적 메모리에 저장되어야 하는데, 만약 물리적 메모리가 부족하면 메모리가 부족하다는 메시지가 뜨면서 실행이 안 된다. 초기 컴퓨터의 물리적 메모리 용량은 기껏해야 수천 바이트였다. 컴퓨터로 처리하는 문제가 비교적 단순했기 때문에 이 용량으로도 그렇게 불편을 느끼지 못했다. 또 물리적 메모리(또는 주기억장치)가 고가라서 큰 용량을 갖추는 것이 어려웠기 때문에 기억용량의 제약에 맞추어 프로세스를 분할한다든지 overlay 기법을 많이 사용하였다. 그러나 이제는 주기억장치의 용량이 엄청나게 커지고, 또한 사용자들이 동시에 주기억장치를 사용하므로 이런 현상이 야기되었다.

메인 메모리는 일반적으로 운영체제를 위한 영역과 현재 실행 중인 프로세스를 위한 영역으로 구분된다. 물론 다중 프로그래밍 시스템에서는 메모리의 사용자 영역을 여러 프로세스가 상주할 수 있도록 세분화되어야 한다. 이런 세분화 작업은 운영체제에 의해 동적으로 이루어지는데 이 과정을 메모리 관리라고 한다.

메모리 관리는 운영체제의 설계에 큰 영향을 미치며 특히, 프로세스는 물리적 메모리의 크기에 제약을 받기 때문에 효율적인 메모리 관리는 다중 프로그래밍 시스템 환경에서 매우 중요하다.

이 장에서는 먼저 가상기억장치의 개념을 살펴보고 세그먼테이션 및 페이징 하드웨어 설계에 대하여 알아보고 메모리 관리의 중요성을 인식하고자 한다.

학 습 목 표

1. 메모리 관리 개념에 대해 알아본다.
2. 가상 기억장치의 도입 배경 및 개념에 대해 이해한다.
3. 세그먼테이션에 의한 하드웨어 설계에 대하여 공부한다.
4. 페이징 하드웨어 설계를 구현한다.
5. 페이징/세그먼테이션에 의한 혼합기법에 대하여 공부한다.

사 전 학 습

▶ 탐색 시간(Seek Time)

특정 레코드에 접근하기 위하여 그 레코드가 있는 트랙까지 액세스 암(Access Arm)을 이동하는데 걸리는 시간

▶ 회전 지연 시간(Rotational Delay Time)

트랙상의 해당 레코드를 기억하고 있는 장소가 입출력 헤드의 바로 밑에 올 때까지 기다리는 시간

▶ 메인 메모리 관리

메인 메모리 관리는 프로세스 적재 과정에서 연속적으로 메모리를 할당하는 방식과 프로세스를 페이지나 세그먼트 단위로 나누어 여러 곳에 흩어져 적재하는 분산 적재하는 방식이 있다.

5.1 메모리 관리 기법

1) 개 념

주기억장치에 사용자 프로그램 전체를 적재시키는 방법에서는 각 프로세스가 차지하는 주기억장치 공간의 양이 크기 때문에 다중 프로그래밍 정도(degree), 즉, 주기억장치에 적재되는 프로세스의 수가 적어지게 되고 따라서 시스템의 성능이 낮아지는 결과를 초래하게 된다.

다중 프로그래밍 정도를 높이고 효과적인 방법으로 주기억장치를 관리함으로써 시스템 성능을 향상시키기 위해서 가변적으로 메모리의 사용자 영역을 여러 프로세스가 상주할 수 있도록 세분화하는데 이를 메모리 관리라고 한다.

메모리 관리는 주기억장치를 효율적으로 분배하고 또한 운영체제의 목적에 부합되도록 운영하는 데 그 목적이 있다.

예를 들면, 프로세스가 실행할 프로그램 코드를 분할하여 분할된 조각 단위로 주기억장치에 적재시킴으로써 전체 프로그램이 주기억장치에 적재되지 않아도 되도록 하는 기법이 필요하다.

메인 메모리 관리는 크게 두 가지로 구분되는데, 첫 번째 방법은 프로그램을 적재하는 과정에서 연속적으로 메모리를 할당하는 연속 메모리 방식이며 두 번째 방법은 프로그램을 페이지나 세그먼트로 나누어서 여러 곳에 적재하여 할당하는 분산 메모리 할당 방식이다.

초기 컴퓨터 시스템은 연속 메모리 할당, 즉 각 프로그램이 연속된 하나의 블록을 차지하도록 할당하였는데 그 예가 고정 분할 및 동적 분할 방식이었다. 그러나 동적 분할 방식을 다중 프로그래밍에 적용하면서 분산 메모리 할당 방식의 유용함을 알게 되었다.

분산 메모리 할당 방식은 사용자의 프로세스가 페이지나 세그먼테이션 등의 단위로 보조저장장치에 의해 저장되었다가 사상 테이블(Mapping Table)에 의해 메인 메모리에 할당되는 방식이다. 즉, 한 프로그램을 구성하는 페이지나 세그먼테이션들은 연속된 장소에 적재되지 않고 페이지나 세그먼테이션 단위로 메인 메모리의 여러 곳에 분산된다. 이 방법은 현재의 가상 기억장치에 적용되고 있는 방식으로 발전하였으며 자세히 다루어 보기로 한다.

2) 해석적 방법

컴퓨터의 핵심 자원인 메모리의 효과적인 관리를 위한 메모리 할당 기법을 세 가지 측면으로 구분할 수 있는데 그 내용을 보면 다음과 같다.

가) 반입 정책

반입 정책은 주 기억공간에 적재할 다음 프로세스의 반입 시기를 결정하는 방법으로 다음과 같이 두 가지로 나눌 수 있다.

① 요구 반입 방법 : 운영 체제나 사용자 프로그램 등의 참조요구에 따라 다음에 실행할 프로세스를 주 기억공간에 적재하는 방법으로써 페이지 단위의 분산 메모리 할당 방식에는 사용자의 프로그램이 페이지 단위로 구성되어 보조기억장치에 존재하다가 필요한 부분만이 페이지 단위로 주기억장치에 적재되어 실행하게 된다.

② 예상 반입 방법 : 시스템의 요구를 예측하여 메모리에 미리 적재하는 방법으로 최근 사용되기 시작하여 요구되는 페이지 외의 다른 페이지도 함께 불러들이며, 탐색시간과 회전 지연시간을 갖는 보조기억장치의 특성을 참조한 정책이다.

나) 배치 정책

디스크에서 반입한 프로세스를 주 기억 공간 어느 위치에 저장할 것인가를 결정하는 방법으로 최초 적합, 최적 적합 그리고 최악 적합 등이 있다.

다) 대체 정책

재배치 기법으로 메인 메모리에 있는 어떤 프로세스를 대체할 것인가를 결정하며 시기 및 사용 빈도에 따라 결정하는 등의 여러 방법이 있다.

5.2 메모리 해석에 대한 관점

컴퓨터에서는 메모리(또는 주소공간)를 실제로 데이터나 프로그램이 저장되는 하드웨어 공간인 물리적 공간(물리적 주소)과 프로그래머가 프로그램을 수행하기 위해서 사용되는 공간인 논리적 공간(논리적 주소)으로 해석한다.

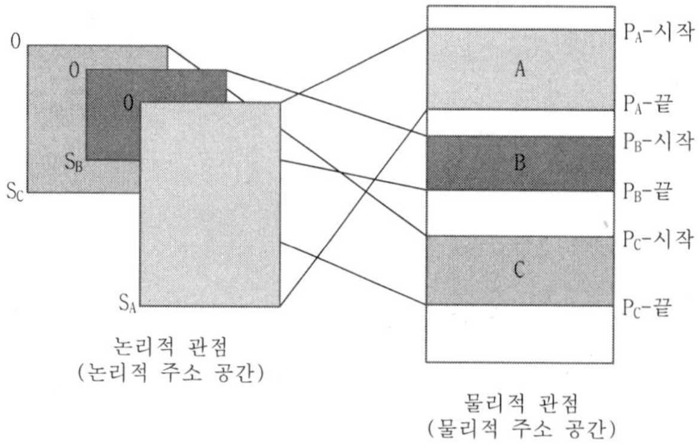

[그림 5-1] 메모리 해석에 대한 관점

물리적 공간은 메모리 칩(chip) 또는 스틱(stick) 공간으로 만들어지며 이때 사용되는 공간은 바이트로서 논리적 공간 주소보다 크거나, 작거나, 같을 수 있다. 반면에 논리적 공간은 프로그래머가 원하는 공간으로 목적 코드(Object Code)가 저장된 공간과 프로그램에서 사용하는 자료구조 등이 해당된다.

용어설명

목적 코드(Object Code)

절대 어드레스 형식과 상대 어드레스 형식을 포함하는 언어 프로세서에 의해 작성되는 기계어 프로그램.

자료 구조

자료를 효율적으로 이용할 수 있도록 컴퓨터에 저장하는 방법

논리적 공간을 나타내는 논리적 주소와 물리적 공간을 나타내는 물리적 주소의 연결은 메모리 매핑(Memory Mapping)을 통해서 이루어진다. 이 방식에서는 프로그램이 적재되어야 비로소 번지가 정해지며 물리적 주소는 연속되어 있지 않으므로 당연히 어떤 하드웨어의 도움을 받아 정확한 주소를 배정받아야 한다. 즉 프로그램이 물리적으로 어떠한 위치에 분산되어 있어도 논리적으로는 연속적으로 취급될 수 있도록 주소변환기구가 필요하다.

메모리 관리 방식에 따라 여러 가지 메모리 매핑 방식이 있으나 일반적으로 고정 분할, 동적 분할, 페이징(paging), 세그먼트(segment), 페이지화된 세그먼트 방식으로 구분된다.

메모리 매핑에서는 물리적 주소공간을 모조리 쓸 수 있어 효율적인 주기억장치의 이용을 기대할 수 있다. 또 필요한 프로그램 부분을 필요할 때 빈 장소를 찾아 저장할 수 있게 되었다. 그러나 프로그램을 어떻게 나눌 것인가가 문제로 남아 있으며 단편화 문제도 해결해야 한다.

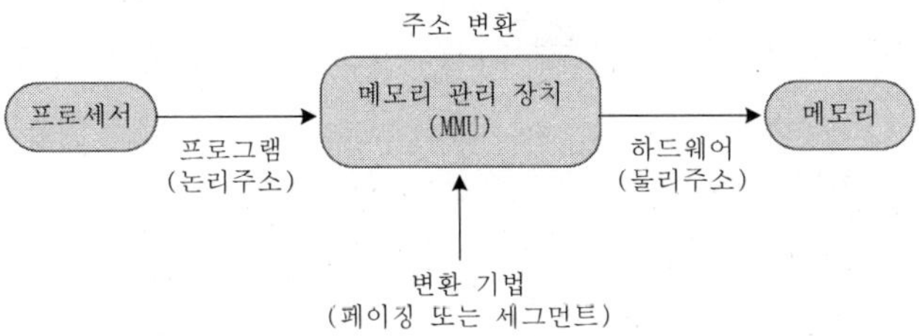

[그림 5-2] 메모리 해석에 의한 메모리 매핑

언급하게 될 가상기억장치(Virtual Storage, VS)도 다음과 같은 요구 사항에 의하여 설계를 해야 한다.

① 주기억장치의 단편화를 적극 방지한다.
기억장소의 압축이나 프로그램의 분산적재 방법에서 주기억장치의 단편화를 개선할 수 있다.

② 프로그램은 실행 중 필요할 부분에만 주기억장치를 할당하면 된다.
프로그램 전체를 주기억장치에 적재할 경우 일부분 사용될 수 있으므로 이때 쓰이지 않는 주기억장치의 용량은 다른 작업을 위하여 제공하는 것이 경제적이다.

③ 작업을 수행하는데 필요한 기억 장소를 즉시 할당할 수 있어야 하며 가급적이면 많은 작업이 동일 기억장소를 공유하여 실행될 수 있어야 한다.

학 습 활 동

기억장치 모듈의 설계

[예] 1K×8비트 RAM 칩들을 이용한 1K×32비트 기억장치 모듈의 설계

기억장치 칩의 데이터 비트 수가 단어 길이보다 짧은 경우 여러 개의 칩들을 병렬로 접속한 기억장치 모듈로 구성하는 데 이때 4개의 RAM 칩들을 병렬 접속한다.

- 모듈의 용량 : (1K×8) × 4개 = 1K × 32비트
- 주소 비트(10개: A9~A0) : 모든 칩들에 공통으로 접속
- 주소 영역 : 000 H ~ 3 FFH (단, H는 16진수 표시)

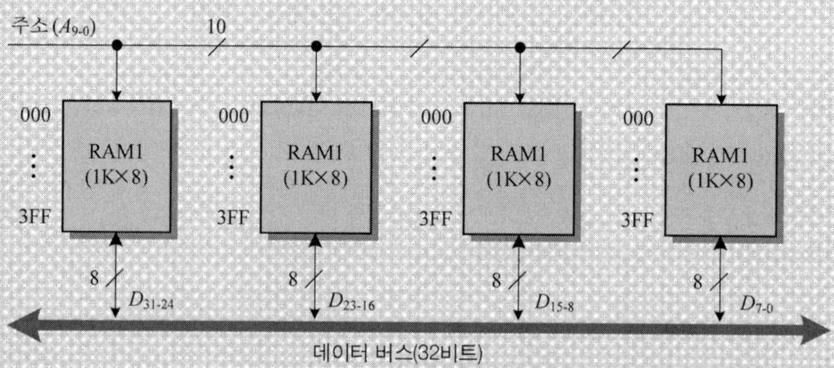

〈1KX8비트 RAM들을 이용한 1KX32비트 기억장치 모듈의 설계〉

5.3 가상기억장치(Virtual Storage)

1) 개 념

가상 기억장치를 사용하고자 하는 이유는 프로그램에서 사용할 수 있는 기억공간을 주기억장치의 크기의 제약으로부터 해방하려는 것이며 어떤 작업의 전체가 주기억 공간 내에 들어 있지 않아도 수행이 가능하게 하는 기법이다. 이는 작업의 전체가 실제 주소공간(Real Memory) 내에 들어있어야만 실행이 가능하며 다른 주기억장치 관리 기법에 대응하는 표현이다.

이러한 개념이 구현되기 위해서는 동적 주소 변환(Dynamic Address Translation, DAT)이 필요한데, 작업(프로그램)을 구성하는 page들이 실기억 공간의 어떤 P/F(Page Frame)에 적재되었는지를 알려 주기 위해서는 논리적인 페이지와 실기억장치 간의 관계를 맺어주는 하드웨어가 주어져야 한다.

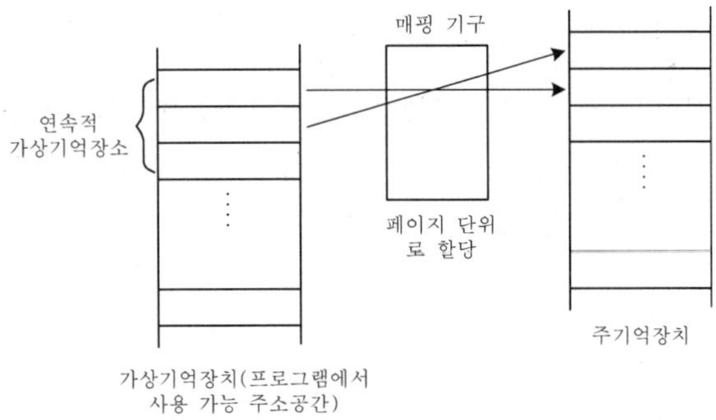

[그림 5-3] 가상기억장치와 주기억장치와의 매핑 관계

가상기억장치의 주소공간으로부터 주기억장치에 공간을 할당하는 것은 일반적으로 고정길이를 가진 페이지(page)이다. 주기억장치의 크기에는 제한이 있으므로 한꺼번에 처리 프로그램 전체를 수용하기는 어렵다. 따라서 주기억장치에 들어가지 않는 프로그램의 일부분은 가상기억장치를 반영한 보조기억장치상에 기억되어 있어 그 부분이 참조될 때 페이지 단위로 주기억장치에 읽혀진다.

가상기억장치는 이름 그대로 실제로 존재하지 않는 기억장치이다. 프로그래머에게 보다 큰 주소공간을 제공하기 위한 가공의 기억장치이다. 프로그래머는 이 개념상의 기억장치를 상대로 프로그래밍한다. 따라서 프로그램은 한꺼번에 다 주기억공간에 들어간다는 보장이 없다.

이때 주기억장치에서 페이지를 수용할 공간이 없을 때에는 가장 사용 빈도가 낮은 프로그램 부분이 보조기억장치 상으로 물러나게 되며 이 자리에 다른 페이지를 대체하도록 되어 있다.

| 학 습 활 동 |

가상 기억장치의 이점

① 작업의 일부분만 주기억 공간 내에 적재되어도 수행이 가능하므로 더 많은 작업들을 시스템 내에 수용할 수 있다. 이것은 작업 처리 능력(throughput)과 CPU의 활용률을 개선시킬 수 있다.

② 주기억 공간보다 더 큰 작업의 실행도 가능해진다. 이것은 아주 큰 가상 기억 공간상에서 프로그래밍을 하게 되므로, 사용자는 하드웨어에 독립적으로 일할 수 있다.

2) 페이지 반입 정책

가) 요구 페이징(Demand Paging)

(1) 구현 방법

필요로 하는 프로그램 부분만을 요구되는 시점에 주기억장치에 읽혀 들이는 일련의 동작으로써 주기억장치의 단편화는 거의 없어지게 되고 사용빈도에 따라 기억공간을 잘 활용할 수 있게 되었으며 보다 큰 주소공간을 제공할 수 있게 되어 주기억장치의 사용효율을 향상시킬 수 있게 되었다.

(2) 장 점

① CPU와 프로그램 카운터 등의 일련의 자원을 요구하는 프로세스에 의해 실제로 참조되고 있는 페이지들만 모두 들어 있다.

② 페이지들을 실기억장치에 적재시킬 때 발생할 수 있는 각종 오버헤드(overhead)를 줄일 수가 있다.

(3) 단 점

새로운 페이지가 필요할 때마다 그 페이지를 적재시키는 시간이 필요하기 때문에 해당 프로세스가 대기해야 되는 문제가 발생한다.

나) 예상 페이징(Prepaging)

(1) 구현 방법

프로세스가 필요로 하는 페이지들을 운영 체제가 미리 예상하여 사용 가능한 실기억장치에 미리 적재시켜 주는 방법이다.

(2) 특 징

운영 체제의 예상이 완전히 맞았을 경우, 요구 페이징에 비해 실행 시간이 크게 단축된다.

다) 단순 페이징(Simple Paging)

시행에 필요한 프로그램의 전체를 구성하는 페이지[세그먼트]들 전체가 모두 주 기억 공간 내에 적재하는 방식이다. 주 기억 공간의 할당을 원하는 프로그램을 고정 크기의 조각(page)으로 나눈 뒤 주 기억 공간 역시 페이지와 같은 크기로 할당하지만 불가피하게 내부 단편화가 발생한다.

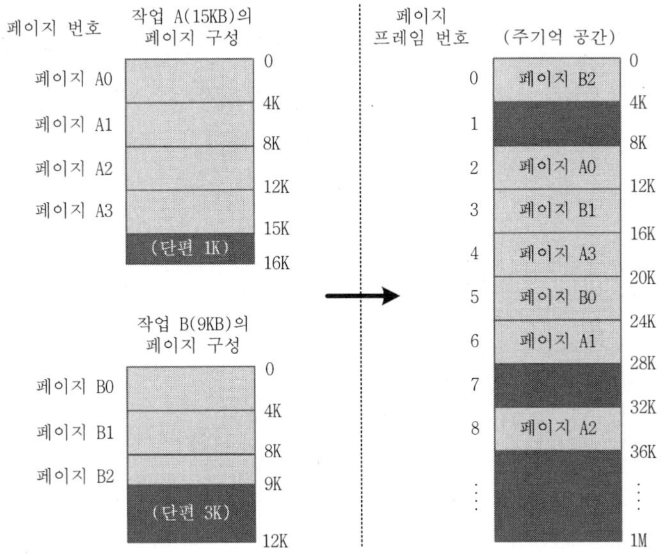

[그림 5-4] 각 페이지 번호에 대한 페이지 프레임의 대응 관계

3) 주소 지정 방법

가상 기억장치에서의 페이지 반입 정책에 의해 페이지들을 주기억장치에 적재시킬 때 매핑 테이블에 의하여 주소공간으로 변환되어 수행된다. 그러나 이 주소는 프로그램이 실행될 때의 실제 주소를 반드시 의미하지는 않는다. 그러므로 변환된 주소공간을 어떤 방법으로든 주기억장치의 실제 주소와 연결시켜야 한다. 이러한 과정을 일반적으로 재배치(relocation)라고 부른다.

이 재배치는 주기억장치를 어떻게 경제적으로 활용하느냐 하는 점에서 중요한 역할을 할 뿐만 아니라 프로그래머의 작업을 용이하게 해 준다는 점에서 큰 영향을 미치는데 행해지는 방법에 따라 절대 재배치(Absolute Relocation), 정적 재배치(Static Relocation), 동적 재배치(Dynamic Relocation)의 세 종류로 나누어지며 자세한 내용은 다음과 같다.

가) 절대 재배치

컴파일(compile)시에 만들어진 주소공간을 그대로 주기억장치상의 주소로 적용하는 방법인데, 프로그램 실행시에 쓰이는 절대주소가 사전에 정해지므로 이를 절대 재배치라고 부른다.

예를 들면, [그림 5-5]에서 프로그램 A가 만들어진 주소공간 즉, 4K에서 8K 번지까지 사전에 주기억장치의 4K에서 8K 번지에 그대로 대응하여 여기에 프로그램을 적재한다.

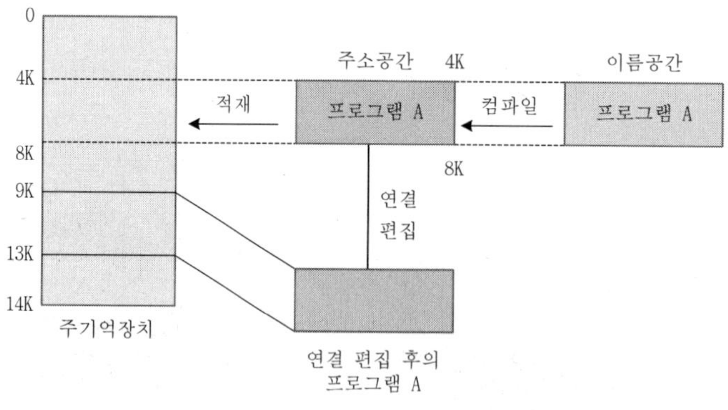

[그림 5-5] 절대 재배치

한편, 컴파일로 얻어진 주소공간을 연결편집(Linkage Edit) 프로그램을 거쳐 다른 주소공간에 재배치하는 방법도 있다. 여기서는 일단 연결 편집된 후에는 반드시 그 장소에서 실행되어야 하나 다시 연결 편집하면 다른 장소에서도 실행 가능하게 할 수 있다. 즉, 연결 편집 프로그램에서 재배치함으로써 다중 프로그래밍 기법이 적용될 수 있다.

절대 재배치는 연결 편집 프로그램을 써서 다중 프로그래밍에서도 적용될 수 있는 프로그램을 만들어낼 수 있지만 사전에 각 분할의 이용 상태를 예상하여 작업을 스케줄링하기가 용이하지 못할 뿐 아니라 프로그램의 실행은 아주 동적으로 일어나므로 기억공간의 큰 단편화를 피할 수 없다는 단점이 있다.

나) 정적 재배치

정적 재배치는 절대 재배치의 개선 방법으로 많이 사용하는데 주기억장치의 어느 분할(partition)에서 실행할 것인가 하는 프로그램이 실행되기 직전 결정된다.

연결 편집이 끝난 후라도 절대 재배치와는 달리 주기억장치의 기억장치와는 절대적으로 연결되어 있지 않다. [그림 5-6]에서 보는 바와 같이 프로그램 A는 처음 실행시에는 주기억장치의 4K부터 8K까지에 적재되어 실행되지만 두 번째는 12K에서 16K까지에 적재되어 실행될 수 있다.

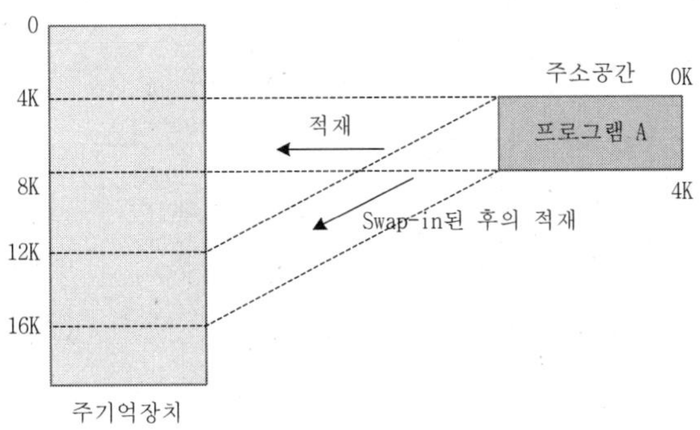

[그림 5-6] 정적 재배치

이와 같은 정적 재배치의 방법에 따라 다중 프로그래밍을 보다 유연하게 할 수 있으나 일단 어떤 분할에 적재되어 버리면 역시 거기서 다른 장소로 옮길 수는 없다.

따라서 교체의 기능이 있는 경우에도 swap-out된 프로그램은 다시 주기억장치에 swap-in 될 때 본래의 분할 밖에 될 수 없다. 이와 같은 성격 때문에 정적(static)이라고 부르고 있다.

다) 동적 재배치

정적 재배치에서는 프로그램이 일단 적재되면 그 프로그램을 실행 중에 다른 장소로 옮길 수 없다. 그러나 만일 다른 장소로 옮길 수 있다 하더라도 프로그램 중의 주소를 조정해 주어야 한다. 이 처리를 운영체제가 해 준다 하더라도 굉장히 번거로울 수 있으므로 실용화는 어렵다. 따라서 하드웨어 기구와 연결하여 해결하는 동적 재배치 방법이 모색되었다.

동적 재배치의 하드웨어는 세그먼테이션(segmentation)에 의한 방법, 페이징(paging)에 의한 방법, 그리고 페이징 & 세그먼테이션에 의한 방법이 있는데 이에 대해 다음 절부터 자세히 각각 소개하기로 한다.

| 학 습 활 동 |

주기억장치의 관리 기법

<table>
<tr><td colspan="4">연속 적재 기법
(Contiguous Loading)</td><td colspan="6">분산 적재 기법
(Scatter Loading)</td></tr>
<tr><td colspan="7">실 기억 공간의 사용
(Real Memory)</td><td colspan="3">가상 기억 공간의 사용
(Virtual Memory)</td></tr>
<tr><td colspan="2">단일 사용자
(Single User)</td><td colspan="8">다중 프로그래밍
(Multi-programing)</td></tr>
<tr><td>오버레이</td><td>교체</td><td>고정분할</td><td>동적분할</td><td>단순
페이징</td><td>단순
세그먼
테이션</td><td>단순
페이징/
세그먼
테이션의
혼합형태</td><td>요구
페이징</td><td>요구
세그먼
테이션</td><td>요구
페이징/
세그먼
테이션의
혼합형태</td></tr>
</table>

5.4 세그먼테이션에 의한 하드웨어 설계

1) 세그먼테이션의 개념

가상 기억장치 시스템 중 프로그램을 블록 단위로 분할할 때 논리적인 개념을 가지고 이를 서로 다른 크기의 블록들로 분할하는 시스템을 세그먼테이션 시스템(Segmentation System)이라고 한다. 세그먼테이션 시스템에서는 이와 같이 분할되는 프로그램 블록들을 세그먼트(segment)라고 한다.

세그먼테이션 시스템에서는 사용자 프로그램을 분할할 때 서브루틴(subroutine) 단위 또는 함수(function) 단위의 논리적인 개념에 의해 구분하므로 똑같은 크기의 물리적인 단위로 나뉘는 페이지 개념과는 달리, 프로그램의 논리적인 단위인 세그먼트는 각각 그 크기가 달라진다. 그러므로 세그먼트 공유나 보호에 있어서 페이징 시스템에서만큼 복잡한 문제들이 발생하지 않는다.

각 세그먼트들의 크기가 다르기 때문에 주기억장치 영역을 페이징 시스템에서와 같이 미리 분할해 둘 수는 없으며 각 세그먼트가 주기억장치에 적재될 때 빈 공간을 찾아 할당하는 기법을 사용한다.

프로그램의 논리적인 단위는 SMT(Segment Mapping Table)에 의해 관리되므로, 주기억장치의 어떠한 공간에 들어 있어도 상관없게 된다. 이러한 세그먼테이션 기법은 동적 분할 방법인 MVT와 유사하지만, 하나의 프로그램이 여러 개의 작은 세그먼드로 나누어지게 되는 점이 다르다.

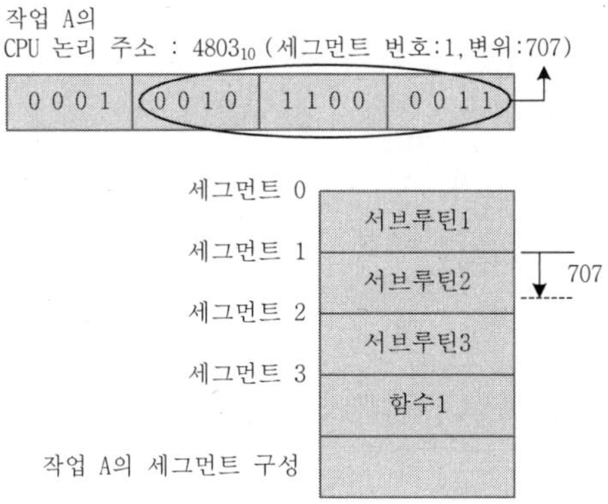

[그림 5-7] 논리 주소에 의한 세그먼트 지정

세그먼테이션 기법에서는 내부 단편화가 존재하지 않고 외부 단편화의 가능성이 존재하지만 서로 다른 크기의 논리적인 조각으로 나누어 적재되므로 MVT보다 개선된 기법이라고 할 수 있다.

〈표 5-1〉 페이지와 세그먼트의 비교

페이지	세그먼트
물리적인 단위	논리적인 단위
내부 단편화, 외부 단편화	외부단편화
PMT(Paging Mapping Table)	SMT(Segment Mapping Table)
세그먼테이션의 경우 CPU의 논리적인 주소를 실제 주소로 변화하는 과정은 페이징 기법에 비해 다소 복잡	

2) 주소 변환

세그먼테이션 기법에서 CPU의 논리 주소를 주기억장치의 실제 주소로 변환되는 과정을 살펴보기로 한다.

[그림 5-8]과 같이 CPU의 논리 주소가 10진수로 '4803'일 때에는 세그먼트 테이블의 세그먼트 번호가 0이 되며, 세그먼트 변위는 '707'이 된다. 이때 세그먼트 번호는 세그먼트 테이블의 색인(index)으로 지정되며, 세그먼트 테이블의 세그먼트 1에 해당하는 항목에는 그 세그먼트의 길이가 10진수로 1638이고, 주기억 공간의 초기 주소는 6981번지이다.

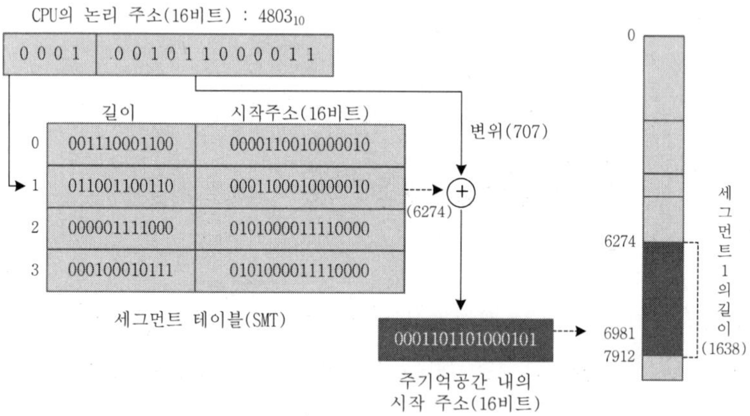

[그림 5-8] 세그먼테이션 기법에서의 주소 변환 예

5.5 페이징에 의한 하드웨어 설계

1) 도입 배경

가상 기억장치는 실제의 주기억 장소보다 훨씬 용량이 크다. 프로그래머는 가상기억장치상의 주소공간을 생각하여 프로그램을 짜나가면 되지만, 완성된 프로그램이 실행될 때에는 주기억 장소에 들어가야 한다. 그러나 프로그램 실행시에 반드시 프로그램 전체가 주기억 장소에 적재되어 있을 필요는 없다. 최소한 현재의 실행과 관계있는 부분만 가상 기억장치에 있으면 된다.

따라서 프로그램을 어떤 형태로 잘라서 조금씩 주기억 장소에 갖고 와서 실행하는 방법을 생각할 수 있는데, 그 하나가 전술한 세그먼테이션에 의한 방법이다. 세그먼테이션 기법을 사용하여 단편화도 어느 정도 막을 수 있으며 가상 기억장치를 생각하여 프로그래머는 아주 넓은 주소공간을 얻을 수도 있었다. 그러나 세그먼트 크기에 따라서는 단편화가 충분히 해결되지 않는 면이 있다. 그러므로 페이지 단위로 분할하는 방법이 제시되었다.

페이징 기법에서는 주기억 공간의 할당을 원하는 작업(job)이 도착할 때, 작업 스케줄러가 그 작업의 크기를 파악하여 페이지 단위로 만들어 준다. 사용가능한 페이지 프레임 리스트를 관찰하여, 사용자가 요구하는 모든 페이지가 주기억 공간의 프레임에 들어갈 수 있는 가를 확인한다.

페이징을 위한 작업 스케줄러의 경우는 모든 각각의 작업이 그 자신의 페이지 테이블을 각각 유지하여야 하며, 해당 작업이 수행될 때 필요한 레지스터의 값들을 작업 제어 블록(Job Control Block, JCB)에 적재하고 있다가 그 작업이 실제 수행될 때, 이들을 시스템 레지스터로 적재시켜 주어야 한다.

2) 구현 방법

가) 고속 레지스터를 사용하여 구현하는 방법

시스템은 가상 기억장치의 각 페이지가 어떤 상태에 있는 가를 알고 있어야 한다. 즉, 주기억 공간의 할당을 원하는 작업(job)이 가상 기억 공간상의 어느 페이지 프레임에 있는가 또는 실기억 공간상에는 없고 보조기억장치상의 공간에 있는가를 알아야 한다.

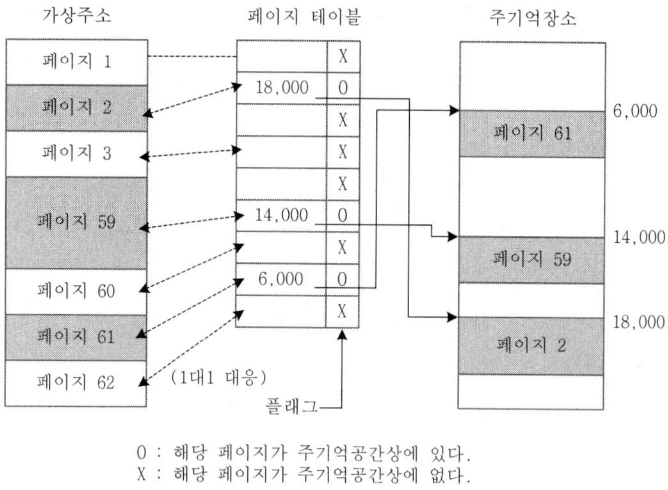

[그림 5-9] 가상주소와 실제주소의 관계

페이징 방식의 경우 가상 기억장치상의 주소는 페이지 번호와 페이지 내의 변위(displacement)의 두 요소로 구성되어 있다. 가상 기억장치상의 기억장치를 나타내는 주소를 일반적으로 가상주소(Virtual Address)라고 부르며 실제 주기억 공간상의 주소를 실제주소(Actual Address)라고 부른다.

페이징 기법을 사용하여 어떤 작업을 주기억 공간에 할당할 때에는, 페이지 매핑 테이블(Paging Mapping Table, PMT)이 항상 참조된다. 따라서 이 테이블을 고속 레지스터의 집합에 넣어 둘 것인가 하는 문제는 중요하다.

PMT를 레지스터의 집합으로 넣어둘 때에는 주소 번역이 고속 처리가 가능한 효과가 있으나, 모든 작업의 각각 1개의 PMT를 가져야 하므로, 각 작업이 가질 수 있는 페이지 테이블이 아주 커지는 경우에는 높은 비용이 발생된다.

나) 주기억장치 내에 구현하는 방법

아주 큰 PMT를 주기억장치 내에 유지시키고, PTBR(Page Table Base Register)을 제어장치 내의 고속 레지스터에 보관하는 방법으로 직접 사상(Direct Mapping) 방법이라고도 부른다. 여기서 CPU의 논리 주소와 PMT의 시작 주소를 고속의 레지스터에 적재하고, PMT는 주기억장치 내에 유지시키고 있다.

CPU의 논리 주소와 PMT의 시작 주소를 고속의 레지스터에 적재하고, PMT는 주기억장치 내에 유지시키기 때문에 주기억장치를 중복 접근하는 문제가 발생한다.

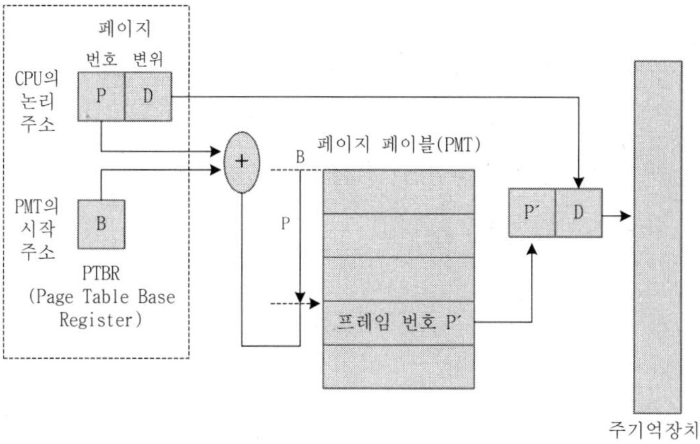

[그림 5-10] 페이징을 위한 하드웨어 설계

이는 기억장치에 대한 접근이 두 배로 느려진다는 것을 의미하며, 이의 해결은 연관 기억장치(Associative Memory)나 캐시 기억장치를 사용함으로써 어느 정도 해결이 가능하다.

용어설명

연관기억장치

기억된 내용의 일부를 이용하여 원하는 정보가 기억된 위치를 찾아내서 접근하는 기억장치

다) 연관 사상 기법에 의해 구현하는 방법

키(key : 페이지 번호)와 값(value : 프레임 번호)으로 구성된 연관 기억장치에 어떤 페이지 번호가 제시되면, 모든 키가 고속으로 비교되어 즉시 대응하는 값(프레임 번호)이 출력된다([그림4-1] 참조).

PMT를 연관 기억장치에 유지시키는 경우에는 동적 주소 변환이 신속하지만 연관 기억장치는 주기억장치에 비해서 아주 고가이기 때문에 경제적이지 못하다.

3) 주소 변환

어떤 시스템의 논리 주소가 16비트로 구성되고, 페이지의 크기가 1 KB로 되어 있다면, 페이지 변위를 위해서 10개의 비트가 필요하게 되고 6개의 비트는 페이지 번호로 사용되며 최대 페이지 개수는 2^6=64개가 된다. 이때 페이지 번호는 0에서 63까지의 범위를 가지

고 있다.

예를 들면, [그림 5-7]에서 본 바와 같이 작업 A의 논리 주소 '4803'은 이진 형태로 '0001001011000011'이 되고, 좌측에서 6비트(000100)가 페이지 번호로, 우측의 10비트(1011000011)가 페이지 내의 변위로 사용된다. 그러므로 페이지 번호는 $000100_2=4_{10}$이 되고 페이지 변위는 $1011000011_2=707_{10}$ 가 된다.

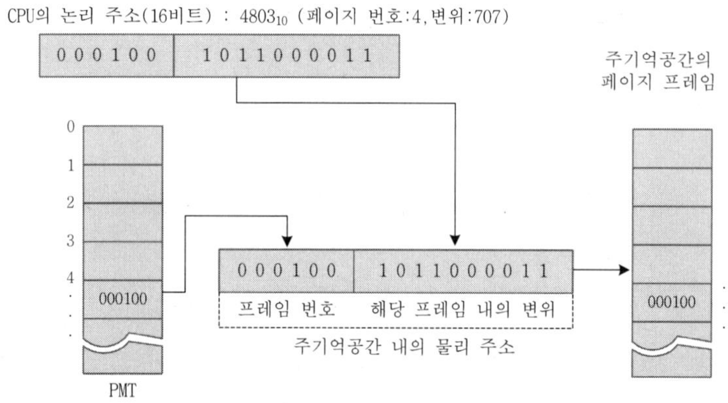

[그림 5-11] 페이징 기법을 이용한 주소 변환 예

학 습 활 동

그린 IT의 효과

데이터센터는 전력 소모량이 많다는 문제점 외에 그 안에 들어가는 각종 하드웨어 장비를 생산하는 과정에서 많은 이산화탄소를 배출한다는 문제를 안고 있다. 데이터센터가 환경에 미치는 영향을 보면 우선 컴퓨터 · 서버 · 스토리지 등 각종 장비를 생산하면서 발생하는 탄소화합물의 배출을 들 수 있다.

최근 IT를 활용한 그린 효과로 여러 분야에서 IT 이용이 이점이 되고 있다. 예를 들어 전자 카탈로그, 전자 우편 등의 인쇄 매체의 전자화로 종이 감축에 따른 온실가스 배출량 감소, 화상회의 및 원격협업 등으로 교통수단 억제에 따른 에너지 사용 억제, 전자상거래에 의한 인터넷을 통한 서비스 제공 그리고 이동 감소로 탄소 배출량 감소를 들 수 있다.

5.6 페이징 & 세그먼테이션에 의한 하드웨어 설계

1) 도입 배경

페이징 기법이 외부 단편화를 제거하고, 주 기억 공간의 효율적인 관리가 가능하다는 이점이 있는 반면, 세그먼테이션 기법은 내부 단편화를 제거해 주며, 세그먼트를 논리적 단위로 구성해 주기 때문에 페이징 기법에 비해 주기억장치의 관리가 훨씬 유리하다.

세그먼테이션 기법에서는 세그먼트의 길이가 너무 가변적이고, 어떤 경우에는 주기억 공간 내에 적재할 수 없을 정도로 너무 클 때도 있다는 단점이 있다. 이러한 문제를 해결하는 방법으로는 페이징 방법과 세그먼테이션 방법을 결합한 방법이 도입되었다.

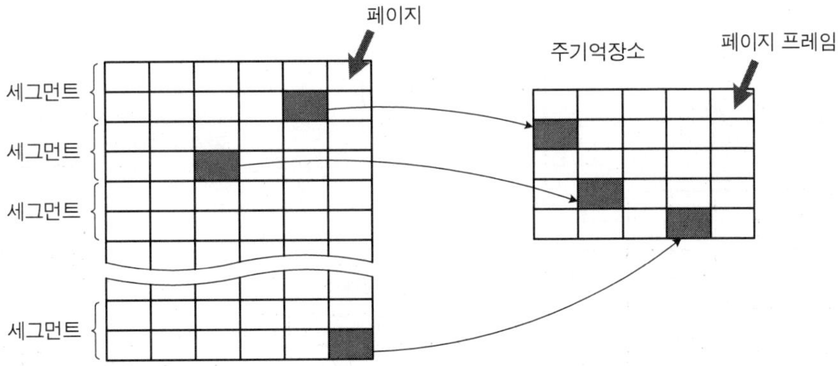

[그림 5-12] 세그먼트와 페이지의 관계

세그먼트 크기를 고정시키지 않는 이유 중의 하나는 세그먼트를 논리적으로 의미 있는 프로그램 모듈 크기로 하고자 하기 때문이다. 프로그래밍의 능률 향상, 유지 보수의 용이화 등의 관점에서 프로그램의 모듈화가 주목되고 있는데 이에 하드웨어면에서도 보조를 맞추도록 한 것이 세그먼테이션으로 세그먼트의 크기를 고정시키지 않는 것은 필연적이다.

세그먼테이션은 페이징과 달라 프로그램 적재의 최소 단위가 모듈 단위이므로 페이징 방식에 비하여 프로그램 부분의 I/O 면에서는 효율적이다. 그러나 주기억 공간의 어디에 세그먼트를 배치할 것인가 하는 점에서는 페이지 크기가 고정되어 있는 페이징 방식과는 달리 그 위치가 정해져 있지 않다. 즉, 필요한 세그먼트의 크기가 비어 있는 분할(partition)에 들어갈 수 있느냐 없느냐 하는 것이 문제가 된다. 따라서 단편화의 문제는 여전히 남아 있다.

2) 구현 방법

페이징&세그먼테이션 혼합 기법에서는 가상 기억장치의 주소공간을 세그먼트와 페이지의 두 계층으로 나눈 다음 프로그래머는 이 가상 기억장치가 제공하는 주소공간만을 생각하고 프로그래밍 한다.

이때 가상 기억장치의 주소공간상을 세그먼트 또는 페이지로 분할하여 처리하는 것은 하드웨어와 제어 프로그램의 기능이어서 프로그래머에게는 아무런 부담을 주지 않는다. 이 방식에서는 가상 기억 공간을 여러 세그먼트로 분할하여 이 세그먼트를 다시 페이지 단위로 나누어 취급한다.

일반적으로 세그먼트는 64KB의 크기가 일반적인 반면, 페이지는 2KB 또는 4KB 크기를 많이 사용한다. 따라서 한 세그먼트는 16 페이지 또는 32 페이지로 구성되어 있다.

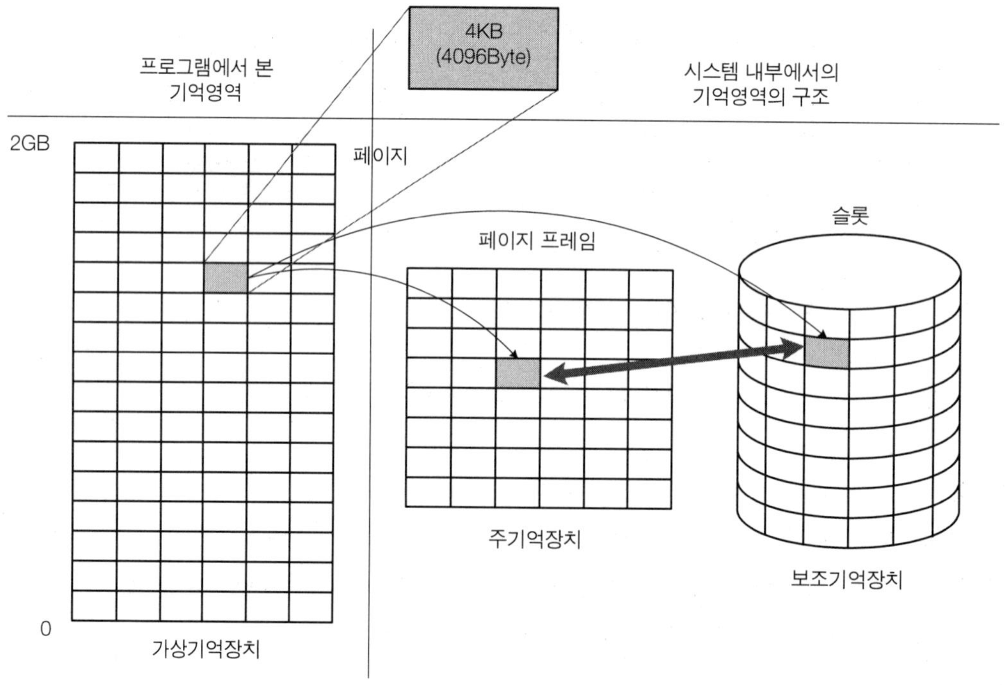

[그림 5-13] 페이지, 페이지 프레임, 슬롯의 관계

한편, 페이징&세그먼테이션 혼합 기법을 구현하기 위해서 CPU의 논리 주소, 세그먼트 테이블(SMT), 페이지 테이블(PMT)의 주기억장치 관리 요소가 필요하다.

CPU의 논리 주소는 프로그래머의 입장에서는 세그먼트의 번호와 세그먼트의 변위로 구성된다. 그러나 시스템의 입장에서는 세그먼트가 여러 개의 페이지로 구성되기 때문에 '세그먼트의 변위'를 페이지 번호와 페이지 변위로 다시 나누어 처리하게 된다.

SMT에 있는 '세그먼트 길이' 항목은 논리 주소가 세그먼트의 경계를 넘어서는 것을 확인할 때 사용한다. '해당 PMT의 해당 주소'는 이 세그먼트를 구성하고 있는 페이지들에 대한 정보를 갖고 있는 PMT에 대한 시작 주소이다.

PMT에 있는 '실기억 공간의 프레임 번호' 항목은 해당 페이지가 실제 적재되어 있는 실기억 공간의 프레임 번호를 가리키며, 논리 주소에 있는 페이지 번호와 결합하여 실제 주소를 생성해내게 된다.

<table>
<tr><td rowspan="2">세그먼트 번호(S#)</td><td colspan="2">세그먼트 변위(Sd)</td></tr>
<tr><td>페이지 번호(P#)</td><td>페이지 변위(Pd)</td></tr>
</table>

(a) CPU의 논리 주소

세그먼트 길이(SL)	해당 PMT의 시작 주소	기타 제어 비트

(b) SMT의 구성 요소

실기억 공간의 프레임 번호(F#)	기타 제어 비트

(C) PMT의 구성 요소

[그림 5-14] 페이징 & 세그먼테이션 혼합 기법에서의 주기억장치 관리 요소

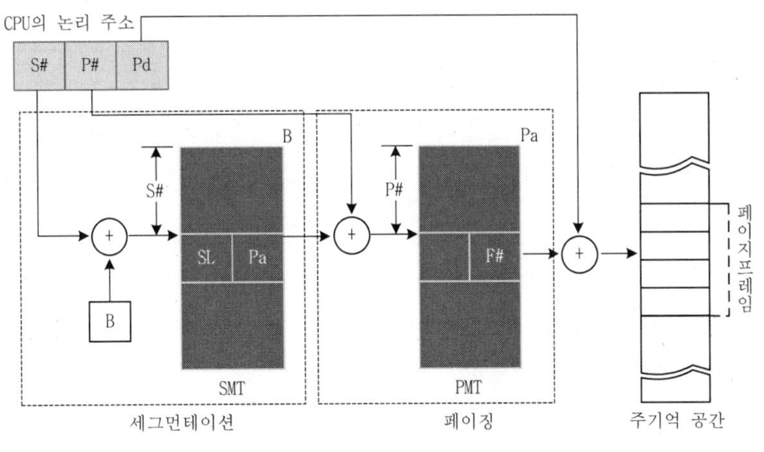

[그림 5-15] 페이징 & 세그먼테이션 혼합 기법에서의 하드웨어 설계

요 약

1. 메모리 관리 기법이란 다중 프로그래밍 시스템에서 운영체제에 의해 동적으로 메모리의 사용자 영역을 여러 프로세스가 상주할 수 있도록 세분화하는 과정을 말한다 .

2. 가상 기억장치는 프로그램에서 사용할 수 있는 기억공간을 주기억장치의 크기의 제약으로부터 해방하려는 것인데 가상기억장치의 주소공간으로부터 주기억장치에 공간을 할당하는 것을 페이지(page)라고 한다.

3. 요구 페이징은 필요로 하는 프로그램 부분만을 요구되는 시점에 주기억장치에 읽혀 들이는 방법이다.

4. 예상 페이징은 프로세스가 필요로 하는 페이지들을 운영 체제가 미리 예상하여, 사용 가능한 실기억장치에 미리 적재시켜 주는 방법이다.

5. 단순 페이징은 시행에 필요한 프로그램의 전체를 구성하는 페이지[세그먼트]들 전체가 모두 주 기억 공간 내에 적재하는 방식이다.

6. 컴파일(compile)시에 만들어진 주소공간을 그대로 주기억장치상의 주소로 적용하는 방법인데, 프로그램 실행시에 쓰이는 절대주소가 사전에 정해지므로 이를 절대재배치라고 부른다.

7. 정적 재배치는 절대 재배치의 개선 방법으로 많이 사용하는데 주기억장치의 어느 분할(partition)에서 실행할 것인가 하는 프로그램이 실행되기 직전 결정된다.

8. 동적 재배치의 하드웨어는 세그먼테이션(segmentation)에 의한 방법, 페이징(paging)에 의한 방법, 그리고 페이징 & 세그먼테이션에 의한 방법이 있다.

9. 페이지는 물리적인 단위이지만 세그먼테이션은 논리적인 단위이다.

10. 가상 기억장치 시스템 중 프로그램을 블록 단위로 분할할 때 논리적인 개념을 가지고 이를 서로 다른 크기의 블록들로 분할하는 시스템을 세그먼테이션 시스템(Segmentation System)이라고 한다.

11. 세그먼테이션 기법에서는 세그먼트의 길이가 너무 가변적이고, 어떤 경우에는 주기억 공간 내에 적재할 수 없을 정도로 너무 클 때도 있다는 단점이 있으므로 페이징/세그먼테이션의 혼합 기법을 사용한다.

기초 문제

1. 가상기억장치의 주소공간으로부터 주기억장치에 공간을 할당하는 것을 무엇이라고 하는가?

① 페이지 ② 레지스터
③ 오버레이 ④ 교체

(정답) ①
(해설) 가상기억장치의 주소공간으로부터 주기억장치에 공간을 할당하는 것을 페이지라고 한다.

2. 기억장치의 관리 전략 중 반입(fetch)전략의 설명으로 맞는 것은?

① 프로그램 · 데이터를 주기억장치로 가져오는 시기를 결정하는 전략
② 프로그램 · 데이터의 주기억장치 내의 위치를 정하는 전략
③ 주기억장치 내의 빈공간 확보를 위해 제거할 프로그램 · 데이터를 선택하는 전략
④ 프로그램 · 데이터의 위치를 이동시키는 전략

(정답) ①
(해설) 반입 전략은 프로그램 · 데이터를 주기억장치로 가져오는 시기를 결정하는 전략이다.

3. 페이지 기법에서 옳지 않은 사항은?

① 페이지 크기가 작을수록 더 많은 페이지가 존재한다.
② 페이지가 클수록 더 큰 페이지 테이블 공간이 생긴다.
③ 페이지 크기가 작은 경우 우수한 Working Set을 가질 수 있다.
④ 페이지 크기가 클수록 참조되는 정보와는 무관한 많은 양의 정보가 주기억장치에 남게 된다.

(정답) ②
(해설) 페이지가 작을수록 더 큰 페이지 테이블 공간이 생긴다.

4. 가상 기억장치에 대한 설명으로 거리가 먼 것은?

① 주기억장치 용량보다 훨씬 큰 프로그램이나 데이터를 저장할 수 있다.

② 프로그램 실행시 주소 변환 작업이 필요하다.

③ 가상 기억장치 구현 방법으로 Paging과 Segmentation이 있다.

④ 수행 중인 프로그램에서 사용된 주소가 반드시 주 기억장치에서 사용 가능한 주소여야 한다.

(정답) ④

(해설) 가상 기억장치에서는 동적 재배치도 가능하다.

5. 주기억장치상에서 빈번하게 기억 장소가 할당되고 반납됨에 따라 기억 장소들이 조각들로 나누어지는 현상은?

① Compaction ② Fragmentation

③ Coalescing ④ Collision

(정답) ②

(해설) Fragmentation은 주기억장치상에서 기억 장소들이 조각들로 나누어진다.

심화 문제

1. 컴퓨터 시스템에서 메모리의 효과적인 관리를 위한 메모리 할당 기법을 나열하여 설명하시오.

2. 컴퓨터의 논리적 공간과 물리적 공간을 이용한 메모리 매핑의 구현 방법에 대하여 설명하시오.

3. 가상 기억장치의 페이지 반입 정책에 대해 열거하여 자세히 설명하시오.

4. 주기억장치의 주소 지정 재배치(relocation) 방법의 종류를 들어 설명하시오.

5. 페이지와 세그먼트를 비교하고 세그먼테이션에 의한 주소 변환을 예로 들어 설명하시오.

6. 페이징에 의한 하드웨어 설계의 도입 배경을 설명하고 구현 방법을 종류를 들어 설명하시오.

7. 페이징 & 세그먼테이션 혼합 기법에 대한 다음 질문에 답하시오.
   1) 도입 배경
   2) CPU 논리 주소의 구성
   3) SMT의 항목 구성
   4) PMT의 항목 구성

약 어

DAT(Dynamic Address Translation)

VS(Virtual Storage)

SMT(Segment Mapping Table)

JCB(Job Control Block)

PMT(Paging Mapping Table)

PTBR(Page Table Base Register)

06

페이지 대체 알고리즘

요구 페이징에서는 주소변환의 필요성이 생겼을 때 페이지 테이블을 찾아가서 페이지 테이블의 기입항목이 그 페이지가 실기억장치상에 없음을 나타내면 페이지 부재 인터럽트가 일어나 보조기억장치로부터 원하는 페이지를 갖고 오는 방식을 취하고 있다. 대부분의 시스템에서는 대체로 이러한 방식을 취하고 있다.

이때 적용되는 페이지 대체 알고리즘은 실기억장치의 모든 프레임이 꽉 차 있는 상태에서 실기억장치에 새롭게 적재할 페이지가 있을 때, 실기억장치 내의 어떤 페이지를 제거하고 새로운 페이지를 대체시켜 넣을 것인가를 결정해야 한다.

페이지 대체는 다음과 같은 이유로 시스템 성능에 큰 영향을 미치므로 프로그래머로서 운영체제의 메모리 관리 부담을 조금이라도 경감시키기 위하여 고려되어야 할 것이다.

먼저, 빈번히 참조되는 페이지를 대체하면 곧 다시 그 페이지를 실기억공간의 페이지 프레임에 불러들여야 한다. 그러나 불필요한 시스템 과부하가 되므로 적극적으로 피해야 한다.

다음으로 page-in된 후에 그 페이지의 내용이 바뀐 경우에는 반드시 page-out해야 한다. 즉 아무런 바뀜이 없을 경우에는 보조 기억 공간에 있는 페이지를 필요한 시점에 그대로 page-in하여도 지장이 없으나 변경이 있는 경우에는 이전의 페이지는 아무런 쓸모가 없다. 따라서 변경된 페이지를 보조 기억 공간에 page-out해야 한다.

페이지 부재 현상은 많은 처리 과정과 그에 따른 많은 시간이 소요되기 때문에 페이지 부재율(Page Fault Rate)을 낮게 한다는 것은 대단히 중요하다. 그러나 새로운 페이지가 필요할 때마다, 그 페이지를 적재시켜 주는 시간이 필요하기 때문에 해당 프로세스가 그 동안 아무런 일도 하지 않고 대기하여야 하며, 대기하는 동안에는 역시 이 프로세스에게 할당되어 있는 페이지 프레임들도 유휴 상태에 놓이게 되는 문제가 발생한다.

이 장에서는 가상 기억장치의 개념을 구현하기 위해서 필요한 DAT(Dynamic Address Translation)를 먼저 설명하고 제시되는 페이지 대체 알고리즘의 종류에 대하여 살펴보기로 한다.

학 습 목 표

1. DAT(Data Address Translation)에 대하여 공부한다.
2. 기억장치 관리 요소에 대하여 학습한다.
3. 가상 기억장치를 위한 운영 체제의 정책에 대하여 이해한다.
4. 페이지 대체 알고리즘에 대하여 공부한다.

사 전 학 습

▶ 보호(Protection)

컴퓨터 시스템 내에서 사용할 수 있는 각종 공유 가능한 자원(resource)에 대하여 프로그램, 프로세서 또는 user가 불법적으로 접근하는 것을 제어하는 기법

▶ 운영체제가 없는 상태

Memory Management를 전혀 하지 않는 상태로서 사용자가 기억장치의 전체 공간을 사용하며 운영 체제(주기억 관리)가 없다.

▶ 분산 적재 방법

하나의 프로그램을 여러 개의 조각으로 나누어 주기억 공간 내에 분산하여 적재하는 기법으로서 사용자 프로그램은 페이지(page)나 세그먼트(segment)라는 조각으로 나누어 놓는다.

6.1 DAT(Dynamic Address Translation)

1) 개 념

실행 시에 필요한 어떤 작업의 일부분만 주기억 공간 내에 들어 있으면 작업의 실행이 가능하며, 만약 필요한 부분이 주기억 공간 내에 없을 때에는 그 때에 가서 필요한 부분을 주기억 공간 내로 불러들일 수 있는 기법을 통해 가상 기억장치의 수행이 가능하다.

이러한 개념을 구현하기 위해서는 수행 중인 작업이 참조하려는 가상 주소를 실기억장치상의 실제 주소로 사상시켜 주는 동적 주소 변환(Dynamic Address Translation)이 필요하다. 이러한 주소 변환 작업은 페이징 테이블(PMT)과 세그먼트 테이블(SMT)을 통하여, 어떤 프로그램이 참조하려는 논리 주소(Logical Address)를 실제 주소로 변환해야 한다.

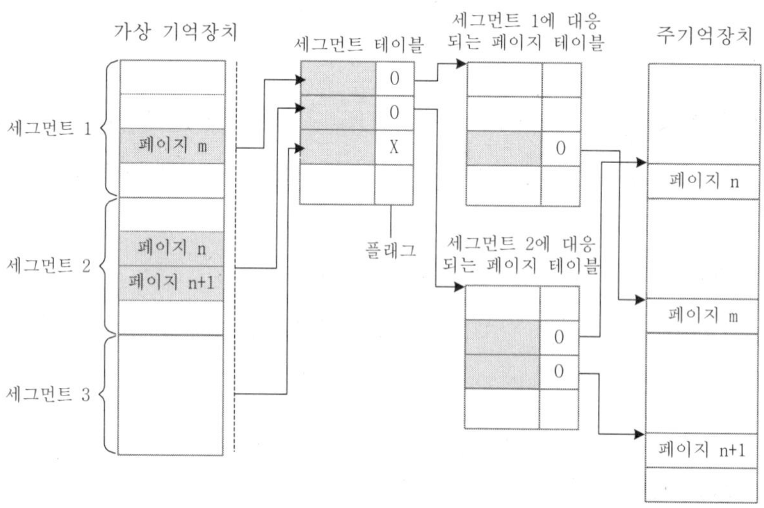

[그림 6-1] 가상 주소와 실제 주소의 관계

예를 들면, 하나의 가상 기억 공간에 하나의 세그먼트 테이블이 작성된다. 세그먼트 테이블은 가상 기억 공간상의 각 세그먼트에 대한 내용이 기입된다. 또 이 기입항목에 대하여 이 세그먼트 내의 각 페이지의 소재를 나타내는 페이지 테이블이 있다.

동적 주소 변환은 인위적 연속성 성질을 갖고 있는데 여기서 인위적 연속성이란 가상 주소공간상의 연속적인 주소가 물리 주소공간에 연속적으로 저장할 필요가 없다는 것을 의미한다. 이때 사용자는 동적 주소 변환과 인위적 연속성 덕분에 프로그램과 데이터의 적재 위치를 걱정하지 않아도 된다. 그러므로 중첩과 관련된 어떤 작업도 수행할 필요가 없으며, 사용자는 하드웨어 구조와 상관없이 알고리즘의 효율성과 프로그램 구조에 관심을 가지면 된다.

여러 사용자가 주기억 공간을 공유하려면 메인 메모리보다 큰 보조기억장치에 데이터나 프로그램을 저장하고 유지할 수 있는 방법이 있어야 한다. 이를 위해 [그림 6-1]과 같이 메모리 관리 기법을 활용할 수 있다.

① 단계 1 : 프로세스가 수행되고 참조 데이터를 저장하는 주기억 공간
② 단계 2 : 제한된 메인 메모리에 들어갈 수 없는 데이터를 저장하는 디스크와 같은 대용량의 보조 기억 공간

단계 2에서 사용하는 메모리를 일반적으로 2차 기억장치라고 하며 프로세스가 수행되려면 해당되는 모든 코드와 데이터가 물리적인 공간인 주기억 공간에 저장되어있어야 한다.

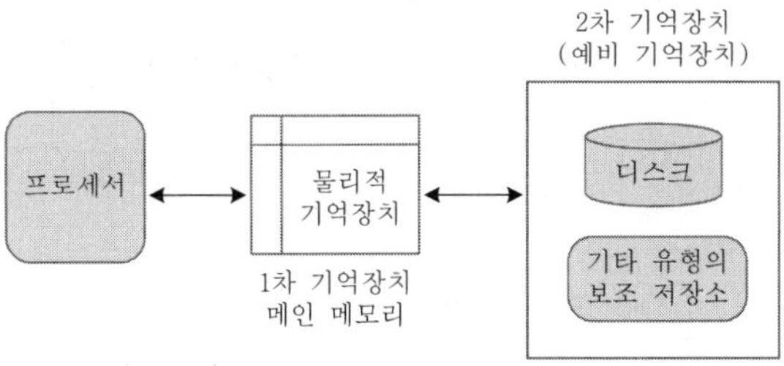

[그림 6-2] 2단계 메모리 관리 기법

2) 기억장치 관리 요소

실행 중인 프로그램이 주기억장치에 접근하기 위하여 가상 주소를 발생시키면 이를 주소 사상 기구가 받아 실제의 주기억 공간에서의 주소로 변환해 줌으로써 원하는 주소로 접근이 이루어지는 것이다. 이때 실행중인 프로세스의 입장에서는 가상 주소로 주기억장치에 접근하는 것처럼 보이게 되고 가상 주소를 실 주소로 변환하는 과정은 숨겨지게 된다. 따라서 사용자 또는 프로세스 입장에서는 실행 프로그램 전체가 주기억장치에 적재되어 있는 것처럼 보인다(인위적 연속성).

이때 [그림 6-3]에서 주기억장치 내의 존재 유무 비트(R)가 '1'로 되었을 때는 주기억장치에 적재되어 있는 것으로 간주하여 동적 주소 변환을 하고 '0'으로 되었을 때는 주기억

장치에 없으므로 해당 페이지나 해당 세그먼트가 들어 있는 가상 기억 공간, 즉 보조기억장치(디스크 장치)의 주소를 갖는 항목(Da)을 참조하여 프로그램 과정에서 주기억장치로 이들을 적재시켜야 한다.

한편, 주기억장치 내에 적재된 후의 내용 변경 유무를 나타내는 항목(M)은 주 기억 공간과 가상 기억 공간 사이의 페이지나 세그먼트의 이동량을 적게 해주는 효과를 구현할 수 있으며 페이지나 세그먼트가 주 기억 공간에서 교체되어 밖으로 나가야 할 때, 내용 변경이 없는 경우(M=0)에는 이를 가상 기억 공간(보조기억장치)에 굳이 출력시킬 필요가 없으며 M=1인 경우에만 보조기억장치로 출력된다

학 습 활 동

주소 사상 함수

프로그램의 실행 중 발생되는 가상 주소 v를 주기억장치상의 절대 주소 r로 변환하는 함수이다. 즉, V를 가상 주소공간(Virtual Address Space)이라고 하고 R을 실 주소공간(Real Address Space)이라 할 때 주소 사상 함수 $f(\cdot)$는 다음과 같이 정의된다.

$$f:\ V \rightarrow R$$

$$r = f(v)$$

세그먼트 번호	페이지 번호	페이지 변위

(a) 가상 주소의 형식

세그먼트 길이	해당 PMT의 주소	페이지 변위

(b) SMT의 항목 구성

R	Da	M	프레임 번호	기타 제어 비트

(c) PMT의 항목 구성

[그림 6-3] 기억장치 관리 요소

이상과 같은 가상 기억장치의 개념이 도입된 페이징과 세그먼테이션 기법을 각각 요구 페이징 및 요구 세그먼테이션이라 하며, 이에 반하여 가상 기억장치의 개념이 들어 있지 않은 페이징과 세그먼테이션 기법을 단순 페이징 및 단순 세그먼테이션이라 부른다.

여기서 요구라는 의미는 가상 주소에 의해서 참조되기를 요구하는 페이지나 세그먼트만 실기억 공간에 적재시킨다는 뜻으로, 요구되지 않은 페이지나 세그먼트는 실기억 공간에 적재시키지 않는다는 것을 의미한다.

| 학 습 활 동 |

CPU 중심 작업과 I/O 중심 작업의 비교

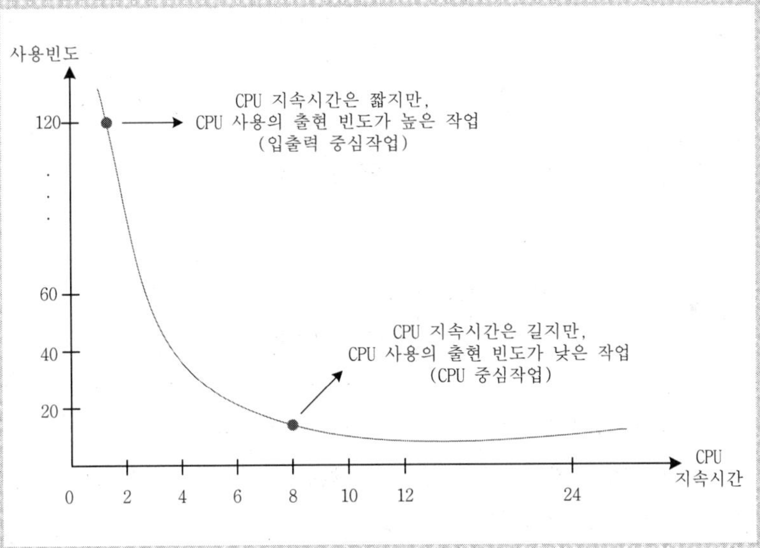

6.2 페이지 대체를 위한 고려 사항

1) 페이지 대체 알고리즘

페이지 부재가 발생하지 않았을 때, 요구된 페이지에 대한 유효 접근 시간은 기억장치 접근 시간과 동일하다. 그러나 페이지 부재가 발생하게 되면 페이지 부재를 처리하기 위하여 많은 시간이 필요하게 된다.

그러므로 페이지 부재 인터럽트가 일어나게 되면 사용가능 페이지 프레임이 있는 가를 검사하게 되며, 이때 실기억 공간 내에 사용가능한 페이지 프레임이 하나도 없을 때 페이지 대체 작업을 수행하게 된다. 여기서 기존에 주기억장치에 적재되어 있는 페이지들 중 하나를 대체함으로써 새로운 페이지가 적재될 공간을 마련해야 한다. 이런 상황에서 주기억장치에 적재되어 있는 페이지들 중 어느 페이지를 교체시킬 것인지를 결정하는 페이지 대체 기법이 필요하다.

페이지 대체란 현재의 페이지 프레임 내에 들어 있는 특정 페이지를 보조 기억 공간으로 page-out하고, 새롭게 요구된 페이지를 그 프레임에 대체시켜 넣는 것을 말한다.

페이지 대체에서 교체시킬 페이지를 선정할 때에는 이후 사용될 확률이 가장 적은 페이지를 선정해야 한다. 그 이유는 이후 곧 사용될 페이지를 선정할 경우 프로세스가 교체된 페이지를 다시 참조하는 순간 페이지 부재가 발생할 것이고 따라서 시스템 성능이 저하될 것이기 때문이다.

학 습 활 동

페이지 대체 과정

① 사용가능 페이지 프레임이 없을 때 실시한다.
② 희생자 프레임을 선정하는 페이지 대체 알고리즘을 적용한다.
③ 희생자로 선정된 페이지를 보조기억장치로 이동하고, 해당 PMT를 변경한다.
④ 요구된 페이지를 비워진 페이지 프레임으로 읽어 들이고, 해당 PMT를 변경한다.
⑤ 페이지 부재 인터럽트에 의해 잠시 보관하였던 프로세스 상태를 모두 복귀시키고, 중단되었던 프로세스를 재시행한다.

2) 페이지 프레임 할당 방법

할당 방법은 시스템 내에 존재하는 각 프로세스들에게 주기억장치의 양을 얼마나 할당해 줄 것인가를 결정하는 방법이다. 주기억장치 할당량을 결정하기 전에 할당 방법은 크게 고정 할당(Fixed Allocation) 기법과 가변 할당(Variable Allocation) 기법으로 분류된다.

전자는 초기에 프로세스에게 할당된 주기억장치의 양을 변화시키지 않고 프로세스가 실행을 마칠 때까지 고정시키는 기법이며, 후자는 프로세스의 실행 도중에 주기억장치 할당량을 변화시킬 수 있도록 함으로써 프로세스의 특성 변화에 따라 적응성 있게 주기억장치를 할당해주는 기법이다.

각 프로세스에 대한 주기억장치 할당량과 관련해서는 사용하는 컴퓨터 시스템의 용량을 고려해야 하며, 또한 프로세스들이 요구하는 주기억장치 공간의 양을 적절히 파악할 수 있어야 한다. 프로세스에게 주기억장치 공간이 너무 적게 할당되는 경우에는 프로세스들의 페이지 부재율이 높아지게 되며, 이로 인한 페이지 부재 서비스나 문맥 교환 등의 횟수가 많아지게 되어, 결국은 시스템 성능이 저하되는 것이다.

3) 페이지 반입 정책

가상 기억장치 시스템에서는 프로세스가 실행하기 위해 필요로 하는 프로그램 코드나 데이터 등이 모두 보조기억장치에 저장되어 있으며 이들은 일정한 크기의 페이지 단위로 분할되어 있다. 이렇게 저장되어 있는 각 페이지에 대해 이를 언제 주기억장치에 적재할 것인가를 결정하는 정책을 페이지 반입 정책이라고 한다. 이에 대한 종류로는 요구 페이징, 예상 페이징, 그리고 단순 페이징이 있으며 앞 장에서 자세히 전술되어 있다.

4) 페이지 소거 방법

특정 페이지가 주기억장치의 페이지 프레임에 적재된 후 그 내용이 변경되었을 경우 그 내용을 언제 디스크로 보내어 보존할 것인가를 결정한다. 이 기법에는 요구 소거(Demand Cleaning) 방법과 예측 소거(Anticipatory Cleaning) 방법이 있는데 그 내용을 자세히 서술하면 다음과 같다.

① 요구 소거 방법
  주기억장치에 적재된 후 그 내용이 변경된 페이지가 페이지 대체에서 교체 대상이 되었을 때만 이를 디스크에 기입하는 방법이다.

② 예측 소거 방법
  주기억장치에서 변경된 페이지가 교체 대상이 되기 전이라도 디스크에 기입될 수 있도록 하는 방법인데 특정 페이지가 주기억장치에 적재된 이후에 더 이상 변경될 가능성이 없다고 판단될 때 이를 미리 디스크에 기입함으로써 이후 교체될 당시에 디스크에 기입하는 오버헤드를 줄이는 효과를 갖는다.

그러나 이렇게 디스크에 기입된 페이지가 교체되기 전에 다시 변경된다면 이전의 디스크 기입은 아무런 효과를 내지 못하게 되며, 결국은 해당 페이지를 디스크에 다시 기입하여야 하는 오버헤드를 초래하게 된다.

| 쉬 어 가 기 |

임베디드 소프트웨어의 적용 분야

임베디드 소프트웨어는 임베디드 시스템에 탑재되는 시스템 소프트웨어, 미들웨어, 응용 소프트웨어를 의미하며 임의, 단독, 개별적으로 동작하지 않으므로 일반컴퓨터의 소프트웨어와는 용도가 다르다. 임베디드 소프트웨어는 미리 구성되어 하드웨어와 일정한 관계를 갖고 있으므로 소프트웨어에 작은 변화가 있어도 처리되는 결과와는 큰 차이가 나타날 수 있다.

임베디드 시스템이 적용되는 분야는 석유 시추공, 우주공간 등 인간이 직접 즉각적인 제어를 하기 어려운 장소일 수 있다. 따라서 임베디드 시스템은 최악의 상황에서도 스스로 다시 기동할 수 있어야 한다.

6.3 페이지 대체 알고리즘

1) FIFO(First-In First-Out) 알고리즘

가) 개 념

한 프로세스에게 할당된 페이지 프레임들 모두에 페이지들이 적재되어 있는 상황에서 새로운 페이지가 적재되어야 할 때 현재 주기억장치에 적재되어 있는 페이지들 중 주기억장치에 가장 먼저 적재된 페이지를 교체한다.

즉, 가장 오래 전에 적재된 페이지가 다른 페이지에 비해서 앞으로 요구가 가장 적을 것이라고 보고, 이를 희생자로 선택하는 것이다. 그러나 이 알고리즘은 앞으로도 계속하여 빈번하게 사용될 수 있는 페이지를, 가장 오래 전에 적재되었다는 이유로 대체시키게 되는 문제점이 발생할 수 있다. 이러한 경우의 대체 결과는 곧 바로 페이지 부재 현상을 초래하게 된다. 하지만, 이 기법은 많은 사용자들에 의해 자주 사용되는 시스템 소프트웨어 즉, 각종 컴파일러나 문서 편집기 등의 특성을 반영하지 못한다.

적재 시간이 가장 오래된 페이지를 찾기 위한 방법으로는 적재된 시간을 유지하는 방법 이외에, 실기억 공간에 유지되고 있는 모든 페이지들에 대한 FIFO 환형 큐를 만들어 해결할 수 있다.

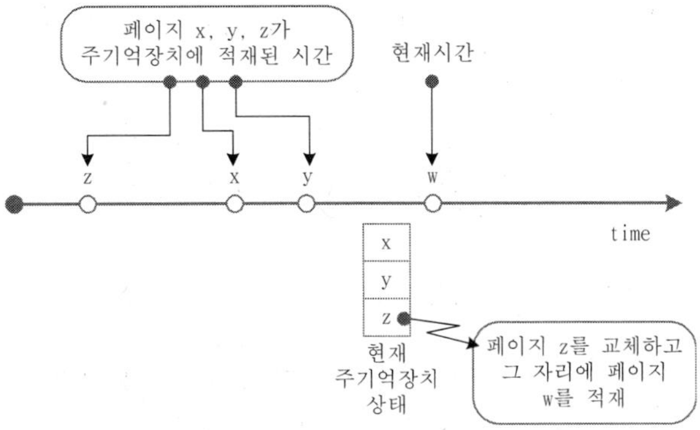

[그림 6-4] FIFO 알고리즘 개념도

나) 구현 사례

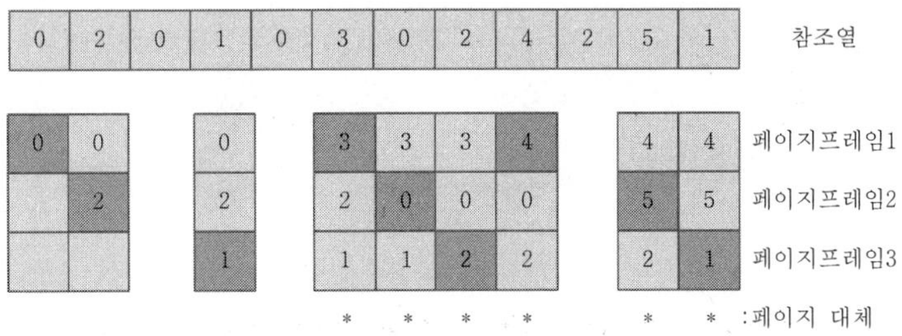

[그림 6-5] FIFO 알고리즘에 의한 페이지 대체

[그림 6-5]는 FIFO 알고리즘을 적용함으로써 실행 중인 프로세스가 세 개의 페이지 프레임을 할당하는 시스템에서 페이지들을 대체하는 것을 말해주고 있다. 페이지 참조열은 초기에 주기억장치가 비어 있다고 가정하고, 첫 번째 두 개의 페이지 참조는 페이지 부재를 일으키면서 페이지 0과 2를 주기억장소로 불러들인다.

세 번째 페이지 참조는 페이지 0인데 주기억 장소에 이미 들어가 있다. 네 번째 메모리 참조도 부재를 일으키고, 페이지 1을 주기억장소로 불러들인다. 첫 번째 페이지 대체는 여섯 번째 페이지인 3이 참조될 때 일어나는데 주기억장치에 가장 오래 적재된 페이지 0이 희생자로 하여 FIFO 대체정책이 수행된다. 다음 페이지 0도 주기억장치에 가장 오래된 2를 희생자로 하여 페이지 참조가 일어난다.

이때 성공 빈도 함수(Success Frequency Function) S 또는 실패함수(Failure Frequency

Function) F는 각각 성공한 수 또는 실패의 수를 나타낸다. 만약 P가 페이지 호출에서 페이지 참조된 수를 말하면 S+F=P이다.

실패 빈도 함수는 전체 페이지 참조된 수에 대한 페이지 부재수를 말하는 데 [그림 6-5]에서 12개의 참조가운데 9개가 페이지 부재수이므로 함수 F=9/12=75%가 된다.

다) 문제점

[그림 6-6]에서 첫 번째 7개의 페이지 참조는 페이지 부재를 일으키면서 페이지들을 주기억 장소로 불러들인다. 8번째 및 9번째 페이지는 주기억 장소에 이미 들어 있으므로 그것의 매핑은 페이지 부재를 유발하지 않는다. 다음 페이지를 주기억 장소로 불러들이기 위하여 메모리 관리자는 FIFO 큐를 참조하고 이때 대체되어야 할 페이지는 0이다.

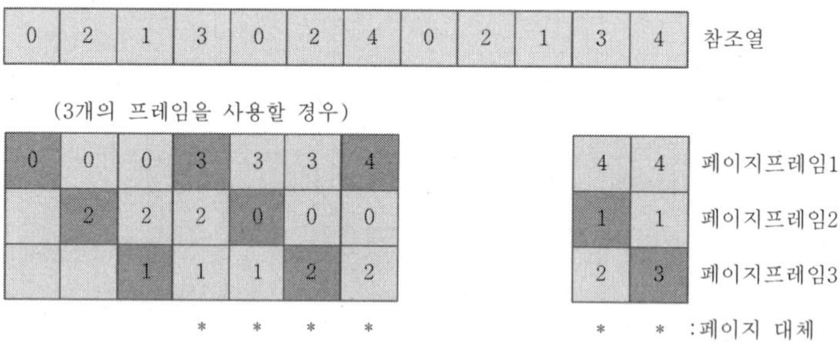

[그림 6-6] 페이지 프레임이 3개일 때의 FIFO 알고리즘

그러나 FIFO 알고리즘에서는 프레임의 개수를 늘려 주면 줄수록 페이지 부재율은 떨어지는 기현상이 있다. FIFO의 변칙(FIFO anomaly) 또는 Belady의 변이현상(Belady anomaly)으로 불리는 이 특성은 FIFO 알고리즘을 사용할 경우 프로세스에게 주기억장치 할당량을 늘려주었는데도 불구하고 페이지 부재의 발생 횟수가 증가하는 경우가 있다는 것이다.

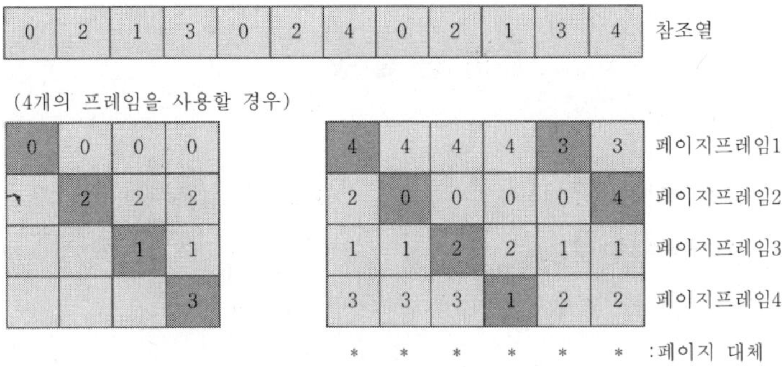

[그림 6-7] 페이지 프레임이 4개일 때의 FIFO 알고리즘

[그림 6-6]과 [그림 6-7]에서 동일한 페이지 참조 순서에 대해서 프레임이 3개일 때는 9번의 페이지 부재가 일어나지만, 프레임을 하나 늘려 4개를 사용할 경우에는 오히려 10회의 부재가 일어나는 것을 보여주고 있다. 이러한 현상은 어떤 페이지 대체 알고리즘은 페이지 프레임의 수를 증가함에도 불구하고, 오히려 페이지 부재의 수도 늘어날 수 있음을 의미하고 있다.

일반적으로 대부분의 교체 기법들에 대해서는 프로세스에게 주기억장치 할당량을 늘려줄 경우 페이지 부재의 발생 횟수가 감소하는 것으로 알려져 있다. 그러나 FIFO 알고리즘을 사용할 경우에는 그렇지 않은 경우가 발생하는 것이다. 이는 FIFO 알고리즘이 항상 이러한 특성을 갖는다는 의미는 아니며 페이지 참조열에 따라 이러한 경우가 나타날 수도 있다는 것이다.

| 학 습 활 동 |

페이징의 공유

페이징 기법에서 여러 작업이 공동으로 사용할 수 있는 페이지를 공유(shared paging)하는 정책이 있는데 공유 대상은 시분할 처리(TSS) 체제에서 재진입 코드(reentrant code ☞)같은 수정이 불가능한 순수 프로시저이다.

[예] 20명의 사용자들이 30 KB 크기의 문서 편집기를 사용하고 각 사용자마다 10 KB 크기의 데이터 공간을 요구한다면

① 공유 개념이 없는 경우 : 20명 x (30 KB + 10 KB) = 800 KB 필요

② 공유 개념이 있는 경우 : (20명 x 10 KB) + 30 KB = 230 KB 필요

☞ 재진입코드(reentrant code) : 통상 다중사용자 시스템 내에서 공유될 목적으로 작성된 운영체계와 응용프로그램에서 필요하다. 프로그래머는 어떠한 명령어도 프로그램 내의 다른 명령어들을 위한 변수 값을 수정하지 않는다는 확신을 가지고 재진입 프로그램을 작성한다.

2) LRU(Least Recently Used) 알고리즘

가) 개 념

오랫동안 참조되지 않았던 페이지, 즉 현시점에서 가까운 시점에 사용했던 페이지군은 반드시 다시 참조될 것이라는 가정에 근거를 두고 있으므로 최근에 거의 사용하지 않았던 페이지를 가능한 한 실기억공간의 페이지 프레임에 머물도록 한다.

LRU 알고리즘은 스택 대체 알고리즘에 속하고, 이것은 실행하는 프로그램에 더욱 더 많은 주기억장치가 이용 가능할 때 특징이 있다. 이때 페이지 참조 스택의 유지는 그것이 페이지 부재를 유발하든 안하든 상관없이 각 페이지 참조에 대하여 갱신을 요한다.

스택 대체 알고리즘은 Belady의 변이 현상이 일어나지 않지만, 소프트웨어만으로는 다루기 힘들다. 만약 소프트웨어가 이런 자료 구조를 갱신하도록 하기 위해 각 참조마다 인터럽트를 사용하면 사용자 프로그램에게 최소한 10배까지 속도를 느리게 한다. 따라서 하드웨어의 도움이 있어야 한다.

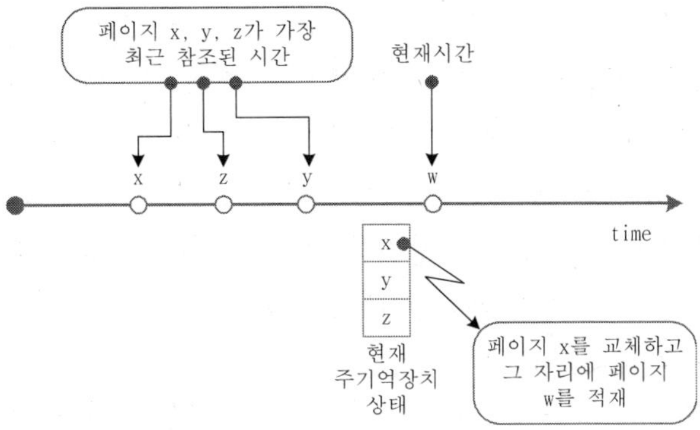

[그림 6-8] LRU 알고리즘 개념도

나) 구현 사례

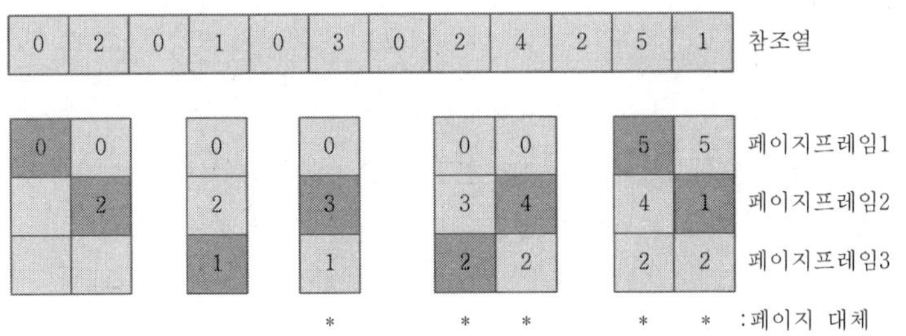

[그림 6-9] LRU 알고리즘에 의한 페이지 대체

[그림 6-9]는 LRU 알고리즘을 적용함으로써 실행 중인 프로세스가 세 개의 페이지 프레임을 할당하는 시스템에서 페이지들을 대체하는 것을 말해주고 있다. 페이지 참조열(Page Reference String)은 초기에 FIFO 알고리즘과 마찬가지로 주기억장치가 비어 있다고 가정하고, 첫 번째 두 개의 페이지 참조는 페이지 부재를 일으키면서 페이지들을 주기억 장소로 불러들이면서 FIFO 알고리즘과 동일하게 구현되고 있다.

세 번째 페이지로 호출된 페이지 0은 이미 페이지 프레임에 들어 있으므로 페이지 부재가 일어나지 않으며, 네 번째로 호출된 페이지 1은 페이지 부재가 일어나고 빈 프레임에 적재된다. 여기까지는 앞서 설명한 FIFO 알고리즘과 동일하다.

그러나 여섯 번째로 호출된 페이지 3은 비어 있는 프레임이 없으므로 현재의 (0, 2, 1)

페이지 중에서 가장 오래 전에 사용된 페이지 2가 적재될 페이지 3과 대체되어 희생자로 한다. 이와 같이 사용 시점을 기준으로, 가장 오래 전에 사용된 페이지를 희생자로 하여 계속 대체 작업을 진행할 때, 총 8회의 페이지 부재가 일어나게 된다.

실제로 대부분의 프로그램들이 지역성이라는 특성을 갖고 있기 때문에 이 기법은 일반적으로 좋은 성능을 보이는 것으로 평가되어 왔으며, 따라서 LRU 알고리즘은 FIFO 알고리즘에 비하여 훨씬 효율이 좋은 페이지 대체 알고리즘으로 알려져 있으며, 매우 합리적인 개념을 도입한 것으로 평가된다.

이 기법이 갖는 단점은 프로세스가 주기억장치에 접근할 때마다 참조된 페이지에 대해 그 참조 시간을 기록(time-stamping)해야 한다는 것이다. 이는 매우 큰 오버헤드를 유발시키게 되므로 보다 효율적으로 알고리즘을 구현하는 방법이 필요하게 된다.

용어설명

지역성(locality)

사용자 프로그램의 실행시 프로그램 내의 모든 명령들이 균일하게(uniform) 실행되기보다는 프로그램 내의 일부 명령들이 집중적으로 실행되는 현상을 말한다. 즉, 프로그램의 실행이 시작된 이후 종료될 때까지 프로그램 내의 각 명령들이 실행된 횟수를 분석해보면 모든 명령들의 실행 횟수가 균일하기 보다는 특정 영역의 명령들의 실행 횟수가 다른 명령들에 비해 월등히 큰 경향을 보인다는 것이다.

다) 구현 방법의 종류

(1) PMT 내의 한 항목에 사용 시간을 관리하는 방법

PMT 내에, 그 페이지가 사용된 시간을 기록하는 항목을 관리한다. 다시 말하면, 해당 페이지가 참조될 때마다, 참조된 시간을 그 항목에 기록해 두었다가, 페이지 대체의 필요가 있을 때 참조된 시간이 가장 오래된 것을 희생자로 선택하게 된다.

하지만, PMT의 항목이 증가함에 따른 공간(space)의 문제를 고려해야 하며, 페이지가 참조될 때마다 PMT 내에 그 사용 시간을 매번 기록해야 하는 번거로움이 발생할 수 있다.

(2) 페이지 대체를 위한 스택을 유지시키는 방법

실기억 공간의 페이지 프레임에 적재된 페이지의 번호를 스택(stack) 내에 유지시키고, 어떤 페이지가 참조될 때마다 스택의 최상단(top)으로 이동시켜, 스택의 최상단이 항상 최근에 사용된 페이지가 되도록 하는 것이다. 반대로 스택의 최하단(bottom)은 가장 오래 전에 사용된 페이지가 유지된다. 물론, 페이지 대체를 할 때에는 스택의 최하단에 있는 항목 내의 페이지 번호를 갖는 프레임을 희생자로 한다.

용어설명

스택(stack)

스택(stack)은 제한적으로 접근할 수 있는 나열 구조이며 접근 방법은 언제나 목록의 끝에서만 일어난다. 스택은 한 쪽 끝에서만 자료를 넣거나 뺄 수 있는 선형 구조로 되어 있다. 이때 자료를 넣는 것을 '밀어넣는다'하여 푸시(push)라고 하고 반대로 넣어둔 자료를 꺼내는 것을 팝(pop)이라고 한다.

이상과 같은 알고리즘의 두 가지 구현 방법은 어떤 페이지에 대한 참조가 일어날 때마다, 사용 시간을 변경한다든지, 스택을 조정하는 등의 작업을 해 주어야 한다. 뿐만 아니라 가장 오래 전에 사용된 페이지를 희생자로 선택하는 알고리즘의 적용으로 인해, n개의 페이지 프레임을 차지하고 있는 현재의 페이지 집합은 가장 최근에 참조된 페이지들로만 되어 있으므로 페이지 프레임의 수를 증가시키게 될 때, 그에 따라서 페이지 부재 현상은 줄어들게 된다.

정 리

LRU 알고리즘

LRU 알고리즘은 적재 시점이 아니라 페이지 참조 시점을 중시하여, 가장 최근에 사용된 페이지보다 가장 오래 전에 사용된 페이지가 앞으로도 참조될 확률이 높지 않다고 보고, 이를 희생자로 선택하게 된다.

3) OPT(OPTimal replacement) 알고리즘

가) 개 념

OPT 알고리즘은 최적 대체 알고리즘 또는 MIN(minimum) 알고리즘이라고도 하며, 앞으로 가장 오랫동안 사용하지 않을 페이지를 대체하는 사상을 표현한 알고리즘이다. 이것은 장래의 지식을 요구하기 때문에 OPT 알고리즘은 비현실적이다. 최적 페이지 대체 알고리즘을 사용하면 고정된 프레임 수에 대해 가능한 가장 낮은 페이지 부재율이 보장된다.

나) 구현 사례

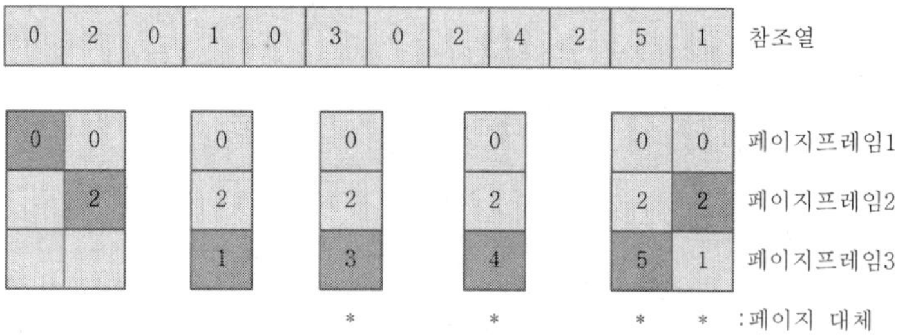

[그림 6-10] OPT 알고리즘에 의한 페이지 대체

[그림 6-10]에서 처음에는 세 개의 프레임이 모두 비어 있으므로, 처음에 호출된 페이지 0번과 두 번째로 호출된 페이지 2번은 페이지 부재가 일어나게 되고, 이에 따라 비어 있는 프레임에 적재된다.

그 다음에 요구된 페이지 0번은 이미 페이지 프레임에 들어 있으므로 페이지 부재가 일어나지 않으며, 네 번째로 호출된 페이지 1번은 페이지 부재가 일어나고, 빈 프레임에 있으므로 빈 프레임에 적재된다. 다섯 번째로 호출된 페이지 0번은 세 번째로 호출된 페이지 0번과 동일하게 페이지 부재가 일어나지 않는다.

한편, 여섯 번째로 호출된 페이지 3은 현재의 (0, 2, 1) 페이지 중에서 앞으로 가장 오랫동안 사용되지 않을 페이지인 1번 페이지 대신에 대체되어 적재된다.

일곱 번째로 호출된 페이지 0번과 여덟 번째로 호출된 페이지 2번은 현재의 페이지 프레임에 들어 있으므로 페이지 부재가 일어나지 않으며, 아홉 번째로 호출된 페이지 4번은 현재의 (0,2,3) 페이지 중에서 자주 사용되지 않는다고 예측되는 페이지 3번과 대체되어 적재된다.

이와 같이 미래를 예측하여, 앞으로 가장 늦게 사용될 페이지를 희생자로 하여 계속하여 대체를 진행시켜 보면, 7회의 페이지 부재가 일어나게 되고, 페이지 대체는 4회 일어나게 된다. 앞에서 보았듯이 FIFO 알고리즘은 9번, LRU 알고리즘은 8번, OPT 알고리즘은 7번의 페이지 부재를 일으킨다.

OPT 알고리즘은 미래에 대한 페이지 요구 순서를 미리 알고 있는 상태에서 페이지를 대체시켜 나가기 때문에, FIFO 알고리즘에서 나타났던 Belady의 변이 현상이 일어나지 않는다. 하지만, 이 알고리즘은 앞으로 요구될 페이지 요구 순서를 정확하게 예측할 수 없기 때문에, 실제로 적용하기에는 문제가 있다. 따라서 이 알고리즘은 다른 페이지 대체 알고리즘과의 성능 비교용으로 사용된다.

| 학 습 활 동 |

페이지 대체에 따른 방법

여러 프로세스가 프레임을 사용하려고 할 때 페이지 교환을 전역 대체(Global Replacement)와 국부 대체(Local Replacement)로 구분된다. 전자는 프로세스가 교환할 프레임을 그 프레임이 현재 다른 프로세스에게 할당되어 있을지라도 그에 상관없이 전체 프레임 중에서 하나를 선택해서 그 프레임을 쓸 수 있도록 해준다. 전자에서의 문제점은 그 자신의 페이지 부재율을 조절할 수 없다는 것이다.

한편, 후자는 각 프로세스가 그 프로세스에 할당된 프레임들 중에서만 선택할 수 있다. 국부 대체 방법에서는 각 프로세스에 할당된 프레임의 수는 변하지 않는다. 그러나 전역교환에서는 한 프로세스가 다른 프로세스에 할당된 프레임들 중에서도 선택할 수 있기 때문에 그 프로세스에 할당되는 프레임의 수는 증가한다.

4) NUR(Not Used Recently) 알고리즘

가) 개 념

NUR 알고리즘은 적은 오버헤드로 LRU에 근사하며 실제로 자주 쓰이는 기법이다. 근래에 쓰이지 않는 페이지들은 가까운 미래에도 쓰이지 않기 쉬우며 따라서 이런 페이지들이 호출되는 페이지들로 교체된다. 주기억장치에 있는 동안 그 내용이 바꾸지 않는 페이지를 교체시키는 것이 바람직하므로 이 알고리즘은 각 페이지당 두 개의 비트를 필요로 한다.

여기서 두 개의 비트는 다음과 같은데 그 내용은 다음과 같다.

① 참조 비트(Reference Bit) = 0 ; 페이지가 참조되지 않을 때
　　　　　　　　　　　　　　= 1 ; 페이지가 참조된 적이 있을 때

② 변경 비트(Modified Bit) = 0 ; 페이지 내용이 변경되지 않았을 때
　　　　　　　　　　　　　　= 1 ; 페이지 내용이 변경되었을 때

참조 유무	변경 유무	등급값	설명
0	0	0	참조도 없었고, 변경도 없었음
0	1	1	참조는 없었으나, 최근에 변경됨
1	0	2	참조가 있었고, 변경도 없었음
1	1	3	참조가 있었고, 변경도 있었음

[그림 6-11] 페이지의 등급 설정 예

나) 구현 방법

처음에 모든 페이지들의 참조 비트는 0으로 한다. 어떤 페이지가 참조되면 그 페이지의 참조 비트는 1로 한다. 또한, 변경 비트의 초기 값도 0으로 주어지며 어떤 페이지의 내용이 변경되면 변경 비트는 1로 한다. 어떤 페이지가 대체될 때 참조된 적이 없는 페이지를 찾게 되는데 만일 그러한 페이지가 없는 경우에는 다음으로 참조된 적이 있는 페이지를 대체시킨다.

만일 어떤 페이지가 참조되지 않았다면 다음으로 그 페이지가 변경되었는지를 검사한다. 만일 그 페이지가 변경되지 않았다면 그 페이지를 대체시키는 데 그 이유는 변경된 페이지를 대체시키는 경우 그 페이지를 다시 보조기억장치에 써야 하는 번거로움이 따른다.

페이지 등급 →

페이지 등급	프레임 번호	페이지 번호
1.0	0	P2
0.1	1	P0
1.1	2	P5
0.0	3	P1

← 등급 값이 가장 낮으므로 희생자로 선정

[그림 6-12] 페이지 등급값에 의한 구현 방법

6.4 페이지 대체로 인해 야기되는 현상

1) 스래싱(thrashing)

가) 개 념

어떤 프로세스가 충분한 프레임을 갖지 못한다고 할 때 할당된 프레임을 최소 프레임 수까지 줄일 수는 있지만, 실제로 사용하는 프레임 수만큼의 프레임을 갖지 못할 경우 페이지 부재가 자주 일어나게 된다. 이런 경우 어떤 페이지를 교환해야 한다. 그러나 모든 페이지가 실제로 사용되고 있으므로 금방 또 교환해야 할 페이지와 교환해야 한다. 결국 페이지 부재가 계속해서 일어나게 되어 프로그램은 계속 페이지 교환을 하게 된다.

이와 같이 너무 자주 페이지 대체 현상이 일어나는 현상을 스래싱이라고 한다. 어떤 프로세스가 프로그램 수행에 보내는 시간보다 페이지 교환에 보내는 시간이 더 크면 스래싱을 하고 있다고 하며 심각한 성능의 저하를 초래한다.

연속적인 페이지 부재 발생과 이에 따른 연속적인 페이지 대체에 따른 스래싱 현상은 다음과 같은 일들을 초래하게 된다.

① 페이지 부재가 계속 늘어나고, 기억장치 접근 시간이 계속 증가한다.
② 프로세스의 수행시간보다 페이지를 대체하는 시간이 더 많아진다.
③ 대부분의 시간이 페이지 대처에 소요되고, 실행되는 것은 없다.
④ 시스템의 처리율(throughput)이 형편없이 떨어져서, 아무런 의미 있는 일을 하지 못한다.

나) 다중 프로그래밍에서의 영향

새로 진입한 프로세스가 기존에 있던 프로세스들의 페이지 프레임을 계속 요구하게 되면, 또 다시 더 많은 페이지 부재와 페이지 대체 작업이 발생하게 되고, 이에 따라 CPU의 효율은 더 저하하게 된다. 따라서 CPU 스케줄러는 효율성을 높이기 위해 다중 프로그래밍의 정도를 점점 더 높이게 된다.

이때 스래싱이 일어나게 되어 시스템의 처리율은 형편없게 되고 페이지 부재는 엄청나게 늘어나게 된다. 결과적으로 유효 기억장치 접근시간이 증가하게 된다. 마침내 프로세스들은 모든 시간을 페이지 교체에 낭비하게 되어 아무런 의미 있는 일도 못하게 된다.

이와 같은 현상은 페이지 부재가 계속적으로 일어나는 상황에서 발생하기 때문에, 각각의 프로세스가 페이지 부재를 가능한 한 일으키지 않을 수 있는 최소한의 페이지 프레임의 수를 계속 유지해야 한다. 한편, CPU의 효율을 높이기 위하여 다중 프로그래밍의 정도를 계속해서 높이는 것도 심각한 문제를 야기시킬 수 있다.

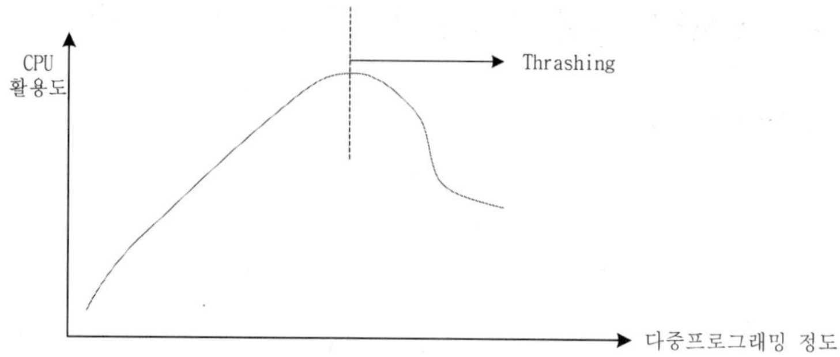

[그림 6-13] 스래싱으로 인한 다중프로그래밍의 효과

[그림 6-13]은 다중 프로그래밍의 정도가 높아짐에 따라 CPU의 효율이 계속 증가하다가, 어느 시점에 도달하면 스래싱 현상이 발생하여 급격하게 CPU의 효율이 떨어지고 있음을 보여준다. 그러므로 CPU의 효율이 계속 증가하다가 급격하게 감소하는 현상을 보일 때에는, 스래싱이 발생했을 확률이 매우 높으므로, 다중 프로그래밍의 정도를 감소시켜야 한다.

다중 프로그래밍의 정도를 낮추기 위해서는 주기억 공간에 상주하고 있는 어떤 프로세스를 중지시킨 후 이 프로세스를 보조기억장치로 내 보내야 한다.

2) 대책 방안

가) 지역성(locality)

(1) 개 념

스래싱을 예방하고, 페이지 부재율을 감소시키기 위해서는, 각 프로세스가 계속적으로 주기억 공간의 페이지 프레임 내에 유지시켜야 할 페이지들의 집합을 알아내는 것이 좋다. 지역성은 이것을 알아내는 방법 중의 하나이다.

지역성은 CPU가 주기억장치의 특정 부분에 위치한 프로그램이나 데이터를 빈번히 혹은 집중적으로 액세스하는 현상이다. 이와 같은 구역성은 운영체제에서, 특히 기억장치 관리에서 많이 나타난다. 그것은 이론적인 특성이라기보다는, 관측된 실험적인 특성이며 항상 그러한 특성이 나타난다고 보장하는 것은 아니지만 매우 자주 나타나는 현상이다.

예를 들어, 프로세스들은 각각 그들의 페이지들 중 소수의 몇몇 페이지들을 특히 많이 사용하는 경향이 있으며 그 프로세스의 가상 주소공간 내에서 서로 인접해 있는 경향이 많다. 이것은 각 프로세스가 어떤 주어진 기간 동안 그의 전 페이지들 중 특별한 몇 개의 페이지 내에서 실행되는 경향이 있음을 의미한다.

이러한 지역성 개념은 시간 지역성(Temporal Locality)과 공간 지역성(Spatial Locality)으로 나누어진다.

전자는 최근에 액세스된 프로그램이나 데이터가 가까운 미래에 다시 액세스 될 가능성이 높다는 것을 의미하며 부 프로그램(Sub Program)이나 서브루틴, 순환구조를 갖는 루틴(Looping Routine), 스택이나 큐 등의 프로그램 구조나 자료 구조가 시간 지역성을 갖는다.

한편, 후자는 기억장치 내에 인접하여 저장되어 있는 데이터들이 연속적으로 액세스 될 가능성이 높다는 것을 의미하며 대부분의 일반적 프로그램들이 갖고 있는 순차적 실행(Sequential Execution), 행렬 구조에서의 검색 작업, 인접한 곳에 관련된 자료 구조나 처리 루틴을 기술하려는 프로그래머의 경향 등을 들 수 있다.

(2) 작업 세트(Working Set) 이론

작업 세트 이론은 1968년 Denning에 의해 제안되었으며 프로그램의 지역성 특성을 이용하고, 각 프로세스가 많이 참조하는 페이지들의 집합을 실기억 공간에 계속 상주하도록 하여, 빈번한 페이지 대체 현상을 줄이고자 하는 개념이다.

작업 세트는 특정 시간에 실행되는 프로그램에 지역성이 포함되는 페이지들의 집합을 의미하며 프로세스들은 주어진 시간 간격 동안 자신의 페이지들 중 일부를 더 자주 접근하려는 지역성이 있으므로 이를 이용하면 페이지 부재율이 감소된다.

Denning은 하나의 프로그램이 효율적으로 실행하기 위해서는 그의 작업 세트가 주기억장치 내에 유지되어야 하며 그렇지 않은 경우에는 그 프로그램이 보조기억장치로부터 계속 페이지들을 요구하게 되므로 스래싱이라고 불리는 과대한 페이징 동작을 하게 된다고 주장했다.

작업 세트는 프로세스가 실행됨에 따라 때로는 페이지들이 삭제되기도 하고 추가되기도 하며 프로세스가 거의 다른 작업 세트로 전이를 할 경우에는 많은 변화가 생긴다. 따라서 한 프로세스의 초기의 작업 세트의 크기나 내용에 대한 가정은 그 후로 프로세스가 진행함에 따른 많은 변화를 겪게 된다.

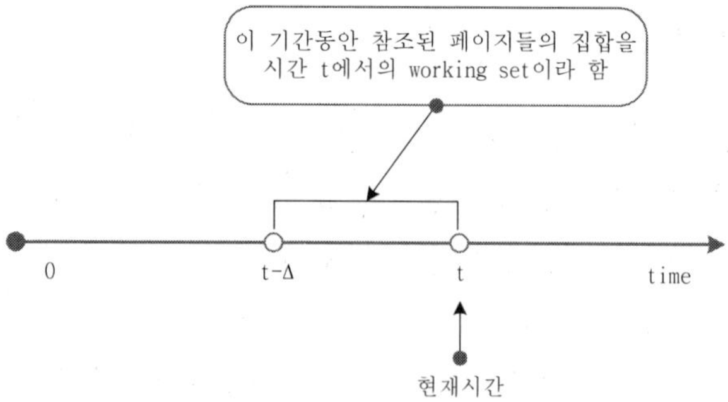

[그림 6-14] 작업 세트(Working Set)

나) PFF(Page Fault Frequency)

작업 세트 이론은 프리페이징(prepaging)에 유용하지만 스래싱을 조절하는 것은 용이하지 못하다. PFF는 페이지 부재 발생시에 frame의 수를 조정하는 방법을 말하는데 페이지 부재율이 상한을 넘으면 그 프로세스에게 frame을 더 할당하고 페이지 부재율이 하한보다 낮으면 그 프로세스로부터 frame을 회수한다. 즉, 페이지 부재가 자주 발생하면 frame의 수가 점점 커지게 되고 페이지 부재 발생 빈도가 낮아지면 frame의 수가 점점 작아지게 된다.

PFF는 이와 같이 페이지 부재 발생 시에만 frame의 수를 조정하므로 Working Set에 비해 overhead가 낮다.

작업 세트 이론과 같이 어떤 프로세스를 중지시켜야 할 경우도 있다. 페이지 부재율이 증가되고 유효 프레임이 없게 되면 어떤 프로세스를 골라서 그 프로세스를 중지시켜야 한다. 이렇게 되면 그 프로세스에게 할당되었던 프레임은 높은 페이지 부재율을 갖는 프로세스들에게 분배시키게 된다.

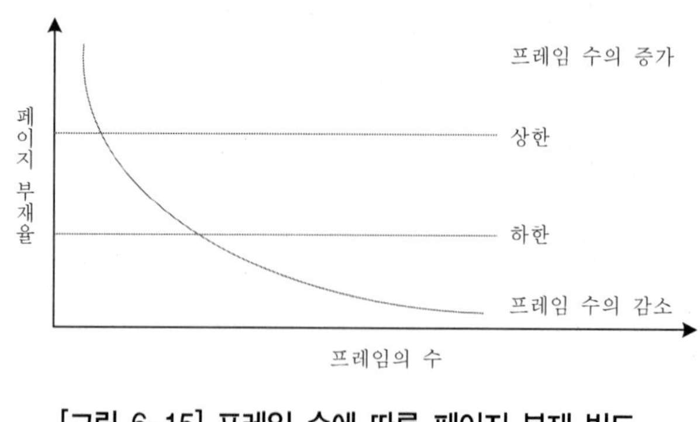

[그림 6-15] 프레임 수에 따른 페이지 부재 빈도

요 약

1. 가상 기억장치에서는 실행할 때 필요한 어떤 작업의 일부분만 주 기억 공간 내에 들어 있으면 작업의 실행이 가능하다.
2. DAT는 페이징 테이블과 세그먼트 테이블을 통하여, 어떤 프로그램이 참조하려는 논리 주소(Logical Address)를 실제 주소로 변환해야 한다.
3. 페이지 대체란 현재의 페이지 프레임 내에 들어 있는 특정 페이지를 보조 기억 공간으로 page-out하고, 새롭게 요구된 페이지를 그 프레임에 대체시켜 넣는 것을 말한다.
4. FIFO 알고리즘은 실 기억 공간에 적재된 시간이 가장 오래된 페이지 프레임을 희생자로 선택하는 방법이다.
5. LRU 알고리즘은 페이지 대체의 필요가 있을 때, 참조 열에서 가장 오래 전에 사용된 페이지 프레임을 희생자로 선택하는 방법이다.
6. OPT 알고리즘은 똑같은 페이지 프레임의 개수를 갖는 모든 대체 알고리즘 중에서 가장 낮은 페이지 부재율을 갖는다.
7. NUR 알고리즘은 적은 오버헤드로 LRU에 근사하며 실제로 자주 쓰이는 기법이다.
8. 스래싱(thrashing)은 CPU가 프로세스 실행보다는 페이지 교체에 더 많은 시간을 소요하는 비정상적인 현상이다.
9. 지역성은 CPU가 주기억장치의 특정 부분에 위치한 프로그램이나 데이터를 빈번히 혹은 집중적으로 액세스하는 현상이다.
10. 작업 세트는 특정 시간에 실행되는 프로그램에 지역성이 포함되는 페이지들의 집합이다.
11. PFF는 페이지 부재 발생시에 frame의 수를 조정하는 방법을 말하는데 페이지 부재 발생 시에만 frame의 수를 조정하므로 Working Set에 비해 overhead가 낮다.

기초 문제

1. 페이지 교체 기법 중 시간 오버 헤드를 줄이는 기법으로서 참조 비트(Reference Bit)와 변형 비트(Modified Bit)를 필요로 하는 방법은?

① FIFO ② LRU
③ LFU ④ NUR

(정답) ④
(해설) NUR은 참조 유무 비트와 변경 유무 비트를 사용하며 적은 오버헤드로 LRU에 근사하며 실제로 자주 쓰이는 기법이다.

2. 페이지 교체 알고리즘 중 최근에 가장 적게 참조된 페이지가 교체되는 방식은?

① LRU(Least Recently Used) ② FIFO(First-In First-Out)
③ LIFO(Last In First Out) ④ MRU(Most Recently Used)

(정답) ①
(해설) LRU는 페이지 대체의 필요가 있을 때, 참조 열에서 가장 오래 전에 사용된 페이지 프레임을 희생자로 선택하는 방법이다.

3. 가상 기억장치 시스템에서 가상 페이지 주소를 사용하여 데이터를 접근하는 프로그램이 실행될 때, 프로그램에 접근하려고 하는 페이지가 주기억장치에 있지 않은 경우 발생하는 현상은?

① Page Fault ② Context Switching
③ Mutual Exclusion ④ Overlay

(정답) ①
(해설) 페이지 부재는 데이터를 접근하는 프로그램이 실행될 때, 프로그램에 접근하려고 하는 페이지가 주기억장치에 있지 않은 경우 발생하는 현상이다.

4. 페이지 부재가 계속적으로 발생하게 되어 프로세스가 수행되는 시간보다 페이지 교체에 소비되는 시간이 더 많아지는 경우는?

① 단편화 ② 지역성
③ 스래싱 ④ 매핑

(정답) ③

(해설) 스래싱은 페이지 부재가 계속적으로 발생하게 되어 프로세스가 수행되는 시간보다 페이지 교체에 소비되는 시간이 더 많아지는 경우이다.

5. 프로세스에 할당된 페이지 프레임 수가 증가하면 페이지 부재의 수가 감소하는 것이 당연하지만 페이지 프레임 수가 증가할 때, 현실적으로 페이지 부재가 더 증가하는 모순(anomaly) 현상과 관계있는 것은?

① FIFO ② Optimal

③ LRU ④ LFU

(정답) ①

(해설) FIFO 알고리즘에서는 프레임의 개수를 증가시킴에도 불구하고 페이지의 부재율이 오히려 높아지는 현상이 발생한다.

심화 문제

1. DAT(Dynamic Address Translation)의 개념 및 구현 방법을 설명하시오.

2. 페이지 대체를 하기 위하여 고려되어야 할 사항들에 대하여 서술하시오.

3. FIFO의 개념을 설명하고 문제점에 대하여 논하시오.

4. LRU 방법에서 페이지 교체시 고려되어야 할 두 가지 방법을 제시하시오.

5. OPT의 구현 방법을 설명하고 실제로 적용시키기 어려운 이유에 대하여 서술하시오.

6. 스래싱(thrashing)에 대하여 설명하시오.

7. PFF(Page Fault Frequency)에 대하여 논하시오.

8. 다음을 간단히 설명하시오.
   1) 지역성
   2) NUR(Not Used Recently)
   3) 페이지

약 어

DAT(Dynamic Address Translation)

FIFO(First-In First-Out)

LRU(Least Recently Used)

OPT(OPTimal replacement)

NUR(Not Used Recently)

PFF(Page Fault Frequency)

07

디스크 스케줄링

컴퓨터 시스템 내에 있는 모든 주변장치(입출력장치)는 그 물리적 특성이 주기억장치와는 다르기 때문에, 주변장치와 주기억장치 사이의 데이터 교환을 위한 입출력 인터페이스가 반드시 제공되어야 한다. 여기서 주변장치는 자기테이프, 자기디스크 그리고 프린터가 있다.

주변장치 중 디스크에 대한 스케줄링 모듈은 디스크 입출력을 위해 대기하고 있는 요구들 중에서 어느 요구를 먼저 처리할 것인가를 결정한다. 이와 같이 디스크 스케줄링을 하는 이유는 대기 중인 요청들에 대해 서비스하는 순서를 어떻게 결정하는 가에 따라 디스크 시스템의 전체 성능이 달라지기 때문에 스케줄링을 함으로써 보다 좋은 성능을 내기 위해서이다.

디스크 스케줄링 알고리즘은 크게 두 가지 형태로 나누어 볼 수 있다. 그 중 하나는 디스크 작업을 요청한 프로세스의 성격에 따른 것이며, 또 다른 하나는 각 프로세스가 요구하는 디스크 작업이 어떤 트랙을 요청하는 가에 따른 것이다.

그러나 특별히 스케줄링을 하지 않고 요구가 도착하는 순서대로 서비스를 제공할 수도 있으나 이는 디스크 시스템에서의 요구 도착률(Arrival Rate)이 클 경우에 좋은 성능을 내지 못한다. 따라서 매순간 디스크의 상태에 따라 대기 중인 요구들에 대한 서비스 순서를 조정함으로써 보다 좋은 성능을 내고자 하는 것이다.

이와 같이 다중 프로그래밍 환경 하에 있는 많은 프로세스들은 디스크 작업에 대한 요청을 수없이 많이 하게 되는데, 이러한 요청은 디스크의 물리적 개수나 용량, 특성 등으로 인하여 실시간으로 처리되지 않는다. 따라서 각 프로세스들이 요구하는 디스크 작업은 디스크 대기 큐(Disk Ready Queue)에 보관되며, 이 큐에 보관된 작업의 각종 특성에 따라서 차례차례 디스크 작업이 선택되고 실행된다.

본 장에서는 디스크 블록들에 대한 접근 요구들에 대해 이를 어떤 순서로 처리하여 디스크 시스템의 성능을 높일 것인가 하는 문제에 대해 다룬다.

학 습 목 표

1. 보조기억장치에 대하여 공부한다.
2. 자기디스크에 대하여 이해한다.
3. 디스크 스케줄링에 대하여 살펴본다.

사 전 학 습

▶ 장치 제어기(device controller)

① 처리 속도의 차이를 조절하기 위한 동기화 기능

② 입출력 데이터 형식의 차이를 해결하기 위한 데이터 형식의 변환 기능

③ 디지털 신호를 아날로그 신호로 또는 그 반대로의 신호로 변환 기능

▶ 주변장치의 종류

전용 장치, 공유 장치, 가상 장치

▶ 디스크 액세스 시간(disk access time)

탐색 시간 + 회전 지연 시간 + 데이터 전송 시간

7.1 개 요

컴퓨터 시스템의 주요 목적은 프로그램을 수행하는 것이다. 프로그램을 수행하려면 액세스하려는 데이터와 함께 수행되는 동안 반드시 주기억장치에 존재해야 한다. 그러나 주기억장치는 기억 용량이 한계가 있기 때문에 모든 프로그램을 저장할 수 없을 뿐 더러 휘발성 저장 장치인 경우 전원이 나갈 때 저장된 정보가 상실되므로 불가능하다. 이때 보조저장장치는 주기억장치를 지원하여 다량의 데이터를 영구히 저장할 수 있도록 하는데 목적이 있다.

컴퓨터 시스템 내에 있는 보조기억장치와 주기억장치 사이의 데이터 교환을 위한 입출력 인터페이스에는 장치 제어기(Device Controller) 또는 장치 관리자(Device Manager)가 담당한다.

보조기억장치(Auxiliary Memory)는 주기억장치(Main Memory)와 구별하여 2차 기억장치(Secondary Memory)라고도 부른다. 보조기억장치와 주기억장치 간의 중요한 차이점 중 하나는 보조기억장치 내에 있는 자료에 대한 접근 시간이 저장 매체 내에 있는 정보의 위치와 그 정보를 읽거나 쓰는 방법을 제공하는 접근 장치의 종류에 따라서 달라진다는 것이다.

보조기억장치는 공유 정도에 따라 전용 장치(Dedicated Devices)와 공유 장치(Shared Devices)로 나누는데 전자는 한 번에 하나의 할당된 작업에 대해서만 독점적으로 전용하여 사용하도록 하며, 이 작업이 완전히 종료되어야 다른 작업을 할 수 있는 장치이며 자기테이프가 여기에 속한다. 후자는 여러 개의 작업이 서로 해당 장치를 공유하여 사용할 수 있는 장치로서 자기디스크가 대표적이다.

또한, 보조기억장치는 접근 방법에 따라 순차 접근 저장 장치(Sequential Access Storage Devices, SASD)와 직접 접근 저장 장치(Direct Access Storage Devices, DASD)의 두 가지로 나눌 수 있다.

자기테이프(Magnetic Tape)와 같은 보조기억장치는 대용량의 저렴한 매체이지만, 처리 속도가 매우 느리기 때문에 주로 프로그램이나 자료 등의 정보를 장기 보관하는 용도로 사용되며, 대표적인 순차 접근 장치이다.

자기디스크(Magnetic Disk)는 실기억 공간에 비하여 매우 용량이 크며, 사용자가 작성한 프로그램과 자료는 물론, 시스템 프로그램이나 파일 프로그램 등의 각종 운영 체제 자체를 보관하는 장소로써 사용되는 대표적인 직접 접근 장치이다.

그러나 최근에는 USB 플래시 드라이브(USB Flash Drive)가 보조기억장치로 많이 사용하고 있는데 USB 포트에 꽂아 쓰는 플래시 메모리를 이용한 이동형 저장 장치를 말한다. 2012년 현재 1GB부터 1TB까지 다양한 용량의 제품이 판매 중이다. USB 메모리나 USB

디스크 등으로 불리기도 한다.

이 드라이브는 크기가 일회용 라이터 정도에 불과해 휴대하기도 매우 간편하다. 또한 큰 용량의 파일을 가지고 다닐 때나 파일을 옮길 때 편리하며 보안용 암호장치도 있어 자료를 안전하게 보관할 수 있다. 특히 대한민국 환경에서는 인터넷 뱅킹 사용자가 회사나 PC방에서 거래할 때 필요한 공인인증서를 안전하게 쓸 수 있어 정보의 외부유출 위험을 줄일 수 있다.

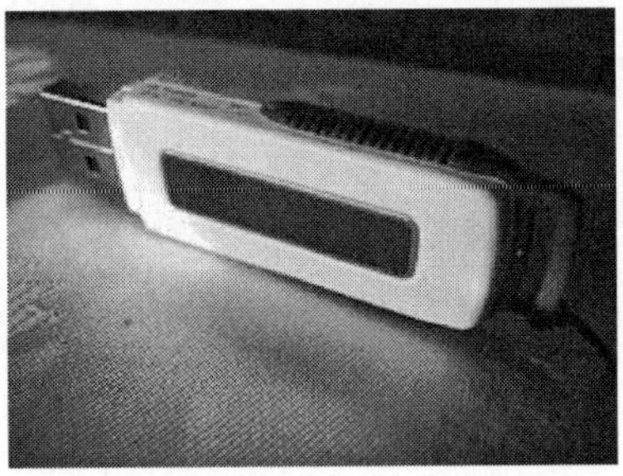

[그림 7-1] USB 플래시 드라이브

먼저 시스템의 프로그램 처리 속도에 직접 영향을 주며 거의 모든 컴퓨터 시스템에서 가장 중요한 보조저장장치로 사용되고 있는 자기디스크에 대한 설명부터 시작한다. 그 다음에는 디스크 대기 큐에서 어떤 프로세스를 선택하여 설정할 것인가에 대한 스케줄링에 대하여 살펴보도록 한다.

| 학 습 활 동 |

자기테이프(Magnetic Tape)

자기테이프(Magnetic Tape)는 플라스틱 테이프 겉에 산화철 등의 자성 재료를 바른 테이프이다. 자기테이프는 대부분 컴퓨터 기억, 오디오, 비디오를 기록하는데 쓰인다.

순차 접근만 가능한 기억장치이며 속도가 느리고 저장되어 있는 데이터 이용이 불편하지만, 가격이 저렴하고 용량이 큰 까닭에 데이터 백업용으로 많이 쓰인다. 이밖에 소리를 녹취하거나 영상을 녹화하는 데에도 사용할 수 있다.

자기테이프는 1928년 독일의 프리츠 플로이머가 소리를 기록하여 위하여 개발하였으며 1898년 발데마르 포울센이 자기선(magnetic wire) 녹음을 발명한 것에 기반을 둔다.

7.2 자기디스크

1) 개 념

자기테이프 장치는 초기에 보조기억장치로 사용되었다. 그러나 다량의 데이터를 저장할 수 있다는 장점에도 불구하고 주기억장치에 비해 액세스 시간이 늦고 순차 액세스만이 허용되는 단점이 있었다. 따라서 가상 메모리를 위해 필요한 임의 액세스가 불가능하므로 현재 자기테이프는 예비용으로 사용된다.

반면에 자기디스크는 현대 컴퓨터 시스템에 대용량의 보조기억장치를 제공하면서 동시에 온라인 기억장치이므로 디스크 장치의 적절한 운용은 매우 중요하다.

자기디스크는 하드디스크(Hard Disk)라고도 하며, 자화될 수 있는 물질로 코팅된 플라스틱이나 금속을 이용한 원형 평판(Circular Platter)으로 만들어지는데, 그 평판 위에 헤드라고 불리는 전도성 코일을 통하여 표면을 자화시킴으로써 데이터를 저장하게 된다.

디스크가 사용 중일 때 구동 모터는 빠른 속도로 디스크를 회전시키고 디스크 표면 바로 위에는 입출력 헤드가 위치한다. 논리적으로 디스크 표면은 트랙으로 나누어지고 입출력 헤드 아래의 트랙에 정보가 자기적으로 기록된다. 보통 디스크의 한 표면은 수백 개의 트랙으로 구성된다.

디스크 시스템의 하드웨어는 컴퓨터의 논리적인 상호 작용, 즉 프로세서와 디스크 구동기의 인터페이스 역할을 담당하는 디스크 제어기와 구동 모터, 즉 입출력 헤드 부분의 기계적 부분의 디스크 구동기로 나눌 수 있다. 전자는 프로세서로부터 명령을 받아 후자를 동작시키고 후자는 탐색(seek), 기록, 판독 등의 명령을 수행한다.

부연 설명하면 디스크상의 원하는 섹터에 액세스하기 위하여 시스템은 먼저 해당 트랙에 헤드를 이동, 위치시키게 되는데, 이러한 동작을 탐색이라고 부르고 이때 걸리는 시간을 탐색 시간(Seek Time)이라 부른다. 탐색 시간은 디스크의 헤드가 움직이는 시간에 좌우되기 때문에 멀리 떨어져 있는 트랙을 탐색하기 위해서는 탐색 시간이 길어진다.

일반적으로 디스크는 디스크 내에 어떤 파일이 있는지를 표시하는 장치 디렉터리를 가지고 있다. 그 디렉터리는 파일을 이름에 의해 목록으로 나타내며 파일이 디스크 어디에 있는 지에 대한 정보 즉, 파일의 길이, 종류, 소유주, 생성된 날짜, 마지막으로 사용된 시간, 그리고 부호 등에 대한 정보를 포함한다. 디스크의 블록들은 한 장소에 다시 사용될 수 있기 때문에 그것을 변경할 필요가 있을 때에도 디스크의 남은 공간에 복사하지 않고도 읽고 변경하고, 다시 쓸 수 있다.

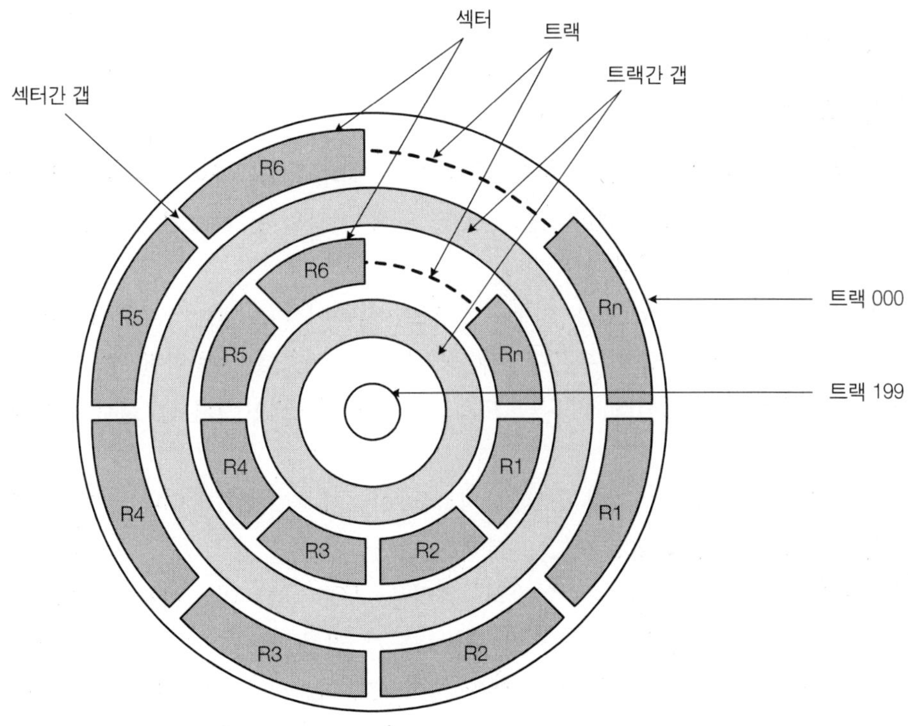

[그림 7-2] 디스크 표면의 세부 구조

| 학 습 활 동 |

디스크 액세스 시간

자기디스크 장치는 직접 처리 또는 임의 처리가 가능한 장치이다. 직접 처리의 기본 원리는 데이터가 있는 특정 장소를 찾아낸 후, 직접 그 자리에 있는 데이터를 읽거나 그 자리에 쓰기를 한다는 것으로, 자기디스크의 유효성은 데이터를 검색하는 시간(Access Time)의 길고 짧음에 정해진다.

이러한 시간에는 두 가지의 요인이 있는데, 그 중 하나는 특정 레코드를 꺼내기 위하여 그 레코드가 있는 트랙까지 액세스 암(Access Arm)을 이동하는 탐색 시간(Seek Time)이며, 둘째는 그 트랙상의 해당 레코드를 기억하고 있는 장소가 입출력 헤드의 바로 밑에 올 때까지 기다리는 회전 지연 시간(Rotational Delay Time)이다.

2) 구성 요소

가) 원형 평판

원형 평판에는 [그림 7-2]에서 본 바와 같이 여러 개의 동심원들이 존재하는데, 이 원들을 트랙(track)이라고 부른다. 데이터들은 트랙 위에 저장되며, 헤드가 그 트랙을 지나가는 동안에 데이터가 저장되거나 인출된다.

트랙 내의 정보는 블록(block)을 이루고 이러한 블록이 하드웨어적으로 고정된 크기를 가졌을 때에는 섹터(sector)라고 부른다. 각 섹터는 독립적으로 입출력될 수 있다. 그리고 정보는 블록 단위로 입출력된다. 섹터는 디스크로부터 입출력이 가능한 정보의 가장 작은 단위이다.

디스크 드라이브의 섹터는 32바이트에서 4096바이트의 크기를 가지며 트랙당 4섹터~32섹터가 있고 디스크 표면당 20트랙~1500트랙으로 구성된다.

섹터 사이에는 구분을 위하여 약간의 간격을 두고 있는데, 이것을 섹터 간 갭(inter-sector gap)이라고 부른다. 뿐만 아니라 헤드가 잘못 정렬되거나 자장의 간섭 때문에 발생하는 오류를 방지하기 위하여 트랙들 사이에도 약간의 간격을 두고 있다. 이 간격을 트랙 간 갭(inter-sector gap)이라고 부른다. 트랙의 길이는 바깥쪽에 위치할수록 안쪽보다 더 길어진다. 그러나 읽기 · 쓰기 장치를 간단하게 설계하기 위하여 트랙당 저장되는 데이터 비트들의 수는 같게 한다.

한편, 트랙상에 데이터를 저장하는 동작을 디스크 쓰기(Disk Write)라고 하는데 쓰기 동작은 헤드의 코일에 전류가 흐르면 자장이 발생되는 전기적 성질을 이용한다. 즉, 전기적 신호가 헤드로 보내지면 양 전류 또는 음 전류에 따라 다른 형태의 자성 패턴이 표면에 기록된다.

이와 같이 저장된 데이터를 디스크 표면으로부터 감지하여 인출하는 동작을 디스크 읽기(Disk Read)라고 한다. 읽기 동작은 자장이 존재하는 곳에 코일이 지나가면 코일에 전류가 발생하는 전기적 성질을 이용한다. 즉, 디스크 표면이 회전하는 동안에는 원하는 데이터가 저장되어 있는 트랙 부분이 헤드 밑을 통과하면 기록될 때와 같은 극성의 전류가 생성된다.

나) 헤드(head)

디스크 드라이브에서 사용되는 액세스 암의 헤드는 디스크 기록 면의 수많은 다른 위치에 놓일 수 있으며, 디스크가 빠르게 회전하기 때문에 액세스 암에 있는 헤드들은 멀리 떨어져 있는 하나의 동심원상에 기록된 자료를 모두 읽어낼 수 있다.

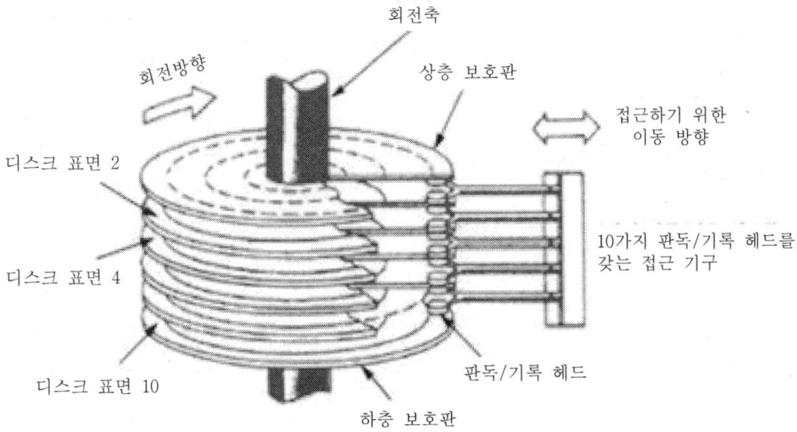

[그림 7-3] 자기디스크 구조

헤드는 공기의 완충에 의하여 디스크 표면에 떠 있게 되며, 실제로 닿지 않는다. 헤드와 디스크 표면 사이의 거리는 약 100만분의 1인치에서 200만분의 1인치 정도이며, 데이터를 읽을 경우 헤드는 표면에 있는 자화된 점들을 인지하여 데이터를 컴퓨터의 주기억장치로 전송하고, 데이터를 기록할 경우 데이터가 주기억장치로부터 전송되어 디스크의 표면 위에 자화된 점들로 저장된다.

가장 보편적으로 사용하고 있는 단일 헤드 디스크에서 어떤 데이터 블록을 읽거나 쓰는 과정은 다음과 같다.

① 헤드를 해당 트랙으로 이동시킨다.
② 원하는 데이터가 저장된 섹터를 헤드 아래로 회전되어 올 때까지 기다린다.
③ 데이터를 전송한다.

위의 과정에 걸리는 전체 시간을 디스크 액세스 시간(Disk Access Time)이라고 한다. 여기서 ①번에 걸리는 시간을 앞에서 말한 바와 같이 탐색 시간(Seek Time)이며, ②번에 걸리는 시간은 마찬가지로 회전 지연 시간(Rotational Latency)이다. ③번은 데이터 전송 시간(Data Transfer Time)이라고 하는데, 여기에는 디스크 제어기(Disk Controller)에서 소요되는 시간도 포함된다. 결과적으로 디스크에 있는 하나의 데이터 블록들을 액세스하는데 걸리는 시간은 다음과 같다.

디스크 액세스 시간 = 탐색 시간 + 회전 지연 시간 + 데이터 전송 시간

다) 디스크 팔(Disk Arm)

디스크 팔은 헤드를 이동시키는 장치를 말하며 회전하고 있는 디스크 표면에 자료를 기록하거나 표면의 자료를 읽어내기 위하여 디스크 구동 장치들은 이 디스크 팔을 사용하고 있다.

디스크 팔에 붙어 있는 입출력 헤드의 형태에 따라 단일 헤드와 다중 헤드가 있다. 전자는 하나의 입출력 헤드가 하나의 디스크 팔에 붙어 있기 때문에, 원하는 트랙을 찾아갈 때 헤드를 움직여 주어야 하므로 탐색 시간이 필요하다. 한편, 후자는 각 트랙마다 하나씩의 입출력 헤드를 갖고 있으므로, 디스크 팔을 움직일 필요가 없다.

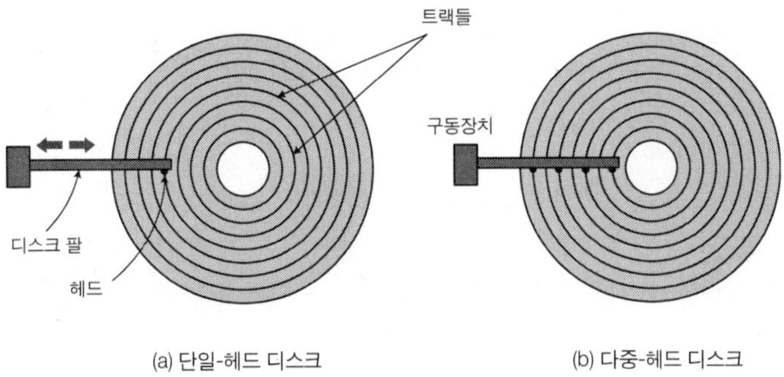

[그림 7-4] 헤드의 수에 따른 디스크 구조

다중 헤드 디스크의 액세스 시간은 탐색 시간이 필요 없기 때문에 접근 시간이 상당히 단축되며 기계적인 구성도 오히려 간단하고 단일 헤드 시스템보다 신뢰도도 높다. 그러나 다중 헤드를 사용하게 되면 가격은 비싸지고 용량은 줄어들게 되는 문제점이 있다.

3) 성능 향상 기법

가) RAM 디스크

디스크에 대한 접근 속도를 개선하기 위한 방법으로 RAM(Random Access Memory)을 디스크처럼 사용하는 방식이다. 자주 참조되는 데이터를 RAM 디스크에 저장하여 사용하게 되면 탐색 시간이 필요하지 않으므로 빠른 접근 시간을 갖게 된다. 그러나 전원이 공급되지 않으면 저장된 데이터를 잃어버리게 되는 것이 단점이다.

나) 디스크 캐시(Disk Cache)

캐시는 빠른 속도로 처리되는 프로세서와 상대적으로 느린 속도로 처리되는 메인 메모리에서 데이터나 정보를 저장하는 역할을 한다. 디스크 캐시는 이러한 원리를 이용하여 빈번하게 사용되는 디스크상의 데이터를 RAM으로 되어 있는 디스크 캐시 버퍼상에 저장하여 사용하는 방법이다.

디스크 캐시의 적중률을 높이기 위해 지역성을 도입하여 사용하며, 운영체제 관리자는 디스크에 대한 작업 요청을 받았을 때, 디스크에 접근하지 않고 디스크 캐시에 먼저 접근하여 데이터를 처리한다.

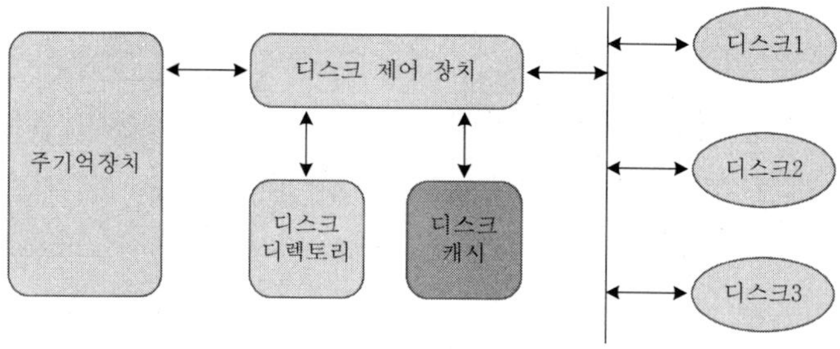

[그림 7-5] 디스크 캐시

다) 디스크 인터리빙

인터리빙의 목적은 디스크 드라이브를 좀 더 효율적으로 만들기 위한 것이다. 디스크 드라이브는 한 번에 오직 한 개의 섹터만을 액세스할 수 있으며, 디스크는 읽기 · 쓰기 헤드의 바로 아래서 끊임없이 돌고 있다. 이것은 드라이브가 다음 섹터에 액세스할 준비가 되는 시간에 디스크는 이미 그 섹터를 지나쳐 갈수 있다는 뜻이다. 만약, [그림 7-6]의 (a)와 같이 데이터 파일이 하나 이상의 섹터에 걸쳐 있고 그 섹터가 차례대로 배열되어 있다면, 드라이브는 그 파일의 나머지 부분을 액세스하기 위해 한 바퀴를 그냥 기다려야할 것이다.

이러한 문제를 해결하기 위해서 디스크의 회전 속도를 고려한 섹터 배열을 하여 처리하는 기법을 채택했는데 이것을 디스크 인터리빙(Disk Interleaving)이라고 한다. 예를 들면, 1 : 1 인터리빙에서는 1, 2, 3, 4...의 순서로 배치되는데 반해, 4 : 1 인터리빙에서는 하나씩 건너뛰어서 1, 12, 7, 2, 13, 8...의 순서로 배치된다. 후자의 경우 디스크가 4번 회전할 동안 해당 트랙 내의 모든 섹터 내용을 처리하게 된다.

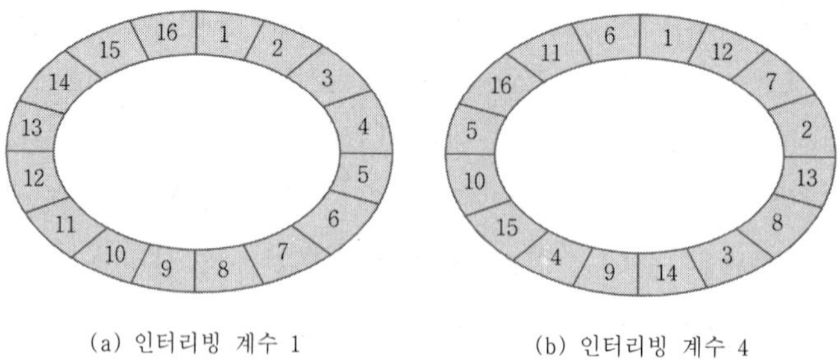

[그림 7-6] 디스크 인터리빙

라) 클라우드 컴퓨팅

네트워크의 고도화와 가상화와 같은 소프트웨어 기술이 발전하면서 광범위한 분야자원들이 네트워크를 통해 제공될 수 있는 환경이 마련되었다. 이러한 개념을 가진 클라우드 컴퓨팅의 가치에 대한 평가가 새롭게 이루어짐으로써 디스크의 성능 개선 방안이 실현되었다.

클라우드(Cloud)는 인터넷 기반이라는 의미이고 컴퓨팅(Computing)은 컴퓨터 기술을 사용한다는 의미이다. 해당 파일에 대한 접근을 할 때 개별적으로 여러 개의 디스크에 분산 저장된 파일의 조각들을 사용자들은 지원하는 기술 인프라스트럭처에 대한 전문 지식이 없고 제어할 줄 몰라도 네트워크를 통하여 서비스를 제공받을 수 있다.

즉, 클라우드 컴퓨팅(Cloud Computing)은 필요한 작업을 제시하면(구름 속으로 던지면), 어디서나 이에 필요한 자원이 할당되어 작업을 실행할 수 있게 되고 결과도 주어지는(구름에서 떨어지는) 것을 말한다. 클라우드 컴퓨팅은 가상화 기술을 기반으로 개인 사용자의 데스크톱 환경부터 기업들의 대용량 정보처리와 인터넷 기업의 웹 2.0 서비스까지 PC 없이도 가능하게 해 준다.

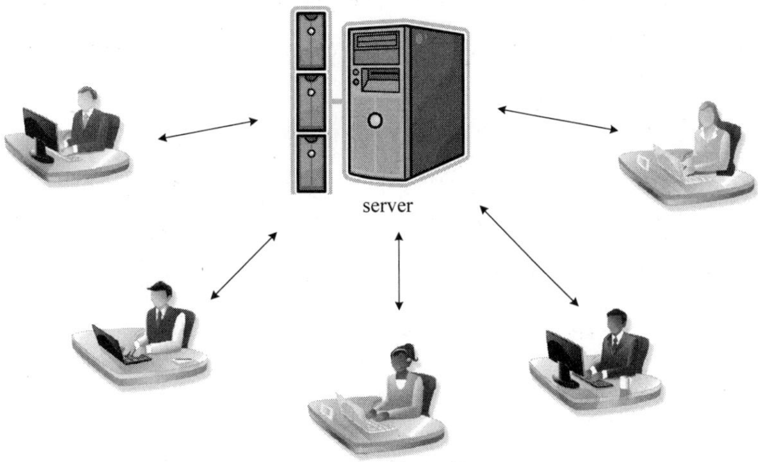

[그림 7-7] 클라우드 컴퓨팅

마) RAID(Redundant Array of Inexpensive Disks)

(1) 등장 배경

컴퓨터 시스템의 성능을 높이기 위해서는 프로세서와 기억장치의 속도가 빨라지는 만큼 디스크의 성능도 높아져야 한다. 그러나 반도체 기억장치와는 달리 디스크는 기계적 장치들이 많이 포함되어 있기 때문에 속도 개선이 현저히 느리게 되고 있다. 그 이유는 디스크 액세스 시간 중에서 많은 부분이 기계적인 장치들이기 때문에 한계가 있다. 이러한 문제는 프로세서의 속도가 계속 향상되고 있기 때문에 더욱 심각해지고 있다. 따라서 디스크의 성능을 개선해야 할 필요성은 갈수록 높아지고 있다.

그러므로 여러 개의 작은 디스크들을 배열(array) 구조로 연결하고 하나의 유닛으로 패키지 함으로써 액세스 속도를 크게 향상시키고 신뢰도도 높인 RAID가 크게 주목을 받고 있다.

(2) 구현 방법

(가) 미러링(mirroring) 기술

가장 간단한 레이드 구조로서 데이터의 복사본을 여러 개의 디스크 드라이브에 유지시키는 방법이다. 데이터의 안정성에는 기여하지만 중복 저장으로 인한 비용 증가의 단점이 있다.

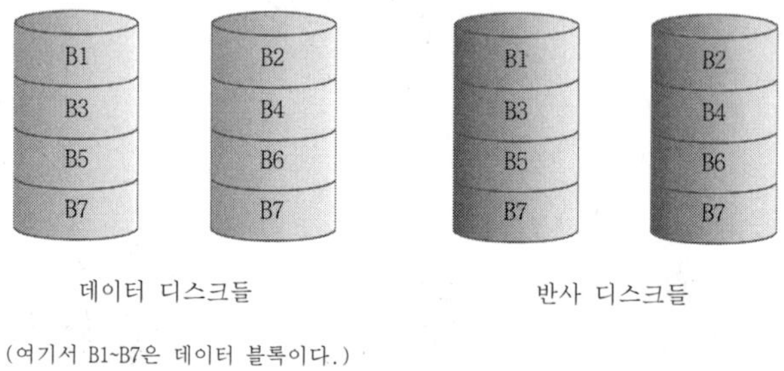

[그림 7-8] 미러링 기법

(나) 블록 인터리브 패리티 기술

하나의 데이터 블록을 여러 디스크 드라이브의 블록으로 구성된 배열(array)로 구성하는 방식이다. 이때 각 디스크 드라이브의 블록들에 대한 패리티 정보를 갖는 패리티 블록을 유지시켜, 데이터에 이상이 발생하면 패리티를 계산함으로써 해당 데이터의 이상 유무를 확인할 수 있도록 한다.

따라서 데이터의 안정성을 유지시킬 수 있으며, 디스크 접근 속도의 향상도 기대되는 기술이다. 패리티 검사에 따른 시간은 소요되지만, 패리티 정보 역시 여러 디스크에 분산하여 저장하게 되면 어느 정도 해소할 수 있다.

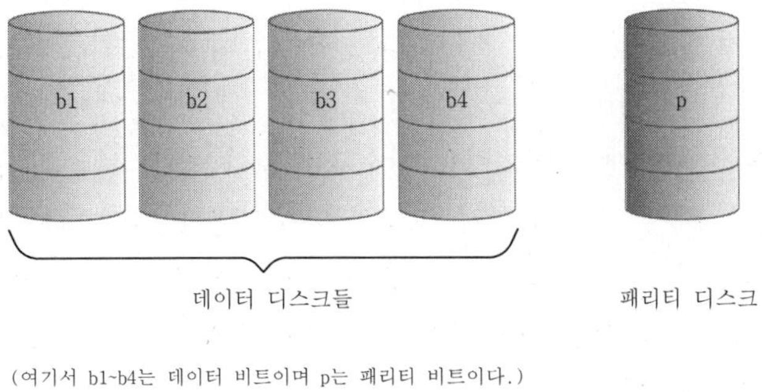

[그림 7-9] 블록 인터리브 패리티 기술

| 학 습 활 동 |

자기디스크에서의 블록화

1. 물리적 레코드
   - 디스크에 대한 입출력은 블록 단위, 즉 물리적 레코드(physical record)라는 단위로 구성한다.
   - 하나의 논리적 레코드가 하나의 블록이 되는 것을 비블록킹(unblocking) 레코드라 한다.

2. 논리적 레코드
   - 사용자(프로그램) 관점에서의 처리 단위로서 읽어 들인 블록을 해체(deblocking)시킨 후에 논리적 레코드 단위로 처리한다.
   - 크기는 가변적일 수도 있으므로 블록 내에 포함되는 논리적 레코드의 개수는 달라질 수 있다.

7.3 디스크 스케줄링

1) 도입 배경

디스크 스케줄링 모듈은 디스크 입출력을 위해 대기하고 있는 요구(request)들 중에서 어느 요구를 먼저 처리할 것인가를 결정한다. 이와 같이 디스크 스케줄링을 하는 이유는 대기 중인 요청들에 대해 서비스하는 순서를 어떻게 결정하는 가에 따라 디스크 시스템의 전체 성능이 달라지기 때문에 스케줄링을 함으로써 보다 좋은 성능을 내기 위해서이다.

특별히 스케줄링을 하지 않고 요구가 도착하는 순서대로 서비스를 제공할 수도 있으나 이는 디스크 시스템에의 요구 도착률(Arrival Rate)이 클 경우 좋은 성능을 내지 못한다. 따라서 매순간 디스크의 상태에 따라 대기 중인 요구들에 대한 서비스 순서를 조정함으로써 보다 좋은 성능을 내고자 하는 것이다.

디스크 스케줄링은 대부분의 스케줄링 알고리즘과 비슷한 기대 효과를 갖는데 그 내용을 요약하면 다음과 같다.

① 처리 능력의 극대화로서 단위 시간당 처리하는 서비스의 양을 최대한으로 할 수 있어야 한다는 것을 의미한다.
② 디스크 작업에 대한 모든 요청에 대해서, 어떤 요청이 디스크에 전해진 후에 그 결과가 나올 때까지의 시간 즉, 응답 시간의 평균값이 짧아지며 이는 평균 응답 시간의 단축을 의미한다.
③ 각각의 응답 시간 값이 평균 응답 시간 값과 얼마나 차이가 나는가에 대한 편차를 최소화될 수 있으며, 편차가 적을수록 서비스의 질이 높아진다.

운영체제는 디스크 액세스 요청을 스케줄링하여 평균 디스크 처리 시간을 향상시키기 위하여 노력하고 있다. 입출력장치는 요청을 위한 큐를 가지고 있다. 어떤 프로세스가 디스크에 대한 입출력을 필요로 할 때마다 운영체제에게 시스템 호출을 보낸다. 그러면 디스크 대기 큐에서 어떤 프로세스를 선택하여 설정할 것인가에 대한 알고리즘을 여기서 자세히 살펴보도록 한다.

2) FIFO(First-In First-Out) 스케줄링

가) 개 념

선입 처리(First-Come First-Served) 방식으로써 먼저 도착한 디스크 트랙에 대한 요청을 우선적으로 서비스를 하도록 하는 스케줄링 방법이다. 이 알고리즘은 프로그램하기 쉽고 본질적으로 공평성이 유지되는 장점이 있으나, 디스크 대기 큐에 대기하고 있는 각 요청들의 트랙 위치에 대한 고려가 전혀 없기 때문에 단일 헤드 디스크에서 가장 문제가 되는 탐색 시간이 많이 걸리는 문제가 발생한다.

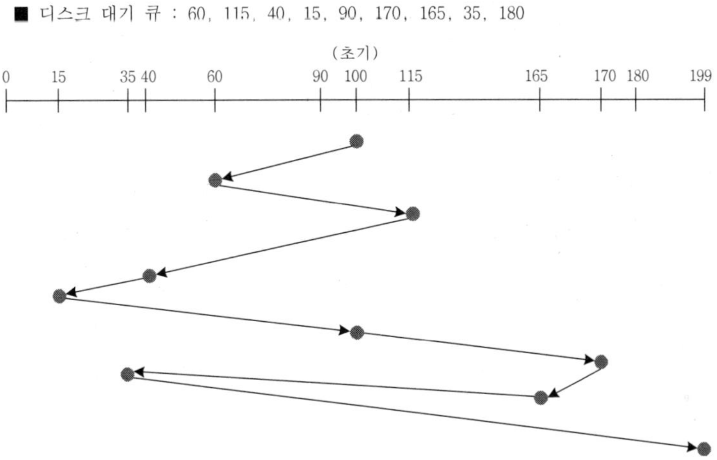

[그림 7-10] FIFO 스케줄링에서의 헤드 이동 상태

나) 구현 사례

만약, 입출력 헤드가 초기에 트랙 100에 있을 경우 헤드는 100에서 60으로 움직일 것이다. 그 후 115, 40, 15, 90, 170, 165, 35, 180으로 움직여 모두 640트랙의 헤드 이동이 생긴다.

이와 같은 스케줄링 방식의 문제점은 헤드가 트랙 115에서 40에 이어 15까지 이동한 후 다시 90으로 많이 이동하는데 있다. 만약 115트랙에서 요구가 일어나기 전이나 후에 40과 15트랙을 함께 처리한다면 헤드의 총 이동거리를 실질적으로 줄일 수 있어 요청에 대한 처리 시간이 감소되어 디스크의 처리율을 높일 수 있을 것이다.

〈표 7-1〉 탐색 길이(디스크 대기 큐: 60, 115, 40, 15, 90, 170, 165, 35, 180)

트랙 접근 순서	60	115	40	15	90	170	165	35	180
헤드 이동 거리	40	45	75	25	75	80	15	130	145

*1. 전체 탐색 길이 : 640　　*2. 평균 탐색 길이 : 71.1

3) SSTF(Shortest Seek Time First) 스케줄링

가) 개　념

SSTF 스케줄링은 일괄 처리 시스템에 유용하며 어떠한 디스크 요청을 처리하기 위해서 헤드가 먼 곳까지 이동하기 전에 현재 헤드 위치에 가까운 모든 요구를 먼저 처리하는 방법이다. 그러므로 탐색거리가 가장 짧은 요청이 비록 큐의 제일 앞에 있지 않다 하더라도 먼저 서비스를 받는다.

이러한 방법은 FIFO 스케줄링에 비해서 훨씬 짧은 탐색 길이를 가질 뿐만 아니라 보통의 부하에서 평균 응답 시간은 짧다. 그러나 디스크 입출력 요구들에 대한 응답 시간의 분산이 커짐으로 인하여 응답 시간에 대한 예측성이 저하된다는 단점을 가진다.

나) 구현 사례

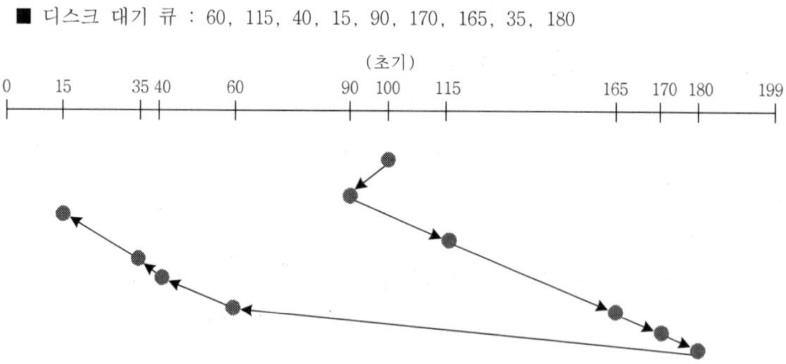

[그림 7-11] SSTF 스케줄링에서의 헤드 이동 상태

초기 헤드의 위치는 100번 트랙에 있으므로 이 위치에서 가장 가까운 90번 트랙에 대한 요청을 먼저 처리한다. 다음으로는 헤드의 위치가 90번 트랙으로 이동하였으므로 이로부터 가장 가까운 115번 트랙에 대한 요구를 처리하며, 이와 같은 과정을 계속 반복하는

것이다.

여기서 디스크 대기 큐에 더 이상의 요구가 도착하지 않은 상황을 가정하였으나 실제 시스템에서는 시간이 지남에 따라 계속해서 디스크 입출력 요구가 도착하게 된다. 이러한 상황에서 부하가 커지는 경우 SSTF 기법을 사용하면 헤드가 일정 영역을 벗어나지 못하고 그 영역 안의 트랙에 대한 요구들만을 계속해서 처리하게 됨으로써 다른 요구들에 대해서는 서비스의 기회가 주어지지 않는 디스크 입출력 요구에 대한 기아상태가 나타나기도 한다.

예를 들어, 현재의 디스크 대기 큐에 25번 트랙에 대한 요청과 150번 트랙에 대한 요청이 있는 경우 현재의 헤드 큐가 30번 트랙에 머물고 있다면 두 개의 트랙 요청 중에서 25번 트랙이 먼저 처리될 것이다.

그런데 25번 트랙을 처리하는 중에 24, 34, 40번 트랙의 순서로 계속 요청하여 이들이 디스크 대기 큐에 들어가게 되면, 이들은 먼저 대기하고 있던 150번 트랙보다 짧은 탐색거리에 있기 때문에 먼저 처리가 된다.

이와 같이, 이론적인 측면에서 150번 트랙이 무한정 기다리게 되는 연속적인 트랙 요청이 계속해서 일어날 수도 있다는 것이다. 따라서 SSTF 스케줄링은 FIFO 스케줄링에 비해서 훨씬 짧은 탐색 길이를 가지지만 최선의 방법은 아니다.

〈표 7-2〉 탐색 길이(디스크 대기 큐: 60, 115, 40, 15, 90, 170, 165, 35, 180)

트랙 접근 순서	90	115	165	170	180	60	40	35	15
헤드 이동 거리	10	25	50	5	10	120	20	5	20

*1. 전체 탐색 길이 : 265 *2. 평균 탐색 길이 : 29.4

| 학 습 활 동 |

주변장치의 종류

1. 전용 장치
   - 한 번에 하나의 할당된 작업에 대해서만 독점적으로 전용으로 사용하도록 하며 이 작업이 완전히 종료되어야 다른 작업을 할 수 있는 장치
   - 자기테이프, 드라이브, 프린터, 플로터 등

2. 공유 장치
   - 여러 개의 작업이 서로 해당 장치를 공유하여 사용할 수 있는 장치
   - 자기디스크 등의 직접 접근 저장장치

3. 가상 장치
   - 전용 장치(예 : 프린터)를 공유할 수 있는 것처럼 변형시킨 장치
   - 스풀링을 이용한 가상 프린터

4) SCAN 스케줄링

가) 개 념

SCAN 스케줄링은 입출력 헤드가 디스크의 한 끝에서 다른 끝으로, 또한 다른 한쪽 끝에 도달했을 때는 역방향으로 이동하면서 요청된 트랙에 대한 처리를 해나가는 방법이다. 따라서 헤드는 디스크의 한 끝과 다른 끝 사이를 계속해서 왕복한다.

이 기법은 SSTF 기법을 사용할 경우 응답 시간의 분산이 너무 커져서 응답 시간에 대한 예측성이 저하된다는 단점을 해결하기 위해 제시된 기법이며, 대체적으로 단위 시간당 처리량이나 평균 응답 시간의 면에서도 만족할만한 성능을 보이는 것으로 평가되고 있다. 이 기법은 실제 디스크 시스템에서 사용되는 스케줄링 기법들의 근간을 이루는 기법이다.

SCAN 스케줄링은 엘리베이터의 동작과 유사하기 때문에 엘리베이터 스케줄링이라고도 부른다. 눈이 내리는 길을 한쪽 끝에서 시작하여 반대 방향으로 눈을 치우면서 가는 경우, 눈을 치우자마자 뒤에 눈이 쌓이는 현상과 같이 각 트랙에 대한 요청이 균등하다고 가정할 때, 헤드가 한쪽 끝에 이르러 방향을 바꾸어야 할 시점에서 요청 밀도가 높은 쪽은 최초의 시작 부분이며, 나중에 처리된 헤드 바로 뒷부분은 비교적 밀도가 낮다. 따라서 밀도가 높은 쪽의 요청은 상당히 오랜 시간을 기다리게 된다.

나) 구현 사례

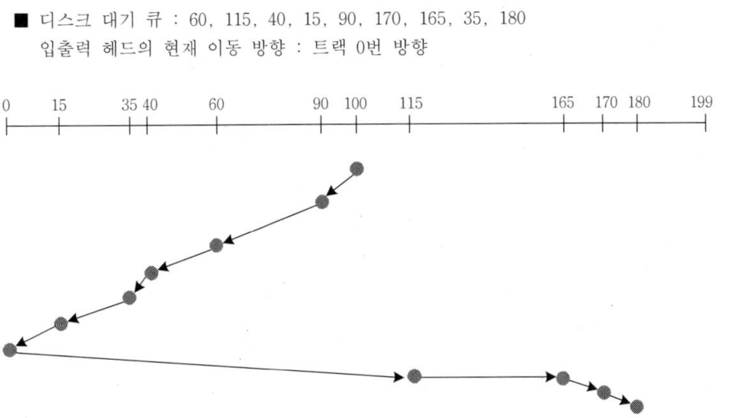

[그림 7-12] SCAN 스케줄링에서의 헤드 이동 상태

요청 트랙이 60, 115, 40, 15, 90, 170, 165, 35, 180의 순서로 발생했을 때 먼저 헤드의 위치와 이동 방향을 알아야 한다. 만약, 헤드가 트랙 0방향으로 이동하고 있다면 먼저 90과 60을 처리할 것이고, 계속해서 40, 35, 15를 처리한 다음, 트랙 0에 도착하고 난 후에 다시 역방향으로 헤드를 이동해가면서 115, 165, 170, 180의 순으로 처리된다. 만약, 새로운 디스크 요청이 헤드의 바로 앞 요청의 큐에 도착되면 즉시 처리되지만 반대로 헤드 바로 뒤에 있다면 헤드가 디스크의 끝까지 이동하고 나서 되돌아 올 때까지 기다려야 한다.

〈표 7-3〉 탐색 길이(디스크 대기 큐: 60, 115, 40, 15, 90, 170, 165, 35, 180)

트랙 접근 순서	90	60	40	35	15	0	115	165	170	180
헤드 이동 거리	10	30	20	5	20	15	115	50	5	10

*1. 전체 탐색 길이 : 280　　*2. 평균 탐색 길이 : 31.1

쉬 어 가 기

우리에게 친근감을 주는 SNS

가입자 숫자의 폭발적 증가에 힘입어 온 SNS(Social Network Service)가 진화하고 있다. 2004년 등장한 대표적 SNS 서비스인 페이스북 사용자 숫자는 4억 명이다. 아이폰 덕분에 요즘 국내에서도 인기인 트위터 사용자 숫자는 1억 명이 넘었고 지금도 매일 30만 명씩 늘어난다.

최근에 부상하고 있는 'TGiF'는 트위터(Twitter), 구글(Google), 아이폰(iPhone) 그리고 페이스북(Facebook)의 네 가지 서비스를 일컫는 말이다. Social Computing에서 사용되고 있는 TGiF는 서로 간에 긴밀하게 얽혀 있으면서 한편으로는 서로 경쟁하며 빠르게 영향력을 확대해가고 있다. 2009년 가트너 그룹은 Social Computing을 향후 3년간 가장 주목해야 하는 10대 기술로 선정하였다

5) LOOK 스케줄링

가) 개 념

SCAN 스케줄링은 헤드를 디스크의 끝에서 끝으로 이동한다는 원리이지만 실제로 이런 방식으로 구현하지 않는다. 일반적으로 헤드는 각 방향으로 요청에 따르는 거리만큼만 이동하고, 현재의 방향에서 더 요청이 없다면 헤드의 이동 방향이 바뀌는 방식을 사용한다. SCAN의 이런 형태를 LOOK 스케줄링이라고 한다. 여기서 LOOK이란 그 방향으로 움직이기 전에 먼저 요청이 있는지 검사한다는 뜻이다.

SCAN과 LOOK 스케줄링은 입출력 헤드가 움직이고 있는 방향으로 헤드 요청을 할 때에는 따로 서비스를 받을 수 있으나, 입출력 헤드가 지나가 버린 쪽의 트랙 요청은 헤드가 한 쪽으로의 이동이 끝난 후, 다시 되돌아 올 때 서비스를 받게 된다.

나) 구현 사례

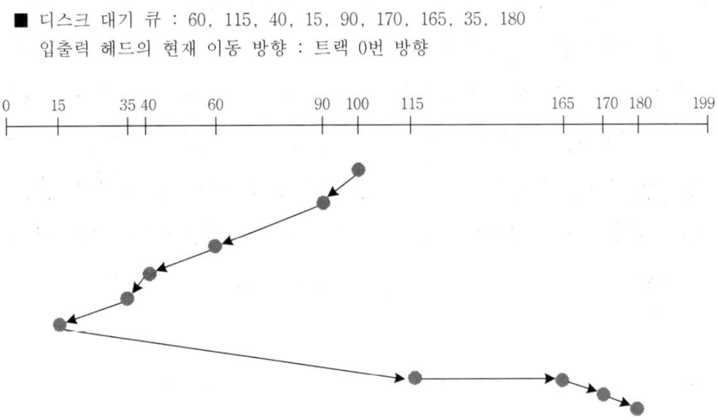

[그림 7-13] LOOK 스케줄링에서의 헤드 이동 상태

〈표 7-4〉 탐색 길이(디스크 대기 큐: 60, 115, 40, 15, 90, 170, 165, 35, 180)

트랙 접근 순서	90	60	40	35	15	115	165	170	180
헤드 이동 거리	10	30	20	5	20	110	50	5	10

*1. 전체 탐색 길이 : 255　　*2. 평균 탐색 길이 : 28.3

6) C-SCAN과 C-LOOK 스케줄링

가) 개 념

SCAN과 LOOK 스케줄링의 디스크 작업에 있어서 서비스 요청 밀도가 높은 부분을 처리할 때에는 상당히 오랜 시간 동안 처리해주어야 하며, 시간이 흘러감에 따라 요청 트랙에 대한 대기 시간의 불균등 현상이 생긴다. 이러한 문제를 개선한 것이 C-SCAN과 C-LOOK 스케줄링이다.

C-SCAN 스케줄링은 기본적으로 SCAN 스케줄링 기법과 비슷하지만 디스크 헤드가 한쪽 방향으로 진행할 때만 큐의 요구들을 처리한다는 특성을 갖는다. 즉, 서비스 방향을 안쪽 또는 바깥쪽으로 미리 정해놓고 정해진 방향으로 헤드가 이동할 때만 큐의 요구들을 처리하는 것이다. 즉, 디스크 트랙의 한쪽 끝을 다른 한쪽 끝과 연결해 놓은 것처럼 가정하고, 입출력 헤드를 환형(circular)으로 접근시킨다고 생각한다.

[그림 7-14]의 C-SCAN 스케줄링에서 처음 헤드의 위치는 100번 트랙에 있으므로 이 위치에서 바깥쪽으로 가장 가까운 115번 트랙에 대한 요청을 먼저 처리하고 다음으로 165번 트랙에 대한 요구를 처리한다. 이후 헤드는 199번 트랙까지 이동하며, 이곳에서 방향을 바꾸어 가장 안쪽의 0번 트랙까지 요구에 대한 처리 없이 직접 이동하고, 이곳에서부터 다시 바깥쪽으로 이동하면서 디스크 대기 큐에 남아 있는 요구들을 처리한다.

한편, C-LOOK 스케줄링 기법은 C-SCAN 기법과 기본적으로 비슷한 기법이지만, LOOK 스케줄링처럼 헤드의 진행 방향으로 더 이상의 요구가 없으면 즉시 방향을 전환하는 기법이다. 즉, LOOK 기법에서와 같이 불필요하게 헤드가 이동하는 것을 방지하고자 제시된 기법이라고 할 수 있다.

나) 구현 사례

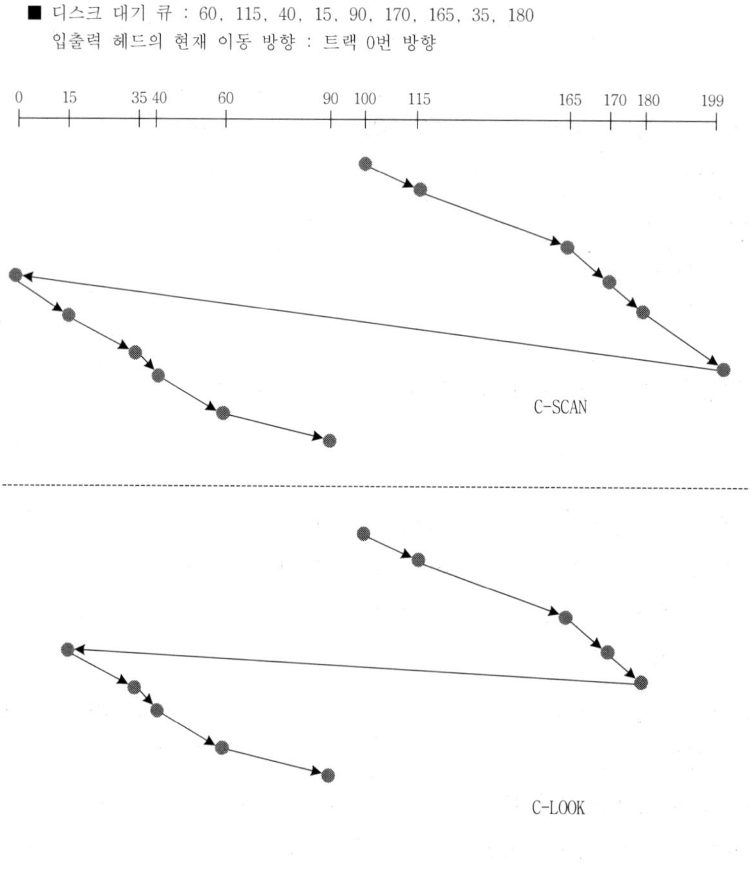

[그림 7-14] C-SCAN과 C-LOOK 스케줄링에서의 헤드 이동 상태

〈표 7-5〉 C-SCAN의 탐색 길이

트랙 접근 순서	115	165	170	180	199	0	15	35	40	60	90
헤드 이동 거리	15	50	5	10	19	199	15	20	5	20	30

*1. 전체 탐색 길이 : 388　　*2. 평균 탐색 길이 : 43.1

〈표 7-6〉 C-LOOK의 탐색 길이

트랙 접근 순서	115	165	170	180	15	35	40	60	90
헤드 이동 거리	15	50	5	10	165	20	5	20	30

*1. 전체 탐색 길이 : 320　　*2. 평균 탐색 길이 : 35.6

요 약

1. 보조기억장치와 주기억장치와의 차이점은 저장 매체 내에 있는 정보의 위치와 그 정보를 읽거나 쓰는 방법을 제공하는 접근장치의 종류에 따라서 접근시간이 다르다.
2. 자기디스크는 자화될 수 있는 물질로 코팅된 플라스틱이나 금속을 이용한 원형 평판으로 만들어진 저장장치이다.
3. 트랙 내의 정보는 블록(block)을 이루고 이러한 블록이 하드웨어적으로 고정된 크기를 가졌을 때 섹터(sector)라고 부른다.
4. 트랙상에 데이터를 저장하는 동작을 디스크 쓰기(Disk Write)라고 하는데 쓰기 동작은 헤드의 코일에 전류가 흐르면 자장이 발생되는 전기적 성질을 이용한다.
5. 저장된 데이터를 디스크 표면으로부터 감지하여 인출하는 동작을 디스크 읽기(Disk Read)라고 한다.
6. 디스크 캐시는 빈번하게 사용되는 디스크상의 데이터를 RAM으로 되어 있는 디스크 캐시 버퍼상에 저장하여 사용하는 방법이다.
7. 클라우드 컴퓨팅(Cloud Computing)에서는 해당 파일에 대한 접근을 할 때 개별적인 여러 개의 디스크에 분산 저장된 파일의 조각들을 네트워크를 통하여 서비스를 제공받을 수 있다.
8. RAID는 여러 개의 작은 디스크들을 배열(array) 구조로 연결하고 하나의 유닛으로 패키지함으로써 액세스 속도를 크게 향상시키고 신뢰도도 높인다.
9. 각 프로세스들이 요구하는 디스크 작업은 디스크 대기 큐에 보관하는데 이때 디스크 작업을 선택하는 것을 디스크 스케줄링(Disk Scheduling) 알고리즘이라고 한다.
10. FIFO 스케줄링은 선입 처리 방식으로써 먼저 도착한 디스크 트랙에 대한 요청을 우선적으로 서비스 하는 방법이다.
11. SSTF 스케줄링은 어떠한 디스크 요청을 처리하기 위해서 헤드가 먼 곳까지 이동하기 전에 현재 헤드 위치에 가까운 모든 요구를 먼저 처리하는 방법이다.
12. SCAN 스케줄링은 입출력 헤드가 디스크의 한 끝에서 다른 끝으로, 또한 다른 한쪽 끝에 도달했을 때는 역방향으로 이동하면서 요청된 트랙에 대한 처리를 해나가는 방법이다.
13. 헤드는 각 방향으로 요청에 따르는 거리만큼만 이동하고, 현재의 방향에서 더 요청이 없다면 헤드의 이동 방향이 바뀌는 방식을 사용한다. SCAN의 이런 형태를 LOOK 스케줄링이라고 한다.

14. C-SCAN 스케줄링은 기본적으로 SCAN 스케줄링 기법과 비슷하지만 디스크 헤드가 한쪽 방향으로 진행할 때만 큐의 요구들을 처리한다는 특성을 갖는다.

기초 문제

1. 자기디스크의 회전에 의한 속도 문제의 해결방안으로 디스크의 회전 속도를 고려한 섹터 배열을 하여 처리하는 기법은?

① 램 디스크　　② 디스크 캐시
③ 디스크 인터리빙　　④ 디스크 스트리핑

(정답) ③
(해설) 디스크 제어장치가 어떤 섹터의 데이터 전송을 행하는 동안, 다음 섹터는 입출력 헤드의 밑을 통과해 버리기 때문에 1회전 동안 기다려야 하는 문제가 있으므로 디스크 인터리빙을 도입한다.

2. 디스크의 성능 향상 방법에서 하나의 파일에 대해서 몇 개의 서로 다른 대용량의 디스크 드라이브를 하나의 저장 공간으로 취급하여 분산 저장한 후, 병렬성으로 처리하는 방법은?

① 램 디스크　　② 디스크 캐시
③ 디스크 인터리빙　　④ 디스크 스트리핑

(정답) ④
(해설) 디스크 스트리핑에서는 해당 파일에 대해서 여러 개의 디스크에 분산 저장된 파일의 조각들을 네트워크를 통하여 동시적으로 전송한다.

3. 디스크 스케줄링 기법 중에서 현재 헤드 위치의 가까운 곳에 있는 모든 요구를 먼 곳보다 먼저 처리하도록 하는 기법은?

① FCFS　　② C-SCAN
③ LOCK　　④ SSTF

(정답) ④
(해설) SSTF 스케줄링은 입출력 헤드가 먼 곳까지 이동하기 전에, 현재 헤드 위치에서 가장 가까운 트랙의 요청을 먼저 처리하는 것이 전체적인 탐색 길이를 줄일 수 있다는데 근거를 둔 것이다

4. 디스크 스케줄링 전략의 목적으로 거리가 먼 것은?

① 처리량을 최대화한다.　　② 응답시간을 최소화한다.
③ 응답시간의 편차를 최소화한다.　　④ 디스크의 RPM을 최적화한다.

(정답) ④

(해설) 디스크 스케줄링의 기대 효과는 ① 처리 능력(throughput)의 극대화 ② 평균 응답 시간(mean response time)의 단축 ③ 응답시간의 편차를 최소화이다.

5. 입출력 헤드가 디스크의 한 끝에서 다른 끝으로, 다른 한 쪽 끝에 도달하였을 때는 역방향으로 이동하면서 요청된 트랙에 대한 처리를 해나가는 디스크 스케줄링 기법은?

① FCFS
② SCAN
③ SSTF
④ 에센바흐

(정답) ②

(해설) SCAN 스케줄링은 한쪽 방향의 끝으로 움직일 때, 그 방향으로 더 이상의 트랙 요청이 없다하더라도 한쪽 끝까지 계속 이동한 후에 방향을 바꾸어 헤드를 이동한다.

심화 문제

1. 자기디스크의 개념 및 디스크에 대한 접근 속도를 높이기 위한 성능 개선 방법을 자세히 서술하시오.

2. RAID의 도입 배경 및 구현 방법에 대하여 설명하시오.

3. 클라우드 컴퓨팅의 개념 그리고 시장 동향에 대하여 자세히 서술하시오.

4. 디스크 스케줄링의 도입 배경에 대하여 자세히 설명하시오.

5. 디스크 대기 큐에 다음과 같은 트랙 요청이 있다. 입출력 헤드의 초기 위치를 100이라고 할 때, 전체 탐색 길이와 평균 탐색 길이를 구하시오.(트랙 번호는 0에서 199까지이다.)

   디스크 대기 큐 : 50, 110, 35, 20, 90, 180, 150, 30, 190

   1) FIFO 스케줄링　　　　2) SSTF 스케줄링

6. 디스크 대기 큐에 다음과 같은 트랙 요청이 있다. 입출력 헤드의 초기 위치를 100이라고 할 때, 전체 탐색 길이와 평균 탐색 길이를 구하시오.(트랙 번호는 0에서 199까지이다.)

   디스크 대기 큐 : 75, 125, 45, 20, 80, 180, 150, 30, 190

   1) SCAN 스케줄링　　　　2) LOOK 스케줄링

7. C-SCAN과 C-LOOK 스케줄링의 개념에 대하여 설명하고 구현 사례를 들어 보이시오.

약 어

SASD(Sequential Access Storage Devices)
DASD(Direct Access Storage Devices)
RAM(Random Access Memory)
RAID(Redundant Array of Inexpensive Disks)
FIFO(First-In First-Out)
SSTF(Shortest Seek Time First)

08

교착상태와 기아상태

우리가 사용하고 있는 컴퓨터 시스템은 한정된 수의 자원(resource)으로 구성되어 있다. 이러한 컴퓨터 시스템이 다중 프로그래밍을 지원하는 경우에는 여러 개의 프로세스가 유한한 개수의 자원을 서로 사용하려는 경쟁을 하게 된다.

즉, 모든 프로세스들이 원하는 모든 자원들을 컴퓨터 시스템이 충분히 준비하지 못하는 것이 현실이다. 그래서 특정 프로세스가 특정한 자원의 사용을 위하여 일시 대기하는 경우도 발생하고, 어떤 때에는 무한 대기 상태로 빠지기도 하고, 심한 경우에는 아무리 기다려도 도저히 해결할 수 없는 상태로 되기도 한다.

이런 병행 처리를 방해하는 문제는 교착 상태(deadlock)와 기아상태로 연결된다. 이는 다중 프로그래밍 환경에서 제한된 시스템 자원을 차지하기 위해 프로세스들이 경쟁할 때 또는 시스템 안에서 프로세스들이 모두 자원을 사용할 수 없을 때 발생하는 문제점이다.

교착 상태란 둘 이상의 프로세서가 서로 남이 가진 자원을 요구하면서 양쪽 모두 작업 수행을 할 수 없이 대기 상태로 놓이는 상태로서 예를 들면, 하나의 사다리가 있고 두 명의 사람이 각각 사다리의 위쪽과 아래쪽에 있다고 가정한다. 이때 아래에 있는 사람은 위로 올라가려고 하고 위에 있는 사람은 아래로 내려오려고 한다면, 두 사람은 서로 상대방이 사다리에서 비켜줄 때까지 하염없이 기다리고 있을 것이고 결과적으로 아무도 사다리를 내려오거나 올라가지 못하게 되는 경우를 말한다.

부연 설명하면 특정 프로세스가 교착상태에 있다는 것은 "그 프로세스가 전혀 발생할 가능성이 없는 사건을 기다리는 경우"를 의미한다. 즉, 교착 상태란 프로세스가 일종의 "사건을 기다리는 상태"이므로 대기 상태의 한 종류로 볼 수 있으며 그 중에서도 특히 "전혀 발생할 가능성이 없는" 사건을 기다리는 대기 상태인 것이다. 결국 프로세스가 교착상태에 놓이게 되면 그 프로세스는 wakeup될 가능성이 없어지며 따라서 그 프로세스는 외부의 개입 없이는 영원히 대기상태를 벗어나지 못하게 되는 것이다.

여기서는 이러한 교착상태의 개념과 발생 조건을 설명하고 교착 상태의 해결을 위한 예방, 회피, 탐지 그리고 회복을 살펴본 뒤 기아상태에 대하여 간단히 알아보도록 한다.

학 습 목 표

1. 교착상태의 개념과 발생 조건에 대하여 공부한다.
2. 교착상태의 예방에 대하여 숙지한다.
3. 교착상태의 회피에 대하여 이해한다.
4. 교착상태의 탐지에 대하여 공부한다.
5. 교착상태의 회복에 대하여 숙지한다.
6. 기아상태에 대하여 알아본다.

사 전 학 습

▶ 시스템 측면에서 교착 상태

- 한 프로세스 집합 내의 프로세스들에 의해 발생할 사건(Event)을 프로세스들이 서로 기다리고 있는 상태
- 둘 이상의 작업이 보류 상태에 놓여 중요한 자원을 이용하기 위해 기다릴 때 발생함
- 제한된 자원 이용률을 높이고 시스템 효율성을 증가시키기 위해 사용하는 병행 처리 기술과 자원 공유에 따른 부작용임

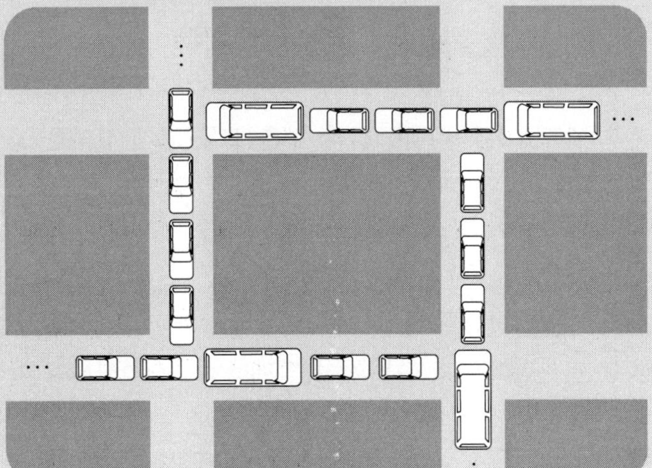

8.1 교착 상태의 개념

1) 정 의

교착 상태는 두 개 이상의 작업이 중지되고 각각 사용할 수 있는 자원을 기다리는 경우, 시스템 측면에서 자원의 요구가 서로 엉키는 상태를 말한다. 시스템 교착 상태의 경우 두 개 이상의 작업이 서로 상대방의 작업이 끝나기만을 기다리고 있기 때문에 결과적으로 아무것도 완료되지 못하는 상태를 가리킨다. 이런 경우 작업들은 정지 상태가 되고 운영체제에 의해 해결되지 못하면 시스템 운영자나 사용자에 의해 작업을 교체하거나 종료시키는 외부 간섭에 의해서만 해결될 수 있다. 따라서 교착상태는 하나 이상의 작업에 영향을 주기 때문에 '무한 대기'나 '기아상태'보다 더 심각하다.

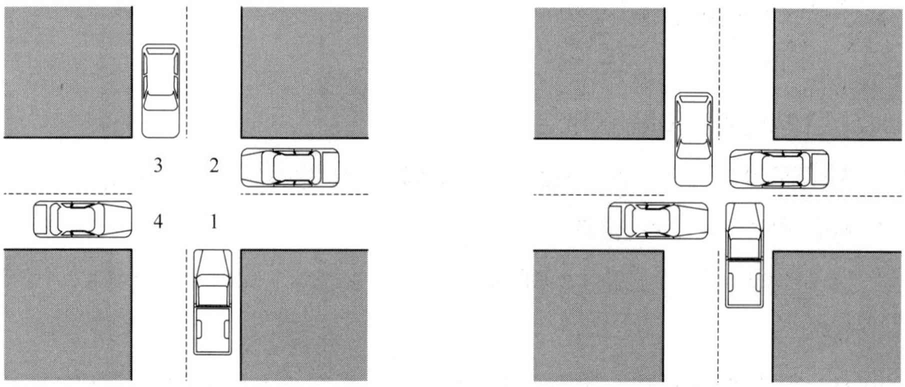

(a) 교착 상태의 가능성 (b) 교착 상태

[그림 8-1] 교착 상태의 개념

교착 상태의 흔한 예로 [그림 8-1]의 (b)와 같은 교통 교착 상태를 들 수 있다. 교차로의 자동차가 비키지 않는 이상 어떠한 차도 진행할 수 없으며 지동차가 이동하려면 일부 차량을 후진시키거나 교차되어 있는 차량들 중 한 대를 제거하는 것과 같은 외부의 간섭이 필요하다.

교착상태는 초기의 일괄처리 시스템에서는 자주 발생하지 않았지만 대화식 시스템은 동적 자원의 공유를 통한 자원의 이용도를 높이는 과정에서 교착상태의 발생 가능성이 증대되고 있다.

교착 상태는 파일, 프린터, 테이프 드라이브와 같이 공유할 수 없고, 선점할 수 없는 자원들을 다른 작업들에 의해 요구될 때 발생한다. 그러나 교착상태는 파일, 프린터, 그리고 테이프 드라이브들에만 국한되지 않는다. 그것들 역시 디스크 그리고 DB와 같은 공유 가능한 자원들에서도 발생할 수 있다.

2) 발생 사례

가) 파일을 요청할 때의 교착 상태

프로세스가 실행되는 동안에 할당된 파일을 점유하고 또 다른 파일을 요청할 경우 교착 상태가 발생할 수 있다. 다음은 교착 상태를 표현하는 두 개의 프로세스와 두 개의 파일 자원을 표시하고 있다.

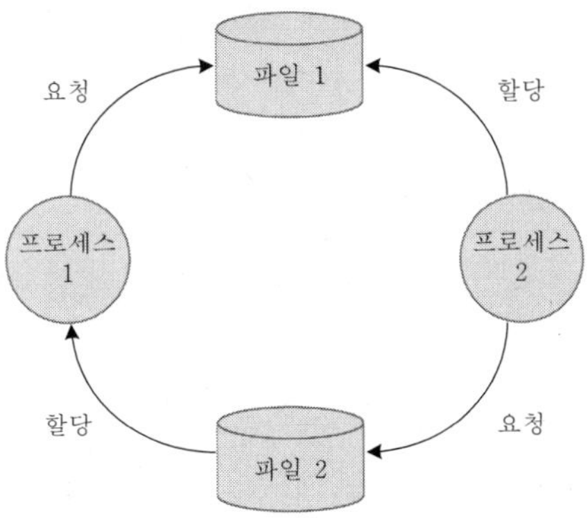

[그림 8-2] 파일을 요청할 때의 교착 상태

이 교착 상태는 두 프로세스 중에 하나가 물러나거나 강제로 제거되지 않으면 교착 상태로 남아 있을 것이다. 따라서 두 프로세스 중 하나가 물러나거나 강제로 제거된 후에야 다른 프로세스를 계속할 수 있고 그 시스템은 정상으로 돌아갈 것이다.

나) DB에서의 교착 상태

두 개의 프로세스가 DB에 있는 레코드들을 액세스하고 잠그면(lock) 교착상태가 발생할 수 있다. 이때 잠금(locking)은 한 사용자가 DB 작업을 하는 동안 다른 사용자들에게 잠금을 걸어 주는 자료의 무결성(integrity)을 보장해 주어야 한다. 잠금은 세 가지 다른 수준에서 수행된다. 즉, 그 프로세스가 완료될 때까지 ① 전체 DB가 요청되는 동안 lock 되는 경우 ② DB의 일부분이 lock되는 경우 ③ 개별적인 레코드가 lock되는 경우로 나눌 수 있다.

만약 전체 DB가 lock되면 교착상태는 막을 수 있지만 DB에 대한 액세스는 한 번에 한 사용자에게 제한되어지며 다중 사용자 환경에서 응답시간이 매우 느리게 된다. 잠금이 DB의 일부에서만 실행되어질 때, 액세스 시간은 향상되지만 교착상태의 가능성은 커진다. 그 이유는 여러 프로세스들이 때때로 동시에 DB의 여러 부분을 작업할 필요가 있기 때문이다.

용어설명

무결성

인증되지 않은 방법으로 거래 내용이 변형되지 않도록 하는 서비스로써 전송된 거래 내용이 인가받지 않은 상태에서는 내용의 추가 및 삭제 등의 변경이 불가능하다.

다) 전용 장치를 사용할 때의 교착 상태

전용장치들을 그룹으로 사용하면 시스템에서 교착 상태를 일으킬 수 있는데 이에 대한 사례는 다음과 같다.

두 사용자가 두 개의 프로세스를 실행시키고 있다. 두 프로세스는 파일을 한 메모리에서 다른 메모리로 복사하기 위해 두 개의 메모리 드라이버가 필요할 것이다. 이때 다음과 같은 할당 요구 순서가 이루어진다고 가정한다.

① 프로세스 1은 메모리 드라이버 1을 요청해서 그것을 얻는다.
② 프로세스 2는 메모리 드라이버 2를 요청해서 그것을 얻는다.
③ 프로세스 1은 메모리 드라이버 2를 요청하지만 허용되지 않는다.
④ 프로세스 2는 메모리 드라이버 1을 요청하지만 허용되지 않는다.

각각은 상대가 끝나기를 기다리고 자신의 메모리 드라이브는 해제하지 않기 때문에 어떤 작업도 계속할 수 없다.

라) 다중 주변 장치를 할당할 때의 교착상태

교착상태는 동일한 형태의 주변장치에 대해서만 경쟁하는 프로세스들에 국한되어 있지 않다. 교착 상태는 여러 개의 프로세스들이 주변장치들을 요청해서 차지하고 있고 반면에 다른 프로세스들도 마찬가지로 수행될 때 발생한다.

예를 들면, 프로세스 1은 주변장치 A를 할당받은 상태에서 주변장치 B를 요청하고 있으며, 프로세스2는 주변장치 B를 할당받은 상태에서 주변장치 A를 요청하고 있다. 이러한 상태는 각 프로세스들이 전용의 비선점 성격을 가진 자원을 할당받고 있으면서 서로에게 이미 할당된 자원들을 요청하고 있기 때문에 더 이상의 처리가 되지 않는 교착상태라고 할 수 있다.

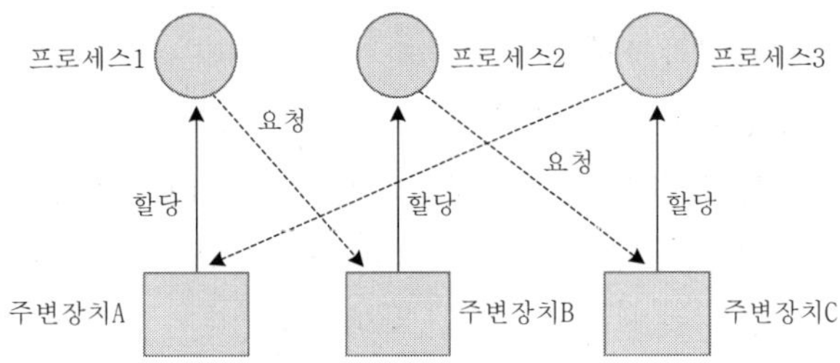

[그림 8-3] 다중 주변 장치를 할당할 때의 교착상태

마) 스풀링(Simultaneous Peripheral Operation On-Line, SPOOLing) 시스템에서의 교착상태

시스템이 보유하고 있는 유한한 개수의 입출력장치의 사용을 원활하게 하며, 입출력장치의 사용을 원하는 사용자에 대한 지원을 용이하게 하기 위해서 주기억장치와 입출력장치 사이에 스풀링이 필요하다.

| 학 습 활 동 |

스풀링과 버퍼의 차이점

버퍼는 주기억 공간을 사용하며 한 작업에 대한 I/O를 대상으로 하나 스풀링은 한 작업의 I/O와 다른 작업의 계산이 중복 실행 가능하다.

예를 들면, 출력을 하기 전에 출력장치가 한 작업의 모든 출력을 필요로 해서, 스풀링 시스템을 이용 가능한 공간에 차버린 경우 교착상태에 빠질 수 있다. 더욱이 이러한 교착상태로부터 회복하기 위해서 시스템을 재시작한다면 이제까지 수행된 작업과정을 모두 잃어버리는 결과를 초래할 수도 있다. 만일 시스템 교착 상태가 나머지 작업이 완료될 수 있을 만큼 충분한 스풀링 공간이 생길 때까지 하나 또는 그 이상의 작업을 제거하여 회복할 수도 있다.

바) 디스크를 공유할 때의 교착 상태

두 프로세스가 같은 디스크의 다른 영역을 액세스하는 것은 흔히 있을 수 있다. 그러나 드라이버의 사용을 통제하는 명령이 없다면, 경쟁하는 프로세스들이 서로 충돌하는 제어를 내보내며 그 시스템이 교착상태를 일으킨다.

예를 들면, 먼저 프로세스 1이 트랙 30의 내용을 읽으라고 할 때, 디스크 암(Disk Arm)은 트랙 30으로 이동하는 동안 프로세스 1은 대기상태가 되어 I/O 채널은 마음대로 I/O 요청을 기다린다. 이어서 프로세스 2가 트랙 300의 내용을 읽으라고 지시할 때, 마찬가지로 디스크 암은 해당 트랙으로 이동하는 동안 프로세스 2는 대기상태가 되어 제어권이 프로세스 1로 이동한다.

그 결과로써 디스크 암은 그것이 두 명령어에 응답하며 트랙 30과 300 사이로 앞뒤로 움직이면서 동작 상태가 일정하므로 두 프로세스 모두 원하는 서비스를 완료할 수 없다.

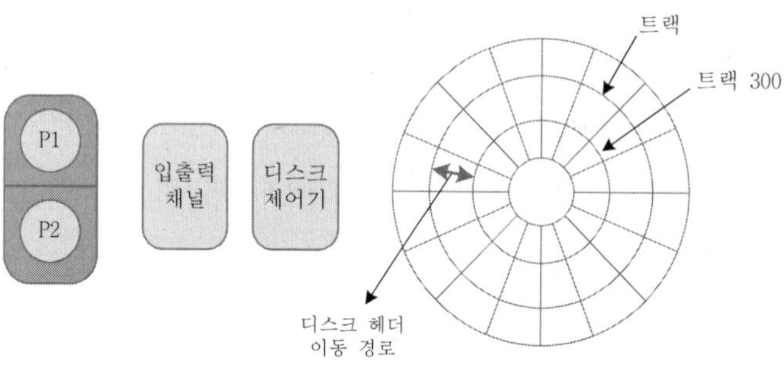

[그림 8-4] 디스크를 공유할 때의 교착상태

사) 네트워크에서의 교착 상태

네트워크가 붐비거나 I/O 버퍼 공간을 대부분 차지하는 네트워크 시스템은 메시지 흐름을 제어하는 프로토콜을 가지지 않는다면 교착상태가 발생할 수 있다.

예를 들면, IP 라우팅에 의한 제어 방법은 도리어 가입자들의 액세스에 대해 네트워크의 교착 상태를 발생시키지만 레이블을 이용하여 가입자들에게 호를 전달하는 레이블 스와핑(Label Swapping)이 이를 완화시키고 있다.

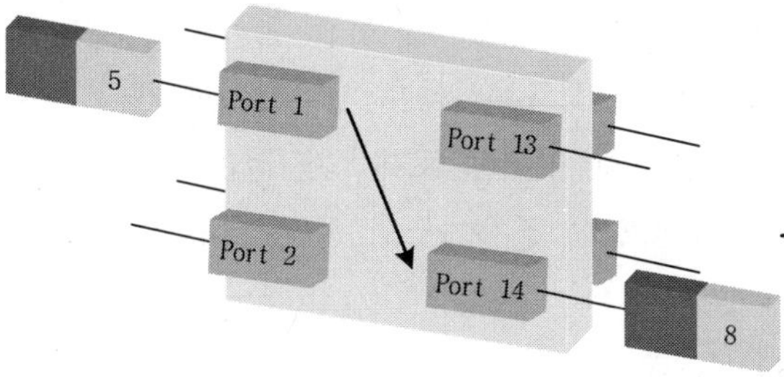

In (port,label)	Out (port,label)	Label Operation
(1,2)	(13,3)	Swap
(1,4)	(13,9)	Swap
→ (1,5)	(14,8)	Swap
(2,3)	(3,2)	Swap

[그림 8-5] 레이블 스와핑

▌학 습 활 동▐

할당 방식에 따른 자원의 분류

프로세스에게 자원을 할당할 때 해당 자원 자체를 할당하는가 아니면 자원을 분할하여 일부만 할당하는가에 따라 전체 할당식(Total Allocation) 자원과 분할 할당식(Partitioned Allocation) 자원으로 분류할 수 있다. 전자는 자원 전체를 분할할 수 없으며 프로세스에게 할당할 때 항상 자원 전체를 할당하게 되는 경우를 말하며 그 예로는 프로세서, 버퍼 등이 있다. 후자는 자원 자체의 분할이 가능하고 이를 분할된 조각 단위로 프로세스에게 할당할 수 있는 경우를 말하며 그 예로는 메모리 등이 있다.

8.2 교착 상태의 발생조건

앞에서 우리는 교착 상태의 개념에 대하여 자세히 살펴보았다. 1971년에 E. G. 코프만 교수는 교착상태가 일어나려면 다음과 같은 네 가지 필요조건을 모두 충족시켜야 한다고 보았다.

1) 상호배제(Mutual exclusion)

프로세스들이 필요로 하는 자원에 대해 배타적인 통제권을 요구하는 것을 상호배제라고 하는데 이것은 교착상태의 첫 번째 조건이다.

상호배제 조건은 자원을 공유할 수 없는 경우에 발생한다. 예를 들면, 프린터는 동시에 여러 프로세스에 의해 공유될 수 없다. 만일 어떤 프로세스가 공유 불가능한 자원을 사용하고 있을 때에는 그 자원이 해제될 때까지 다른 프로세서들은 대기하여야 한다.

반면에 공유할 수 있는 자원이 있을 때 동시에 여러 프로세스가 접근할 수 있어 교착상태가 발생하지 않으며 읽기전용(read-only) 파일이 공유자원의 좋은 예이다.

2) 점유와 대기(Hold and Wait)

교착 상태의 두 번째 조건으로써 프로세스가 할당된 자원을 가진 상태에서 다른 자원을 기다리고 있어야 한다. 만일 프로세스로 하여금 실행하는 동안 필요로 하는 모든 자원들을 미리 할당받은 후에 실행을 시작하도록 한다면 실행 도중에 추가로 자원을 요청하는 일이 없을 것이므로 교착 상태의 발생이 불가능해질 것이다.

이런 프로토콜에는 두 가지 단점이 있는데 그 내용은 다음과 같다. 첫째, 자원의 효율성이 너무 낮다는 것이다. 그 이유는 많은 자원이 쓰이지 않으면서 오랫동안 할당되어 있기 때문이다. 둘째, 기아상태(starvation)의 발생이 가능하다는 것이다. 자주 쓰이는 여러 개의 자원을 필요로 하는 프로세스는 필요로 하는 자원 중 적어도 하나가 다른 프로세스에 할당되어 있는 동안은 무한히 기다려야 하는 경우가 발생한다.

3) 비선점(No preemption)

교착 상태의 세 번째 조건으로써 프로세스가 어떤 자원의 사용을 끝낼 때까지 그 자원을 뺏을 수 없다. 대안으로 만일 프로세스가 어떤 자원을 요청하면 우선 자원이 사용될 수 있는 가를 알아보고 사용될 수 있다면 그 프로세스가 할당해준다, 그렇지 않으면 다른 자원을 요청하여 대기하고 있는 다른 프로세스가 그 자원을 점유하고 있는 지 조사한다.

만일 컴퓨터 시스템의 선점불가능 자원들을 선점할 수 있도록 운영한다면 프로세스 측에서는 필요한 자원을 어느 때라도 사용할 수 있게 되므로 교착 상태의 발생이 불가능해진다. 결국 선점이 불가능한 자원의 존재는 교착상태의 원인이 되는 것이다. 비선점 조건은 해당 자원의 성격이 전용 자원인 경우에 주로 나타나게 된다.

4) 환형 대기 상태(Circular Wait Condition)

교착 상태는 프로세스들이 자원을 요구하고 할당받는 과정에서 서로 다른 프로세스가 원하는 자원을 가지고 있고 또 다른 프로세스가 가지고 있는 자원을 요구하는 형태의 맞물림에 의해 발생한다. 이는 그래프 모형으로 보면 순환(cycle)이 발생하는 현상을 의미한다.

환형 대기 조건이 발생하지 않도록 하기 위해 모든 자원에 서로 다른 자연수 값을 주어 두 자원을 비교하여 먼저 처리할 자원을 결정한다.

이상에서 살펴본 네 가지의 교착 상태 조건 중에서 처음의 세 가지 조건(상호 배제, 점유와 대기, 비선점 조건)은 교착 상태가 발생할 때 반드시 나타나게 되는 조건들임에는 틀림없으며 네 번째 조건인 환형 대기 조건은 앞서의 세 가지 조건을 포함하므로 네 개의 조건이 완전히 독립된 것이 아니다.

네 가지 조건 모두는 교착상태가 발생하는데 필요하다. 그러나 한 조건이 제거될 수 있다면, 교착 상태는 해결될 것이다. 사실상, 네 가지 조건들이 동시에 발생되는 것을 막을 수만 있다면 교착 상태는 막을 수 있다. 비록 그 개념이 명백하지만, 실현하기는 쉽지 않다.

| 학 습 활 동 |

자원의 속성에 따른 자원의 분류

재사용 가능 자원(Reusable Resources)은 어떤 시점에서 오직 하나의 프로세스에 의해서 사용되지만, 그 자원을 사용하였다고 해서 그 자원이 소멸되지 않는 형태를 말한다. 그 예로 프로세서, 입출력 채널, 주기억장치, 보조기억장치 등이 있다.

한편, 소비성 자원(Consumable Resources)은 특정 프로세스에 의해서 생성되거나 소멸되는 성격을 갖는 것으로 입출력 버퍼 내의 각종 정보나 프로세스가 생성하는 각종 신호나 인터럽트 등을 예로 들 수 있다.

8.3 교착 상태의 예방

교착 상태가 발생하지 않도록 사전에 미리 예방하기 위해서는, 앞서 말한 교착 상태의 네 가지 발생 조건 중에서 하나의 조건만 제거하여도 교착 상태의 예방이 가능하다. 본 절에서는 교착상태 발생의 필요조건 네 가지에 대해 이를 제거하는 방법들을 각각 살펴보기로 한다.

1) 상호배제(Mutual Exclusion)

프린터와 같이 본질적으로 공유가 불가능한 상호배제 자원인 경우에는 이 조건의 제거는 원칙적으로 불가능하다. 다시 말해서 공유 가능한 자원들은 배타적인 접근을 요구하지 않으므로 교착 상태가 될 수 없다. 읽기 전용의 파일들은 공유 자원의 좋은 실례이다. 여러 프로세스들은 같은 시간에 읽기 전용의 파일을 개방하면, 그 파일에 동시 접근을 허용한다.

따라서 자원의 종류나 성격(공용, 전용)에 따라서 상호배제의 조건이 결정되므로 상호배제 조건의 제거 문제는 자원에 따라서 각각 다르게 대처하여야 한다.

2) 점유와 대기(Hold and Wait)

점유와 대기 조건의 제거는 다음과 같은 두 가지 방법을 사용할 수 있다.

방법 ① : 프로세스가 수행되기 전에 필요한 모든 자원을 할당시켜준다.

이 조건은 대기 하지 않게 함으로써 대기 조건의 제거가 가능하게 하는데 어떤 프로세스가 필요로 하는 자원이 여러 개일 때 이들 자원을 한꺼번에 이 프로세스에게 할당시켜서 일을 처리하며 작업 처리가 모두 끝날 때 할당된 자원들이 해제된다. 이와 같은 경우 최대자원 할당이라고 한다.

방법 ② : 자원을 점유하지 않을 때만 자원을 요구하도록 한다.

이 조건은 점유를 하지 않게 함으로써 점유 조건의 제거가 가능하게 한다. 이때문에 어떤 프로세스가 특정 자원을 할당 받아 처리한 일체의 내용을 보관한 후 다른 자원을 요구하도록 한다.

이상과 같이 점유와 대기 조건은 제거가 가능한 조건이며, 이에 따라 교착 상태의 예방도 가능하다. 그러나 이러한 방법은 프로세스가 어떤 자원을 요구하는지 미리 파악해야 하는 비용 문제나 자원에 대한 작업 내용 일체를 보관하고 복원함에 따른 비용 문제가 발생한다.

3) 비선점(No preemption)

비선점 조건은 공유 불가능한 전용 자원인 경우에 나타나는 것으로, 이 조건을 제거하기 위해서는 해당 자원에 대해서 선점(preemption)이 가능한 프로토콜을 만들어 줄 수 있어야 한다.

임의의 프로세스가 일부 자원을 할당받고 있으면서 추가로 다른 자원을 요청하는 경우 이 자원의 할당이 가능하다면 이를 수행한다. 즉, 요청한 자원이 현재 가용되지 않아 이 요청을 승인할 수 없는 경우 이를 요청한 프로세스가 기존에 가지고 있던 자원들을 모두 반납하고 추후에 필요한 자원들을 다시 한꺼번에 요청하도록 한다. 이러한 방법을 사용하다면 교착 상태의 발생은 불가능해 질 것이다.

그러나 이런 방법을 사용할 경우 교착 상태의 예방이 가능하지만, 이 역시 점유와 대기 조건의 제거와 마찬가지로 오버헤드(overhead)가 발생할 뿐만 아니라 자원을 선점당한 프로세스가 비정상적으로 종료되고 처음부터 다시 실행을 시작하는 경우가 발생한다는 것이다. 이 경우 프로세스가 기존에 실행해 왔던 과정이 모두 취소됨으로써 그동안 사용한 자원들을 모두 낭비하는 결과를 가져온다.

여기서 오버헤드에 대한 대안을 정리하여 요약하면 다음과 같다.

방법 ① : 프로세스가 어떤 자원을 요청할 때, 요청한 자원이 사용 가능한지 검사해야 한다.

사용 가능하다면 자원을 할당해야 하며 사용 불가능한 경우 대기 프로세스가 요청한 자원을 점유하고 있는지 검사해야 한다. 이때 요청한 자원을 대기 프로세스가 선점하고 있다면, 자원을 해제하고 요청 프로세스에 할당해야 한다. 그러나 요청한 자원을 사용할 수 없거나, 실행 중인 프로세스가 점유하고 있으면 요청 프로세스는 대기해야 한다.

방법 ② : 두 프로세스에 우선순위를 부여하여, 높은 우선순위의 프로세스가 그보다 낮은 순위의 프로세스가 점유한 자원을 선점하여 해결해야 한다.

프로세서 레지스터나 기억장치 레지스터와 같이 쉽게 저장되고 이후 복원이 쉬운 자원에 이용해야 한다.

4) 환형 대기 상태(Circular Wait Condition)

환형 대기 조건은 시스템 내에 있는 각 자원 유형에 일련의 순서번호를 부여함으로서 소거가 가능하다. 여기서 소거란 프로세스가 작업을 완료하고, 그 자원을 시스템에게 반납할 수 있음을 의미하며, 소거가 가능하다는 것은 교착 상태가 없음을 의미한다. 예를 들어, 어떤 프로세스가 특정 유형의 자원들을 할당받고 있다면, 다음에 요청할 수 있는 자원은 현재 할당받고 있는 자원 유형의 순서번호 이후의 자원이 되도록 한다는 것이다.

좀 더 수학적으로 기술하면 자원집합인 R을 다음과 같이 정의한다.

$$R = \{r_1, r_2, \cdots, r_m\}$$

여기서 일대일 함수 $F: R \rightarrow N$을 정의할 수 있는데, 여기서 N은 자연수의 집합을 의미한다. 이때 한 프로세스가 처음에 임의의 자원 r_i를 요청할 수 있다면 다음에 새로운 자원 r_j는 $F(r_j) > F(r_i)$인 경우만이 요청할 수 있다. 예를 들면, F(디스크 드라이버)=3, F(프린터)=10이라고 할 때 요청 프로세스는 우선 전자를 요청하고 후자를 요청해야 한다.

| 학 습 활 동 |

프로세스에서의 자원 이용 순서

① 요청
프로세스가 필요한 자원을 요청하는데 요청이 즉시 받아들여지지 않으면 다른 프로세스가 사용 중이므로 할당 받을 때까지 대기한다.

② 사용
프로세스가 요청한 자원을 사용한다.

③ 해제
프로세스가 자원 사용을 마친 후, 할당 받은 자원을 되돌려 준다.

8.4 교착 상태의 회피

교착 상태의 회피는 교착상태의 예방보다 덜 엄격한 조건을 요구함으로써 자원을 좀 더 효율적으로 이용하는 것을 목적으로 한다. 회피 기법에서는 교착상태가 일어날 가능성을 인정하고 교착상태가 일어나려고 할 때 적절히 회피하는 형태의 기법을 사용하며 이는 예방보다 더 병행성을 허용한다.

교착 상태 회피 기법을 사용하기 위해서는 시스템 상태에 대한 정확한 파악을 위하여 미리 알려져야 할 사항들이 있으며 이와 관련하여 다음과 같은 몇 가지 가정들이 성립되어야 한다.

① 프로세스의 수가 고정되어야 한다.
② 자원형 및 단위 자원의 수가 고정되어야 한다.
③ 각 프로세스가 시스템에 요구하는 자원에 대한 최대 요구량이 미리 알려져야 한다.
④ 프로세스는 할당받은 자원을 언젠가는 반드시 반납하여야 한다.

용어설명

자원형과 단위 자원

자원형이란 컴퓨터 시스템 내에 존재하는 자원을 종류별로 구분된 각각의 자원들을 의미한다. 또한 단위 자원이란 각 자원형에 존재하는 같은 종류의 자원들을 개별적으로 지칭할 때 사용된다.
예를 들어 한 컴퓨터 시스템에 디스크 드라이버가 4개 있다고 가정하면 디스크 드라이버는 자원형을 의미하는 것이며, 실제로 존재하는 4개의 같은 장치들은 각각 단위 자원이 있다고 언급할 수 있다.

이러한 가정들을 기반으로 회피 기법은 크게 다음과 같이 두 가지 방법이 제시된다.

첫째로 프로세스의 시작 거부를 들 수 있는데 프로세스의 요구가 교착상태를 일으킬 수 있다면 프로세스 시작을 중지한다. 예를 들면, 현재 수행 중인 프로세스의 최대 자원 요구량보다 새로운 프로세스의 최대 자원 요구량을 수용할 수 있으면 새로운 프로세스를 수용한다.

둘째로 자원 할당의 거부를 들 수 있는데 프로세스가 요청한 자원을 할당했을 때, 교착 상태가 발생할 수 있다면 요청한 자원을 할당하지 않는다. 일반적으로 은행가 알고리즘(Banker's Algorithm)이 여기에 속한다.

1) 자원 할당 상태

자원 할당 상태는 사용 가능한 자원과 할당된 자원의 수, 그리고 프로세스의 최대 요구에 의하여 정의되며 안정 상태(Safe State)와 불안정 상태(Unsafe State)로 구분된다. 교착 상태를 피하기 위한 자원 사용에 대한 정보로는 다음과 같은 것들이 있다.

① 해당 시스템이 갖고 있는 모든 자원의 종류와 각 자원의 최대 개수
② 각 프로세스들이 필요로 하는 자원의 최대 요구량
③ 각 프로세스에게 이미 할당된 자원의 수
④ 각 프로세스들이 추가로 원하는 자원의 요구량
⑤ 각 자원의 사용가능 개수

먼저 안정 상태(safe)란 시스템이 각 프로세스에 자원을 어떤 순서로 할당할 수 있어서 교착 상태를 피할 수 있는 상태를 말한다. 프로세스 순서 $\langle p_1, p_2, \cdots, p_n \rangle$에서 각 p_i에 대해 p_i가 요청할 수 있는 자원이 사용 가능한 경우와 $j > i$인 p_i가 점유하고 있는 자원으

로써 만족될 수 있는 경우를 말하며 이런 순서가 만족되지 않는다면 이런 상태를 불안정 상태(unsafe)라 한다.

시스템 내의 자원 사용에 대한 상황이 안정 상태가 되면 앞에서 말한 바와 같이 교착 상태를 피할 수 있지만 불안정 상태가 되면 교착 상태가 될 확률이 매우 높아진다. 물론 모든 불안정 상태가 교착 상태인 것은 아니다. 상태가 안정하다면, 운영체제는 불안정상태를 회피할 수 있다.

학 습 활 동

안정 상태와 불안정 상태

시스템의 상태가 시스템 내에 존재하는 모든 프로세스를 유한 시간 내에 정상적으로 종료시킬 수 있는 상태인 경우 이를 안정 상태라 하며, 그렇지 않은 경우 이를 불안정 상태라 한다.

현재 시스템의 상태가 불안정 상태라 해도 그 상태가 교착 상태이거나 이후 교착 상태로 전이된다는 보장이 있는 것은 아니며, 이는 다만 시스템의 상태가 앞으로 교착 상태로 전이될 수도 있음과 이를 방지할 수 없음을 의미한다.

반면 시스템의 상태가 안정 상태일 경우에는 시스템의 상태가 교착 상태로 전이되지 않도록 보장할 수 있음을 의미하는 것이다.

2) 구현 사례

교착 상태 회피 기법에는 다익스트라(Dijkstra) 알고리즘과 Habermann 알고리즘이 있으며 이들은 시스템 내의 자원형의 종류를 한 가지로 하는 가 또는 여러 가지로 하는 가에 따라 구분된다.

일반적으로 교착 상태 회피를 위한 간단한 이론적 기법으로써 다익스트라 알고리즘이 적용되며 시스템 내에 자원형이 한 가지만 존재하는 경우를 대상으로 한다. 즉, 시스템 내에 자원의 종류는 한 가지만 존재하며 이에 단위 자원이 여러 개 있는 경우를 대상으로 제안된 기법인 것이다.

(예 1) 은행의 대출 상황

〈표 8-1〉 은행의 대출액

고객명	대출 한도액	현재 대출액	잔여 대출액
1	5억	2억	3억
2	5억	4억	1억
3	7억	3억	2억

(은행의 총 대출 가능 금액 : 10억)

〈표 8-1〉에서 살펴보면 고객 전체에게 현재 대출되어 있는 금액은 총 9억 원으로서 현재 은행이 대출 가능한 금액은 1억 원이다. 이때 고객 2에게 먼저 1억 원을 대출해주면, 고객 2가 대출받은 총 5억 원과 함께 이자를 돌려받을 수 있고, 이 5억 원으로 고객 1과 2에게 대출해 주게 되면 이 은행은 안정적으로 운영할 수 있다.

그러나 은행이 대출 가능한 금액 1억 원을 고객 1과 3에게 먼저 대출하게 되면 어느 고객도 대출 한도액까지 대출받지 못하기 때문에 대출 회수를 하기가 용이하지 못하다. 그러므로 이 은행의 운영 상태는 불안정 상태이다.

그러나 은행의 총 대출 가능 금액과 각 고객의 최대 대출 요구량, 현재 대출된 금액 및 잔여 대출 요구액에 대한 정보를 알게 되면, 이 은행은 안정적으로 운영할 수 있다.

(예 2) 자원의 사용 상황

〈표 8-2〉 자원의 사용 상황 (할당 가능한 자원 수는 12개이다.)

시간 T0	최대 요구량	현재 할당량	추가 요구량
P0	10	5	5
P1	4	2	2
P2	8	2	6

〈표 8-2〉에서 현재 사용 가능한 자원의 수는 할당 가능한 전체 자원 수(12개)에서 현재 할당된 자원 수(9개)를 공제한 3개가 된다. 이때 시스템이 안정 상태가 되기 위해서는 추가 요구를 하는 프로세스의 추가 요구량을 살펴본 후, 적정한 프로세스에게 사용가능 자원을 할당해야 한다.

먼저 프로세스 P1에게 2개의 자원을 할당해주면, 프로세스 P1은 자신의 최대 요구량(4개)을 모두 확보하였기 때문에 성공적으로 작업을 끝낸 후, 이들 자원 모두(4개)를 시스템에게 반납해준다.

이때 시스템이 사용 가능한 자원 수는 5개(기존의 1개+P1의 반납분 4개)가 되며, 5개의 자원은 프로세스 P0에게 할당해 준 다음, 작업을 수행한 후 자원 모두(10개)를 반환한 다음 프로세스 P2에게 추가 요구 자원 6개를 할당시키면 안정 상태가 된다.

| 학 습 활 동 |

은행가 알고리즘(Banker's Algorithm)

각 프로세스가 요청하는 자원 종류의 최대수를 알아야 하고 각 프로세스에 자원을 어떻게 할당(자원 할당 순서 조정)할 것인가의 정보가 필요하며, 이를 이용하여 교착상태 회피 알고리즘이 정의된다. 은행에서 모든 고객이 만족하도록 현금을 할당하는 과정과 동일하다.

쉬 어 가 기

여러 개의 돌로 된 징검다리가 있는 강을 건너는 경우의 교착상태

징검다리의 돌 하나는 한 쪽에서 한 사람만 디딜 수 있다.(상호배제 성립) 여기서 강을 건너는 사람을 프로세스로, 징검다리의 돌을 자원이라 가정한다. 만약, 두 사람이 동시에 서로 다른 방향에서 출발, 강 중간에서 만나면 교착상태가 발생했다 할 수 있다. 돌을 딛는 것을 자원 할당, 발을 떼는 것을 자원 해제로 볼 때 동시에 같은 돌을 디디려 하면 교착상태가 발생한다.

각 사람은 돌 하나를 딛고 다음 돌을 요구하므로 점유와 대기 조건이 만족된다. 또한 그 사람이 딛고 있는 돌을 강제로 제거할 수 없으므로 비선점 조건도 만족된다. 그리고 왼쪽에서 오는 사람은 오른쪽 사람을, 오른쪽에서 오는 사람은 왼쪽 사람을 기다린다.(순환대기 조건 만족)

이러한 경우는 다음과 같은 방법으로 해결할 수 있다.

① 둘 중 한 사람이 되돌아간다(복귀)
② 강을 건너기 전에 상대편 강 쪽을 확인하고 출발한다.
③ 강의 한쪽 편에 우선권을 부여한다.

[그림 8-6] 강 건너기 교착상태

8.5 교착 상태의 탐지

1) 개 념

교착 상태의 네 가지 필요조건 중 하나를 없앰으로써 교착 상태가 절대로 일어나지 않게 하는 것이 교착 상태의 예방이라고 할 수 있다. 예를 들어, 점유 및 대기 조건을 없애기 위해서는 프로세스가 필요로 하는 자원을 시작하기 전에 한꺼번에 요청하여 할당받게 하거나 환형 대기 조건을 없애기 위해 각 자원에 일련번호를 부여하고 자원의 요청을 항상 순서대로 하는 방법 등을 사용할 수 있다.

한편, 교착 상태의 회피는 교착 상태의 발생 가능성을 미리 모두 제거하는 것이 아니라, 교착 상태가 일어날 가능성을 인정하고 교착 상태가 일어나려고 할 때 적절히 이를 피해 가는 것이다. 교착 상태의 예방에 비해 완화된 조건을 이용하는데 그 목적이 있다. 교착 상태 회피 알고리즘은 요구 방법을 제약함으로써 교착 상태를 방지한다.

그러나 이와 같은 교착 상태의 예방과 회피 방법은 여러 면에서 시스템의 오버헤드가 커질 수 있으며, 이러한 방법을 사용하지 않는 시스템에서는 교착 상태의 탐지(detection) 방법을 사용하여야 한다.

교착상태의 탐지 방법은 시스템의 상태를 검사하여 교착 상태의 발생 유무를 발견해 내는 방법으로 Shoshani와 Coffman에 의해 제기되었으며 교착 상태의 탐지를 위하여 필요로 하는 정보로는 다음과 같은 것들이 있다.

① 각 프로세스에게 할당된 자원에 관한 정보(ALLOCATION)
② 시스템 내의 사용 가능한 자원에 관한 정보(AVAILABLE)
③ 프로세스의 자원 할당 요청에 관한 정보(REQUEST)

이러한 정보를 이용한 교착 상태 탐지 알고리즘은 교착 상태 탐지 후의 교착 상태 회복을 위한 희생 프로세스의 손실 문제가 발생할 뿐만 아니라 알고리즘의 수행을 위한 비용 문제가 야기된다. 뿐만 아니라 탐지 알고리즘을 사용하는 시점은 교착 상태의 발생 빈도와 교착 상태에 의해서 영향을 받는 프로세스의 수 등을 고려하여 정해 주어야 한다. 예를 들면, 교착 상태의 빈도가 높은 시스템의 경우에는 교착 상태 탐지 알고리즘이 자주 호출되어야 할 것이다.

2) 교착 상태 탐지 알고리즘

교착 상태 알고리즘에서는 시스템이 보유하고 있는 각 자원의 종류에 따라 프로세스와 자원 간의 관계를 보여주는 자원 할당 그래프와 그를 변형시킨 대기 그래프(wait-for graph)를 이용하여 교착 상태를 탐지할 수 있다.

가) 자원 할당 그래프

① 프로세스 P_1이 R_1 유형의 자원을 요구하는 경우

[그림 8-7] P_1이 R_1을 요구하는 경우

② R_2 유형의 자원이 프로세스 P_2에게 할당되어 있는 경우

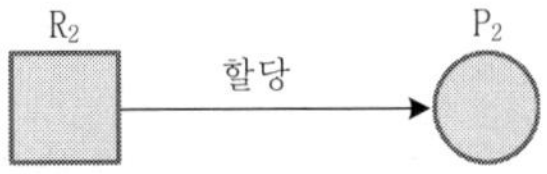

[그림 8-8] R_2가 P_2에게 할당되는 경우

③ 프로세스 P_3가 프로세스 P_4에게 이미 할당된 자원 R_3을 요구하는 경우

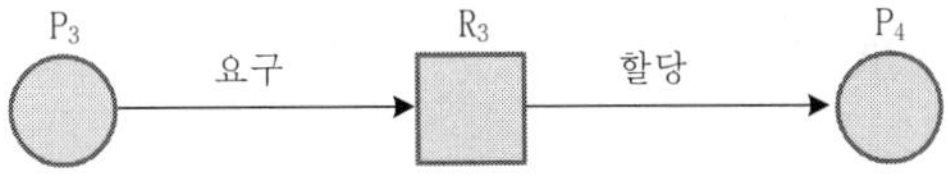

[그림 8-9] P_3이 P_4에게 이미 할당된 R_3을 요구하는 경우

④ 환형 대기 상태

프로세스 P_5는 프로세스 P_6이 요구하고 있는 자원 R_5를 할당받았고, 프로세스 P_6은 프로세스 P_5가 요구하고 있는 자원 R_4를 할당받는다.

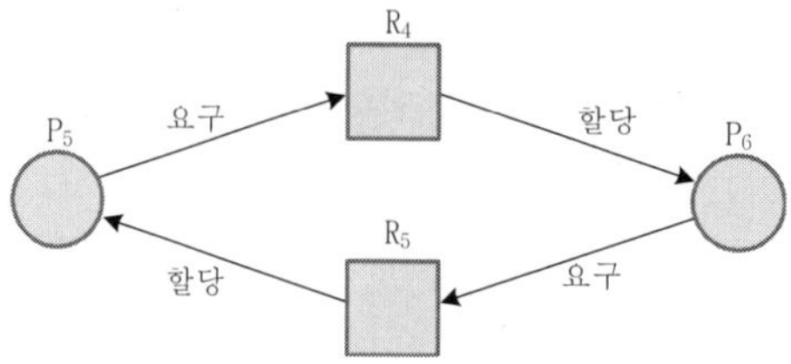

[그림 8-10] 환형 대기 상태

나) 대기 그래프

자원 할당 그래프를 다음과 같은 방법으로 소거를 하여 프로세스와 프로세스를 연결시켜 놓은 그래프를 대기 그래프라고 하는데, 대기 그래프가 순환(cycle)을 포함하고 있으면 교착 상태로 판단한다. 위에 보인 자원 할당 그래프의 기본 형태에서, 교착 상태인 경우는 환형 대기 상태일 때이다.

자원 할당 그래프의 에지(edge) 소거 단계는 다음과 같이 제시될 수 있다.

① 한 자원을 현재 사용하고 있는 자원을 기다리지 않는 프로세스를 찾는다. 이 프로세스는 그래프로부터 소거될 수 있고, 그 자원은 이용 가능한 목록에 반환될 수 있다. 이 프로세스는 결국 끝내고 그 자원을 반환하기 때문에 이것이 가능하다.

② 완전히 할당되지 않은 자원만을 기다리고 있는 프로세스를 찾는다. 이 프로세스는 기다리고 있는 자원을 받아서, 일을 끝내고 이용 가능한 자원 목록에 자원을 반환하기 때문에 교착 상태가 일어나지 않는다.

③ 단계 1로 되돌아가서 자원들을 프로세스에 연결하는 모든 선들이 소거될 때까지 루프를 계속 돈다.

(사례 1) 자원 할당 그래프의 에지 소거 예 1 : 순환이 없으므로 교착 상태가 아니다.

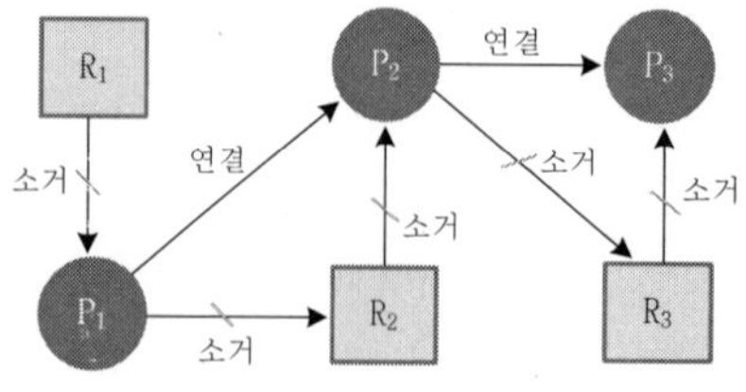

[그림 8-11] 교착 상태가 아닌 경우의 자원 할당 그래프

(사례 2) 자원 할당 그래프의 에지 소거 예 2 : 순환이 있으므로 교착 상태이다.

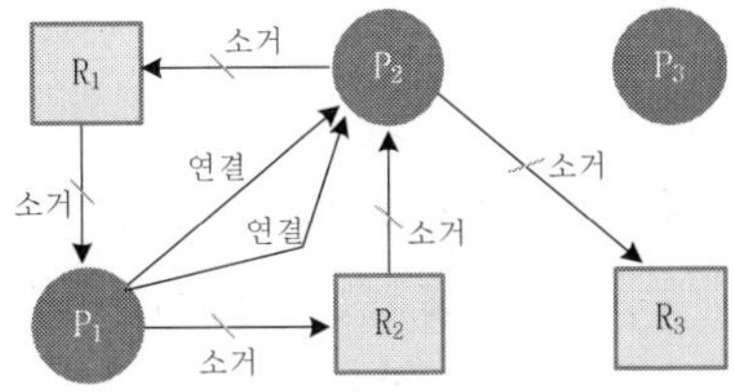

[그림 8-12] 교착 상태인 경우의 자원 할당 그래프

3) 교착 상태의 회복

교착 상태의 발견 자체도 어려울 뿐만 아니라 발견이 가능하다 하더라도 이에 따르는 비용 증가가 있게 되며, 프로세스의 정지(suspend)와 제거(delete), 그리고 재가동(resume)에 따르는 시스템의 구성도 복잡하게 된다.

그러나 탐지 알고리즘이 교착 상태가 있다는 것을 탐지했을 때 시스템은 교착 상태로부터 회복해야만 한다. 이때 여기서 교착 상태를 회복하는 두 가지 방법이 있다. 하나는 환형대기를 없애기 위해 하나 또는 둘 이상의 프로세스를 종료시키는 방법이다. 또 하나는 교착상태의 프로세스로부터 자원을 선점하는 것이다.

가) 프로세스 종료 방법

프로세스를 중지시켜서 교착상태를 제거하기 위해 두 가지 방법을 사용할 수 있다. 이 두 방법 모두에서 시스템은 종료된 프로세스에 할당된 모든 자원을 회수한다.

① 모든 교착상태 프로세스를 중지시킨다.
이 방법은 교착상태 사이클을 없애는데 아주 효과적이다. 그러나 그동안 계산된 프로세스의 각종 결과가 없어지고 나중에 다시 계산하여야 하므로 비용이 아주 많이 든다.
② 교착 상태 사이클이 제거될 때까지 하나씩 프로세스를 중지시킨다.
이 방법은 각 프로세스가 중지될 때마다 어느 프로세스가 아직 교착 상태에 있는지 결정하기 위해 교착 상태 탐지 알고리즘을 수행하여야 하므로 상당한 부담을 요구한다.

프로세스 종료 기법은 시스템 내의 교착 상태가 제거될 때까지 충분한 만큼의 프로세스들을 종료시키게 되는데 이때 어느 프로세스들을 종료시킬 것인가 하는 것이 문제가 되며 이를 위해 일반적으로 종료 비용(Termination Cost)이라는 모델을 사용한다. 종료 비용의 모델에서는 다음의 요소들을 사용하여 프로세스들의 종료 비용을 산출할 수 있도록 한다.

① 프로세스의 우선순위
② 프로세스의 현재까지의 수행 시간과 종료까지의 필요 시간
③ 프로세스가 원하는 자원의 종류와 자원의 수 및 사용 시간
④ 프로세스가 작업을 끝내는데 필요한 자원에 대한 각종 정보
⑤ 프로세스의 처리 방식(예 : 일괄 처리 방식인가, 대화식 처리인가)

나) 자원 선점 방법

자원 선점을 이용하여 교착 상태를 제거하기 위해 프로세스로부터 자원을 선점하여 교착상태 순환이 없어지도록 함으로써 다른 프로세스에게 이 자원을 제공한다.

교착 상태를 다루기 위해 선점이 필요하다면 다음 세 가지 논점을 설명할 필요가 있다.

먼저, 자원을 선점시킨 희생자 프로세스를 선택하는 방법과 선점의 순서를 결정해야 하며 프로세스 종료 기법에서 언급했던 요소들을 고려해야 한다.

예를 들면, 강을 건너는 문제에서 이 강에는 1,000개의 돌이 있고 P, Q 두 사람이 교착 상태에 있다고 가정한다.

- P가 Q보다 우선순위가 높다면 Q는 위치가 어디든지 뒤로 물러서야 한다.
- P가 강을 건너기 위해 2개의 돌만 필요하다면 Q는 뒤로 물러서서 양보해야 한다.
- 만일 P와 Q가 강 중앙에서 교착 상태가 되었는데 Q 뒤에는 아무도 없고, P 뒤에는 10명이 있다면 Q가 뒤로 물러서는 것이 합당하다. 그렇지 않다면 11명이 되돌아가야 한다.

다음으로 희생자 프로세스의 재가동 문제는 지금까지 사용한 모든 자원의 사용 결과를 포기하는 절대 복귀(Total Rollback)의 방법과 교착 상태의 해결에 필요한 만큼만 포기시키는 제한적인 복귀 방법을 고려할 수 있다.

절대 복귀의 방법은 해당 프로세스를 완전히 취소시켜 버리기 때문에 알고리즘이 단순하나, 지금까지의 자원 사용 결과를 모두 잃어버리는 문제점이 있다. 제한적인 복귀의 경우 최소한의 복귀 시간을 갖는다는 장점이 있으나, 해당 프로세스의 상태 정보를 계속해서 유지시켜야 한다는 단점도 있다.

[그림 8-13] 제한적인 복귀(를 위해 돌을 더 놓는다.)

마지막으로, 자원을 선점시켜서 교착 상태를 회복시키는 방법에는 희생자 프로세스의 기아상태(starvation) 유무에 대해서 확인을 할 필요가 있다. 즉, 희생자 프로세스를 선정하는 과정에서 특정 프로세스가 계속적으로 선정된다면 기아상태를 유발한다. 이런 점을 고려하여 희생자로 선정되는 횟수의 상한선을 미리 설정해야 할 것이다.

8.6 기아상태

교착 상태가 자원을 자유롭게 할당한 결과라면 기아상태는 반대로 하나의 작업에서 결코 사용할 수 없는 자원을 계속해서 기다리게 되는 결과를 예방하기 위해서 자원을 할당하게 될 때 발생되는 결과이다.

기아상태를 설명하기 위해 다익스트라가 제시한 '식사하는 철학자' 문제는 고전적인 동기 문제로 간주되었는데, 이는 기아상태와 교착 상태의 병행 문제를 동시에 가지고 있기 때문이다. 여기서 교착상태에 대한 해결책은 기아상태의 가능성을 제거할 수 없다는 것을 말해주고 있다.

기아상태 해결을 위해 먼저 기다리는 작업을 발견하고 각 작업이 기다린 시간을 조사 및 추적을 해야 한다. 시스템은 기아상태를 발견하면 즉시 새로운 작업의 시작을 보류하도록 조치한다. 이때 빈번한 시스템 보류로 처리량이 감소할 수 있으므로 신중한 접근이 요구된다.

학 습 활 동

식사하는 철학자 문제

철학자 5명은 대부분의 시간을 생각하고 먹는데 소비하며, 철학자들은 의자 5개로 둘러싸인 원형 테이블을 공유한다. 테이블 중앙에 음식이 있으며 포크가 5개 놓여있다. 지역 풍습에 따라 철학자들은 포크 2개로 식사하며, 5명의 철학자가 동시에 식사할 수 없고 2명만 동시에 식사가 가능하다.

철학자가 생각 중일 때는 다른 철학자가 간섭하지 않는다. 때때로 배고픈 철학자가 식사를 위해 왼쪽과 오른쪽의 포크 2개를 든다고 가정한다. 이때 철학자는 한 번에 포크 하나만 들 수 있으며 왼쪽 포크를 먼저 집은 후 오른쪽 포크를 집는다. 이웃 철학자가 이미 들고 있는 포크는 집을 수 없으며 배고픈 철학자는 두 포크를 동시에 갖게 되면 식사를 시작한다. 식사를 마치면 포크 2개를 내려놓고 계속 생각한다. 모든 철학자가 동시에 식사를 한다면 교착상태에 빠진다.

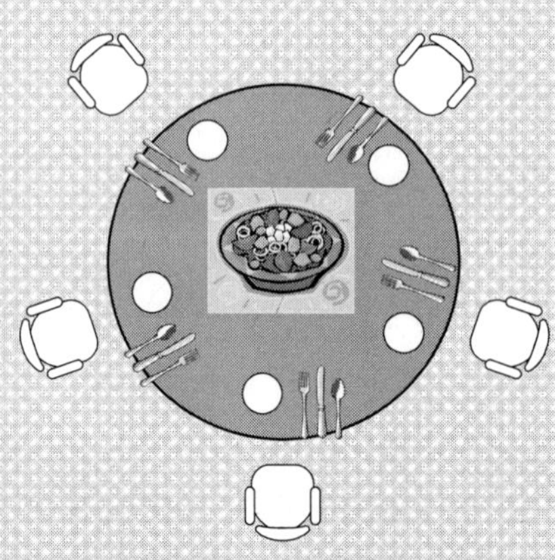

[그림 8-14] 식사하는 철학자 문제

요 약

1. 교착 상태(deadlock)는 시스템 내의 자원을 사용하기 위하여 경쟁하고 있는 하나 또는 둘 이상의 프로세스들이 영원히 해결할 수 없는 어떤 사건을 기다릴 때 발생한다.
2. 교착상태의 발생 조건에는 상호 배제, 점유와 대기, 비선점 그리고 순환 대기 조건이 있다.
3. 교착 상태의 회피 목적은 시스템 내의 자원 사용에 대한 상황이 계속적으로 안정 상태가 되도록 하기 위해서이다.
4. 안정 상태(safe)란 시스템이 각 프로세스에 자원을 어떤 순서로 할당할 수 있어서 교착 상태를 피할 수 있는 상태를 말한다.
5. 교착 상태의 예방과 회피 방법은 시스템의 오버헤드가 커질 수 있으며 이에 대한 해결방안으로 교착상태의 탐지 방법을 사용한다.
6. 교착 상태 알고리즘에서는 시스템이 보유하고 있는 각 자원의 종류에 따라 프로세스와 자원 간의 관계를 보여주는 자원 할당 그래프와 그를 변형시킨 대기 그래프를 이용하여 교착 상태를 탐지할 수 있다.
7. 교착 상태의 회복에는 프로세스 종료 방법과 자원 선점 방법이 있다.
8. 기아상태는 하나의 작업에서 결코 사용할 수 없는 자원을 계속해서 기다리게 되는 결과를 예방하기 위해서 자원을 할당하게 될 때 발생되는 결과를 말한다.

기초 문제

1. 교착 상태의 해결 기법 중 일반적으로 자원의 낭비가 가장 심한 것으로 알려진 기법은?

① 교착 상태의 예방 ② 교착 상태의 회피
③ 교착 상태의 발견 ④ 교착 상태의 복구

(정답) ①
(해설) 교착 상태의 예방에서 비선점이나 점유 및 대기의 경우 오버헤드가 생긴다.

2. 다음 중 교착상태가 발생할 수 있는 조건이 아닌 것은?

① 점유 및 대기 ② 비선점
③ 상호 배제 ④ 진행

(정답) ④
(해설) 교착 상태가 발생할 수 있는 조건은 상호 배제, 비선점, 점유 및 대기 그리고 순환 대기가 있다.

3. 복수의 프로세스(process)가 가능하지 못한 상태를 무한정 기다리고 있는 상태를 무엇이라 하는가?

① 교착상태 ② 병목상태
③ 차단상태 ④ 임계영역

(정답) ①
(해설) 교착 상태란 복수의 프로세스(process)가 가능하지 못한 상태를 무한정 기다리고 있는 상태를 말한다.

4. 하나의 프로세스가 공유 자원의 사용을 완료할 때까지 다른 프로세스의 공유 자원에 대한 접근을 금지하도록 하는 제어 기법을 의미하는 것은?

① 세그먼트(segment) ② 모니터(monitor)
③ 임계 영역(critical section) ④ 상호 배제(mutual exclusion)

(정답) ④
(해설) 상호 배제 조건에서는 어느 한 시점에 오직 하나의 프로세스만이 하나의 자원을 사용해야 하고 어떤 프로세스가 공유 불가능한 자원을 사용하고 있을 때에는 그 자원이 해제될 때까지 다른 프

로세서들은 대기하여야 한다.

5. 프로세스가 자원을 이용하는 정상적인 작동의 순서는?

① 요청-사용-해제 ② 요청-해제-사용

③ 사용-요청-해제 ④ 해제-요청-사용

(정답) ①

(해설) 프로세스가 자원을 이용하는 정상적인 작동의 순서는 요청-사용-해제이다.

심화 문제

1. 교착 상태에 대하여 다음을 설명하시오.
   1) 교착 상태를 발생시키는 필요조건(네 가지)
   2) 교착상태를 피하는 간단한 규칙

2. 프로세스가 교착상태에 놓인 경우와 무한 대기 상태에 놓인 경우를 비교하여 설명하시오.

3. 교착 상태를 회피하기 위해서는 자원 사용에 관한 각종 정보들을 알아야 한다. 이때 필요한 정보들은 무엇인가?

4. 교착 상태의 예방 중 각 프로세스는 한꺼번에 자기에게 필요한 자원을 모두 할당받아야 하며, 이 조건이 만족되지 않으면 작업을 진행할 수 없다. 이것은 다음 중 무슨 조건을 방지하기 위함인가?

5. 교착 상태에 대한 회피를 구현하기 위해서 사용되는 예를 들어 자세히 설명하시오.

6. 교착 상태가 발생하지 않도록 강 건너는 알고리즘을 작성하시오.

7. 교착 상태 탐지에 대한 도입 배경과 적용되는 교착 상태 탐지 알고리즘을 구현하시오.

8. 교착 상태의 회복을 위한 두 가지 방법을 설명하시오.

9. 기아상태의 개념과 대책 방안에 대하여 설명하시오.

10. 교착상태를 발생시키는 '식사하는 철학자' 문제를 구현하는 사례에 대하여 설명하시오.

약 어

SPOOLing(Simultaneous Peripheral Operation On-Line)

09

병행 프로세스

운영체제의 중요 과제는 프로세스 관리와 관련이 있는데 그 중에 병행 프로세스는 다중 프로그래밍 분야에 기본적으로 정의되어야 할 개념이다.

병행 프로세스(Concurrent Process)란 여러 개의 관련 있는 프로세스가 동시에 실행되는 것을 말하는데 여기서 프로세스들은 서로 관련 없이 독립적으로 수행할 수 있거나 수많은 프로세스들이 상호 협력하여 동시에 수행한다. 이러한 병행 프로세스는 운영체제의 중요한 개념으로 특히 다수의 컴퓨터가 망을 이루어 수행되는 분산 처리 시스템에서는 이런 병행 프로세스는 필수 불가결하다.

병행 프로세스 사이에는 제한된 자원을 공유하기 위하여 빈번한 상호 작용이 필요한데, 상호 작용하는 프로세스를 그대로 두면 여러 가지 문제가 생긴다. 따라서 순서에 맞게 실행되도록 프로세스 간의 동기화가 필요하다.

일반적으로 컴퓨터 시스템 내에 존재하는 프로세스들은 비동기적(asynchronous)으로 병행(concurrent) 수행된다는 특성을 갖는다. 비동기적이라 함은 각 프로세스들이 자신을 제외한 나머지 프로세스들의 진행 상태 등에 대해 알 수 없음을 의미한다고 할 수 있다. 즉, 임의의 프로세스의 입장에서 다른 프로세스가 어디까지 실행되었는지, 어떤 자원들을 할당받고 있는지, 현재 어떤 상태에 있는지에 대해 전혀 알 수 없다는 의미를 비동기적으로 표현하고 있는 것이다.

병행성을 표현할 수 있는 프로그래밍 언어가 여러 문헌에 나타나 있는데 이들은 대체로 다음과 같은 두 종류의 명령문을 공통으로 갖고 있다.

① 순차적인 수행으로부터 여러 개의 병행수행으로 갈라짐을 지시하는 명령어
② 여러 개의 병행수행 되던 것들이 하나로 모여서 순차적 수행으로 되돌아가도록 지시하는 명령어

여기서는 이러한 병행 프로세스의 기본 개념과 프로세스의 상호 관계, 동기화 모델링 그리고 프로세스 간의 메시지 전달에 대하여 살펴보도록 한다.

학 습 목 표

1. 프로세스의 상호 관계에 대하여 공부한다.
2. 동기화 모델링에 대하여 숙지한다.
3. 상호 배제의 문제에 대하여 이해한다.
4. 프로세스 간의 메시지 전달에 대하여 공부한다.

사 전 학 습

▶ 결정 문제

- 어떤 프로세스들의 집합이 determinate하다고 하는 것은 집합 내에 있는 병행 프로세스들의 모든 가능한 순서에 대해서 기억 장소의 집합의 최종 내용이 초기 내용에 대해서 항상 같은 값을 내어 줄 수 있다.

- 여러 개의 프로세스들이 기억 장소를 공유할 때 최종 결과, 다시 말해서 기억장소의 최종 내용은 초기값에만 의존하고 각 프로세스들의 상대적인 진행 순서에는 전혀 영향을 받지 않는다.

9.1 개 요

과거 몇 년 동안, 운영 체제의 가장 중요한 관심사는 하나의 프로세서를 갖는 시스템에서의 다중 프로그래밍(multiprogramming) 개념이었다. 그러나 최근의 현대적인 운영 체제에 있어서 중요한 관심사 중의 하나는 다중 프로세서를 갖는 시스템이나 분산 처리(Distributed System) 시스템에서 발생하는 다중 프로세스들을 어떻게 관리하느냐 하는 것이다.

프로세스 여러 개가 동시에 실행되는 상태에 있으면 이를 '병행 프로세스'라고 부른다. 병행 프로세스들은 서로 독립적으로 작업을 수행할 수도 있고, 다른 프로세스와 협력하며 특정 기능을 수행할 수도 있다.

병행 프로세스 사이에는 제한된 자원을 공유하기 위하여 빈번한 상호 작용이 필요한데, 상호 작용하는 프로세스를 그대로 두면 여러 가지 문제가 생긴다. 따라서 순서에 맞게 실행되도록 프로세스간의 동기화가 필요하다.

프로세스들이 병행 수행된다는 의미는 컴퓨터 시스템 내에 다수의 프로세스들이 동시에 존재함을 의미한다. 병행성(concurrency)은 다수의 프로세스를 이용하여 작업을 수행하며 다중 프로세싱 시스템, 분산 처리 환경, 다중 프로그래밍 운영체제에서 매우 중요하며 시스템의 신뢰도 향상과 처리 속도 개선을 통한 처리 능력 증대에 많은 도움을 주고 있다.

병행성의 의미가 일반적으로 병렬 처리(Parallel Processing)에서 의미하는 병렬성의 의미와는 커다란 차이를 갖는다. 병렬성은 컴퓨터 시스템 내에 여러 개의 프로세서들을 두고 동시에 여러 개의 프로세스들을 실행시킨다는 의미이다. 반면에 병행성은 프로세서가 하나만 있는 상황에서도 가능한 개념으로서 여러 개의 프로세스들이 프로세서를 번갈아 사용하게 되는 상황을 말한다.

병행성은 현재의 다중 프로세싱 시스템 또는 분산처리 환경뿐 아니라 단일 프로세서로 운영되는 다중 프로그래밍 운영 체제에서도 매우 중요하다. 이러한 시스템을 성공적으로 만들려면 아래와 같은 문제들을 해결해야 한다.

① 공유 자원을 상호 배타적으로 사용한다. 예를 들면, 프린터, 통신망 등은 한 순간에 한 프로세스만 사용해야 한다.
② 병행 프로세스들 사이에는 협력 또는 동기화가 이루어져야 한다. 즉, 상호배제는 동기화의 한 형태이다.
③ 두 프로세스 사이에는 데이터 교환을 위한 통신이 이루어져야 한다.
④ 프로세스들은 동시에 수행되는 다른 프로세스들의 실행 속도와 관계없이 항상 일정한 실행 결과가 보장되도록 '결정성(determinacy)'이 확보되어야 한다.

⑤ 교착 상태를 해결해야 하며 병행 프로세스들의 병렬 처리 능력을 극대화해야 한다.
⑥ 실행을 검증하는 문제가 해결되어야 한다.
⑦ 병행 프로세서를 수행하는 과정에서 발생하는 상호 배제, 즉 어떤 프로세스가 작업을 실행중일 때 나머지 프로세스들이 그 작업에 관련된 어떤 작업도 수행할 수 없어야 한다는 보장이 필요하다.

쉬 어 가 기

악성 댓글의 폐해

이제 지식의 전달 역할을 하고 있는 인터넷 공간이 익명성을 악용한 범죄의 공간으로 변하고 있다. 경찰청 통계에 의하면 정상적인 댓글의 트래픽보다 악성댓글의 트래픽이 매우 크다는 사실이 도출되었으며, 향후 악성댓글의 심각성을 예견해주는 좋은 자료가 되었다.

악성 댓글의 피해를 보면,

- 2008년 8월 '탤런트 이언' 사망 관련 '잘 죽었다' 등 악성 댓글로 유가족 고통
- 2008년 10월 '탤런트 최진실'이 안재환 자살 관련 '25억 원을 사채놀이 했다'는 허위사실 유포로 피해자 자살
- 2009년 9월 2PM의 일원이자 리더였던 재범이 한국 비하 발언한 후 사과를 함에도 불구하고 마녀사냥은 계속 되고 결국 미국으로 출국
- 개똥녀 사건
- 황우석 사건
- 연예인 팬들의 악플테러

9.2 프로세스의 상호 관계

프로세스 간의 상호 작용은 크게 두 가지 형태로 나누어 볼 수 있는데 그 내용은 다음과 같다.

1) 협력 관계

프로세스들이 간접적으로 서로 인식하는 관계로 입출력 버퍼를 비롯한 공유 개체를 공유하는 단계로 이때 다른 프로세스들로부터 얻은 정보에 의존할 수 있으며, 프로세스의 타이밍에 영향을 받을 수 있다. 이때 프로세스들은 공동 개체를 공유하는데 따른 협력이 필요하다.

프로세스 사이의 협조 관계는 상대 프로세스에 대한 이름을 직접 알지 못하는 경우와 상대 프로세스에 대한 이름을 직접 인지하는 경우의 두 가지 형태로 나타날 수 있다.

가) 상대 프로세스에 대한 이름을 직접 알지 못하는 경우

입출력 버퍼와 같은 어떤 객체(object)를 서로 다른 프로세스가 공유하여 접근하는 경우인데, 이러한 프로세스들 간에는 공동으로 사용하는 객체를 공유하기 위하여 서로 협력하는 관계를 유지하여야 한다.

이런 경우, 어떤 프로세스의 결과는 다른 프로세스가 갖고 있는 정보에 따라서 영향을 받게 되는데 어떤 공유 객체를 서로 공동으로 사용하는 프로세스 간의 협조가 없을 때에는 해당 객체에 대한 무결성을 보장받지 못하게 된다. 따라서 이러한 문제를 제어하는 메커니즘은 공유 객체에 대한 무결성을 보장할 수 있도록 만들어져야 한다.

예를 들면, 변수 X와 Y의 초기값이 같다고 가정하여 서로 다른 프로세스 P_1과 P_2가 병행 처리하는 경우, 프로세스 P_1과 프로세스 P_2가 다음의 (1)과 같은 순서로 처리될 때에는 그 결과가 $X = Y$가 되지만, (2)와 같은 순서로 처리될 때에는 $X \neq Y$가 된다. 이러한 문제는 공유 객체를 사용하는 프로세스 간의 협조가 중요하다는 것을 말해주는 것이며, 상호배제(Mutual Exclusion)를 통하여 이를 해결할 수 있다.

(1)	(2)
P_1 : $X = X + 20$;	P_1 : $X = X + 20$;
P_1 : $Y = Y + 20$;	P_2 : $X = X \times 10$;
P_2 : $X = X \times 10$;	P_1 : $Y = Y + 20$;
P_2 : $Y = Y \times 10$;	P_2 : $Y = Y \times 10$;

나) 상대 프로세스에 대한 이름을 직접 알고 있는 경우

서로 다른 프로세스들이 통신에 의해서 어떤 메시지를 주고받은 후 협조 관계가 반드시 유지되어야 한다. 이러한 경우에는 상호 배제의 문제는 나타나지 않으나, 교착 상태(deadlock)나 기아상태(starvation)와 같은 문제가 발생할 수 있다.

다중 프로그래밍 시스템에서 결코 일어나지 않을 사건을 기다리고 있는 프로세스를 교착상태에 빠져있다고 한다. 시스템 교착상태의 경우 하나 또는 그 이상의 프로세스가 교착상태에 빠진다.

한편, 프로세스 P_1, P_2, P_3이 있을 때 P_1이 계속하여 P_2와만 통신을 하게 된다면, 프로세스 P_3만 기아상태에 빠질 수 있다

2) 경쟁 관계

다중 프로그래밍을 구현한 컴퓨터는 유한한 자원을 여러 프로세스에 나누어 주는 역할을 하여야 한다. 이때 그 여러 프로세스는 서로 자원을 가지기 위해서 경쟁을 하는데 이러한 상태를 경쟁 조건(Race Condition)에 있다고 한다. 예를 들면, 어떤 프로세스가 할당받아 사용 중인 자원을 다른 프로세스가 강제로 차지하여 사용하게 될 수도 있으며, 공유된 파일에 두 개 이상의 프로세스가 동시에 출력을 하기도 한다.

경쟁 관계에 있는 프로세스들은 서로 아무런 정보도 교환하지 않으나 어떤 프로세스의 수행이 나머지 프로세스들의 수행에 영향을 미칠 수 있으며, 두 개의 프로세스가 동일 자원에 대한 접근을 시도하는 경우, 운영체제는 하나의 프로세스에게만 자원을 할당해 줄 것이다. 한편, 대기하고 있는 프로세스는 처리가 계속해서 지연되거나, 극단적인 경우에는 그 자원에 대한 접근이 차단되어 성공적인 작업 처리가 되지 않는 상황도 발생할 수 있다.

경쟁하는 프로세스 사이의 문제를 해결하려면 프로세스의 협조 관계에서의 경우처럼 다음과 같은 세 가지를 고려해야 한다.

가) 상호 배제(Mutual Exclusion)

(1) 개 념

두 프로세스가 하나의 공유 자원을 번갈아 사용할 수 있게 하고 동시에는 수행하지 못하게 하는 것으로 자원의 비공유를 전제로 한다.

예를 들면, 공유 불가능한 한 개의 자원에 접근하려는 두 개 이상의 프로세스가 있다고 가정한다. 이때 각각의 프로세스들이 각각의 작업을 수행하고 있는 동안에 해당 자원에게 어떤 명령을 내리거나 그 자원의 상태 정보(Status Information)를 받기도 하는데, 자원이 갖고 있는 각종 상태 정보들을 여러 프로세스가 공통으로 접근하면서 그 정보들을 공유하여 사용하게 되면 각 프로세스들이 원하는 정확한 결과를 얻을 수 없게 될 것이다.

(2) 해결 방안

어떤 프로세스가 공유자원을 액세스하고 있을 때 그 프로세스는 임계구역(Critical Section) 내에 있도록 하고 상호배제 문제를 해결하기 위해서는 한 프로세스가 임계 구역 내에 있으면 다른 프로세스들을 임계구역 내에 있지 못하도록 해야 한다.

용어설명

임계구역

두 프로세스가 공통 버퍼를 사용할 때 이 버퍼를 임계구역이라고 하며 동시에 이 버퍼를 사용해서는 안 된다. 만일 한 프린터를 두 프로세스가 공유하여 사용한다면 교착상태가 일어나게 될 것이다. 상호배제를 지키는 것은 병행 프로그래밍에 있어서 가장 중요한 문제이다.

어떤 프로세스가 임계구역 내에 있더라도 다른 프로세스가 임계구역 밖에 있다면 그 프로세스는 수행을 계속해야 한다. 임계구역 내에 있던 프로세스가 임계구역을 벗어나면 임계구역 내에 들어가기를 기다리고 있던 프로세스들 중의 하나가 임계구역 내에 들어가도록 허용한다. 그러므로 임계구역 내의 수행은 가능한 빨리 끝내야 하며 임계구역에 들어가서 프로세스가 블록(block)되는 일은 없어야 한다.

(3) 문제점

상호 배제 문제를 해결하고자 할 때 교착 상태의 문제와 기아상태의 문제가 발생할 수 있는데 먼저, 프로세스 1이 자원 1을 할당 받은 상태에서 자원 2를 요구하고, 프로세스 2가 자원 2를 할당 받은 상태에서 자원 1을 요구할 때 교착 상태가 발생할 수 있다.

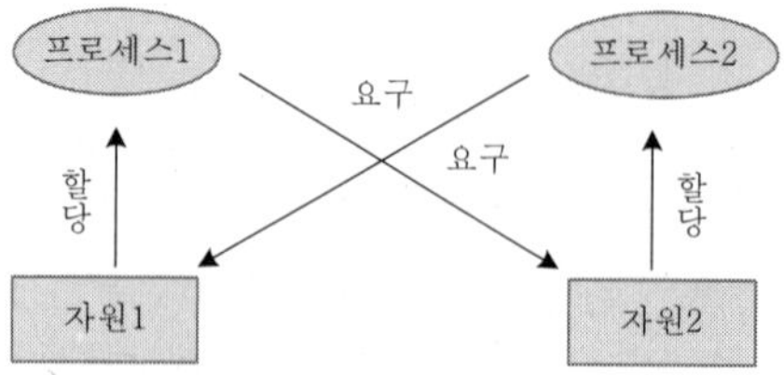

[그림 9-1] 교착상태

다음으로 어떤 자원에 대해 경쟁하는 프로세스가 많고 이 프로세스들이 자원 목록에 대해 어떤 특정한 스케줄링 방법대로 권한을 얻어갈 때 다른 프로세스가 필요한 자원들의 권한을 영원히 얻지 못해 자신의 일을 하지 못하는 경우에 기아상태가 발생한다. 이런 일이 생기지 않는 특성을 가진 프로세스와 자원 간의 스케줄링과 할당 방법을 가질 때, '기아상태가 발생하지 않는다(starvation-free)'고 한다.

학 습 활 동

임계 구역 문제를 해결하기 위한 프로토콜 구조

① 진입 코드(entry code)
임계 구역에 진입하기를 원하는 프로세스들에 대해서 임계 구역에 대한 진입 요구를 하는 부분
② 임계 구역(critical section)
③ 출구 코드(exit section)
어느 하나의 프로세스가 임계 구역을 진입한 후 그 수행이 모두 끝난 다음에는 그 프로세스가 빠져 나왔다는 것을 알리는 부분
④ 잔류 구역(remainder section)

9.3 동기화 모델링

일반적으로 컴퓨터 시스템 내에 존재하는 프로세스들은 비동기적(asynchronous)으로 병행(concurrent) 수행된다는 특성을 갖는다. 임의의 프로세스의 입장에서 다른 프로세스가 어디까지 실행되었는지, 어떤 자원들을 할당받고 있는지, 현재 어떤 상태에 있는지 등에 대해 전혀 알 수 없다는 의미를 비동기적으로 표현하고 있는 것이다.

이때 다수 프로세스들이 같은 자원, 예를 들어 입출력장치, 메모리, 프로세서, 클록 등을 서로 사용하려고 하면 충돌이 발생된다. 이러한 자원은 다른 프로세스에 의해서 영향을 받거나 또는 사용하는 자원들의 상태를 변화시켜서는 안 된다.

한편, 비동기적으로 수행되던 두 프로세스가 다음과 같이 동기화를 필요로 하는 경우가 있다. 예를 들면, [그림 9-3]에서 보는 바와 같이 프로세스 P_j가 레이블 L_j로 표시된 지

점을 지날 때까지 프로세스 P_i가 레이블 L_i로 표시된 지점을 통과하지 못하도록 하는 경우가 좋은 예이다.

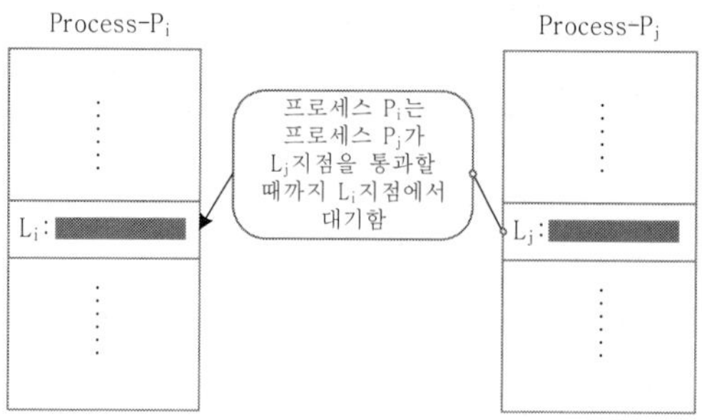

[그림 9-2] 프로세스 동기화

여기서는 동기화 모델링에 주로 적용되는 생산자/소비자 프로세스에 대하여 살펴보기로 한다.

1) 구현 방법

여러 프로세스들이 공통의 작업을 수행하는 경우에 알려진 예로서 병행처리에서 발생되는 가장 흔한 예가 생산자/소비자, 판독자/기록자 문제이다. 생산자/소비자 문제는 강호배제와 동기화를 필요로 하며 세마포어를 이용해서 구현한다.

용어설명

세마포어(Semaphore)

세마포어는 다익스트라가 고안한 두 개의 표준 연산(P 그리고 V)에 의해 조작되는 정수 변수로서, 멀티프로그래밍 환경에서 공유 자원에 대한 접근을 제한하는 방법으로 사용된다. 이는 철학자들의 만찬 문제의 고전적인 해법이지만 모든 교착 상태를 해결하지는 못한다.

생산자/소비자 프로세스는 운영체제에서 비동기적으로 수행하는 모델로써 생산자(P) 프로세스는 소비자(C) 프로세스에 의해 소비되는 정보를 생산한다.

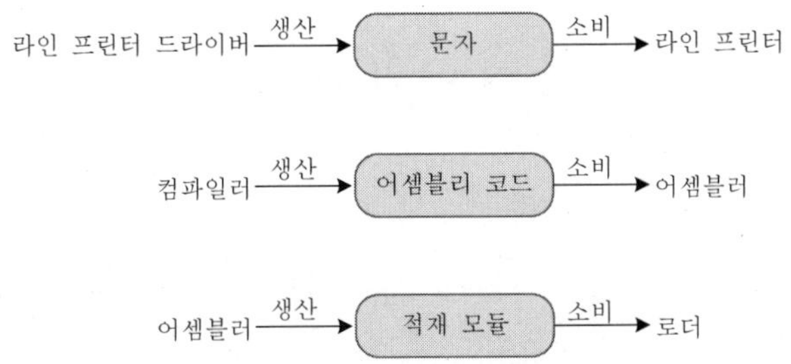

[그림 9-3] 생산자/소비자 프로세스 관계

2) 버퍼 상태

생산자/소비자 프로세스는 한 그룹에 속하는 프로세스들(이들을 생산자 프로세스라 함)이 메시지를 생성하여 다른 그룹의 프로세스들(이들을 소비자 프로세스라 함)에게 전달하도록 하는 프로세스이며, 메시지 전달 과정에서 공유 메모리(Shared Memory)의 버퍼를 사용하는 것으로 가정한다.

즉, 생산자 프로세스는 메시지를 생성하여 공유 메모리의 버퍼에 저장해두고 이를 소비자 프로세스에게 알림으로써 소비자 프로세스로 하여금 버퍼의 메시지를 가져가도록 하는 것이다.

이 프로세스에서 생산자와 소비자는 같은 버퍼를 접근하므로 생산자는 소비자가 버퍼를 소비하는 동안 버퍼에 데이터를 채워 넣을 수 있으나 버퍼가 꽉 차면 더 생산할 수 없고 소비자는 빈 버퍼에서 데이터를 가지고 올 수 없다.

버퍼는 다음과 같이 가득 찬 버퍼, 부분적으로 비어 있는 버퍼, 모두 비어 있는 버퍼 등 세 가지 상태 중 하나가 될 수 있다.

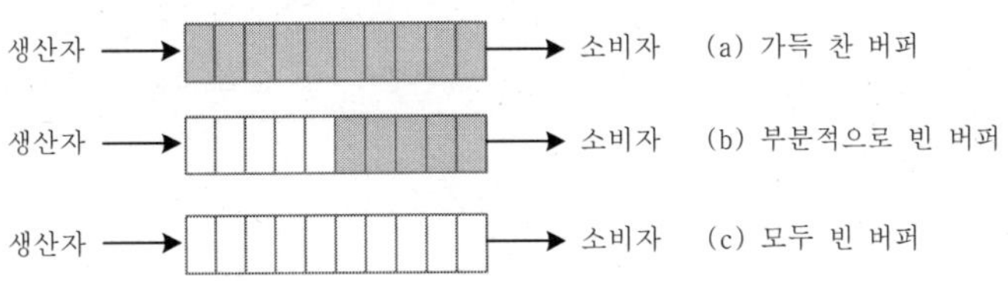

[그림 9-4] 전형적인 버퍼 상태의 종류

쉬 어 가 기

분산 시스템에서의 교착상태 검출

분산처리 시스템에서 발생하는 자원의 공유 역시 교착상태를 유발시키는 요인이 되므로 다음과 같은 해결 방안이 요구된다.

① 중앙 집중식 교착상태 발견 기법

제어 사이트가 전체 시스템을 구성하고 있는 모든 사이트를 통합, 관리하는 방식이며 교착 상태의 발견을 효과적으로 해결할 수 있는 장점이 있지만 전역 상태 그래프에 대한 갱신 작업이 제어 사이트로 집중되므로 제어 사이트로의 통신 부하(Communication Load)가 제어 사이트로의 응답 시간을 지연시킨다.

② 계층식 교착상태 발견 기법

각 사이트들이 논리적으로 계층적 구조를 가짐으로써 임의의 사이트는 자기의 아래 계층에 대해서만 교착 상태의 발견을 담당한다. 따라서 자신과 상관없는 계층의 교착상태 발견에 대한 작업의 부담이 없으며 사이트의 고장에 의한 시스템의 신뢰도 측면에서도 중앙집중식보다 우수하다.

③ 분산식 교착상태 발견 기법

시스템의 전체 상태를 특정 사이트에 모으기보다는 각 사이트에 전역상태 정보를 분산시킴으로써 특정 사이트로의 통신 부하를 고르게 나눔과 동시에 한 사이트의 고장이 시스템 전체에 치명적인 영향을 주지 않도록 한다. 각 사이트의 독립성을 최대한 보장하며 그만큼 시스템의 신뢰성과 유용성이 증대되기는 하지만 현재 다른 사이트에서 하고 있는 사이클의 발견 작업을 또 다른 사이트에서 이중으로 하는 경우가 생긴다.

9.4 임계 구역

1) 도입 배경

어떤 프로세스가 여러 단계를 거치면서 공유 변수를 읽고 쓰고 있다고 가정한다. 이때 예상치 못한 사건 등에 의해 다른 프로세스가 동작하기 시작할 때 첫 번째 프로세스가 쓰고 있는 영역에서 이 두 번째 프로세스가 또 다른 작업을 시작한다면, 해당 영역의 값은 부적절하며 예상할 수 없는 상태에 놓이게 된다. 게다가 두 번째 프로세스가 값을 덮어 써버리기라도 한다면, 복구 불가능한 상태로 되고 만다.

그러므로 어떤 프로세스가 공유 변수를 접근할 때, 그 프로세스의 공유 변수에 대한 작업이 모두 끝날 때까지 다른 프로세스의 접근을 허용하지 않게 함으로써 해결이 가능하다. 이것을 상호배제(mutual exclusion, Mutex, 뮤텍스)라고 하는데 공유되는 자원에 대한 처리 내용 중에서 상호 배제를 시켜야 하는 일정 부분에 대해서는, 어느 하나의 프로세스가 처리하는 동안에 다른 프로세스의 접근을 허용하지 말아야 한다.

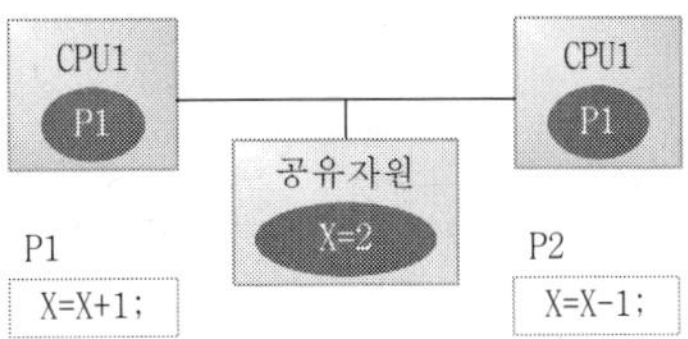

[그림 9-5] 상호 배제

2) 개 념

상호 배제를 시켜야 하는 부분을 임계 구역(critical section)이라고 하며 하나의 프로세스가 이 구역 내에 있을 때 다른 프로세스가 임계 구역에 진입하는 것을 막아야 한다.

상호 배제를 구현하기 위한 여러 가지 해결 방법들이 제시되어 왔다. 하드웨어에 의한 해결과 소프트웨어에 의한 해결, 기계의 낮은 단계의 해결과 높은 단계의 해결, 프로세스 간의 자발적 협력에 의한 해결과 프로토콜을 지키도록 하는 강제적인 방법 등이 있다.

임계 구역은 주로 지정된 시간이 지난 후 사라진다. 그래서 어떤 프로세스가 임계 구역에 들어가려면 지정된 시간을 기다려야 한다. 세마포어와 같이 배타적인 사용을 보장하기 위해서는 임계 구역의 입장과 퇴장에 어떤 동기화 조작이 필요하다.

각 프로세스는 자신의 임계 구역에 진입하려면 진입허가를 요청해야 한다. 이런 요청을 구현하는 코드 부분을 입장 구역(Entry Section)이라고 한다. 입장 구역에서 기다리다가

진입 허가가 나면 임계 구역에 들어간다. 임계 구역 이후에는 임계 구역을 빠져나왔음을 알리는 코드부분인 퇴장 구역(Exit Section)이 있다. 또한, 그 밖의 나머지 코드 부분을 총칭하여 나머지 구역(Remainder Section)이라 한다.

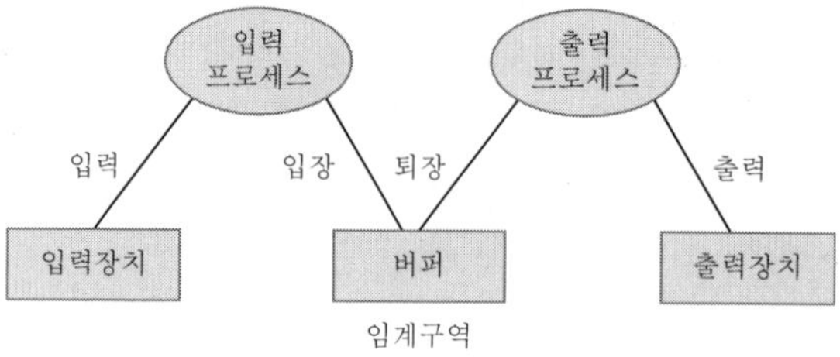

('입장' 과 '퇴장' 을 동시에 해서는 안 된다. 입장한 후에 퇴장해야 한다. 이러한 '입장' 과 '퇴장' 명령어들도 동시에 수행되면 안 되므로 여기서 버퍼를 임계구역이라 한다.)

[그림 9-6] 임계 구역과 상호 배제와의 관계

3) 필요 조건

임계 구역에 대한 상호 배제는 다음과 같은 조건들이 만족되어야 해결할 수 있다.

가) 상호배제(Mutual Exclusion)

프로세스가 자신의 임계구역에서 실행된다면, 다른 프로세스들은 임계구역에서 실행할 수 없다.

나) 진행 요구(Progress)

임계구역에서 실행되는 프로세스가 없고 임계구역으로 진입하려고 하는 프로세스들이 있다면, 임계구역이 아닌 곳에서 실행 중이 아닌 프로세스들만 다음에 누가 그 임계구역으로 진입할 수 있는지를 결정하는데 참여할 수 있으며 이 선택은 무한히 연기될 수 없다.

다) 한정된 대기(Bounded Waiting)

프로세스가 임계구역에 진입하려는 요청을 한 후부터 그 요청이 허용될 때까지 다른 프로세스들이 임계구역에 진입하도록 허용되는 횟수에 한계가 있어야 한다. 이 한계는 임의의 한 프로세스의 기아(starvation)를 예방할 수 있다.

4) Lamport의 제과점 알고리즘

Lamport(1974년)는 분산처리 환경에 적합한 알고리즘을 발표하였으며 고객이 붐비는 제과점에서 번호표를 받고 대기하는 개념을 도입하였기 때문에 제과점 알고리즘이라고 부른다.

제과점을 찾은 고객들은 문을 들어갈 때 번호표를 받게 되는데 낮은 번호를 가진 고객이 먼저 서비스를 받게 된다. 거의 동시에 제과점을 들어선 고객들은 같은 값을 가진 번호표를 받을 수도 있는데 이러한 경우는 낮은 알파벳으로 시작하는 이름을 가진 고객이 먼저 서비스를 받게 된다. 이때 프로세스 이름들은 고유하며, 전체적으로 순서화 되어 있기 때문에 완전 결정성을 갖는다고 가정한다.

(구현 방법)

① 임계 구역의 진입을 원하는 프로세스에게 번호를 부여한다. 가장 작은 번호는 1이며, 번호를 부여 받지 못한 프로세스는 번호 0을 갖는다.

② 낮은 번호를 부여 받은 프로세스가 먼저 임계 구역에 진입한다.

③ 서로 다른 프로세스가 같은 번호를 갖는 경우에는 낮은 이름을 가진 프로세스가 먼저 서비스를 받게 한다. 프로세스의 이름이 A와 B라면 A 〈 B 이므로 프로세스 A가 B보다 먼저 서비스를 받는다.

④ 프로세스는 고유한 이름을 가지며, 알파벳에 의한 순서(order)가 유지된다.

| 학 습 활 동 |

생산자/소비자 관계에서 바라 본 프로세스 통신

생산자/소비자 관계에서 한 프로세스가 정보를 생산하면 다른 프로세스는 그 정보를 소비한다. 이것은 프로세스 통신(InterProcess Communication, IPC)의 좋은 보기다. 만일, 이러한 프로세스들이 버퍼를 통해 협조를 한다면 생산자는 버퍼가 가득 찼을 때에는 정보를 더 이상 생산하지 말아야 하며, 소비자는 버퍼가 텅 비어있을 때는 더 이상 소비를 하지 말아야 한다. 따라서 버퍼가 비워있거나 버퍼의 접근을 배제해야 하므로 생산자와 소비자는 동기화되어야 한다.

무한 버퍼 생산자/소비자 문제는 버퍼의 크기에 제한을 두지 않으며 항상 버퍼에 빈자리가 존재한다. 그러나 유한 버퍼 생산자/소비자 문제에서는 고정된 크기를 가진 버퍼를 둔다. 이 경우 버퍼가 비어 있다면 소비자는 기다리게 되고 버퍼가 가득차면 생산자가 기다린다.

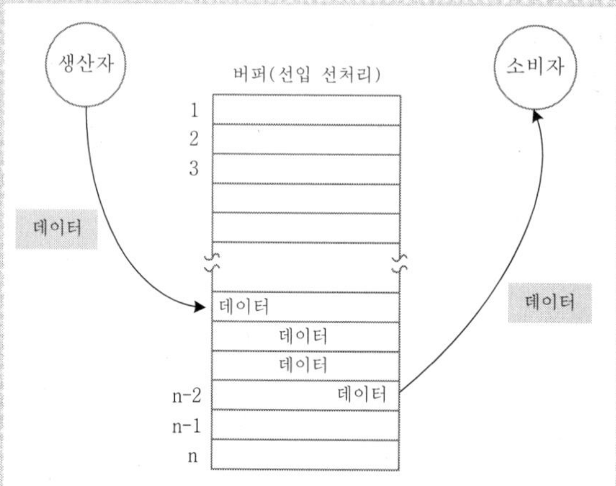

[그림 9-7] 유한 버퍼 시나리오

9.5 세마포어(semaphore)

1) 개 념

더욱 복잡한 형태의 상호 배제 문제를 해결하기 위하여 세마포어라고 하는 프로세스 간의 동기화 방법이 1965년 다익스트라에 의해 제시되었다. 세마포어는 플래그로 사용되는 음이 아닌 정수값을 갖는 변수이며 가장 잘 알려진 예가 철도에서 열차의 진행 가능 여부를 나타내는 차단기이다. 차단기가 올라가면 장애물이 있다는 표시로 열차는 차단기가 내려갈 때까지 반드시 기다려야 한다.

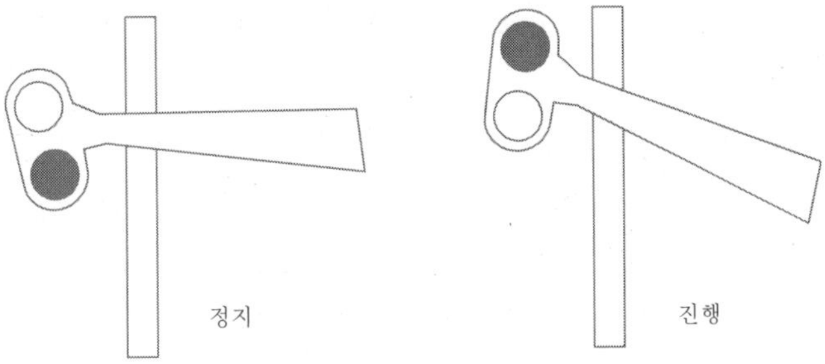

[그림 9-8] 세마포어의 예인 열차의 진행 여부

일반적으로 세마포어는 이진 세마포어와 카운팅 세마포어 등의 두 가지 종류로 나누어진다. 전자는 세마포어 변수가 0과 1의 두 종류 값만을 갖는 경우를 의미하며, 주로 상호 배제나 프로세스 동기화 등의 목적으로 사용되고 후자는 세마포어 변수가 0 이상의 모든 정수 값을 가질 수 있는 경우를 의미하며, 주로 생산자/소비자 문제의 해결을 위해 사용된다.

세마포어는 P와 V라는 표준 연산에 의해서만 접근되어지는 변수로서 연산 P는 네덜란드어 Proberen(검사하다), 연산 V는 Verhogen(증가시키다)의 머리글자를 딴 것이다.

V 조작은 블록 큐에 대기 중인 프로세스를 깨우는 신호(wake-up)로서, 흔히 signal 동작이라 한다. 한편, P 조작은 임계 영역을 사용하려는 프로세스들의 진입 여부를 결정하는 조작으로, 흔히 wait 동작이라 한다.

2) 구현 사례

```
P(S) : while S ≤ 0 do skip ;대기
       S := S - 1 ; S의 값을 감소
```

```
V(S) : S := S + 1 ; S의 값을 증가
```

세마포어를 나타내는 S는 P와 V에 의해서만 접근되는 정수형 변수로서 S에 대한 P 동작은 S의 값을 검사하여 만약 양수인 경우에 1을 감소시키는 과정으로 검사, 인출, 감소, 저장 순서로 구성되며, 단일 머신 사이클 내에서 단일 동작으로 수행되어야 한다. 물론 어떤 프로세스가 P(S) 연산을 수행하고 있을 때에는 다른 프로세스가 P(S) 연산과 V(S) 연산을 동시에 수행할 수 없다.

S에 대한 V 동작은 S를 단순히 1만 증가시키는 과정으로 인출, 증가, 저장으로 구성되며, 또한 V 동작도 교착상태를 피하기 위하여 단일 동작으로 수행되어야 한다.

P와 V 연산에 있는 세마포어의 정수 값은 개별적으로 실행된다. 즉, 하나의 프로세스가 세마포어 S의 값을 수정할 때 다른 프로세스가 세마포어 S의 값을 수정할 수 없다는 것이다. 또한 wait의 경우 S의 값을 검사하고($S \leq 0$) 가능한 수정($S := S-1$)은 인터럽트 없이 실행되어야 한다.

따라서 P와 V 동작은 세마포어를 변수로 명명한 임의의 프로세스에 의하여 요청된 시스템을 호출함으로써 운영체제에 의해 실행된다. 이러한 구현은 프로세스 제어를 용이하게 하며 P 동작을 요구하는 프로세서는 그 동작이 수행 가능한 상태, 즉 $S > 0$이 될 때까지 기다려야 한다.

| 학 습 활 동 |

메시지 전달을 위한 설계 내용

설계내용	설계방법
동기화	- Send : 대기(blocking), 비대기(nonblocking) - Receive : 대기, 비대기, 도착시험
주소화	- 직접 통신 : 대칭, 비대칭 - 간접 통신 : 우편함의 이용 방법
메시지 유형	- 메시지 헤더 : 고정, 가변 길이 - 메시지 내용
큐잉 정책	- FCFS - 우선 순위

9.6 프로세스 간의 통신

프로세스의 상호작용에 필요한 두 가지 기본 요구가 동기화와 통신이라고 한다면 지금까지는 상호배제의 구현을 위한 동기화 문제를 주로 다루었다. 이제는 서로 협조하기를 원하는 프로세스 사이에 서로 정보를 주고받기 위한 통신 제공이 필요하다.

원칙적으로 두 개의 상호보완적인 통신 프로세스가 통신하는 기법에는 공유 메모리(Shared Memory) 기법과 메시지 전달 시스템(Message System) 기법이 있다. 이러한 두 기법은 서로 배타적이 아니고, 단일 운영체제 내에서 동시에 사용될 수 있다.

전자는 통신하는 프로세스들 간에 어떤 변수를 공유하도록 하는데 프로세스들은 이러한 공유변수를 이용하여 정보를 교환하도록 한다. 이 방법에서는 통신을 제공하는 책임은 응용 프로그래머에게 달려있으며 운영체제는 단순히 공유 메모리만을 제공한다.

한편, 후자는 프로세스가 메시지를 교환할 수 있도록 하며 통신을 제공하는 책임은 운영체제 자체에 있다.

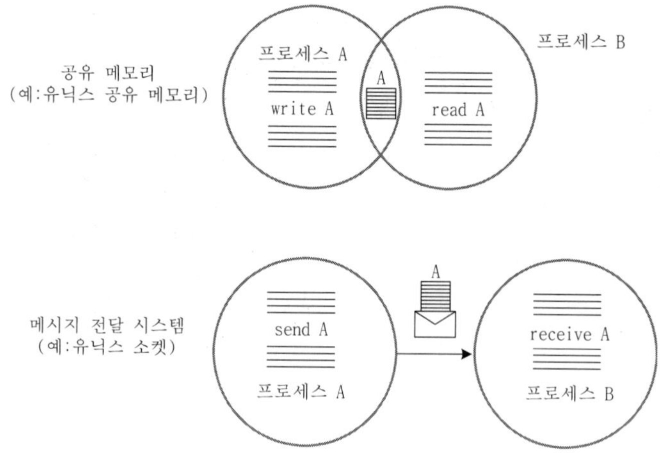

[그림 9-9] 프로세스 간 통신

1) 메시지 전달 시스템

메시지 전달 시스템에서는 논리적 주소공간이 상호 연관성이 없는 프로세스를 가진 시스템만을 가정한다. 메시지 시스템의 기능은 프로세스가 공유변수에 의하지 않고도 서로 통신을 할 수 있게 하는 것이다. 프로세스 간의 통신 기능은 기본적으로 두 연산자 send(수신 프로세스 이름, 메시지)와 receive(송신 프로세스 이름, 메시지)를 제공한다.

프로세스 P와 Q가 통신하려면, 서로 메시지를 보내고 받아야 한다. 즉 이들 사이에 링크(link)가 설정되어야 하는데, 이 링크는 다양한 방법으로 구현할 수 있다. 여기서는 링크의 물리적인 구현을 설명하려는 것이 아니라, 다음과 같은 논리적인 특성에 의한 구현을 설명한다.

① 링크를 설정하는 방법이 무엇인가?
② 링크가 두 개 이상의 프로세스와 관계할 수 있는가?
③ 모든 통신 프로세스의 쌍 사이에 존재하는 링크의 빈도는 어떻게 되는가?
④ 링크의 용량은 얼마인가? 즉, 링크가 어느 정도 버퍼 공간을 갖는가? 그렇다면 얼마인가?
⑤ 메시지의 크기는 얼마인가? 링크가 가변 크기 혹은 불변 크기 메시지를 수용할 수 있는가?
⑥ 링크는 단방향인가? 혹은 양방향인가? 여기서 단방향이란 링크에 연결된 각각의 프로세스가 주거나 받을 수 있으나 둘 다는 할 수는 없고, 각 링크는 여기에 연결된 적어

도 하나의 수신자(receive) 프로세스를 갖는 경우를 말한다.

다음과 같이 링크의 논리적인 구현과 send/receive 연산을 위한 여러 가지 방법이 있다.

① 직접 혹은 간접 통신
② 프로세스나 우편함으로의 전송
③ 대칭 혹은 비대칭 통신
④ 자동적 혹은 명시적(explicit) 버퍼링
⑤ 복사에 의한 전송 혹은 참조에 의한 전송
⑥ 고정 크기 혹은 가변 크기의 메시지

2) 동기화의 다양한 형태

두 개의 프로세스가 메시지 통신을 할 때에는 동기화(synchronization)의 문제를 고려해야 한다. 송신자와 수신자는 각각 대기 송수신 및 비대기 송수신을 하게 되는데, 일반적으로는 다음과 같은 세 가지 형태로 구현된다.

가) 대기 송신과 대기 수신

송신자 및 수신자 모두가 상대방의 메시지를 완전히 전달 받을 때까지 대기하는 경우인데 두 개 프로세스 간에는 완전한 동기화가 필요하다

이러한 형태는 링크 내에 대기하는 메시지가 없는 비버퍼링(nonbuffering) 시스템이 된다. 비버퍼링 시스템에서는 메시지 수신이 끝난 후에 송신을 하거나 메시지 송신이 모두 끝난 후에 수신을 해야 하므로, 이러한 동기화의 방법을 회합(rendezvous)이라고 한다.

나) 비대기 송신과 대기 수신

송신자는 아무런 제약 없이 계속 송신을 실시할 수 있고, 수신자는 요청한 메시지가 도착할 때까지 대기하는 경우를 말하며 유한한 용량의 버퍼링 시스템에서 큐가 꽉 채워질 때에는 대기하게 된다.

비대기 송신은 임의의 프로세스가 여러 개의 수신자들에게 메시지를 즉각적으로 송신하는 방법이며 잘못된 메시지가 반복되어 아무런 제약 없이 계속해서 보내질 수 있는 위험이 있기 때문에 수신자 측의 메시지 수신에 대한 오류 및 흐름 제어 방식이 필요하다.

대기 수신은 어떤 프로세스를 수행하기 전에 수신측에서 필요한 정보를 요청하는 방식

이며 요청한 메시지를 잃어버리거나 수신에 실패할 때에는 해당 프로세스가 계속해서 무한 대기(Indefinitely Blocking)하는 경향이 있다.

다) 비대기 송신과 비대기 수신

송신자와 수신자가 아무런 제약 없이 계속 송신과 수신을 실시할 수 있는 방법이며, 통신 링크 큐는 무한 용량을 갖게 된다.

3) 주소화의 다양한 형태

가) 직접 통신

메시지를 주거나 받기를 원하는 각각의 프로세스는 송신자나 수신자의 이름을 외부적으로 표현해야 한다. 직접 통신 정책에서는 송신자는 수신자의 주소나 이름을 반드시 명시적으로 지정해주어야 하며, 수신자는 송신자의 주소나 이름을 명시적으로 지정할 수도 있고 지정하지 않을 수도 있다.

이 방법에서 링크는 다음과 같은 성질을 가지는데 그 내용은 다음과 같다.

① 통신을 원하는 모든 프로세스 사이에 링크가 자동으로 설정된다.
② 프로세스는 통신하는 상대방의 고유명을 알고 있어야 한다.
③ 각 통신 프로세스는 정확히 하나의 링크가 존재한다.
④ 각각의 통신 링크는 양방향 통신이어야 한다.

주소 지정의 대칭 방법은 송신자와 수신자 모두가 상대방의 주소나 이름을 직접 명시하며, 두 개의 프로세스가 1 : 1 통신을 하는 경우에 사용한다.

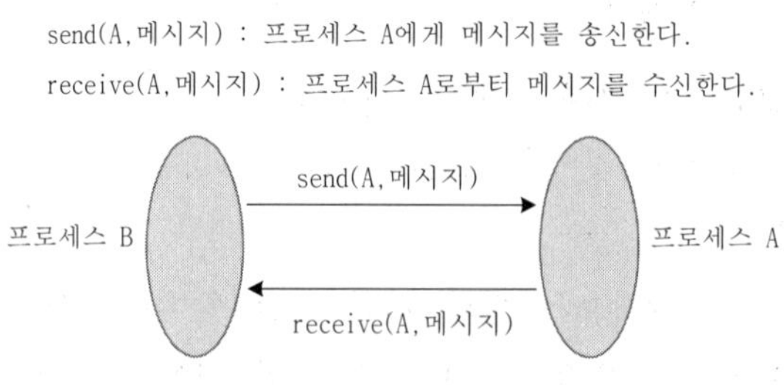

[그림 9-10] 주소 지정의 대칭 방법

주소 지정의 비대칭 방법은 송신자는 수신자를 직접 지정하지만, 수신자는 송신자를 직접 지정하지 않는 경우에 사용한다. 즉, 수신자가 송신자의 주소나 이름을 알 필요가 없을 때 이러한 방법을 사용한다. 이때에는 1 : n이나 n : 1 통신이 이루어 질 수 있다.

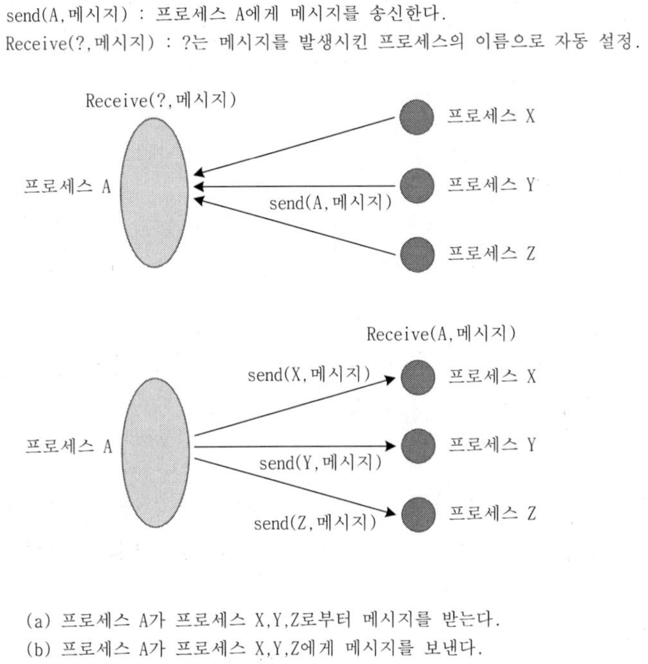

[그림 9-11] 주소 지정의 비대칭 방법

| 학 습 활 동 |

용량에서 본 링크의 버퍼링

링크는 자체 안에 임시로 저장되는 메시지들의 수를 결정하는 크기를 가진다. 이 특성은 링크에 부착된 메시지들의 큐라고 할 수 있다. 기본적으로 이러한 큐를 구현할 수 있는 방식은 세 가지가 있다.

① 무용량(Zero Capacity)
큐의 최대 길이는 0으로 송신자는 수신자가 메시지를 수신할 때까지 대기해야 한다. 메시지 전송을 위하여 두 프로세스들은 동기화되어야 한다.

② 제한된 용량
큐는 유한한 길이 n을 가진다. 링크는 유한한 용량을 가지므로 링크가 꽉 차면 송신자는 큐 안에 공간이 생길 때까지 연기되어야 한다.

③ 무한 용량
큐는 잠재적으로 무한한 길이를 가진다. 즉 메시지들을 얼마든지 큐 안에 넣을 수 있으므로 송신자는 결코 지연되지 않는다. 0 용량의 경우 비버퍼링 메시지 시스템이라고 한다.

나) 간접 통신

(1) 개 념

직접 통신 방법은 송신자가 수신자의 주소나 이름을 반드시 명기해야 하기 때문에 이름이나 주소가 변경되는 경우에는 메시지 통신을 위한 모듈을 재번역하거나 변경해야 하는 문제가 발생한다.

간접 통신은 송신자와 수신자가 직접 메시지를 서로 주고받는 것이 아니라, 일시적으로 메시지를 넣어 둘 수 있는 공용의 큐(우편함, mail box)에 메시지를 송신해 두거나 수신해 둔 뒤에 이 우편함과 연결된 송수신자가 해당 메시지를 처리하는 방법을 사용한다.

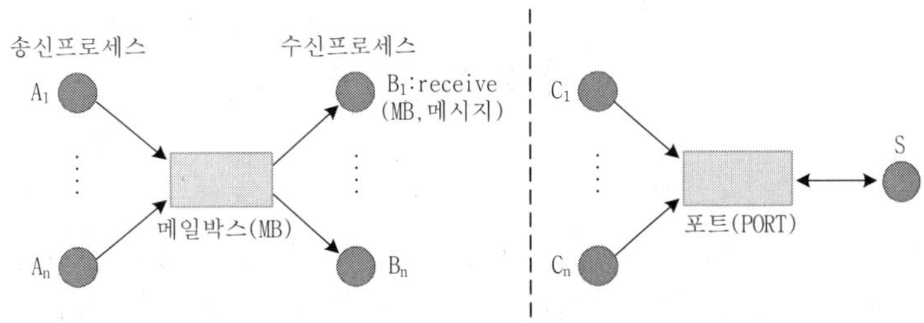

[그림 9-12] 간접 통신 기법

우편함은 메시지들이 프로세스들에 의하여 넣어지는 객체로, 그리고 메시지들이 제거되는 객체로 볼 수 있다. 각 우편함은 고유한 이름을 갖고 두 프로세스들이 공유 우편함을 가질 때만 통신할 수 있다. 이러한 간접 통신 기법은 송·수신자를 분리하므로 메시지의 사용에 있어 커다란 유연성을 제공한다.

이 방법에서 통신 링크는 다음의 성질을 가지게 되는데 그 내용은 다음과 같다.

① 한 쌍의 프로세스 사이에 공유우편함이 있는 경우에만 둘 사이에 링크가 설정된다.
② 한 링크는 두 개 이상의 프로세스와 관계할 수 있다.
③ 각 통신 프로세스 쌍 사이에 각각 하나의 우편함에 관계되는 여러 개의 서로 다른 링크가 있을 수 있다.
④ 링크는 단방향이거나 양방향일 수 있다.

(2) 통신 링크의 연결 방법

(가) 1 : 1 연결 방법

두 개 프로세스 사이에 사적인 통신 링크를 유지한 후, 메일 박스를 이용하여 서로 메시지를 주고받을 수 있는 형태이다.

(나) n : 1 연결 방법

클라이언트·서버 체제 하에서 나타나며, 이때의 메일 박스를 포트(port)라고도 부른다.

(다) 1 : n 연결 방법

하나의 프로세스가 다수의 프로세스들에게 메시지나 정보를 한꺼번에 보내는 분야에서 사용된다.

학 습 활 동

메시지에서 본 링크의 버퍼링

프로세스에 의해 송신되는 메시지는 다음과 같이 세 가지 변형을 가질 수 있다.

첫째, 고정 크기의 메시지로서 실제적인 구현은 가능하나 프로그래밍의 어려움이 있고 둘째, 가변 크기의 메시지로서 좀 더 복잡한 실질적인 구현이 필요하다.

그러나 프로그래밍은 더 간단해진다. 마지막으로, 형태화된 메시지는 기본적으로 간접 통신에만 적용된다.

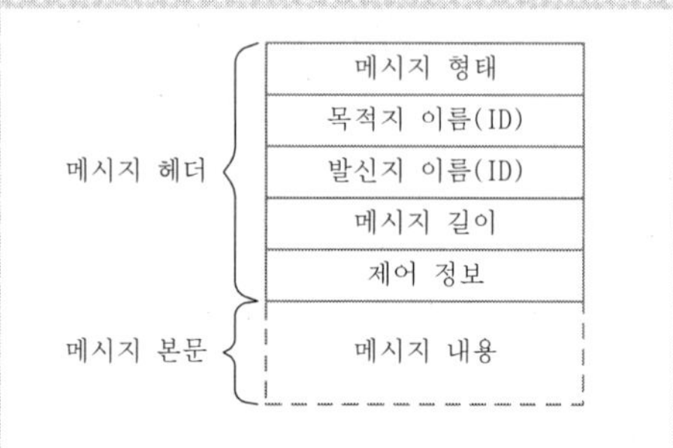

[그림 9-13] 메시지 구성

(3) 우편함의 소유권

우편함이 프로세스에 소속될 때는 우편함으로부터 메시지를 수신만 하는, 이른바 우편함의 주인과 우편함에 메시지를 송신만 하는 사용자로 구분한다. 각 우편함은 고유의 주인이 있기 때문에 누가 우편함에 송신된 메시지를 수신할 것인가에 대한 혼동은 없게 된다. 우편함을 소유하고 있는 프로세스가 끝이 나면 우편함은 없어진다. 계속적으로 이 우편함에 메시지를 송신하는 프로세스는 우편함이 더 이상 존재하지 않는다.

특정한 우편함의 주인과 사용자를 지명하는 방법 중 프로세스가 우편함이라는 형태(type) 변수를 선언하는 방법이 있다. 우편함을 선언하는 프로세스가 이의 주인이다. 그 우편함의 이름을 아는 다른 프로세스는 이를 사용할 수 있다.

이때 운영체제는 우편함과 관련된 다음과 같은 기능을 제공한다.

① 새로운 우편함의 생성
② 우편함을 통한 메시지의 송수신
③ 우편함의 소멸

한편, 프로세스들은 프로세스 생성 기능을 통해서 우편함을 공유할 수도 있다. 예를 들면, 프로세스 R이 우편함 A를 생성하고 새로운 프로세스 Q를 생성하다면 R과 Q는 우편함 A를 공유한다. 우편함을 접근할 권리를 가진 모든 프로세스는 결국은 끝이 나게 되므로 어느 정도 후에는 우편함은 더 이상 어떠한 프로세스에 대해서도 접근되지 않게 된다. 이 경우에 운영체제는 우편함에 의해 사용되었던 공간을 회수하게 된다.

요 약

1. 병행 프로세스(concurrent process)는 두 개 혹은 그 이상의 관련 있는 프로세스가 동시에 실행되는 것이다.
2. 멀티 프로그래밍을 구현한 컴퓨터에서 여러 프로세스는 서로 자원을 가지기 위해서 경쟁을 하는데 이러한 상태를 Race Condition이라 한다.
3. 어떤 프로세스들의 집합이 determinate하다고 하는 것은 기억 장소의 집합의 최종 내용이 초기 내용에 대해서 항상 같은 값을 내어 줄 수 있다는 의미이다.
4. 상호 배제를 시켜야 하는 부분을 임계 구역(critical section)이라고 하며 하나의 프로세스가 이 구역 내에 있을 때 다른 프로세스가 임계 구역에 진입하는 것을 막아야 한다.
5. Lamport는 분산처리 환경에 적합한 알고리즘을 발표했는데 고객이 붐비는 제과점에서 번호표를 받고 대기하는 개념을 도입하였기 때문에 제과점 알고리즘이라고 부른다.
6. 세마포어는 플래그로 사용되는 음이 아닌 정수값을 갖는 변수이며 가장 잘 알려진 예가 철도에서 열차의 진행 가능 여부를 나타내는 차단기이다.
7. 메시지 시스템의 기능은 프로세스가 공유변수에 의하지 않고도 서로 통신을 할 수 있게 하는 것이다.
8. 두 개의 프로세스가 메시지 통신을 할 때에는 대기 송신과 대기 수신, 비대기 송신과 대기 수신 그리고 비대기 송신과 비대기 수신의 형태들로 구분된다.
9. 직접 통신 정책에서는 송신자는 수신자의 주소나 이름을 반드시 명시적으로 지정해주어야 한다.
10. 간접 통신은 일시적으로 메시지를 넣어 둘 수 있는 공용의 큐(우편함, mail box)에 메시지를 송신해 두거나 수신해 둔 뒤에 이 우편함과 연결된 송수신자가 해당 메시지를 처리하는 방법을 사용한다.

기초 문제

1. 다음 중 프로세스의 간접 통신 방법에 대한 설명으로 옳은 것은?

① 대칭적이며, 일 대 일 통신 방법이다.
② 프로세스 간의 링크는 정확히 두 프로세스에 설정된다.
③ 링크는 단방향이거나 양방향일 수도 있다.
④ 안정성과 신뢰성이 매우 높은 특징을 갖는다.

(정답) ③
(해설) 간접 통신에서 링크는 단방향이거나 양방향일수도 있다.

2. Lamport의 제과점 알고리즘에 대한 조건이 아닌 것은?

① 프로세스의 이름이 A와 B라면 A>B이므로 프로세스 A가 B보다 먼저 서비스를 받는다.
② 가장 작은 번호는 1이며, 번호를 부여받지 못한 프로세스는 번호 0을 가진다.
③ 낮은 번호를 부여 받은 프로세스가 먼저 임계 구역에 진입한다.
④ 프로세스는 고유한 이름을 가지며, 알파벳에 의한 순서가 유지된다.

(정답) ①
(해설) 프로세스의 이름이 A와 B라면 A<B이므로 프로세스 A가 B보다 먼저 서비스를 받는다.

3. 세마포어(semaphore)에 관한 설명 중 틀린 것은?

① 상호배제 문제를 해결하기 위하여 사용된다.
② 정수의 변수로서 양의 값만을 가진다.
③ 여러 개의 프로세스가 동시에 그 값을 수정하지 못한다.
④ 세마포어에 대한 연산을 처리 도중에 인터럽트 되서는 안 된다.

(정답) ②
(해설) 정수형 변수가 음수가 되는 경우 대기상태이다.

4. E.J.다익스트라가 제안한 방법으로 반드시 상호 배제의 원리가 지켜져야 하는 공유 영역에 대해 각각의 프로세스들이 접근하기 위하여 사용되는 두 개의 연산 P와 V라는 연산을 통해서 프로세스 사이의 동기를 유지하고 상호 배제의 원리를 보장하는 것은?

① Synchronization ② Context Switching
③ Monitor ④ Semaphore

(정답) ④
(해설) 세마포어는 두 개의 연산 P와 V라는 연산을 통해서 프로세스 사이의 동기를 유지하고 상호 배제의 원리를 보장한다.

5. 다음 중 임계조건의 필요 조건이 아닌 것은?

① 동기화 모델링 ② 상호 배제
③ 진행(progress) ④ 한정된 대기(bounded waiting)

(정답) ①
(해설) 임계조건의 필요 조건은 상호 배제, 진행 그리고 한정된 대기이다.

심화 문제

1. 다중 프로세스를 관리하는데 있어서 해결되어야 할 문제점에 대하여 설명하시오.

2. 다중 프로세스 간의 상호 관계인 협조 관계와 경쟁 관계에 대하여 설명하시오.

3. 상호 배제(Mutual Exclusion)의 개념, 해결 방안 그리고 문제점에 대하여 설명하시오.

4. 임계구역(Critical Section)의 도입목적 및 개념에 대하여 설명하시오.

5. Lamport의 제과점 알고리즘에 대하여 설명하시오.

6. 세마포어 연산에 대하여 논하시오.

7. 메시지 전달과 세마포어가 같은 기능을 가지고 있음을 설명하시오.

8. 메시지 전달 시스템에서 동기화 형태에 대하여 설명하시오.

9. 메시지 전달 시스템에서 주소화 형태에 대하여 설명하시오.

10. 간접 통신에 대하여 자세히 설명하시오.

10

분산시스템

1980년대 이후 마이크로 프로세서 기술의 발전과 컴퓨터 통신 및 네트워크 기술의 발전에 따라 분산 시스템의 개념이 탄생하게 되었다. 네트워크는 분산 처리의 기본 개념인 한 지점으로부터 다른 지점으로 데이터를 전송하기 위해 존재하며 분산 시스템은 여러 가지 하드웨어와 소프트웨어로 구성된다. 서로 떨어져 있는 당사자들 간의 분산 처리는 컴퓨터들의 연결, 전송 매체 및 네트워킹 장치들로 이루어진 네트워킹이라는 과정을 통해 이루어진다. 네트워크는 근거리 통신망(LAN)과 광역통신망(WAN)이라는 두 영역으로 나뉜다. 이 두 가지 네트워크는 서로 다른 특성과 기능을 갖는다.

분산 시스템에서 반드시 필요한 컴퓨터의 발전은 업무, 산업, 과학 및 교육에 있어서 지대한 변화를 가져온 후 통신 링크를 통하여 더 많은 양의 데이터를 더 빠르게 전송할 수 있게 되었다. 그 결과, 다자 간 통신, 통화 대기, 음성 메일 및 발신자 번호 확인과 같은 전화 서비스를 포함한 추가적인 기능을 사용할 수 있도록 진화하고 있다.

분산처리에 있어서 커다란 가능성을 지니고 있는 접근 방식은 자신이 어디에 있든 상관없이 다른 기계의 자원들을 액세스할 수 있는 투명성이다. 진정한 투명 환경에서는 사용자가 네트워크상에 있다는 사실조차 모르게 된다. 다른 부분들이 다른 구조의 다른 기종에서 응용 프로그램의 몇 가지 부분을 함께 실행시킬 수 있다.

사용자 인터페이스의 이점을 차지하고라도 이러한 접근 방식은 프로세서들 간에 작업 로드를 분산시킬 수도 있다. 이와 유사한 접근 방식이 RPC(Remote Procedure Call)로 성취되었다. 또한 흔히 단일 응용 프로그램의 여러 업무들을 동시에 수행하기 위해 지리적으로 격리되어 있는 다양한 프로세스들을 사용할 수 있게 한다.

그뿐만 아니라, 시스템을 구성하는 각 노드들은 어느 정도의 자체 처리 기능을 갖고 있기 때문에, 모든 작업이 중앙의 대형 컴퓨터에서 처리되는 중앙 집중 처리 시스템보다 값이 싼 노드 단독으로 어떤 일을 처리할 수 있다는 경제성을 기대할 수 있다.

여기서는 분산 시스템의 개념 및 기능 그리고 네트워크 기술 및 네트워크 구성 형태에 대하여 살펴본다.

학 습 목 표

1. 분산 처리 시스템의 기능에 대하여 공부한다.
2. 프로토콜에 대하여 숙지한다.
3. 네트워크 기술에 대하여 이해한다.
4. 네트워크 구성 형태에 대하여 공부한다.
5. 분산시스템 적용 기술에 대하여 이해한다.

사 전 학 습

▶ OSI 7 Layer

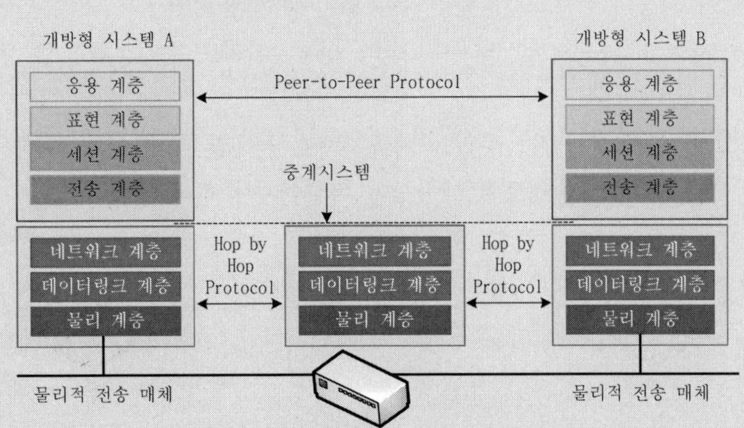

10.1 개 념

분산 시스템은 컴퓨터를 이용하여 자료처리(Data Processing)를 수행하기 위해서 여러 개의 온라인 시스템이 서로 네트워크를 통해 연결되어 있는 형태를 가지고 있으며 가장 적절한 네트워크를 통하여 프로세스나 여러 업무를 분산시키고자 하는 시스템들에만 적용된다.

이와 같이 분산 시스템은 여러 개의 물리적인 프로세서(자료 처리 장치)와 각종 데이터베이스가 지역적으로 분산되어 있으면서, 한 조직 내의 고유 업무를 수행하거나 조직 간의 관련 업무를 처리하고 정보 교환을 수행하는 시스템이라 할 수 있다. 이러한 분산 시스템은 각 노드들에 대해서 어느 정도의 자체 처리 기능을 부여하지만, 시스템 전체를 통괄 관리하는 운영체제(Operating System)가 있어야 한다.

분산 시스템은 통신망으로 서로 느슨하게 결합된(loosely-coupled) 프로세스의 집합이라 표현할 수 있으며 분산 시스템의 발전으로 자원과 주변장치인 하드디스크 및 프린터 등을 공유할 수 있게 되었다. 분산 시스템이 갖추어야 할 기본적인 특징들을 살펴보면 다음과 같다.

① 자원 및 제어 기능이 각 노드에 분산되어 있어야 한다.
② 각 노드의 자율성(autonomy) 및 시스템의 성능, 신뢰도 향상, 확장성 등이 제공되어야 한다.
③ 각각의 노드에 분산되어 있는 자원을 자유자재로 공유할 수 있어야 한다.
④ 각 노드에 분산되어 있는 정보의 보안성이 이루어져야 한다.

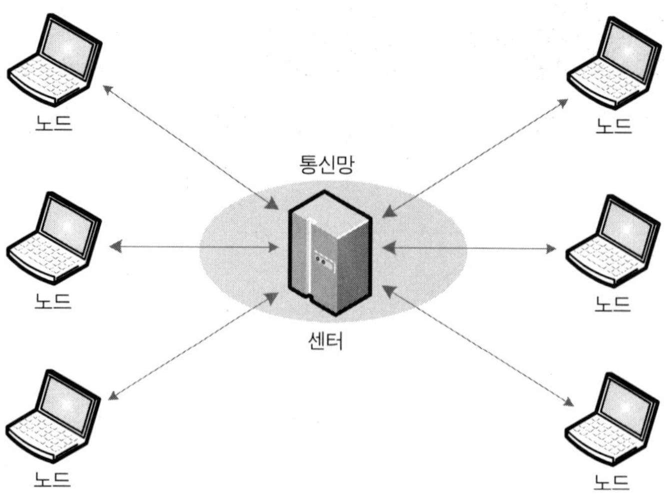

[그림 10-1] 분산 시스템

분산 시스템은 앞에서 말한 바와 같이 모든 호스트들이 자신의 프로세서와 메모리를 갖고 각각의 운영체제를 탑재하고 있기 때문에 독립적으로 운영될 수 있으며 분산 시스템 환경이 갖는 장점들은 다음과 같다.

■ 가격 대비 성능

중·대형 시스템을 기반으로 여러 사용자들이 이를 공유하여 사용하는 시스템에 비해 가격이 낮은 소형(개인용 컴퓨터 및 워크스테이션 등) 컴퓨터 시스템 여러 대를 네트워크로 연결하여 사용하는 것이 전체적으로는 더 적은 비용으로 좋은 성능을 이루는 방법이 될 수 있다.

■ 자원 공유

서로 다른 기능이나 자원을 갖는 여러 노드가 서로 연결되어 있으므로, 어떤 한 노드의 사용자는 다른 노드의 기능이나 자원을 사용할 수 있다. 자원 공유(Resource Sharing) 방식으로는 특수 목적의 연산 기능을 갖고 있는 원거리 노드의 하드웨어 사용, 원거리 노드가 갖고 있는 파일이나 분산 데이터베이스에 대한 정보 처리 등이 있다.

■ 연산 속도

어떤 특정한 하나의 연산이 동시에 병행하여 수행할 수 있는 다수의 부분 연산으로 분할될 수 있을 때에는, 다수 개의 부분 연산을 시스템 내의 여러 노드들에게 분산하여 처리시킴으로써 전체적인 연산 속도를 향상시킬 수 있다.

■ 부하 균등 기능

어느 특정한 노드가 많은 작업으로 인해 과부하 상태일 때에는 부하가 별로 없는 다른 노드로 작업의 일부를 이동시킴으로써 전체적인 연산 속도를 증가시킬 수 있다. 이러한 방법을 작업 부하의 균등이라고 한다.

■ 시스템 확장성

중·대형 시스템을 사용하는 경우 더 좋은 성능을 내는 시스템을 구성하기 위해서는 시스템을 교체해야 하는 등의 문제점이 따르게 된다. 그러나 분산 시스템에서는 네트워크 하부구조에 소형 시스템들을 추가로 연결함으로써 성능의 개선이 가능해진다.

■ 신뢰성의 개선

분산 체제 내의 특정 노드가 고장이 날 때에도, 전체 시스템 내에 같은 종류의 자원이나 데이터가 여러 개 존재한다면 나머지 노드들은 정상적인 작동을 계속할 수 있다. 이와 같이 어떤 노드의 고장은 즉시 탐지되고, 이의 회복을 위한 조치와 고장난 노드의 기능을 다른 노드가 대행할 수 있도록 하며, 대행 처리한 노드의 정확한 작동 확인과 고장 난 시스템의 회복에 따른 조치 등이 있어야 한다.

- 가용성의 개선
  분산 시스템을 사용할 경우 사용자들은 네트워크가 연결되어 있는 곳이면 어디에서나 시스템 자원들에 접근할 수 있게 되며, 또한 몇몇 자원들을 중복시킴으로써 필요한 자원들을 원하는 시간에 사용할 수 있도록 지원할 수 있다.

그러나 네트워크의 기초 위에서 구성된 분산처리 시스템의 문제점은 다음과 같은 경우로 살펴볼 수 있다.

① 보안을 유지하기 위하여 사용자가 오픈된 원격처리기 사용으로만 데이터에 접근하기 때문에 그 밖의 경우는 데이터를 전송할 수 없다.
② 어떤 자원은 유휴 상태인 반면에 또 어떤 자원은 과부하 상태에 있을 수 있으므로 자원의 물리적 분산은 서비스에 대한 요구의 분산과 일치하지 않는 경우가 생긴다.
③ 개인용 컴퓨터가 상당한 연산능력을 가지고 있다 할지라도, 그것의 능력은 큰 메인프레임 컴퓨터의 성능에 비해 적다.
④ 시스템 관리와 유지보수가 복잡하다.

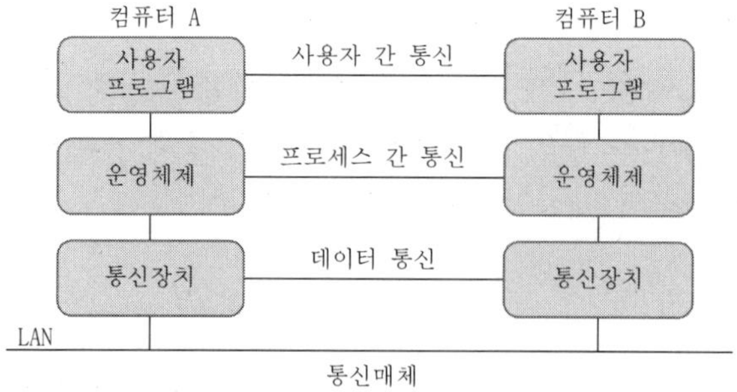

[그림 10-2] 분산 환경에서의 운영체제 역할

10.2 프로토콜

1) 개 념

컴퓨터들 간의 정보 교환을 위해서는, 어떻게 정보를 구조화하고 각 컴퓨터에 정보를 보내고 받을 것인가에 대한 사전 약속이 있어야 한다. 프로토콜은 통신을 원하는 두 개체 간에 무엇을, 어떻게, 언제 통신할 것인가를 서로 약속하여 통신상의 오류를 피하도록 하기 위한 통신 규약이다. 만약 이런 프로토콜이 없다면, 정보를 보내는 컴퓨터는 8비트 패킷으로 데이터를 보내고, 정보를 받는 컴퓨터는 16비트 패킷의 데이터를 수신하는 상황이 벌어질 수도 있다.

프로토콜을 전화 통화의 예로 들면 발신자가 착신자의 전화번호를 확인한 다음 송수화기를 들고, 착신자의 전화번호를 입력하여 착신자와의 접속을 시도한다. 이때 전화 교환망은 발신자로부터 입력되는 전화번호를 해석하여 착신자의 상태를 확인하고, 통화 중이 아니면 착신자를 호출하는 호출음을 발신한다. 만약 착신자가 통화 중이면 발신자에게 통화음을 송출하여 통화의 불가능을 알린다. 통화 중이 아닌 착신자가 발신자와 연결되었을 경우 발신자는 상대가 통화하고자 하는 대상자인가를 확인한 뒤 통신이 성립되고 데이터 교환이 이루어진다.

이와 같이 정보의 정확한 교환을 위해서는 프로토콜의 사용이 필수적이라고 할 수 있으므로 그 자체의 의미로 해석할 때 물리적인 의미보다는 통신에 관한 제반 절차로 정의되는 논리적인 의미를 갖는다. 통신 프로토콜은 여러 계층으로 나누어진 네트워크에서 동위(peer-to-peer) 계층에서 사용하는 표준화된 통신 규약으로, 네트워크 기능을 효율적으로 발휘할 수 있도록 해야 한다. [그림 10-3]에서 이메일을 송수신하는 절차와 관련된 프로토콜의 순서를 보여준다.

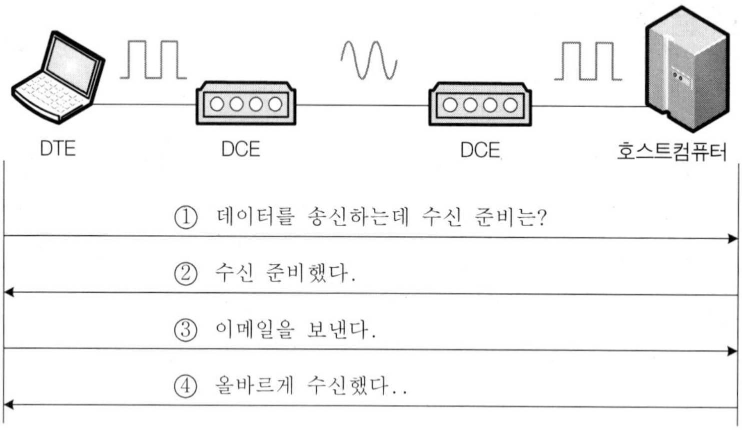

[그림 10-3] 정보 전송에 대한 프로토콜

쉬어가기

프로토콜의 유래

프로토콜 본래의 의미는 외교에서 의례 또는 의정서를 나타내는 말이다. 외국의 국빈이 우리나라를 방문하였을 때 그 방문기사에 등장하는 프로토콜이란 단어는 국빈을 대접하는 의전절차라는 의미로 쓰인 것이다. 이러한 프로토콜의 의미를 통신에 적용한 것이 통신에서의 프로토콜이다.

2) 구성 요소

가) 구문(syntax)

데이터의 형식(format), 부호화(encoding) 그리고 전압레벨 등 데이터의 물리적인 성질에 대하여 규정하는 영역이다. 예를 들면 어떤 프로토콜에서 데이터의 처음 16비트는 송신지의 주소를 나타내고, 다음 16비트는 수신지의 주소를 나타낸다.

나) 의미(semantics)

각 비트가 가지는 의미를 나타내는 영역으로 데이터에 대한 오류 제어, 동기 및 흐름 제어 등에 대한 각종 제어 절차에 대한 제어 정보를 규정한다. 예를 들면 어떤 프로토콜의 프레임 형식에서 플래그 필드는 프레임의 시작과 끝을 나타내며 제어 필드는 데이터 흐름을 제어하기 위한 필드이다.

다) 타이밍(timing)

송수신단간 또는 양단의 통신시스템과 교환망 간의 통신 속도 및 시퀀스 등에 대하여 정의하며 송신자가 데이터를 20 Mbps의 속도로 전송하고 수신자가 1 Mbps의 속도로 처리한다면 타이밍이 맞지 않아 데이터 손실이 발생할 수 있다.

3) 전송 방식

프로토콜은 원격지에 위치한 송수신자 사이의 정보를 주고받을 때 전송 방식에 대한 정의를 필요로 한다. 데이터 링크 프로토콜의 경우 크게 문자 전송 방식과 비트 전송 방식으로 나누어 볼 수 있다.

가) 문자 전송 방식

정보의 처음과 끝, 데이터 부분 등을 나타내기 위하여 문자를 사용하는 것을 말하는데 예를 들면 문자 제어 프로토콜인 BSC(Binary Synchronous Communication)에서 프레임은 두 개 이상의 동기문자(SYN)로 시작되며 이 뒤에는 시작문자(STX)가 뒤따른다. 데이터의 뒤에는 종료문자(ETX)가 오며 BCC(Block Check Character)로 프레임이 끝나게 된다.

나) 비트 전송 방식

특수 문자 대신에 임의의 비트열로서 정보의 처음과 끝을 나타내고 그 사이에 비트 메시지를 넣어 전송하는 방식으로 신뢰성이 높은 성능을 제공하며 HDLC, SDLC 등이 속한다.

4) 기 능

프로토콜은 여러 가지 복합적인 기능의 종합으로 이루어지며, 모든 프로토콜에 모든 기능이 있는 것은 아니다. 언급한 세 가지 구성 요소는 정보 교환을 위해서 수행되는 기능에 따라 아래와 같은 구체적인 프로토콜의 기능으로 분류할 수 있다.

가) 단편화와 재결합(Fragmentation and Reassembly)

송신기에서 발생된 정보에 대한 전송 효율을 증가시키기 위해서 적절한 크기로 분할하여 전송하는 것을 단편화라고 하며 패킷 교환망의 가상 회선이나 데이터 그램에서 구현되고 있다. 송신기에서 분할된 정보는 다시 원래의 정보로 재결합되어 최종적으로 사용자에게 전달된다.

나) 정보의 캡슐화(Encapsulation)

송신기에서 발생된 정보를 정확하게 전송하기 위해서 헤더(header)와 트레일러(trailer)를 각각 앞부분과 뒷부분에 부가하는 과정으로써 이것을 캡슐화라고 한다.

다) 연결 제어(Connection Control)

한 개체에서 다른 개체로 데이터를 전송하는 방법에는 두 시스템이 서로 데이터를 교환할 때 연결 설정을 하는 연결 지향형 데이터 전송과 연결 설정을 하지 않는 비연결 지향형 데이터 전송이 있다.

전자는 데이터를 송수신하는 개체 간에 연결 설정, 데이터 전송 그리고 연결 해제의 세 단계로 구성되며, 데이터 전송 중 연결에 대한 지속적인 관리를 하게 된다. 한편, 후자에서는 두 개체가 논리적인 연결 없이 데이터를 보내는 방식을 취하게 된다.

라) 흐름 제어(Flow Control)

어떤 데이터를 송수신하는 두 개체 간에 처리속도가 다르면 데이터가 상실될 수 있다. 이러한 경우를 방지하기 위하여 흐름 제어를 한다. 흐름 제어 기법으로는 정지-대기(stop-and-wait) 흐름 제어로 수신 측의 확인 신호(ACK)를 받기 전에는 데이터를 전송할 수 없게 하는 기법과 확인 신호를 수신하기 전에 일정량의 데이터를 송신할 수 있는 슬라이딩 윈도우(Sliding Window) 기법 등이 있다.

마) 오류 제어(Error Control)

정보를 전송하는 과정에서 회선의 단절, 잡음, 감쇠, 혼선 등 여러 가지 원인으로 송신측에서 보낸 정보와 수신측에서 수신된 정보가 동일하지 않을 때 이를 검출하여 정정하는 기법을 말한다.

오류 제어는 오류 발생만을 검출하는 방식과 오류를 검출하여 정정하는 두 가지 방식이 있다. 전자에는 CRC(Cyclic Redundancy Checking), 패리티 비트 코드 등이 있으며 오류 정정 코드에는 해밍 코드(Hamming Code), 길쌈 코드(Convolutional Code)가 있다.

바) 순서 지정(Sequencing)

순서 지정은 패킷 교환망에서 사용되는 방식으로써 정보가 분할되어 캡슐화 과정을 거쳐 전송될 때 통신 개시에 앞서 논리적인 통신 경로인 데이터 링크를 설정하고 순서에 맞는 전달 흐름 제어 및 에러 제어를 결정한다.

사) 주소 지정(Addressing)

송수신 측의 주소를 명시함으로써 정확한 목적지에 데이터가 전달되도록 하는 기능으로 인터넷에서 각각의 호스트 및 터미널 등이 할당받은 IP 주소 등이 이에 속한다.

아) 이름 지정(Naming)

전화망에 가입된 모든 전화에 각각의 고유한 번호와 가입자의 이름이 부여되듯이 통신망에 접속된 통신기기에도 고유한 주소와 함께 정보 통신 시스템의 명칭, 즉 이름이 부여되어야만 한다. IP 주소와 함께 부여되는 고유한 이름이다.

자) 다중화 및 역다중화(Multiplexing and Demultiplexing)

다중화(multiplexing)라는 용어는 두 개 이상의 저수준의 채널들을 하나의 고수준의 채널로 통합하는 과정을 말하며, 역다중화(demultiplexing) 과정을 통해 원래의 채널 정보들을 추출할 수 있다.

기본적인 형태는 시분할 다중화 방식(Time Division Multiplexing, TDM), 주파수 분할 다중화 방식(Frequency Division Multiplexing, FDM) 그리고 코드 분할 다중화 방식(Code Division Multiplexing, CDM)이 있다. 광통신 분야에서는 FDM은 광파장 분할 방식(Wavelength Division Multiplexing, WDM)으로 취급된다. 시분할 다중화 방식은 동기식이나 비동기식 중의 하나가 된다.

차) 전송 서비스(Transmission Service)

전송 서비스는 위에서 언급한 다수의 전송 절차가 전체적으로 원활히 수행하기 위한 제반 조건 등을 나타내는 서비스이다.

학 습 활 동

분산시스템의 기능

- 부하분산

병렬로 운용되고 있는 기기 사이에서의 부하가 가능한 한 균등하게 되도록 작업 처리를 분산하여 할당하는 것을 말한다. 즉, 컴퓨터 내에서 여러 개의 마이크로프로세서에 작업의 처리를 균등하게 배정하거나 네트워크상에서의 접속 요구를 여력이 있는 서버로 돌리거나 하는 등의 여러 분야에서 광범위하게 사용되고 있는 개념이다. 부하분산을 효율적으로 하기 위해서는 각 기기의 부하를 계속적으로 측정할 필요가 있다. 그러나 부하의 측정을 지나치게 엄밀하게 운용하게 되면 부하분산 자체가 오히려 큰 부하가 된다.

- 처리분산

지점이나 부서별로 각자의 소형 컴퓨터를 보유하여 소형 컴퓨터 간 혹은 본사의 중앙 컴퓨터와 연결하여 운영하는 방식으로 특징은 다음과 같다.

① 가격이 싼 개인용 컴퓨터를 이용할 수 있다.
② 중앙 컴퓨터에서 업무가 폭주하는 것을 막을 수 있다.
③ 통신 횟수를 줄일 수 있어 경제적이다.

10.3 네트워크 기술

네트워크는 지역적으로 분산된 다수의 가입자들 중 둘 이상의 가입자 간을 결합시켜 정보 전달을 가능케 하는 전달매체로써 노드(node)와 링크(link)의 집합이다.

컴퓨터 네트워크의 성능이란 요구되는 서비스 조건을 경제적으로 실현하기 위해 각 구성 요소 및 시스템 방식을 선택하고 이들에 대한 신뢰성을 배분하는 것이다.

예를 들어 사무실에서 프린터를 공유하기 위하여 다수 개의 컴퓨터를 매체를 이용하여 연결하였다면 이들 사이에 네트워크가 구성된 것이다. 네트워크가 구성된 경우 각 컴퓨터 간에 프로토콜을 통하여 데이터를 공유함으로써 정보 처리의 효율성을 개선시킬 수 있다.

| 학 습 활 동 |

분산처리시스템의 구성요소

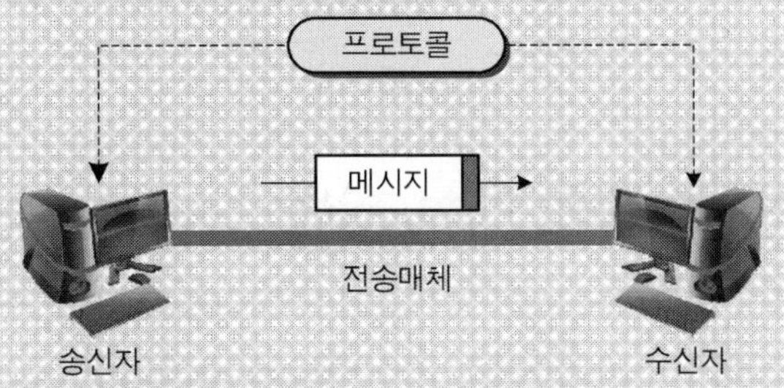

메시지	통신의 목적이 되는 정보
송신자	메시지의 생성 및 송신을 담당하는 장치
수신자	전송매체를 통해 전송된 메시지를 수신하는 장치
전송매체	메시지가 송신자로부터 수신자에게 전달되는 물리적 경로
프로토콜	데이터통신을 제어하는 약속 또는 규칙들의 집합

1) 성능 결정 요소

가) 신뢰성(reliability)

신뢰성은 시스템의 각 구성 요소가 정한 조건으로 소정의 기간 중 필요한 기능을 완수한 능력이며, 신뢰도는 그의 확률이다. 여기서 각 구성의 기능과 구성된 시스템의 정해진 기능을 잃는 것을 고장(fault)이라고 하며 그 확률을 고장율(Fault Rate)이라고 한다.

나) 가용성(availability)

가용성은 어느 특정 시점에서 소정의 기능을 완수하고 있는 비율을 나타내며 그 확률을 가용성이라고 한다. 이때 가용율(Availability Rate)은 동작가능한 정도와 동작 불가능한 정도를 정해진 시간으로 평가하는 비율을 말한다.

다) 보전성(serviceability)

보전성은 시스템의 각 구성 요소에 장애가 발생하였을 때 회복을 위한 수리의 간편도, 정기적인 점검, 대체의 간편성을 말하는 것으로 정해진 시간 내에 보전이 종료되는 확률을 보전도라고 한다. 이때 보전율은 시스템상에서 발생 또는 존재하는 장애에 대한 회복을 위한 시간을 말한다.

2) 인터네트워킹(Internetworking) 장비

여러 개의 네트워크가 존재하며 이들 간의 정보 교환이나 자원 공유, 서비스의 상호 이용이 필요한 경우 네트워크와 네트워크를 접속해서 복수의 네트워크를 구성할 수 있는 기술을 인터네트워킹 기술이라 한다.

〈표 10-1〉 인터네트워킹 장비

<table>
<tr><td colspan="2">트랜스포트 계층~응용계층</td><td colspan="7"></td><td rowspan="5">게이트웨이</td></tr>
<tr><td colspan="2">네트워크계층</td><td colspan="5"></td><td rowspan="4">라우터</td><td rowspan="4">계층3 스위치</td></tr>
<tr><td rowspan="2">데이터링크 계층</td><td>LLC</td><td colspan="3"></td><td rowspan="3">브리지</td><td rowspan="3">스위칭 허브 (계층2 스위치)</td></tr>
<tr><td>MAC</td><td colspan="2"></td><td rowspan="2">중계기 (허브)</td></tr>
<tr><td colspan="2">물리계층</td><td>트랜시버</td><td>중계기</td></tr>
</table>

(MAC(Media Access Control): 매체접속제어)

가) 허브(hub)

허브는 한 가운데에 있는 제어장치를 중심으로 DTE가 있는 지점 간에 트리 구조로 연결하는 장비이다. 허브는 수신한 신호를 정확히 재생하여 다른 쪽으로 내보내는 역할을 한다. 가격이 아주 저렴하기 때문에 널리 사용되고 있으나 네트워크의 규모에 의해서 프레임의 충돌이 빈번하기도 하고 목적지 이외의 네트워크에 쓸모없는 프레임도 내보내게 된다.

최근에는 데이터의 규모도 커지고 있어 화상 등의 대용량 데이터가 항상 네트워크를 흐르고 있기 때문에 네트워크상을 흐르는 데이터 중계기의 기능만으로 네트워크의 전송 효율을 저하시키게 된다.

나) 리피터(repeater)

OSI 1계층 간을 연결하는 기기로 네트워크의 세그먼트를 연장하기 위한 기기이다. 스테이션에서 발신되는 신호는 전송거리가 길어지면 이 신호는 열화되어 규격에 따르지 않기 때문에 수신측에서 원래의 정보로 재생할 수 없다.

예를 들어, 10Base2 세그먼트를 이용해 연결할 수 있는 최대거리는 200 [m]이다. 그러나 실제로 연결하려는 장비인 DTE가 그 이상 분산되어 있으면 세그먼트 하나로 전체 LAN을 구성할 수 없다. 이때 리피터를 이용해 전체 망 길이를 연장하면 된다.

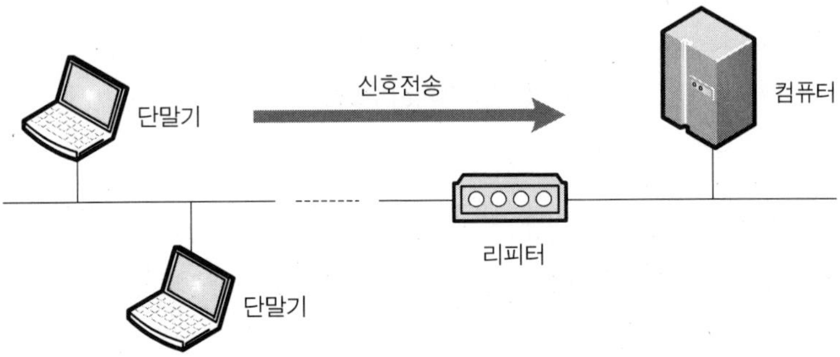

[그림 10-4] 리피터

다) 브리지(Bridge)

동일한 네트워크에서 물리적인 구조가 다른 세그먼트끼리 브리지를 사용하면 서로 연결할 수 있으므로 하나의 세그먼트에 제한된 최대 길이, 최대 연결 노드 수 등 물리적인 제약을 극복할 수 있다. 주소에 관한 정보를 얻으려면 패킷을 브로드캐스트 모드로 전송해야 하는데, 이것은 전체 망에 심한 오버헤드를 줄 수 있어 노드가 50개 이하인 소규모 망에서만 주로 사용한다.

OSI 계층에서 보면 데이터링크 계층에서 망을 연결하는 장비이다. 다시 말하면, 물리적 계층이 서로 다른 망을 접속하는데 망 A와 브리지 간에 데이터 링크 기능을 수행한 후 이에 대한 결과를 망 B에 전송한다.

브리지는 프레임의 MAC 어드레스를 살펴서 프레임의 통과를 허가하거나 허가하지 않는 판단을 하는 필터링 기능을 갖고 있지만 리피터는 물리 계층에 해당하므로 단순히 증폭하고 재생시키는 기능만 제공하고 있다.

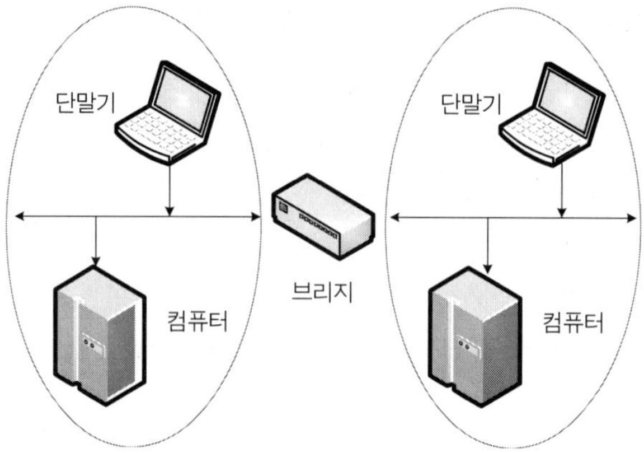

[그림 10-5] 브리지

라) 라우터(Router)

동일한 전송 프로토콜을 사용하는 분리된 네트워크를 연결하는 장비로 OSI 계층에서 보면 네트워크 계층에서 망을 연결하는 장비이다.

브리지가 MAC 어드레스를 보고 그 프레임을 중계할 지를 판정하는 것에 비해 라우터는 라우팅 프로토콜에 의해 네트워크 중에 접속되어 있는 목적의 터미널을 발견해내는 경로를 결정한다.

송수신에 사용되는 IP(Internet Protocol) 패킷 중의 IP 어드레스를 인식하기 때문에 브리지의 경우에 흘린 쓸모없는 프레임을 라우터에서는 흘리지 않을 수 있기 때문에 라우터는 서로 독립성이 높은 네트워크 간을 상호 접속하기 위해 사용되고 있다.

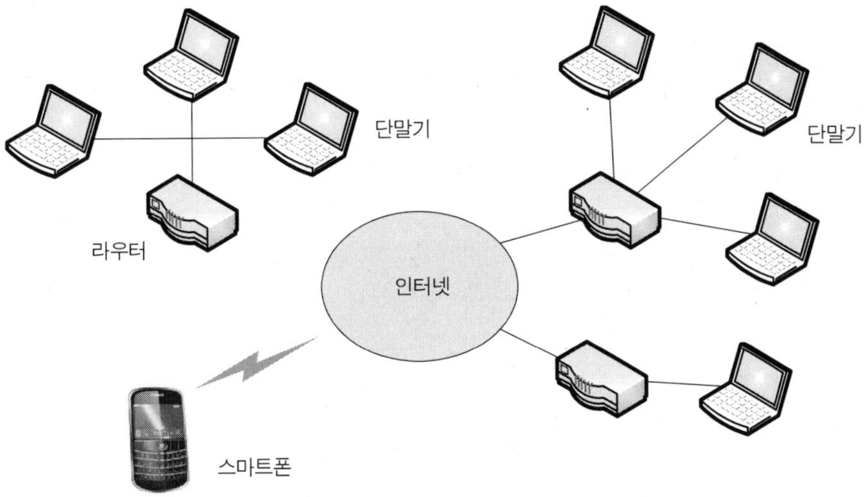

[그림 10-6] 라우터

마) 게이트웨이(Gateway)

OSI 참조 모델의 상위 계층을 포함한 전 계층에서 정합 기능을 제공하고 있다. 즉, 네트워크 A가 게이트웨이와 1~7 계층까지 peer-to-peer protocol을 행한 후 이에 대한 결과를 gateway에 저장한 후 네트워크 B와 peer-to-peer protocol을 행한다.

여러 계층의 프로토콜 변환 기능 때문에 네트워크 내에서 병목 현상을 일으키는 지점에 설치한다. 예를 들면 PSTN과 패킷교환망을 연결하거나 프록시 서버(Proxy Server)나 방화벽(firewall) 서버의 역할을 함께 수행하는 경우도 있다.

3) 네트워크 구성 방식

가) 동등 계층(Peer-to-peer) 방식

(1) 개 념

네트워크에 연결된 자원에 특정 규약 없이 접근할 수 있는 형태의 네트워크를 의미한다. peer란 사전적 의미로는 동료 또는 대등한 사람을 뜻하는 것으로서 서버 혹은 클라이언트의 의미와는 상반되는 개념이다. 즉, 서버와 클라이언트의 구분이 없으므로 네트워크에 연결된 컴퓨터는 서버도 될 수 있고 클라이언트도 될 수 있다. 일반적으로 소규모의 네트워크를 구축할 때 많이 사용되는 모델이다.

(2) 장 점

① 설치 및 관리가 간편하고 고가의 서버 등을 구입할 필요가 없으므로 구축에 많은 비용이 소요되지 않는다.
② 작업의 수행에 있어서 다른 컴퓨터에 대한 의존이 덜하다.
③ 네트워크 관리를 위한 관리자를 따로 고용할 필요가 없고 중앙 서버의 제어 없이 독자적으로 운영된다.

(3) 단 점

① 연결되는 컴퓨터의 수가 늘어날수록 관리가 어려워지고 네트워크의 성능도 현저하게 떨어진다.
② 중앙에서 보안을 관리할 서버가 없으므로 다른 컴퓨터에 있는 리소스를 사용하기 위하여 여러 개의 암호와 사용자명을 기억하고 있어야 한다.
③ 데이터가 여러 컴퓨터에 흩어져 있으므로 백업 작업이 상당히 복잡해진다.
④ 중앙 관리가 불가능하며 peer 컴퓨터의 사용자 관리를 필요로 한다.

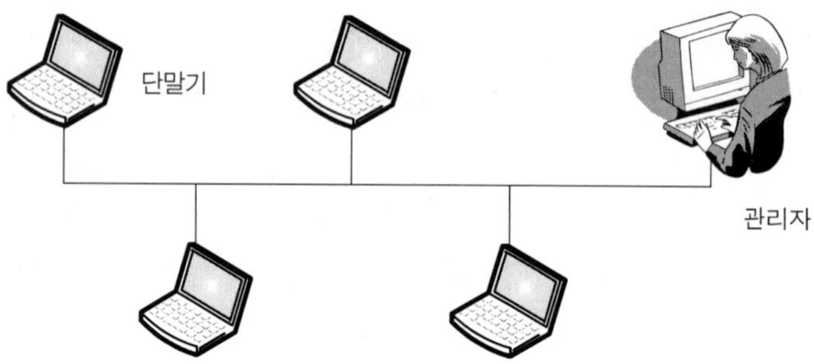

[그림 10-7] 동등 계층(Peer-to-peer) 방식

나) 클라이언트/서버 방식

(1) 개 념

클라이언트/서버 방식이란 클라이언트를 서비스에 대한 요구자로, 서버를 서비스에 대한 제공자의 형태로 네트워킹하여 자원을 공유하는 분산처리기법을 말한다. 대개의 경우 클라이언트는 서버에게 자신이 원하는 자료를 요청하고, 서버는 클라이언트에서 요청된 자료를 보내주는 형식을 갖는다.

(2) 장 점

① 보안이 중앙 집중적으로 서버에 의해서 모든 사용자명과 암호가 관리되며, 어떤 사용자라도 자원에 접근하기 전에 접근 허가를 얻어야 한다.

② 서버에 의해서 집중 관리되므로 클라이언트가 추가되더라도 관리 측면에서 별다른 문제가 발생하지 않는다.

③ 하나의 네트워크와 계정으로 도메인 내의 자원을 이용할 수 있다.

(3) 단 점

① 값비싼 서버를 따로 구입해야 하며, 이 모델에 맞는 값비싼 운영체제를 구비해야 하는 어려움이 생긴다.

② 서버가 다운될 경우에 연결된 클라이언트들은 전혀 동작하지 않게 되므로 네트워크 관리자가 필요하다.

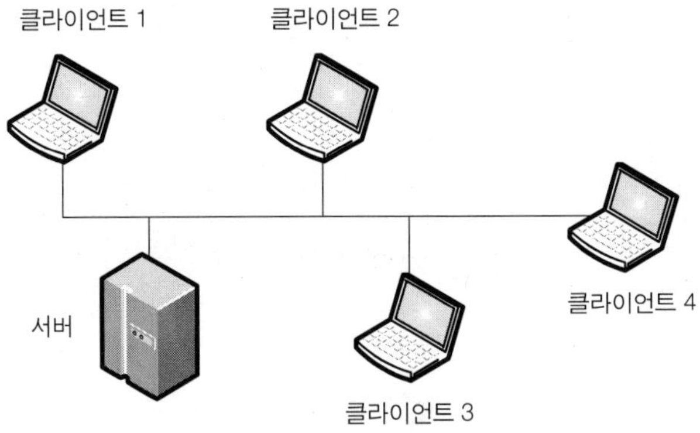

[그림 10-8] 클라이언트/서버 방식

학 습 활 동

패킷 교환 방식

패킷 교환 방식은 패킷마다 발신지와 수신지의 주소를 넣어서 패킷 교환기가 그 주소를 보고 최종 목적지까지 패킷을 전달해 주는 교환방식이다. 회선 교환의 단점을 극복하면서 데이터 트래픽의 휴지 기간 동안에 낭비되는 대역폭을 효율적으로 이용하는 방식이다.

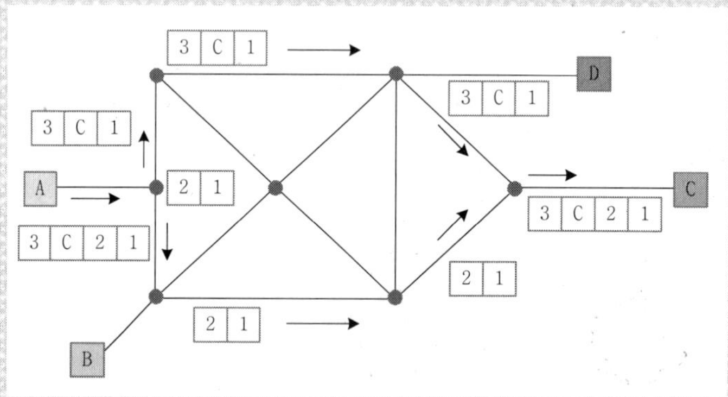

[그림 10-9] 패킷 교환망

10.4 네트워크 구성 형태

네트워크란 지역적으로 분산된 다수의 기기들을 결합시켜 상호간에 정보 전달이 가능하도록 하는 전달매체로서 노드(Node)와 링크(Link)의 집합이다. 예를 들어 사무실에서 프린트를 공유하였다면 연결되는 노드들 간에는 서로 네트워크를 이룬다. 네트워크가 구성된 경우 각 노드들은 프로토콜을 통하여 데이터와 기기를 공유함으로써 정보처리의 효율성을 더욱 높일 수 있다.

용어설명

노드

인터넷에 연결된 시스템을 가장 일반화한 용어이다. 데이터를 주고받을 수 있는 모든 시스템을 통칭한다.

한편, 네트워크 토폴로지란 네트워크에서 컴퓨터의 위치나 컴퓨터 간의 케이블 연결 등과 같은 물리적인 배치를 의미하며 다음과 같이 분류한다.

1) 성(Star)형

가) 구현 방법

중앙제어노드를 중심으로 그 주위에 분산된 단말을 연결시킨 형태로서 통신망 구성의 가장 기본적인 형태이다. 따라서 중앙 노드의 신뢰성과 성능이 전체 네트워크의 성능과 신뢰성에 영향을 많이 준다. 또한 데이터를 적절한 목적지로 전송하는 중개 기능도 중앙 노드가 독점적으로 담당한다. 일반적으로 복국지 회선망이나 시외회선망에 적당하다.

나) 장 점

① 보수와 관리가 용이하다.
② 전송제어 기능이 간단하다.
③ 각 단말의 전송속도에 차이를 줄 수 있다.
④ 단말 고장에 의한 영향이 적다.
⑤ 기밀성이 풍부하다.

다) 단 점

① 중앙제어노드가 고장 날 때 전체 통신망이 정지된다.
② 통신망의 초기 구성이 복잡하다.

2) 망(Ring)형

가) 구현 방법

컴퓨터와 단말기에는 루프를 만들어 연결하고 데이터의 전송은 중앙제어노드에 의한 폴링과 데이터 전송 권리를 확보하는 토큰에 의한 방법을 이용한다.

용어설명

폴 링

중앙제어노드에서 여러 개의 단말장치에 대하여 순차적으로 송신요구의 유 · 무를 문의하고 요구가 있을 경우에는 그 단말장치에게 송신을 시작하도록 지령하며 없을 때에는 다음의 단말장치에 대하여 문의하게 되는 전송제어방식

나) 장 점

① 공평한 통신망 서비스를 받을 수 있다.
② 통신회선이 장애가 날 때 융통성을 가질 수 있다.
③ 양방향의 데이터 전송이 가능하다.
④ 집중형과 분산형에 동시 사용이 가능하다.

다) 단 점

① 단말 증가가 어렵다.
② 전체적인 통신 처리량이 증가한다.
③ 하나의 단말고장이 전체의 통신망에 영향을 준다.
④ 기밀유지가 어렵다.

〈표 10-2〉 성형 회선망과 망형 회선망의 비교(N:전체 호스트수)

내 용	성형 회선망	망형 회선망
교환점	1	N
전송매체수	N-1	N(N-1)/2
회선품질	양호한 품질로 해야 한다.	저품질이라도 된다.

3) 버스(Bus)형

가) 구현 방법

다수의 단말기가 하나의 전송매체를 공유하므로 전송 데이터를 모든 단말기에서 수신할 수 있다. 그러나 둘 이상의 단말기에서 데이터를 동시에 전송하면 데이터 충돌(Collision)이 발생할 수 있으므로 충돌에 따른 오류문제를 해결해야 한다.

나) 장 점

① 통신회선이 한 개 이므로 물리적 구조가 간단하다.
② 단말의 증가와 삭제가 용이하다.
③ 단말의 고장이 통신망 전체에 영향을 주지 않으므로 통신망의 신뢰성을 높일 수 있다.
④ 방송모드이므로 경로제어가 필요 없다.
⑤ 분산제어형에서는 제어용 컴퓨터가 필요 없다.

다) 단 점

① 기밀 보장이 어렵다.
② 노드수가 많아지면 망의 부하가 커져 성능이 저하된다.
③ 통신 제어 기능을 가지므로 처리량이 증가한다.
④ 분산 제어형에서는 우선순위 제어가 어렵다.

4) 그물(Mesh)형

가) 구현 방법

중앙의 제어노드를 통한 중계 대신에 노드 간에 점대점 방식으로 직접 연결하는 방식의 구성 형태이다. 각 노드의 연결 상태에 따라 완전 메시(full mesh)와 부분 메시(partial mesh)로 구분된다. 그물형은 특정 통신회선에 장애가 발생하더라도 다른 경로를 통하여 데이터를 전송할 수 있다. 이러한 신뢰성 때문에 링 방식과 더불어 네트워크 백본을 구성하는 방식으로 사용된다.

나) 장 점

① 신뢰성이 좋다.
② 단말 고장에 의한 영향이 적다.

③ 집중 및 분산 제어가 가능하다.

다) 단 점

① 단말 증가가 어렵다.
② 통신 회선 수용이 크다.

5) 트리(Tree)형

가) 구현 방법

하나의 통신 회선에서 여러 회선으로 나누어지는 구조로 되어 있으며, 단방향 전송에 적합하다.

나) 장 점

모든 데이터가 중앙 제어 노드를 중심으로 라우팅되므로 중개 과정이 간단하다.

다) 단 점

중앙 호스트에 문제가 발생하면 전체 네트워크의 동작에 영향을 많이 준다.

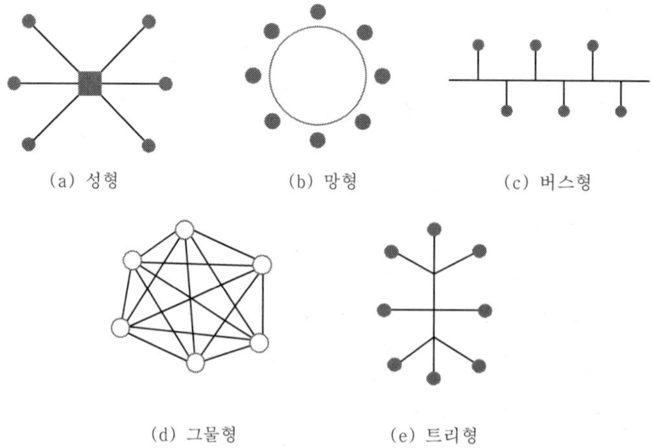

[그림 10-10] 네트워크 구성 형태

10.5 적용 기술

1) URC(Ubiquitous Robot Companion)

대부분의 기존 로봇들은 관련 기술들을 모두 한 대의 로봇에 탑재한 형태로 개발되어 가격이 비싼 반면 특화된 기능만을 가지고 있어 소비자가 선뜻 구매하기 어렵다. 또한, 고정된 기능과 콘텐츠를 내장하고 있어 단기간에 내장된 콘텐츠의 특성이 분석되어 사용자의 관심을 잃어버리는 단점을 가지고 있다.

이는 어린이들이 장난감을 구입한 직후에는 많은 관심을 가지고 놀지만 점차 장난감의 기능들에 익숙해지면 흥미를 잃는 것과 비슷하다. 이런 관점에서 로봇의 상품화를 위해서는 낮은 가격의 로봇을 개발하여 핸드폰과 같은 단말기 형태로 보급하고 이 로봇을 통해 다양한 서비스 콘텐츠를 제공할 수 있는 새로운 개념의 URC의 개념이 새롭게 제시되고 있다.

URC는 IT 기반 지능형 서비스 로봇의 새로운 패러다임으로서 "언제 어디서나 나와 함께 하며 나에게 필요한 서비스를 제공하는 로봇"이다. 기존 로봇에 네트워크 및 정보 기술 등의 IT 인프라를 최대한 활용함으로써 기존 로봇의 차별성과 더불어 편리성을 제공하고자 하는 목표이다. 이러한 URC 개념이 구현되기 위해서는 유비쿼터스 네트워크 또는 센서 네트워크, 고성능 로봇용 서버 등과 같은 하드웨어 인프라가 구축되어 있어야 하며, 이러한 인프라상에서 구동되는 소프트웨어 인프라 또한 필요하다.

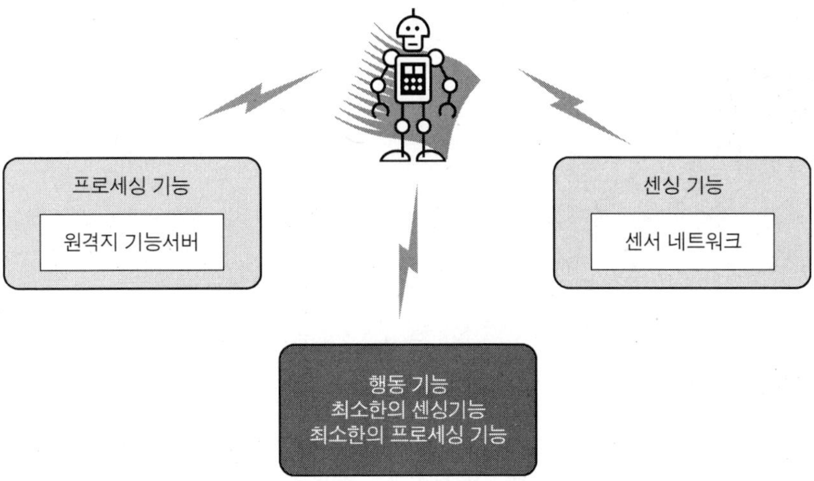

[그림 10-11] URC의 개념

2) 클라우드 컴퓨팅

클라우드 컴퓨팅이 성공하기 위해서는 언제 어디서든지 서버 컴퓨터에 접속할 수 있도록 LTE의 기술적인 진화는 선결되는 과제이다.

클라우드 컴퓨팅은 인터넷상의 서로 다른 물리적인 위치에 존재하는 각종 컴퓨터 자원들을 가상화 기술로 통합하여 사용자에게 언제 어디서나 필요한 양만큼 편리하고 저렴하게 사용할 수 있는 환경을 제공하는 기술이다. '클라우드 컴퓨팅' 즉 '구름 같은 컴퓨팅'은 호스팅 서비스, SaaS(Software as a Service), 유틸리티 컴퓨팅(Utility Computing) 등이 좀 더 진화된 형태라고 할 수 있다.

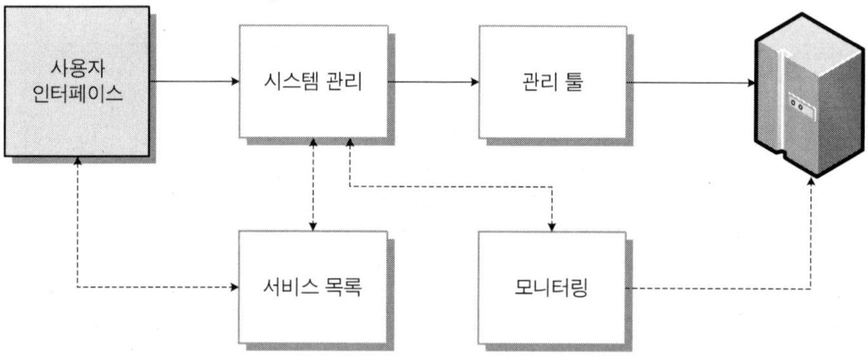

[그림 10-12] 클라우드 컴퓨팅 개념

용어설명

SaaS(Software as a Service)

소프트웨어를 구입하지 않고 빌려 쓰는 개념을 말하는데 고객이 원하는 소프트웨어를 적극적으로 지원해주는 서비스 개념으로 확장되고 있다.

3) N 스크린

N 스크린은 스마트폰, PC, TV 등을 네트워크로 연결해 어떤 기기를 통해서도 동일한 콘텐츠를 사용할 수 있도록 지원하는 서비스다. 가정에서 TV를 보다 부득이 외출하게 될 경우 스마트폰을 사용해 시청 중이던 콘텐츠를 이어서 즐길 수 있게 된다는 것이다. 물론 그 반대의 상황도 언제나 가능하게 된다.

N 스크린의 'N'은 '다수'를 의미하는 것으로 스마트폰 · PC · TV는 물론 앞으로 등장하게 되는 많은 기기에서 이용 가능하다는 의미이다.

4) LTE-A

LTE-A는 LTE의 데이터 전송속도를 개선한 것으로 초당 600 MB의 자료를 무선 전송할 수 있다. CD 한 장 분량의 영화를 9.3초 만에 다운로드할 수 있어 현재 사용되고 있는 삼 세대 이동통신보다 42배나 빠른 것이다.

이 서비스는 시속 350 Km 속도로 움직이는 고속철도(KTX)와 같은 차량 내에서도 사용자들에게 구현할 수 있는 실내외 언제 어디서나 끊김없는 초고속 인터넷 서비스로서 풀 HD/UHD급 동영상 및 방송 서비스, 파일 다운로드 및 업로드 등의 패킷 서비스는 물론, 3D 입체영상 서비스, 고품질의 IP 기반 영상 전화 서비스 및 모바일 방송 서비스, 개인방송 서비스 등을 제공할 수 있게 되었다.

쉬 어 가 기

현실화되어 가는 컨버전스

디지털 컨버전스는 더 이상 단순한 '버즈워드(buzz word)'가 아닌 현실이 되어가고 있다. 동종 및 이종 간의 통합을 뜻하는 '컨버전스'는 명확한 정의를 내리기에는 상당히 광범위하고 모호한 용어이다. 예컨대 은행이 금융과 보험을 모두 다루는 방카슈랑스라는 복합 산업으로 변화하며 고추장으로 도핑한 피자가 팔리고 디지털 카메라 기능이 포함된 휴대전화가 출현한 것이 모두 컨버전스라는 단어로 설명된다.

현대 산업 사회에서 컨버전스란 산업 · 서비스 · 매체의 통합을 지칭하며, 경계와 경계가 뚜렷했던 과거와 달리 모든 경계가 뚜렷하지 않고 오히려 서로 섞이는 현상을 일컫는 보통명사가 되어가고 있다.

요 약

1. 분산처리시스템은 컴퓨터를 이용하여 자료처리(Data Processing)를 수행하기 위해서 여러 개의 온라인 시스템이 서로 네트워크를 통해 연결되어 있는 형태이다.
2. 프로토콜은 정보의 송 · 수신 또는 네트워크에서 정보를 신뢰성 있고, 안전하게 주고받기 위해 사전에 약속된 규약 및 규범이다.
3. 네트워크는 분산된 가입자들 중 둘 이상의 가입자 간의 정보 전달을 가능케 하는 전달매체로서 노드(node)와 링크(Link)의 집합으로 구성되어 있다.
4. 네트워크에서 인터네트워킹 장비는 허브, 리피터, 브리지, 라우터 그리고 게이트웨이로 되어 있다.
5. 동등계층(Peer-to-peer)방식은 네트워크에 연결된 자원에 특정 규약 없이 접근할 수 있는 형태의 네트워크이며 서버와 클라이언트의 구분이 없으며 소규모의 네트워크를 구축할 때 사용된다.
6. 클라이언트/서버 방식은 클라이언트를 서비스에 대한 요구자로, 서버를 서비스에 대한 제공자의 형태로 네트워킹하여 자원을 공유하는 분산처리기법이다.
7. 네트워크 구성 형태로서는 성형, 망형, 버스형, 그물형, 그리고 트리형이 있다.
8. URC는 IT 기반 지능형 서비스 로봇의 새로운 패러다임으로서 "언제 어디서나 나와 함께 하며 나에게 필요한 서비스를 제공하는 로봇"이다.
9. 클라우드 컴퓨팅은 인터넷상의 서로 다른 물리적인 위치에 존재하는 각종 컴퓨터 자원들을 가상화 기술로 통합하여 사용자에게 언제 어디서나 필요한 양만큼 편리하고 저렴하게 사용할 수 있는 환경을 제공하는 기술이다.
10. N 스크린은 스마트폰, PC, TV 등을 네트워크로 연결해 어떤 기기를 통해서도 동일한 콘텐츠를 사용할 수 있도록 지원하는 서비스다.

기초 문제

1. 네트워크 구성 방식에서 클라이언트/서버 방식의 특징이 아닌 것은?

① 중앙 집중적으로 서버에 의해서 모든 사용자명과 암호가 관리되며 어떤 사용자라도 자원에 접근하기 전에 접근 허가를 얻어야 한다.

② 설치 및 관리가 간편하고 고가의 서버 등을 구입할 필요가 없으므로 구축에 많은 비용이 소요되지 않는다.

③ 하나의 네트워크와 계정으로 도메인 내의 자원을 이용할 수 있다.

④ 서버가 다운될 경우에 연결된 클라이언트들은 전혀 동작하지 않게 되므로 네트워크 관리자가 필요하다.

(정답) ②

(해설) 클라이언트/서버 방식에서는 값비싼 서버를 따로 구매해야 하며 비싼 운영체제를 구비해야 한다.

2. 다음 중 프로토콜의 구성 요소가 아닌 것은?

① 매체　　② 구문

③ 의미　　④ 타이밍

(정답) ①

(해설) 프로토콜의 구성 요소로는 구문, 의미 그리고 타이밍이 있다.

3. 동일한 네트워크에서 물리적인 구조가 다른 세그먼트끼리 서로 연결할 수 있는 인터네트워킹 장비는?

① 리피터　　② 브리지

③ 라우터　　④ 모뎀

(정답) ②

(해설) 브리지는 물리적인 구조가 다른 세그먼트끼리 연결하므로 물리적인 제약을 극복할 수 있다.

4. 다음 중 통신 회선에 의해서 서로 연결되어 있는 노드와 링크의 집합을 의미하는 것은?

① 라우터 ② 리피터
③ 네트워크 ④ 허브

(정답) ③
(해설) 네트워크는 통신 회선에 의해서 서로 연결되어 있는 노드와 링크의 집합을 의미한다.

5. 스마트폰, PC, TV 등을 네트워크로 연결해 어떤 기기를 통해서도 동일한 컨텐츠를 이용할 수 있도록 지원하는 서비스는?

① URC(Ubiquitous Robot Companion) ② N 스크린
③ 클라우드 컴퓨팅 ④ GPS

(정답) ②
(해설) N 스크린은 스마트폰, PC, TV 등을 네트워크로 연결해 어떤 기기를 통해서도 동일한 컨텐츠를 이용할 수 있도록 지원하는 서비스이다.

심화 문제

1. 중앙 집중 처리 시스템과 분산 처리 시스템의 장점과 단점에 대하여 설명하시오.

2. OSI 7계층의 각 계층에 대하여 설명하고 계층 간의 관계에 대하여 설명하시오.

3. 분산 처리 시스템의 특징을 나열하고 설명하시오.

4. 프로토콜의 개념과 기능에 대하여 열거하여 설명하시오.

5. 인터네트워킹 장비의 종류를 열거하고 간단히 설명하시오.

6. 동등 계층(Peer-to-peer) 방식과 클라이언트/서버 방식을 서로 비교하고 구현방법 및 특징을 설명하시오.

7. 토폴로지에서 성형의 구성형태를 설명하고 장단점을 서술하시오.

8. 네트워크의 이용 분야에 대하여 아는 대로 설명하시오.

약 어

IP(Internet Protocol)

MAC(Media Access Control)

BSC(Binary Synchronous Communication)

BCC(Block Check Character)

CRC(Cyclic Redundancy Checking)

TDM(Time Division Multiplexing)

FDM(Frequency Division Multiplexing)

CDM(Code Division Multiplexing)

WDM(Wavelength Division Multiplexing)

URC(Ubiquitous Robot Companion)

SaaS(Software as a Service)

11

파일 관리

컴퓨터를 이용하는 거의 대부분의 작업(application)들은 어떠한 형태로든 정보(information)를 생성하거나, 정보를 이용하게 된다. 이때 정보의 집합, 또는 관련된 정보의 집합을 파일(file)이라고 하며, 물리적으로는 바이트의 나열이라고 할 수 있다.

UNIX 운영체제에서는 각 바이트는 파일의 시작에서 오프셋(offset)으로 각 주소지정이 가능하며, 이러한 경우 논리적 레코드는 한 바이트이다. 파일 시스템은 필요에 따라 자동적으로 바이트들을 물리적인 디스크 블록으로 패킹(packing) 또는 언패킹(unpacking)할 수 있다.

파일은 모든 컴퓨터 작업에 있어서 대단히 중요한 요소이기 때문에, 파일의 개념과 파일 관리의 개념, 파일의 구성 방법과 접근 방법 등을 이해하여 파일을 효율적으로 사용하고 관리할 수 있어야 한다. 컴퓨터에서 사용되는 각종 정보 즉, 파일은 다양한 형태의 저장 매체에 적재된다.

이와 같이 운영체제에서 파일 시스템은 사용자가 가장 관찰하기 쉬운 부분으로 데이터와 프로그램으로 구성되며 디스크나 테이프 등의 보조기억장치에 저장한다. 따라서 파일은 작성자에 의해 정의된 서로 관계있는 정보의 집합체 또는 데이터를 처리하는 측면에서 관련되는 레코드들의 집합이라고 할 수 있다.

파일시스템에서 고려해야 할 부분은 이러한 파일들이 생성되었을 때 이를 디스크의 어느 곳에 저장할 것인가 하는 점과 후에 이에 접근하고자 할 때 저장된 파일을 어떤 방법으로 또는 얼마나 효과적으로 찾아낼 것인가 하는 점이다. 또한 사용자의 입장에서 특정 파일에 접근하고자 할 때 어떤 기준으로 자신이 원하는 파일을 찾을 수 있도록 지원할 것인가 하는 점과 크게는 사용자에게 파일 시스템 전체가 어떠한 형태로 보이게 할 것인가 하는 점 등을 파일 시스템에서 고려해야 할 것이다.

여기서는 이러한 파일의 개념 및 구성요소 그리고 파일 자원을 관리하는 시스템을 설명한 뒤 이어서 여러 디렉터리에 대하여 살펴보기로 한다.

학 습 목 표

1. 파일에 대하여 이해한다.
2. 파일 시스템에 대하여 공부한다.
3. 파일 구조에 대하여 숙지한다.
4. 디렉터리에 대하여 이해한다.

사 전 학 습

▶ 파일 시스템

파일 시스템의 각 장치들은 각 항목의 내용을 가지는 볼륨 테이블 또는 장치상의 파일의 위치를 가지는 장치 디렉터리를 가지고 있다.

다중 사용자 시스템에서 1단계 디렉터리는 모든 파일이 고유한 이름을 가져야 하므로 파일 명칭의 충돌 발생이 우려된다. 한편, 2단계 디렉터리는 각 사용자에 대하여 분리된 디렉터리를 할당하므로 1단계 디렉터리의 문제를 해결할 수 있다.

파일 시스템의 사상은 주로 계층적 혹은 모듈 구조로 구현하는데 여기서 상위 레벨은 파일명과 파일의 논리적 성질을 다루며 중간 레벨은 논리적인 파일 개념을 물리적 장치로 사상하고 하위 레벨은 메모리의 물리적 성질을 취급한다.

11.1 파일의 특성

1) 개 념

파일 시스템은 운영체제의 가장 일반적인 서비스로 정보 저장의 논리적인 관점과 저장 장치의 물리적인 특성을 고려하여 논리적 저장 단위 즉, 파일을 정의하고 실제적인 저장 장치에 적재시킨다. 이때 실시간 처리를 행하는 일부의 작업을 제외한 대부분의 작업들이 갖는 입력 정보들을 파일(file)이라 하며, 나중에 사용하기 위해서 또는 다른 사용자가 이용할 수 있도록 하기 위해서, 물리적 매체에 어떤 작업이 출력해 놓은 결과를 역시 파일이라고 한다.

파일 시스템에서는 저장되는 모든 파일들에 대해 파일의 내용뿐만 아니라 각 파일들에 대한 상태 정보도 저장하고, 필요할 때 이에 접근하여 필요한 정보를 추출할 수 있도록 지원해야 한다. 따라서 운영 체제는 컴퓨터 사용자(user)를 편리하게 해주기 위해서 사용자의 논리적인 관점에서 파일을 취급할 수 있도록 지원해주며, 이러한 파일을 저장 매체의 물리적인 특성과 사상(mapping)시켜 주는 일을 하게 된다.

파일이란 개념적으로 정보의 집합, 또는 관련된 정보의 집합으로 정의할 수 있으며, 바이트의 배열이라고 할 수 있다. 파일에 저장되는 내용 또는 저장 정보의 내용에 따라 파일들을 다음과 같이 분류할 수 있다.

■ 저장 내용에 따라

▷ 프로그램 파일(Program File)

- 원시 프로그램 파일(Source Program File)
- 목적 프로그램 파일(Object Program File)
- 실행 파일(Executable File)

▷ 데이터 파일(Data File)

■ 저장 정보의 형태에 따라

▷ 텍스트 파일(Text File, ASCII Text File)

▷ 이진 파일(Binary File)

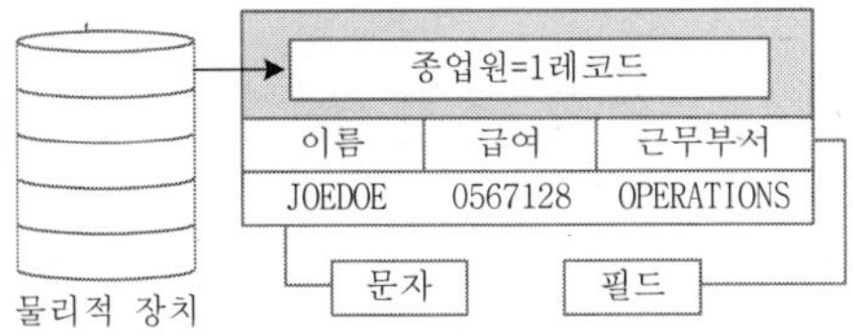

[그림 11-1] 파일 구조

파일은 일반적으로 프로그램과 자료의 형태로 되어 있으며, 이들은 컴퓨터의 주기억장치나 보조기억장치 등의 저장 매체에 적재된다. 주기억장치 내에 적재될 때에는 일정한 길이의 바이트(byte)나 비트열(Bit String)의 형태로 저장되며, 보조기억장치에 저장될 때에는 자료를 입출력하는 기본 단위인 물리 레코드(Physical Record) 형태로 저장되며 이것은 하나 이상의 논리 레코드(Logical Record)로 구성되어 있다.

파일을 보조기억장치에 저장하여 처리하게 되면, 주기억장치의 사용 효율을 높일 수 있을 뿐만 아니라 프로그램과 파일 사이의 독립성을 유지시켜준다. 그리고 모든 파일은 그 파일 내에 저장되는 내용 외에도 그 파일에 대한 상태 정보를 수반해야 한다. 운영체제에 따라 파일의 상태 정보들은 디렉터리에 저장되기도 하며, UNIX 운영체제에서와 같이 별도의 공간을 배정하여 저장하기도 한다.

| 학 습 활 동 |

파일의 유형

파일의 유형을 사용하여 파일의 내부 구조 형태를 짐작할 수 있는데 이때 각각의 파일은 그 파일을 다루는 프로그램에 의해 인식 가능한 내부 구조를 일정한 형태로 가지게 된다. 운영체제는 그 시스템이 지원 가능한 파일 구조를 정의, 그러한 구조를 가지는 파일을 다룰 수 있는 특별한 연산 기능을 제공할 수 있다. 일반적으로 파일 이름을 마침표로 구분, 이름과 확장자의 두 부분으로 구성한다.

〈표 11-1〉 파일의 유형

파일 형태	일반적 확장자	기능
실행 가능	exe, com, bin 등	이진 수행 기능 프로그램
소스코드	c, p, pas, f77, asm, a	다양한 언어로 된 소스 코드
배치	bat, sh	명령어 해석기에 대한 명령
문서	txt, doc	텍스트 데이터, 서류
워드 프로세서	wod, hwp, doc, 기타	다양한 워드 프로세서 형식
라이브러리	lib, a, DLL	프로그래머들을 위한 라이브러리 루틴
백업, 보관	arc, zip, tar	관련된 파일들을 하나로 묶어서 보관하는 것으로 저장을 위해 압축도 가능

2) 구성 요소

가) 필드(field)

파일을 구성하는 기억 영역의 최소 단위로 특정한 한 종류의 데이터를 포함한 것이다. 예를 들면, 재고 파일에서는 품명 번호, 색 코드 등이 각각 하나의 필드로 취급된다. 다시 말하면, 하나의 레코드 중에서 특정 종류의 데이터를 위해서 사용되는 지정된 영역을 말한다.

한편, 필드의 물리적인 크기(예를 들면, 자릿수)를 필드 길이(field length)라고 하며 길이가 고정 필드인 것을 고정 길이 필드(Fixed Length Field), 가변 필드를 가변 길이 필드(Variable Length Field)라 한다. 고정 길이 필드에 입력하는 데이터는 할당된 필드 길이를 초과할 수 없으며 또한 필드에 입력한 데이터가 할당된 데이터 길이보다 더 짧은 경우 필드의 나머지 부분은 빈 공간으로 남게 된다.

또 통신 회선 등으로부터 들어오는 데이터용의 필드를 수신 필드(Receiving Field), 나가는 데이터용의 필드를 송신 필드(Sending Field)라 한다.

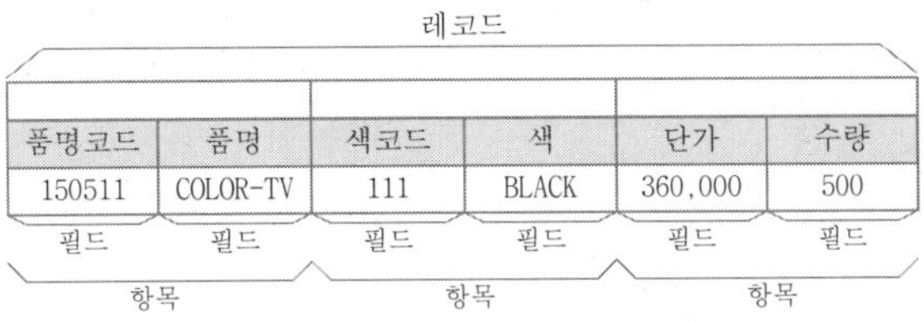

[그림 11-2] 필드

나) 레코드(record)

파일을 액세스할 때 실제로 읽고 쓰는 단위로서 사용되는 데이터 단위이며 하드웨어(일반적으로 보조기억장치)의 관련 문서에서는 주로 물리적인 성격을 지닌 레코드로 사용된다. 한편, 논리적인 성격을 지닌 레코드는 그대로 물리적인 성격을 지닌 레코드가 되는 경우도 있지만 보통은 몇 조인가 묶어서 물리적인 성격을 지닌 레코드가 된다.

하나의 파일에는 여러 개의 레코드가 들어 있다. 레코드는 고정 길이 또는 가변 길이로 구성되며 필요에 따라서 파일을 구성하는 레코드들은 몇 개가 모여 하나의 블록을 형성하기도 한다.

고정 길이 레코드는 직접 액세스가 용이하므로 일반적으로 많이 사용되고 있지만 레코드의 크기가 너무 작으면 남은 문자열들은 잘려나가고 너무 크면 저장 공간이 낭비된다. 반면, 가변 길이 레코드는 고정 길이의 단점을 해결하지만 레코드의 정확한 위치를 파악하기가 어려워 직접 액세스가 힘들다. 그러므로 대부분 순차 처리에 적합하다.

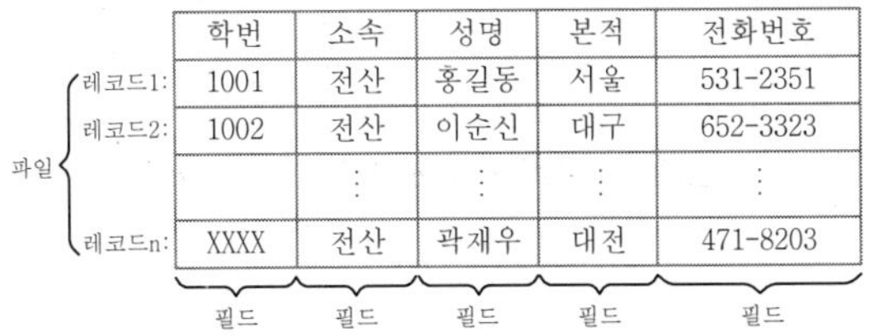

[그림 11-3] 레코드

3) 속 성

모든 파일은 그 파일 내에 저장되는 내용 외에도 그 파일에 대한 상태 정보를 수반하게 된다. 이와 같은 파일의 상태 정보들로는 대표적으로 다음과 같은 것들이 있다.

- ▷ 파일 이름(filename)
- ▷ 파일의 형태(File Type)
- ▷ 파일의 크기(File Size)
- ▷ 최근 파일 접근 시간
- ▷ 최근 파일 갱신 시간
- ▷ 파일의 소유자(File Owner)
- ▷ 접근 권한(Access Rights)
- ▷ 파일의 저장 위치(Physical Location)

파일의 이름은 보통 문자나 숫자, 기호 등으로 구성되며, 대소문자를 구분하여 일반적으로 사용한다. 파일의 형태는 운영체제에게 파일의 유형을 알려주어, 그 파일을 오류 없이 사용할 수 있도록 하는 것으로, 일반적으로 문서의 내용을 파일로 변형하여 저장하고 싶을 때는 반드시 파일 이름 뒤에 확장자(extension)를 붙여서 파일의 형태를 알 수 있게 해준다.

한편, UNIX와 같은 운영 체제는 어떠한 파일의 형태도 제공하지 않는다. 이것은 사용자에게 최대의 융통성을 부여하기 위하여 하나의 파일을 연속된 바이트열(Byte String)로서만 생각하게 하는 것이다.

파일의 저장 위치 속성은 파일이 저장된 주소에 대한 포인터이며, 파일의 크기 속성은 비트나 바이트나 워드 단위로 표현되는 파일의 현재 크기를 나타낸다.

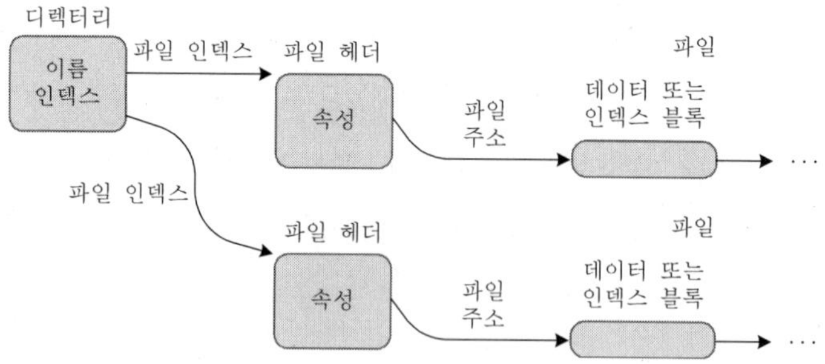

[그림 11-4] 디렉터리와 파일 헤더

| 학 습 활 동 |

파일 시스템의 목적

① 사용자의 모든 요구를 만족시킨다.
② 시스템 관점의 처리 능력을 극대화한다.
③ 사용자 관점의 응답 시간을 최소화한다.
④ 파일 내에 있는 자료의 유효성을 보장한다.
⑤ 다양한 형태의 저장 매체에 대한 입출력을 보장한다.
⑥ 다중 사용자를 위한 파일 입출력을 지원한다.
⑦ 잃어버리거나 파손되는 자료를 극소화한다.

11.2 파일 시스템

1) 개 념

컴퓨터 사용자는 누구나 자신이 사용하는 정보들을 파일의 형태로 보조기억장치에 저장하여 사용하기 마련이다. 운영체제는 사용자들이 생성 · 저장하고 사용하는 이러한 파일들을 관리하고 사용자들로 하여금 보다 쉽게 이러한 작업을 할 수 있도록 지원하는 역할을 해야 하며, 이러한 기능을 담당하는 부분이 파일 시스템(File System)이다.

파일 시스템은 파일에 사용된 자원을 관리하고 파일의 생성, 삭제 등 파일 액세스 및 제어에 대한 책임을 갖는 소프트웨어이다. 그러므로 파일의 저장 위치, 저장 방법, 저장 공간 활용, 파일 사용 할당, 파일 접근 횟수 등과 관련된 복잡한 작업을 수행한다. 이러한 작업 수행을 위해 각 파일에 대한 정보를 수록한 디렉터리를 사용하여 해당 파일을 관리한다.

파일 시스템에서는 저장되는 모든 파일들에 대해 파일의 내용뿐만 아니라 각 파일들에 대한 상태 정보도 저장하고, 필요할 때 이에 접근하여 필요한 정보를 추출할 수 있도록 지원해야 한다. 그뿐만 아니라 해당 시스템에서 실행할 응용 프로그램의 특성을 이해, 적합한 파일 구성과 디렉터리 구조를 결정할 수 있도록 해야 한다.

파일 시스템에서의 파일 관리 프로그램(File Management Program)은 수많은 파일의 이름과 위치를 기록하고 그 상태를 수시로 관리해야 한다. 또한, 운영체제의 다른 프로그램 또는 시스템 프로그램들이 어떤 파일을 요청하면 빠른 시간 내에 전송해주어야 한다.

이러한 파일의 관리는 [그림 11-5]에서 볼 수 있듯이, 마치 도서관 시스템과 유사함을 볼 수 있다. 여기서 파일은 도서관 내의 각종 책이 되고, 파일의 이름은 책 이름 또는 창구 번호가 되며 파일이 실제 저장되는 디스크나 테이프 등은 서고와 같고, 이를 관리하는 파일 관리 프로그램은 도서관의 직원과 같다.

[그림 11-5] 파일 관리 시스템과 도서관 시스템

| 학 습 활 동 |

파일 시스템의 장단점

■ 장점
- 데이터 생성, 수정 등이 용이하다.
- 온라인 실시간 시스템에서 응답시간이 빠르다.

■ 단점
- 데이터의 이중관리
- 데이터의 일관성 결여
- 새로운 시스템의 개발 시 비용의 과대화 우려
- 데이터의 종합적 관리 불능
- 많은 양의 데이터 관리
- 데이터 관리와 프로그램 관리의 상호의존성이 너무 크다.
- 데이터 양립성의 결여

2) 기 능

파일 시스템은 전체적인 기억장치 관리 시스템의 한 부분으로서, 주로 보조기억장치상의 파일을 관리하는 역할을 한다. 다시 말하면 파일 시스템은 적절한 제어 방식을 통해 정보를 보관하는 이른바 저장장소(Private Storage)를 제공하고, 정보를 여러 사용자가 공용(sharing)할 수 있도록 하는 수단을 제공하는 책임을 지고 있다.

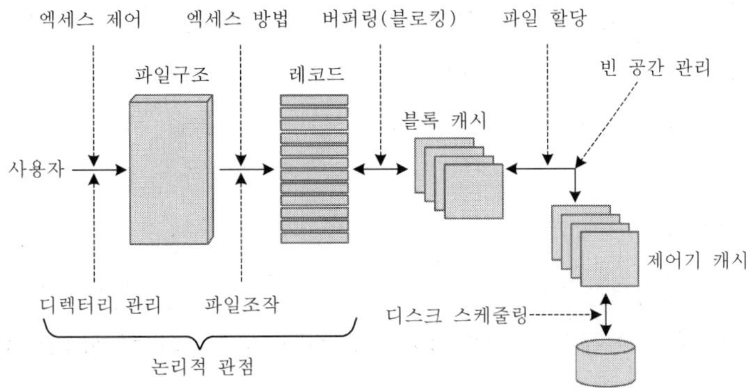

[그림 11-6] 파일 조작

① 파일 관리

파일 저장, 참조, 제거 및 보호 기능을 제공하며 적절한 제어방식을 통해 다른 사람의 파일을 공유, 다른 사람의 작업을 활용 가능하게 한다.

② 보조 메모리 관리

보조저장장치에 파일을 저장할 공간을 할당하여 파일을 관리하는 역할을 한다.

③ 파일 무결성 보장

파일에 저장된 정보가 손상되지 않도록 보장하는데, 이때 파일이 정의한 정보만 저장한다. 특히 의료기록 시스템(Medical Records System)같은 경우는 정보를 암호화하고 해독할 수 있는 능력을 갖추어야 한다.

④ 파일 액세스 방법

저장된 데이터에 판독(read) 액세스, 기록(write) 액세스, 실행(execute) 액세스 또는 이들을 여러 형태로 조합하는 등 여러 종류의 액세스 제어 방법을 제공한다.

⑤ 파일 백업과 복구

사고로 정보를 손실하거나 고의로 손상시키는 일을 방지하기 위한 데이터 사본(중복)을 생성하는 백업 및 손상된 데이터를 복구할 수 있는 복구 기능을 제공해야 한다.

⑥ 편리한 인터페이스

파일 시스템은 이용자의 데이터와 이들 데이터에 대해 수행될 수 있는 작업에 대한(물리적 구조가 아닌) 논리적 구조를 제공한다. 따라서 사용자는 데이터가 저장되어 있는 특정 장치, 데이터의 기억 형태, 데이터 전송 방식 등에 대해 신경 쓸 필요가 없다.

3) 파일에 대한 연산

파일은 사용자가 사용하기 위한 정보를 저장하는 수단이므로, 먼저 파일을 생성시키고 보조저장장치에 저장된다. 이어서 기존에 만들어진 파일에 대하여 읽고 되감는다. 그리고 파일 삭제 등의 작업을 기본적으로 할 수 있는 시스템 호출을 제공한다.

가) 파일 생성(create)

파일을 생성하기 위해서는 먼저 파일 시스템에 있는 공간을 찾아야 한다. 다음으로, 새로 생성된 파일에 대한 항목을 디렉터리에 만들어야 하며, 이 디렉터리 항목에는 파일의 이름과 파일 시스템 내의 위치가 기록된다.

나) 파일 기록(write)

해당 파일명과 파일에 기록할 정보를 명시하는 시스템을 호출하며 이때 시스템은 명시된 파일을 이용하여 해당 디렉터리를 검색한 후, 이 파일의 위치를 알아낸다.

디렉터리 항목이 갖고 있는 해당 파일의 마지막 포인터(tail pointer)를 이용하여 정보를 기록할 다음 블록의 주소를 계산하고, 그 주소에 정보를 기록한 후에는 디렉터리 항목의 마지막 포인터가 수정하게 된다.

다) 파일 판독(read)

해당 파일명과 그 파일에서 읽어낸 블록을 적재할 주기억 장소의 주소를 명시하여 시스템을 호출한다. 이때 디렉터리를 탐색하여 파일이 읽혀지고 나면(디렉터리에는 현재 읽어낼 블록에 대한 포인터를 가지고 있음), 다음 판독을 위하여 입력 포인터가 갱신된다.

대부분의 파일 시스템은 현재의 파일 접근 위치(Current File Location)를 갖는 하나의 포인터로서 판독과 기록 위치에 접근할 수 있다.

라) 파일 되감기(rewind)

디렉터리는 적합한 항목에 대하여 탐색되고 현재 파일 위치는 파일의 첫 부분으로 리셋(reset)된다. 파일 리셋은 어떠한 실제적인 입출력을 포함할 필요는 없다.

마) 파일 삭제(delete)

파일을 삭제하기 위해서는 지명된 파일을 디렉터리에서 찾는다. 관련 디렉터리 항목을 발견하면, 해당 파일의 모든 공간을 해체시키고 디렉터리 항목을 무효화시킨다.

4) 계층적 파일 시스템

파일은 정의, 속성, 디렉터리 구조, 파일에 허용되는 연산 등을 표현하는 논리적 요소로 추상적인 데이터 형태이다. 이것은 실제 디스크에 논리 파일 시스템이 사상(mapping)된다.

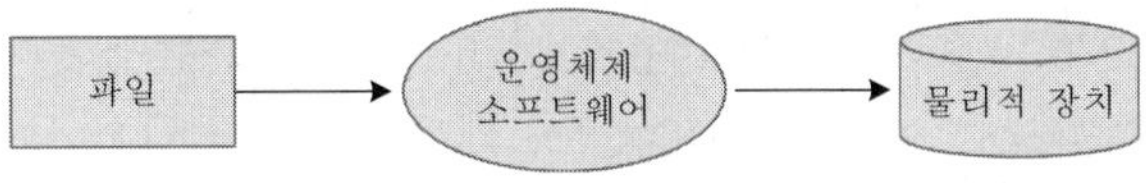

[그림 11-7] 파일의 사상

사용자의 각종 요구와 파일 관리 시스템의 목적을 구현하기 위해서 계층적 파일 시스템의 구조는 다음과 같으며 자세한 기능을 설명하기로 한다.

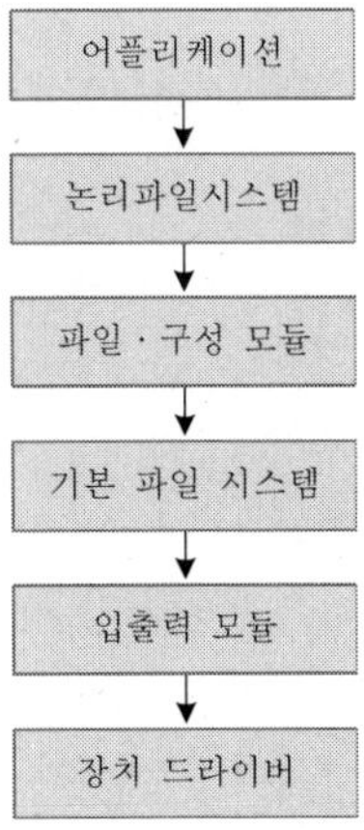

[그림 11-8] 계층적 파일 시스템

가) 장치 드라이버

주변장치, 장치 제어기나 채널들과 직접적으로 통신하며 장치에 대한 입출력 연산의 시작과 입출력 요구의 완료 등 입출력을 수행한다.

나) 입출력 모듈

장치 드라이버 루틴과 인터럽트 처리기로 이루어지며 명령어를 해석, 메모리와 디스크 시스템 간의 정보 전송을 담당한다.

다) 기본 파일 시스템

물리적 입출력 수준으로 컴퓨터 시스템의 외부 환경과의 주요한 인터페이스 역할을 하며 물리적 블록을 읽거나 쓰기 위해 적절한 장치 드라이버를 호출(명령)하는 계층으로서 디스크에서 블록을 배치하는 것과 관계된다.

라) 파일 구성 모듈

특정 파일의 논리 블록과 물리 블록에 대한 정보뿐 아니라 파일의 할당 및 파일의 유형 정보를 이용, 파일에 대한 논리 블록 주소를 물리 블록 주소로 변환된다.

마) 논리 파일 시스템

사용자들이 파일 이름과 디렉터리 등의 정보를 이용하여 레코드를 처리(액세스)한 후 하위 층으로 넘겨주는 일을 수행한다.

11.3 파일 구조

파일은 정보를 저장하고 저장된 정보는 접근되어 컴퓨터 메모리에 저장되어진다. 파일의 구조와 접근 방법은 밀접한 관계를 가지는데, 즉, 어떤 형태의 구조가 있을 때 이 구조에 보다 의존적인 방법을 채택하는 것이 좋다는 것이다. 이때 좀 더 구체적인 파일 구조들과 방법을 살펴보기로 한다.

1) 순차 파일(Sequential File)

가) 구성 방법

순차 파일에서의 순차 접근 방법(Sequential file Access Method, SAM)은 테이프처럼 순차적인 기억장치에 적합하며 파일을 나란히 연속적으로 배열하는 방법이다. 이때의 파일을 순차 파일이라고 하고, 원하는 데이터로 접근하기 위해서는 당연히 순차적 접근일 수밖에 없다.

순차 파일에서의 연속적인 기록과 판독은 각 레코드의 논리적인 순서, 예를 들면 데이터 레코드 내의 특정한 항목을 키(key)로 삼아서 이루어지게 하며, 경우에 따라서는 무작위한 순서로 레코드를 기록하여 둔 후, 특정 항목을 정렬키(Sort Key)로 하여 정렬 작업을 거쳐 순차 파일을 생성하기도 한다.

만약 N개의 레코드를 가진 파일에서 어떤 레코드를 읽는다면, 평균적으로 $N/2$개의 레코더를 찾아야 하고, 적게는 1회에, 많게는 N번 검색해야 하므로 많은 시간이 걸린다.

순차 파일에서의 액세스 방법에서 읽기 동작은 파일의 다음 부분을 읽은 후 자동적으로 파일 포인터를 증가시킨다. 마찬가지로 기록은 파일의 끝에 추가되고 기록된 내용의 끝으로 포인터는 이동한다. 이런 파일은 시작 위치로 재설정할 수 있고, 어떤 시스템에서 프로그램은 정수 n개의 레코드를 앞뒤로 건너뛸 수 있다.

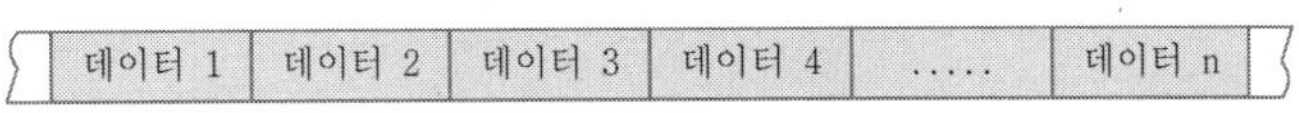

[그림 11-9] 순차 파일

나) 장 점

① 레코드가 키 항목 순서로 편성되어 있기 때문에 간단하다.

② 레코드를 순차적으로 적재하기 때문에 파일 내에 공란(space)이 생기지 않아 저장 매체의 효율이 가장 높다.

다) 단 점

① 레코드의 추가, 삭제, 변경 시에 파일 전체를 복사(copy)하는 작업이 필요하기 때문에 해당 파일만큼의 저장 공간이 추가로 필요하다.

② 특정 레코드를 검색할 때에 파일의 첫 번째 레코드부터 모두 찾아야 하므로 시간이 많이 걸린다.

| 학 습 활 동 |

DBMS(DataBase Management System)

중앙에서 통제하며 상호 유기적 관계를 갖는 데이터 파일들의 다차원적 데이터의 집합을 데이터베이스라고 하며, 또한 데이터베이스 이외에 그 데이터가 저장될 하드웨어, 데이터의 저장과 검색을 통제하는 소프트웨어, 즉 데이터베이스 관리 시스템(DataBase Management System, DBMS)과 이용자를 통틀어 데이터베이스 시스템이라고 한다.

2) 직접 파일(Direct File)

가) 구성 방법

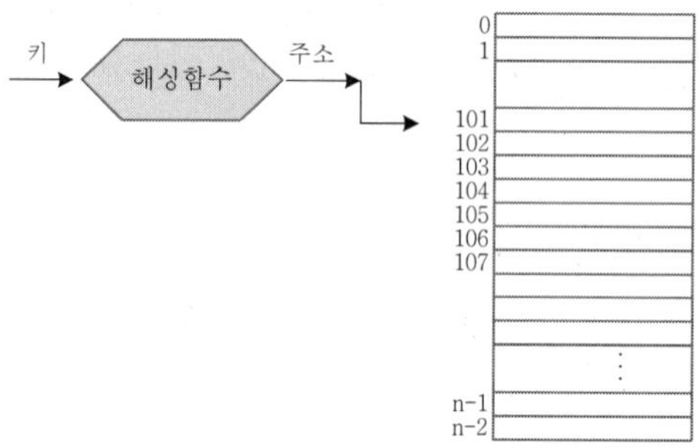

[그림 11-10] 직접 파일

메모리에 저장된 파일 내의 레코더는 그 주소만 알면 직접 접근이 가능하다. 여기서, 레코더가 메모리의 어느 부분에 위치하든지 항상 일정한 시간이 걸린다. 이와 같이 직접 접근이 가능한 파일을 직접 파일(Direct File)이라고 하며, 이런 접근 방법을 DAM(Direct Access Method)이라고 한다.

파일 내의 레코드들은 일정한 순서를 유지할 필요 없으며, 레코드 중 특정 항목을 키(key)로 하여 기억 가능한 주소를 계산하며 이 주소에 레코드를 기억시킨다. 키 값이 순차적으로 되어있는 경우보다 그렇지 않은 경우가 많아, 별도의 주소 계산 루틴을 만들고 이 루틴을 통해서 주소를 생성하는 방법을 사용한다.

직접 파일에 의한 액세스 방식은 문자 그대로 빠른 접근이 가능하고, 레코드의 위치에 상관없이 항상 일정한 접근 속도를 유지한다. 메모리에 이와 같은 파일을 저장할 수 있도록 하는 메모리를 연상 메모리(Associative Memory)라고 한다. 이러한 이름이 붙는 이유는 레코드의 접근이 순차적이거나, 키 또는 인덱스에 의한 방법도 아니기 때문이다. 이는 레코드 자체의 내용이 곧 주소이기 때문이다.

| 학 습 활 동 |

해싱(hassing)

해싱은 하나의 문자열을 원래의 것을 상징하는 더 짧은 길이의 값이나 키로 변환하는 것이다. 짧은 해시키를 사용하여 항목을 찾으면 원래의 값을 이용하여 찾는 것보다 더 빠르기 때문에, 해싱은 데이터베이스 내의 항목들을 색인하고 검색하는데 사용된다.

나) 사상 방법

데이터 레코드의 논리적인 처리 순서와 물리적인 적재 순서가 특정 관계를 유지할 필요가 없으며, 레코드들이 키 값에 따라 물리적으로 정렬할 필요도 없다. 이러한 직접 파일을 구성할 때에는 레코드의 키 값과 물리적 주소 사이에 서로 변환할 수 있는 어떤 관계를 가지는데, 이렇게 수행하는 방법을 사상 방법(Mapping Method)이라고 한다.

[그림 11-11] 사상 함수의 역할

(1) 절대 주소 방법

(가) 구현 방법

임의의 기억장소에 대한 실제 주소로 0, 1, 2, 3……. 의 순서로 처음부터 차례대로 지정되며 일반적으로 웹에서 http:// 로 시작하는 주소를 말한다.

(나) 장 점

① 사상 함수가 매우 간단하다.

② 복잡한 디렉터리 구조 안에서도 전혀 혼동되지 않고 사용할 수 있다.

(다) 단 점

① 사용자가 레코드의 물리적 저장 방법을 정확히 알아야 한다.

② 특정한 물리적 저장 장치에 종속적이기 때문에 파일을 재구성할 때에는 각 레코드의 키 값도 함께 변경시켜야 한다.

(2) 상대 주소 방법

(가) 구현 방법

직접 주소 방법은 메모리 참조가 없으므로 처리 속도가 빠르지만 자료의 길이에 제한이 있다. 그러므로 직접 주소 방식의 장점을 그대로 살리면서, 직접 주소 방법의 단점을 어느 정도 제거하는 방법이 상대 주소 방법이다. 이때 절대 주소를 인식할 수 있는 채널 프로그램이 필요하며, 상대 주소 파일 내에서의 레코드 순서를 갖게 된다.

(나) 특 징

특정한 물리적 저장 장치에 종속되지 않기 때문에, 키 값에 따른 실제 주소 결정의 처리시간이 필요하지 않다.

| 학 습 활 동 |

상대주소

상대주소는 항상 현재의 위치에서 생각해야 하는데 만약 홍길동이 나의 삼촌이라면, 다른 사람들은 홍길동이란 고유명사로 인식을 한다. 즉, 홍길동은 절대주소라고 볼 수 있다. 반면 상대주소 개념으로 볼 때, 홍길동은 나를 기준으로 나의 아버지의 형제이다.

3) 색인 순차 파일(Indexed Sequential File)

가) 구현 방법

순차 파일과 직접 파일을 결합한 형태로 사용하며 ISAM(Indexed Sequential Access Method) 파일이라고도 부른다. 키 값에 따라 순서적으로 정렬된 데이터 지역(Data Area, 완전 인덱스)과 데이터 지역에 대한 포인터를 갖고 있는 색인 지역(Indexed Area, 부분 인덱스)으로 구성되어 있다.

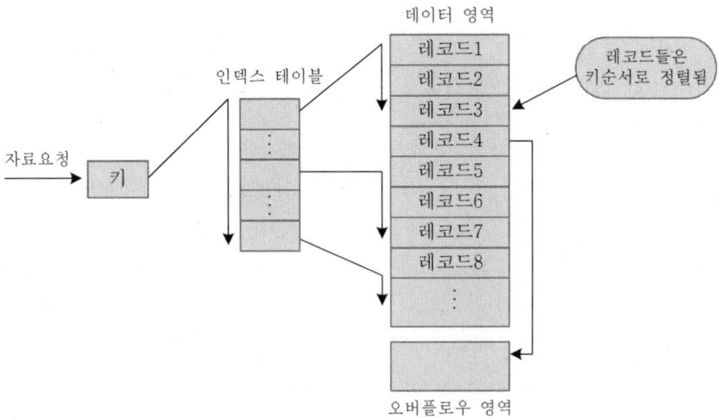

[그림 11-12] 색인 순차 파일

나) 특 징

① 인덱스 부분이 필요하므로 메모리의 낭비가 있다.
② 새로운 레코드를 추가 및 제거하기가 비교적 쉽다.
③ 인덱스 또는 키가 각 레코드마다 필요하고 가변 길이 레코드의 처리가 어렵다.

〈표 11-2〉 파일 구조의 비교

파일 형태	순차 파일	색인 순차 파일	직접 파일
키의 필요성	없음	있음(인덱스 필요)	있음(키가 주소로 변환)
용도	- 저장용 파일 - 트랜잭션 파일 - 배치 파일 - 다량의 파일	- 중간용	- 대화형 파일 - 자주 바뀌는 파일 - 자주 쓰는 파일 - 소량의 파일
장점	- 간단 - 버퍼링 용이 - 가변 길이 레코드 가능 - 메모리 효율 크다.	- 파일 수정 용이 - 비교적 빨리 접근	- 매우 빨리 접근 - 수정 용이
단점	- 매우 느리다. - 수정하기 힘들다.	- 키가 필요하다. - 사전에 배열 필요 - 주기적으로 재구성 필요 - 가변 길이 레코드 사용	- 주소 계산 시간 필요 - 가변 길이 레코드 사용 어려움

쉬 어 가 기

우리에게 성큼 다가온 그리드 컴퓨팅

컴퓨터의 처리 속도와 대역폭은 빠른 발전을 거듭하고 있지만, 최근 슈퍼컴퓨터로도 해결하기 어려운 연산 문제는 언제나 존재한다. 이런 문제를 해결하기 위한 방법으로 분산된 자원을 연결해 하나의 시스템처럼 사용하고자 하는 노력이 진행됐으며, 이를 메타 컴퓨팅, 또는 P2P 슈퍼컴퓨팅이나 그리드(Grid)라고 부른다.

그리드는 '격자(格子)' 라는 말에서 유래한 것으로 피어끼리 서로 연결돼 마치 격자 모양을 이루는 데서 이런 이름이 붙여졌다. 마치 집과 공장에 전력을 공급하는 전기 배선과 흡사하여 일단 콘센트에 전기 플러그를 꽂으면 사용자는 그 전기가 어디에서 오는지 전혀 신경 쓸 필요가 없다. 미국 뉴욕의 화력 발전소에서 생산되건, 캐나다의 수력 발전소에서 생산이 되건, 사용자에겐 그저 자신의 전기 기구가 제대로 작동되면 되는 것이다.

11.4 디렉터리

1) 개　념

운영 체제는 디스크나 CD-ROM에 저장된 파일들을 관리하기 위해 디렉터리라는 논리적 저장 장치를 유지하고 관리한다. 여러 시스템들은 두 개의 분리된 디렉터리 구조인 '장치 디렉터리'와 '파일 디렉터리'를 가지고 있다.

장치 디렉터리는 단일 사용자 시스템을 위해서는 충분하지만 저장 공간의 양과 사용자들의 수가 증가하면 사용자들은 모든 파일들에 의한 구성과 추적이 점점 어려워진다. 이러한 문제점의 해결 방법은 다른 디렉터리 구조를 추가하여 파일 시스템에 있는 여러 파일들을 구성하는 것이다.

| 학 습 활 동 |

장치 디렉터리와 파일 디렉터리

장치 디렉터리는 각 실제 장치에 저장되고 이러한 장치에 있는 모든 파일들을 나타내고 있으며 파일의 물리적 속성, 예를 들면 파일의 위치, 파일의 크기와 할당 과정 등을 나타낸다.

한편, 파일 디렉터리는 모든 파일들의 논리적 구성으로 이름, 파일 유형, 소유하고 있는 사용자, 계정 정보, 보호 액세스 코드 등을 기술한다.

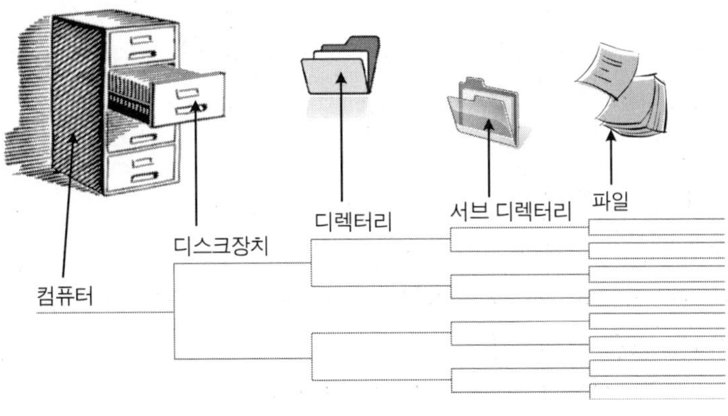

[그림 11-13] 디렉터리와 파일

이러기 위해서는 파일에 관한 여러 가지 정보를 가지고 있어야 한다. 파일에 관계있는 정보로는 파일의 각종 속성(attribute)과 위치(location), 그리고 접근 제어(Access Control) 정보 등이 있으며, 이러한 정보들 중에서 기억장치와 관련 있는 대부분의 정보들은 운영체제에 의해서 관리된다.

〈표 11-3〉 디렉터리가 갖는 정보

기본 정보	- 파일명 : 사용자가 만들어 주며, 한 디렉터리 내에서 유일해야 한다. - 파일 형태 : 다른 유형들을 제공하는 시스템을 위해 필요하다. 예를 들면, 텍스트(txt), 실행(exe, com) 등의 형태가 있다.
주소 정보	- 장치 이름 : 파일이 적재된 장치의 이름 - 시작 주소 : 물리적인 시작 주소 - 현재 크기 : 바이트, 워드 혹은 블록들로 나타내며 파일의 현재 상태 크기와 최대 허용 가능한 크기를 포함하고 있다. - 할당 크기 : 파일에 할당된 최대 크기
접근 제어 정보	- 파일 소유자 : 파일의 제어권을 갖고 있는 소유자로, 다른 사용자에게 파일에 대한 접근을 허용 또는 금지할 수 있다. - 접근 정보 : 파일 접근 권한이 있는 사용자에 관한 정보로서, 사용자 이름, 암호 등이 있다. - 접근 내용 : 액세스 제어 정보는 사용자에 따라 판독, 기록, 실행 등을 할 수 있는 지의 여부를 제어한다.

현재 여러 종류의 디렉터리 구성이 사용되고 있는데, 디렉터리 구조를 이해하기 위해서는 디렉터리에 대하여 실행되는 조작들을 살펴보기로 한다.

① 파일의 탐색(search) : 파일들이 기호화된 이름(Symbolic Name)을 가지고 있고, 이 이름들은 파일들 상호간의 연관성을 나타내기 때문에 특정 파일을 찾기 위하여 디렉터리를 탐색한다.

② 파일의 생성(create) : 디렉터리에 새로운 파일을 만든다.

③ 파일의 삭제(delete) : 필요하지 않은 파일들을 디렉터리에서 지운다.

④ 디렉터리 열람(Directory List) : 디렉터리의 내용이 되는 파일들을 보여주고 각 파일에 대한 디렉터리의 값을 보여준다.

⑤ 예비(backup) : 신뢰성을 위해 일정한 시간마다 파일 시스템의 내용과 구조를 보조저장 장치에 복사해둔다.

2) 1단계 디렉터리

가) 구현 방법

1단계 디렉터리는 가장 간단한 형태의 디렉터리 구조로서, 각종 파일을 적재하는 시스템 내의 여러 장치를 위한 디렉터리로 많이 사용된다. 이러한 것을 장치 디렉터리(Device Directory)라 하며, VTOC(Volume Table of Contents)라고 부르기도 한다.

그뿐만 아니라 1단계 디렉터리는 물리적 속성을 나타내는 장치 디렉터리 이외에도, 한 사람의 사용자만 사용하는 시스템(Single User System)에서 논리적 속성을 나타내는 파일 디렉터리로도 많이 이용되며, 그 구조는 일차원 테이블 형태를 갖는다. 그러나 파일 수가 많을 때는 고유한 이름으로 새 파일을 생성해야 하므로 모든 파일명을 기억해야 한다는 문제점이 있다.

나) 특 징

① 가장 간단한 디렉터리 구조로 모든 파일이 같은 디렉터리에 있어 유지와 이해가 용이하다.

② 파일 수가 증가하거나 다수의 사용자가 있을 때 모든 파일이 같은 디렉터리 내에 있어 모두가 고유한 이름을 가져야 한다는 제약을 받게 된다.

③ 파일명은 보통 내용과 관련된 이름을 갖지만 시스템이 정하는 길이의 제한을 받는다.

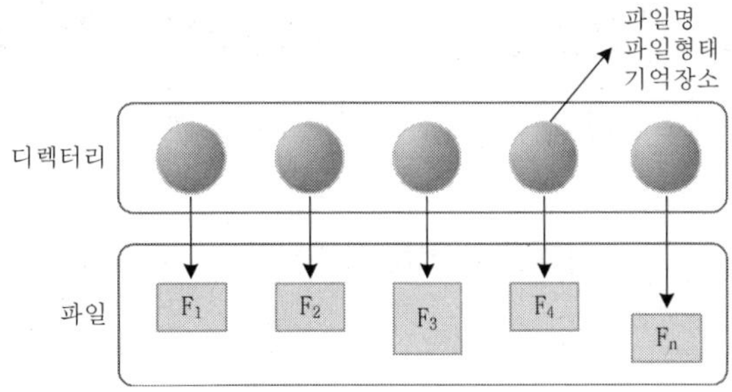

[그림 11-14] 1단계 디렉터리

3) 2단계 디렉터리

가) 구현 방법

사용자마다 수십 개에서 수백 개까지의 파일을 가지고 있고, 이런 사용자가 수십 명에서 수백 명에 이른다면, 파일이 저장되는 디스크에는 몇 천 개에서 몇 만 개 또는 그 이상의 파일을 적재하게 된다. 이러한 경우에는 각각의 파일에 대한 혼동되지 않는 신뢰성과 사용자가 원하는 파일로의 빠른 접근이 요구된다. 이러한 점을 해결하는 방법으로 2단계 디렉터리라는 개념이 도입되었다.

2단계 디렉터리 구조에서는, 각 사용자는 자신의 사용자 파일 디렉터리(User File Directory, UFD)를 갖고, 각 사용자 디렉터리는 오직 한 사용자의 파일만 기술한다. 한 사용자의 업무를 시작하거나 새로 등록(log-in)할 때에는 각 사용자의 이름 또는 계정번호 색인과 그 디렉터리에의 포인터가 있는 마스터 파일 디렉터리(Master File Directory, MFD)를 먼저 탐색한다. 한 사용자가 특별한 파일을 생성할 때 자신의 디렉터리만 탐색하므로 서로 다른 사용자들이 동일한 파일명을 가질 수 있다. 파일을 삭제할 때도 운영체제는 지역 UFD에 대해서만 탐색함으로써 동일한 이름을 가진 다른 사용자의 파일을 삭제하지 못하도록 한다.

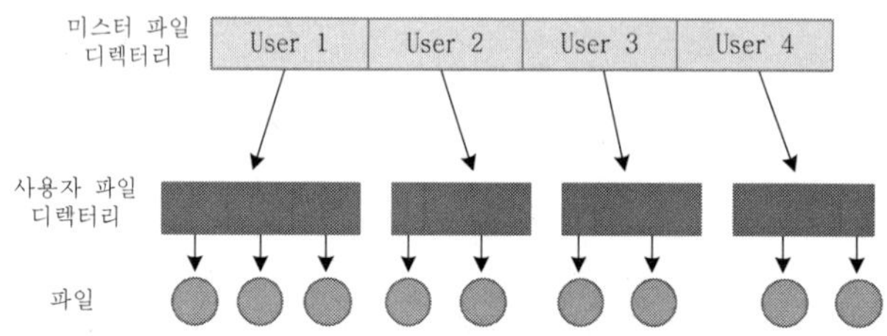

[그림 11-15] 2단계 디렉터리

나) 장 점

각각의 사용자들이 다른 사용자와는 독립적으로 작업을 진행하게 되므로, 서로 다른 사용자가 같은 파일명을 사용하여도 혼란이 일어나지 않는다.

다) 단 점

서로 협력하려는 사용자들이 특정 파일을 공유하고자 할 때 원하는 파일의 경로 이름을 알아야 한다.

4) 트리 구조를 갖는 디렉터리

가) 구현 방법

2단계 파일 디렉터리는 높이가 2인 트리 구조이기 때문에 디렉터리의 세부적인 확장이 불가능하다. 이런 점을 해결하기 위한 방법으로 임의 트리(Arbitrary Tree) 구조를 고려해 볼 수 있다.

임의 트리 구조로는 트리(tree) 디렉터리 구조를 예로 들 수 있는데 루트(root) 디렉터리를 가지면서 사용자들의 모든 파일들은 유일한 경로 이름(path name)을 가진다. 트리 내의 모든 디렉터리들은 부 디렉터리(sub directory)를 가질 수 있으며, 부(종속) 디렉터리 역시 또 다른 부 디렉터리를 가질 수 있다.

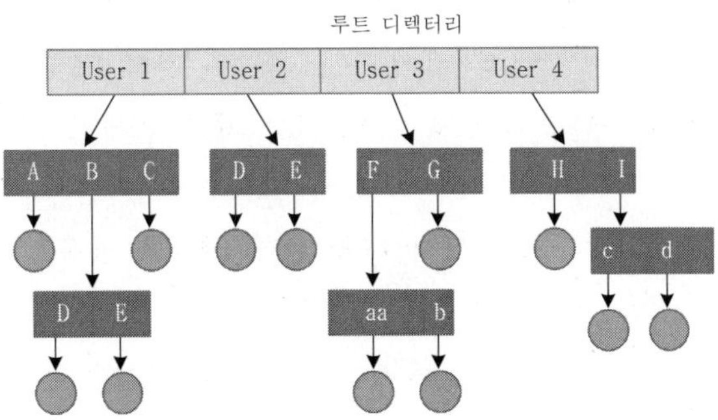

[그림 11-16] 트리 구조를 갖는 디렉터리

이 디렉터리에서 디렉터리의 삭제 방법은 디렉터리가 비어 있다면 그 항목은 간단히 삭제된다. 그러나 제거 대상 디렉터리가 비어 있지 않으면 삭제되지 않으므로 디렉터리를 삭제하기 위해서는 먼저 그 디렉터리에 있는 모든 파일을 제거해야 한다.

또 다른 제거 방법은 디렉터리를 삭제하라는 요청이 들어오면, 그 디렉터리에 있는 모든 파일과 부디렉터리에 있는 모든 파일들이 제거된다는 가정에서 삭제가 이루어지는 경우이다. 이 두 가지 방법은 모두 구현하기 쉽고, 그 선택은 필요에 따라 결정된다.

나) 특 징

다른 사용자의 파일에 쉽게 접근할 수 있기 때문에, 여러 사용자 간에 디렉터리나 파일을 공유하여 사용가능하다.

5) 비순환 및 순환 그래프 디렉터리

트리 구조 파일 시스템에 다른 파일이나 부 디렉터리를 가리키는 포인터를 사용하게 될 때, 트리 구조의 성격이 파괴되어 그래프 구조를 형성하는데 비순환 그래프(Cyclic Graph) 및 순환 그래프(Acyclic Graph)가 있다.

이 그래프 디렉터리들은 디렉터리들 간에 파일 또는 부 디렉터리들을 공유할 수 있는 디렉터리 구조이며, 순환과 비순환 그래프 디렉터리의 다른 점은 순환성의 유무에 있다.

트리 구조를 갖는 디렉터리는 파일이나 디렉터리들의 공유를 금지하고 있는 반면, 비순환 그래프는 디렉터리들이 서브디렉터리들과 파일을 공유할 수 있도록 허용하고 있는 것으로서 사용자가 자신의 디렉터리를 정의하도록 하여 자신의 파일이 별도의 구조를 가질 수 있게 한다. 비순환 그래프는 트리 구조 디렉터리 방식을 일반화한 것이다.

비순환 그래프의 사전적 의미는 그래프의 한 정점에서 시작하여 다시 그 정점으로 돌아오지 않는 그래프이며 주된 장점은 비순환 그래프를 전역 탐색하는 알고리즘이 비교적 간단하다는 것과 더 이상 파일을 참조할 것이 없을 때가 언제인가를 결정하는 알고리즘이 단순하다는 것이다.

한편, 순환 그래프 디렉터리들은 디렉터리들 간에 파일을 공유할 수 있으며, 비순환 그래프 디렉터리와 다른 점은 순환성이 있다는 것이다. 그러나 순환 그래프에서 링크에 의한 사이클로 인해 무한 순환에 대비한 탐색 메커니즘을 만들어 두어야 한다.

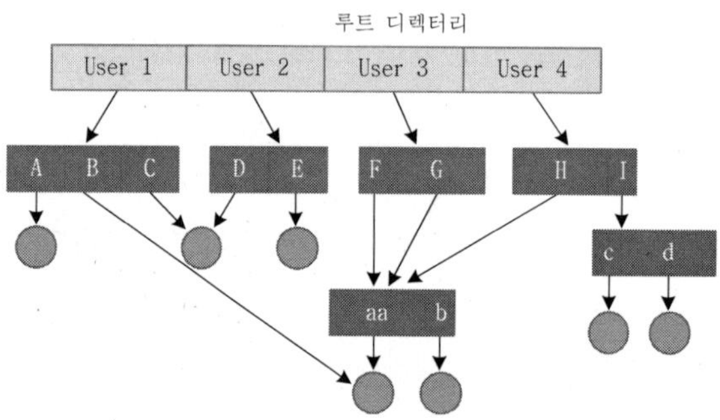

[그림 11-17] 비순환 그래프 디렉터리

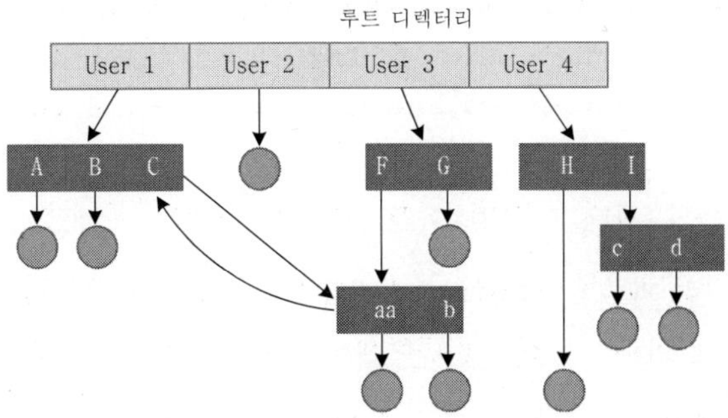

[그림 11-18] 순환 그래프 디렉터리

요 약

1. 파일의 생성이란 운영 체제가 어떤 자료 집단을 최초로 파일로 만들어 주는 작업이다.
2. 파일 관리 시스템이란 파일을 사용하는 사람들이나, 각종 작업(application)들에 대하여 서비스를 제공해 주기 위한 시스템 소프트웨어(system software)의 모임이다.
3. 순차 파일은 파일 생성시에 레코드들을 연속적으로 기록하고 나중에 파일을 판독하는 경우에도 레코드의 키 값에 따라 순서적으로 접근하는 방법이다.
4. 직접 파일은 원하는 데이터 레코드를 직접 접근(direct access)할 필요가 있을 때 가장 효과적으로 사용하는 방법이다.
5. 1단계 디렉터리는 파일에 대한 디렉터리로 사용되기 보다는 각종 파일을 적재하는 시스템 내의 여러 장치를 위한 디렉터리로 많이 사용한다.
6. 2단계 디렉터리는 사용자마다 수백 개까지의 파일을 가지고 있고, 이런 사용자가 수백 명에 이른다면, 파일이 저장되는 디스크에는 몇 천 개에서 몇 만 개 또는 그 이상의 파일을 적재하게 된다.
7. 트리 구조를 갖는 디렉터리는 루트(root) 디렉터리를 가지면서 사용자들의 모든 파일들은 유일한 경로 이름(path name)을 가진다.
8. 순환과 비순환 그래프 디렉터리의 다른 점은 순환성의 유무에 있다.

기초 문제

1. 특정 레코드를 검색하기 위하여 키(key)와 보조기억장치 사이의 물리적인 주소로 변환할 수 있는 사상 함수(Mapping Function)가 필요한 파일은?

① 순차 파일　② 인덱스된 순차 파일
③ 직접 파일　④ 분할 파일

(정답) ③
(풀이) 직접 파일에서는 직접 액세스 기억장치의 물리적 주소를 통해 액세스되고 키 값과 주소 사상 기법을 이용하여 액세스되어 빠른 검색이 가능하다.

2. 부 디렉터리를 공유할 수 있고, 융통성이 있으며 기억공간을 절약할 수 있으나 복잡하고 하나의 파일에 다수의 이름이 존재할 수 있는 디렉터리 구조는?

① 2단계 디렉터리　② 트리 구조 디렉터리
③ 일반 그래프 디렉터리　④ 비순환 그래프 디렉터리

(정답) ④
(풀이) 비순환 그래프의 사전적 의미는 그래프의 한 정점에서 시작하여 다시 그 정점으로 돌아오지 않는 그래프이다.

3. 파일 시스템에서의 일반적인 디렉터리 구성 방식이 아닌 것은?

① 1단계 디렉터리 구조　② 2단계 디렉터리 구조
③ 3단계 디렉터리 구조　④ 트리 디렉터리 구조

(정답) ③
(풀이) 3단계 디렉터리 구조는 파일 시스템에서의 일반적인 디렉터리 구성 방식이 아니다.

4. 디렉터리 구조 중에서 파일 또는 디렉터리의 공용이 허용 될 수 있는 것은?

① 2단계 디렉터리　② 3단계 디렉터리
③ 트리구조 디렉터리　④ 비순환 그래프 디렉터리

(정답) ④
(해설) 순환과 비순환 그래프 디렉터리의 다른 점은 순환성의 유무에 있다

5. 하나의 파일에 여러 개의 블록으로 구성되어 있으며 고정된 길이 또는 가변 길이로 되어 있는 것은?

① 필드 ② 레코드

③ 인덱스 ④ 디렉터리

(정답) ②

(해설) 레코드는 하나의 파일에 여러 개의 블록으로 구성되어 있으며 고정된 길이 또는 가변 길이로 되어 있다.

심화 문제

1. 파일의 개념 및 구성 요소에 대하여 설명하시오.

2. 계층적 파일 시스템에 대하여 자세히 설명하시오.

3. 파일 시스템의 개념과 기능에 대하여 설명하시오.

4. 일반적으로 디스크 장치를 DASD(Direct Access Storage Device)로, 자기테이프 기억장치를 SASD(Sequential Access Storage Device)로 부르고 있다. 그 의미를 설명하시오.

5. 직접파일의 사상 방법을 열거하여 설명하시오.

6. 파일 디렉터리가 갖는 다음의 정보 내용에 대하여 설명하시오.
   1) 기본 정보
   2) 주소 정보
   3) 접근 제어 정보

7. 디렉터리 시스템을 (1) 1단계 (2) 2단계 (3) 트리 구조 (4) 비순환 그래프로 구분하여 설명하고 각 장단점을 설명하시오.

8. 다음을 간단히 설명하시오.
   1) 무결성
   2) 증강 현실
   3) 절대 주소 & 상대 주소
   4) 색인 순차 파일

약 어

SAM(Sequential file Access Method)

DAM(Direct Access Method)

DBMS(DataBase Management System)

ISAM(Indexed Sequential Access Method)

VTOC(Volume Table of Contents)

UFD(User File Directory)

MFD(Master File Directory)

12

운영체제보안

최근 컴퓨터 기술 및 초고속 정보 통신 기술의 발달로 인해 컴퓨터 내에 저장된 각종 자원(CPU, 주기억장치, 주변장치, 파일 등)들은 컴퓨터 네트워크를 통해 다수의 사용자에게 개방되어 서비스되고 있다. 그러나 이러한 자원 공유의 확산은 자원에 대한 불법적 침입이라는 심각한 문제를 안고 있기 때문에 운영 체제는 이러한 문제를 해결할 수 있는 방안을 마련해 두어야 한다.

그러므로 이때 도입되는 보안 운영 체제(Secure OS)는 기존의 운영체제에 내재된 보안상의 결함으로 인한 각종 침해로부터 시스템을 보호하기 위하여, 기존의 운영체제 내에 보안 기능을 통합시킨 보안커널(Security Kernel)을 추가적으로 이식한 운영체제이다.

여기서 보안(security)이란, 통신망의 개념을 추가한 것으로 시스템 및 시스템 내의 자원이나 정보들을 결함이 없이 보존하여 시스템의 신뢰성을 유지한다는 개념이다. 즉, 해당 시스템에 접속하고자 하는 사용자에 대한 패스워드 확인 등의 인증 기법과 암호화 기법 등을 통하여 불법적 접근을 막는 것이다. 보안에 대한 고려사항은 운영체제의 설계와 구조에 영향을 미친다. 따라서 보안은 보안 운영 체제의 초기 설계에서부터 충분히 고려되어야 한다.

한편, 보호(protection)란 각종 자원들에 대해서 프로그램이나 프로세스 및 사용자로부터의 접근 가능 유무를 제어하는 기법을 의미한다. 정보보호의 분위기를 고취시키기 위해서는 인터넷 침해 사고 예방 및 대응체계를 고도화하고, 날로 심각해지고 있는 프라이버시 보호체계에 대한 관심을 가질 필요가 있다. 프라이버시 보호를 위해서는 모든 국민이 u-Privacy 체계 구축에 동참하여야 할 것이며, 최고 수준의 개인정보보호 및 스팸 대응 체계를 구축해야 할 것이다.

이 장에서는 보안 운영 체제(Secure OS)의 필요성 및 기본 기능 그리고 커널의 개념과 이어서 보안 커널의 구현 방법 과 진화 동향에 대하여 살펴보기로 한다.

학 습 목 표

1. 보안 운영 체제(Secure OS)의 필요성 및 기본 기능에 대하여 공부한다.
2. 커널의 개념 및 종류에 대하여 숙지한다.
3. 커널 설계에 대하여 이해한다.
4. TCSEC에 대하여 공부한다.

사 전 학 습

▶ 키 관리를 위한 규칙

1) 키 길이는 필요한 수준의 보안을 제공할 수 있을 정도로 충분히 길어야 한다.
2) 키는 안전한 수단에 의해 보관되어야 하고, 안전한 전송 방법을 통해 전달되어야 한다.
3) 키는 랜덤해야 하며 키의 수명은 가능한 짧게 설정하여 사용해야 한다.
4) 키의 수명은 보호해야 할 데이터의 중요성이 클수록 짧아야 한다.
5) 수명이 다하게 되면 적절히 삭제가 되어야 한다.

12.1 침해 유형

보안 문제를 다루기 위해서는 우선 악의를 가진 사람들이 어떤 부정한 행위를 하는 지에 대한 분석이 필요하다. 이런 분석이 있은 후에야 이들 공격에 대한 대처 방안을 강구할 수 있기 때문이다.

이들 공격에 대해 몇 가지로 분류할 수 있다. 우선 부정한 행위를 저지르는 사람이 누구냐에 따라 두 가지로 나눌 수 있는데 하나는 두 통신 당사자를 제외한 제삼자가 통신 중인 정보에 대해 공격하는 경우이고 다른 하나는 통신 당사자들 중 어느 한 쪽이 상대방을 속이는 경우이다.

공격은 다음의 두 가지로 구분하는데 하나는 수동적(passive)인 공격이고 다른 하나는 능동적(active)인 공격이다. 수동적 공격은 도청, 모니터링, 전송과 관계가 있다. 전자우편, 파일 전송, 클라이언트 서버의 변화는 모니터 될 수 있는 전송 사례들이다. 능동적인 공격이란 전송된 데이터를 수정하거나 컴퓨터 시스템이 승인하지 않는 접속을 시도하는 것이다.

그러면, 이와 같이 발생될 수 있는 정보 보안 사고를 정리하면 다음과 같이 요약할 수 있다.

1) 가로채기(Interception)

가로채기란 통신선로를 도청하거나 패킷을 스니핑(sniffing)하여 송 · 수신자 간의 데이터를 가로채서 권한이 없는 사람이 그 내용을 보는 것을 말한다.

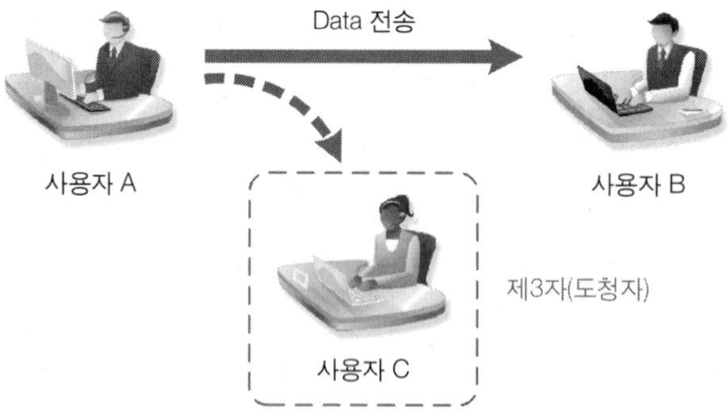

[그림 12-1] 가로채기

용어설명

스니핑(sniffing)

네트워크상에서 자신이 아닌 다른 상대방들의 패킷 교환을 엿듣는 것

2) 두절(Interruption)

두절이란 송신자의 데이터가 수신자에게 전달되지 못하도록 중간에서 하드웨어와 소프트웨어를 파괴하거나 통신선로를 단절시키는 행위를 말한다.

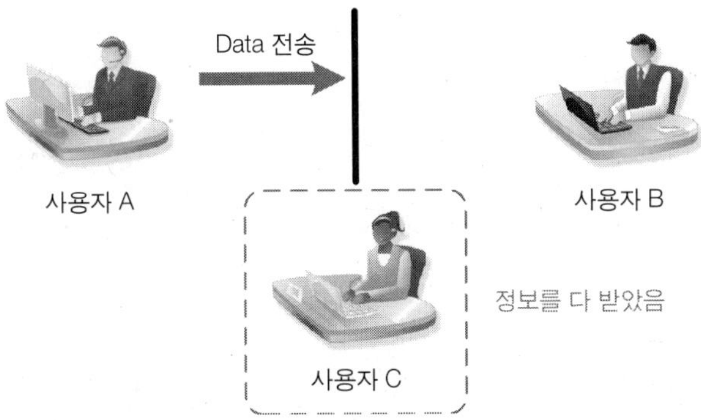

[그림 12-2] 두절

3) 변조(Modification)

변조란 송신자의 데이터를 중간에서 변조하여 다시 수신자에게 전송하는 침해 행위를 말하며 이때 수신자는 잘못된 정보를 갖게 되거나 악의적인 작업을 하는 코드를 내장한 파일을 실행할 수 있다.

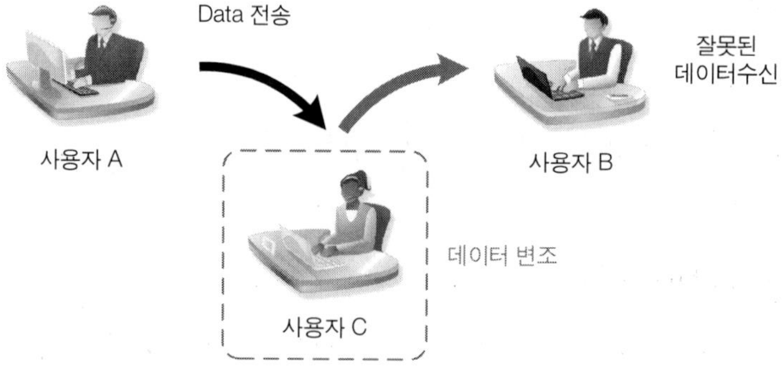

[그림 12-3] 변조

4) 위조(Fabrication)

컴퓨터 내의 시스템이나 기억장치에 있는 정보, 혹은 네트워크상에 전송되는 정보의 내용의 일부 또는 전부를 다른 내용으로 바꾸는 행위이다.

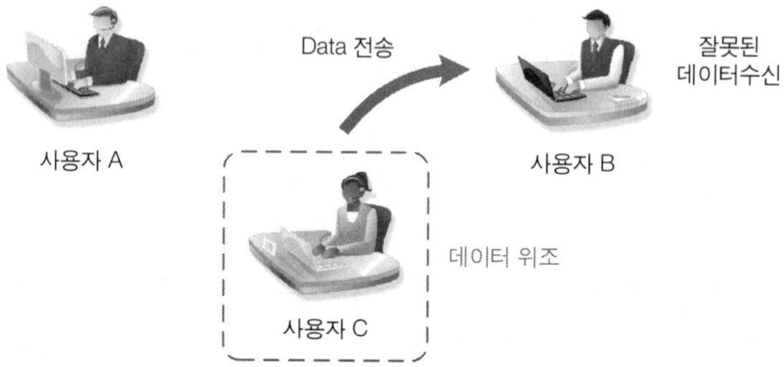

[그림 12-4] 위조

| 학 습 활 동 |

비대칭키 알고리즘

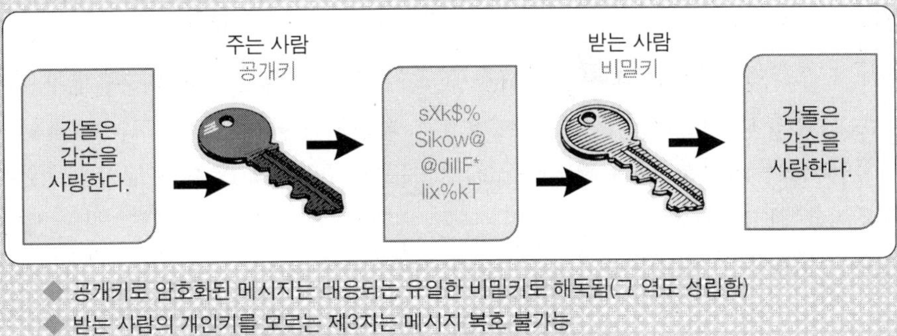

[그림 12-5] 비대칭키 알고리즘

12.2 보안 운영 체제(Secure OS, SOS)

1) 필요성

유비쿼터스 환경에 접목하여 통신 환경의 성숙을 실현하고 있는 우리 사회는 BcN, u-센서 네트워크 등의 구축에 따라 주변에 산재한 컴퓨터를 자유롭게 이용하는 물리공간에 이른바 전자공간을 적용하는 공간 지능화(Smart Space) 환경을 맞이하고 있다. 개인들은 가정에서 IPTV, 원격 교육 및 의료 서비스를 제공받아 풍요로운 u-Life를 향유하고, 전자상거래가 활성화되어 중소기업을 포함한 모든 기업에 디지털 거래 행위가 확산되고 있으며, 휴대단말기로 처리되는 민원서비스, 전자투표 등 전자정부 서비스를 통해 행정의 효율성을 제고하는 등 디지털 융합화가 진행됨에 따라 개인화, 지능화된 새로운 IT 서비스의 등장으로 편리한 디지털 라이프가 확산되고 있는 상황이다.

그러나 정보시대는 새로운 문명의 탄생 및 발전으로 인류에게 편리함과 유익성이라는 혜택을 제공하는 한편 자연적으로 파생되는 역기능으로 인한 피해를 가져다준다. 그 편리함과 유익성에 반비례하여 매우 위험하고 파괴적인 역기능이 뒤따르고 있다.

다음은 보안 운영 체제가 도입된 필요성을 살펴보기로 한다.

① 지능화된 공격 기법 증가

분산화된 자동화 공격의 이용이 점점 증가하고 있으며 공격 도구의 대중화에 따른 잠재적인 보안 침해 사고가 유발되고 있다. 그 사례로, 웹 취약성을 이용한 자료 및 정보의 불법 유출이 단적인 예를 보여주고 있다.

② 해킹의 범죄적 성향

컴퓨터 시스템에 대한 불법적인 침투와 고도의 침투 기법을 사용하여, 침투 흔적을 남기지 않고 자유자재로 각종 정보를 빼내거나 훼손하는 사례가 급증하고 있다. 이런 사례는 기업 또는 국가의 주요 정보를 획득한 이익 추구 및 주요 기반시설 자체의 파괴를 목적으로 하고 있다.

③ 사이버테러 피해의 대규모화

웜(worm)이나 바이러스(virus) 등에 의한 침해 사고는 한 개인이나 기업 등 기관을 넘어 국가 전체적인 손실이 발생할 수 있다. 해킹 기술이 점차 고도화되어 방화벽과 침입 탐지 시스템 등 기존의 보안 체계만으로는 해킹에 대한 대응이 어려워지고 있다. 특히 시스템 관리자 권한이 탈취되거나 내부 사용자에 의한 해킹에는 속수무책이다.

▎학 습 활 동 ▎

바이러스 & 웜

바이러스는 합법적 프로그램에 기생하고 있다가 자신을 복제할 수 있도록 하는 비합리적 프로그램이다. 이와 같이 바이러스는 자신의 복제 확산을 위해 기생할 다른 프로그램을 필요로 한다. 한편, 웜은 바이러스와 유사하지만, 주로 네트워크 환경에서 발생하므로 인터넷 웜이라고도 부른다. 웜은 자체적인 복제 기능을 가지고 통신망을 통하여 급속히 확산되며, 호스트 컴퓨터나 서버 시스템을 점유하여 서로 의미 없는 정보를 대량으로 주고받음으로써 네트워크의 트래픽을 과도하게 증가시키고 결국은 네트워크 전체를 마비시키는 형태로 진행된다.

2) 기본 기능

보안 운영 체제는 각종 해킹으로부터 시스템을 보호하기 위하여 기존의 운영 체제 내에 보안 기능이 통합된 보안 커널(Security Kernel)을 이식한 운영 체제를 말한다.

사용자는 시스템을 사용하기 위해 식별과 인증 과정을 통해 로그인한 후 시작된다. 식별과 인증은 각 시스템 자원을 보호하기 위한 일차적인 보호 계층이다. 만약 접근 통제가 사용자의 신분 증명에 의하여 이루어진다면, 이러한 신분 증명은 반드시 정확해야 한다. 따라서 식별은 사용자 신분의 인증 및 검증을 요구한다. 보안 운영 체제는 개별적인 사용자의 안전한 식별을 요구하며, 각각의 사용자는 고유하게 식별될 수 있어야 한다. 보안 운영 체제를 구현할 때 기본 기능은 영역의 분리, 강제적인 접근 제어 및 신뢰할 수 있는 경로와 보호된 경로 그리고 완전한 조정 등이다.

가) 영역의 분리

영역 분리란 애플리케이션이나 사용자의 역할에 따라 액세스할 수 있는 정보의 영역을 제한하고 시스템의 제어 권한을 제어하는 것을 말한다. 즉, 일반 사용자가 보안 운영 체제가 정의한 것 이외의 관리 업무를 단독으로 수행할 수 없도록 운영체제가 통제하는 것을 말한다.

예를 들어, 해커가 웹 서버 공격에 성공했다 하더라도 웹 서버와 관계없는 데이터베이스 영역의 액세스를 제한하거나 프로세스는 자신에게 부여된 최소한의 권한만을 수행하도록 통제한다.

나) 강제적인 접근 제어

사용자의 접근 결정에 사용되는 고정된 보안 속성을 보안 관리자와 같은 사람에 의해 관리적으로 부여하거나, 또는 운영체제에 의해 엄격한 규칙을 따라 자동적으로 부여함으로써 사용자의 자유재량에 관계없이 의무적으로 접근을 제어하는 방식이다. 따라서 강제적 접근 제어를 적용할 때 강제적인 보안 속성들은 사용자 혹은 사용자 프로그램에 의해 변경될 수 없다.

강제적인 접근 제어는 운영체제의 강제적인 접근 제어 기능뿐만 아니라 다음과 같은 몇 가지를 포함한다.

① 접근 제어 정책(Access Control Policy, ACP) : 운영 체계 제어 하에서 주체가 객체를 어떻게 접근할 것인가를 지정하는 정책
② 인증 사용 정책(Authentication Usage Policy, AUP) : 사용자 인증에 사용되는 사용자 인증 메커니즘
③ 암호 사용 정책(Cipher Usage Policy, CUP) : 데이터를 저장 · 전송할 때 보호하기 위하여 사용되는 암호 메커니즘

다) 신뢰할 수 있는 경로와 보호된 경로

신뢰할 수 있는 경로는 신뢰할 수 있는 소프트웨어와 함께 상호 동작하는 사용자를 허가하는 메커니즘으로서 사전에 보안 정책이나 보안 담당자에 의해 개별 사용자에게 합법적으로 부여된 한도 내의 재량권에 따라 사용자가 접근을 제어하는 방식이다. 예를 들면, 패스워드를 변경하거나 제어 권한을 변경하는 등의 보안 관리 기능을 수행할 때 신뢰성 있는 경로가 설정되어야 한다.

한편, 보호된 경로는 소프트웨어 요소 사이의 상호 보증할 수 있는 채널을 말하며 시스템 기능을 보호하기 위해 필요하다.

라) 완전한 조정

강제적 접근 제어 또는 신뢰할 수 있는 경로와 보호된 경로가 효과적이기 위해서는 모든 접근을 제어해야 한다. 따라서 보안 운영 체제는 모든 접근을 통제하는 완전한 조정을 수행해야 한다. 그러나 제어해야 하는 접근 경로의 수가 증가함에 따라 보안 운영 체제의 설계 및 구현의 복잡도도 크게 증가한다.

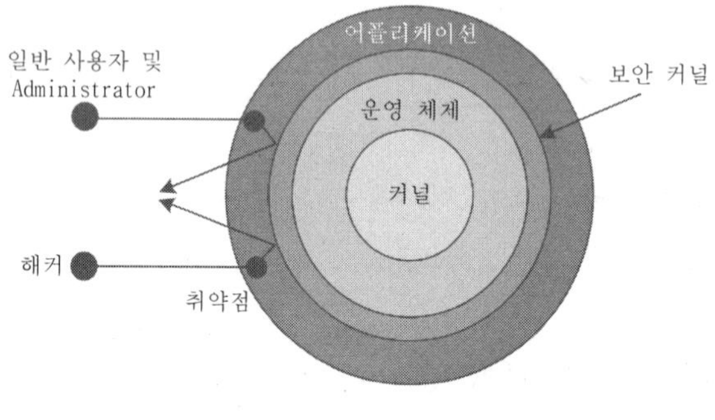

[그림 12-6] 보안 운영 체제

학 습 활 동

보안 운영체제를 도입할 때의 기대 효과

① 강력한 접근 통제로 비허가자 및 외부의 불법 공격자의 침입 방지
② 홈페이지 및 서버에 저장된 정보의 위·변조와 정보 유출 방지
③ 기존의 보안 체계인 방화벽, IDS의 취약점 보완
④ 금융 기관의 정보 시스템의 보안 강화 및 중단 없는 서비스 제공 가능
⑤ 해킹, 인터넷 웜, 바이러스 등 각종 보안 침해 위협 감소
⑥ 중요 자료를 탑재한 DB 서버 등 보안 대책 마련

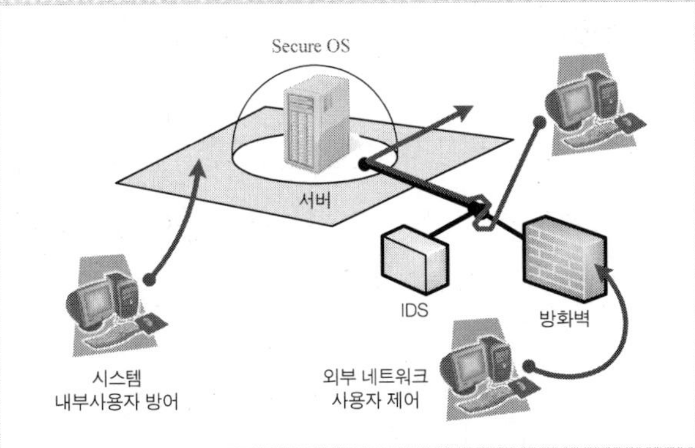

[그림 12-7] 보안 운영 체제의 도입 효과

3) 설계할 때의 고려 사항

보안에 대한 고려 사항은 운영체제의 설계와 구조에 영향을 미친다. 따라서 보안은 보안 운영 체제의 초기 설계에서부터 충분히 고려되어야 한다. 일반적으로 안전한 보안 운영 체제를 설계할 때 다음과 같은 내용이 고려된다.

① 최소 권한 : 각각의 사용자와 프로그램은 가능한 한 최소한의 권한을 사용하여 운영되어야 한다. 이러한 방식을 택할 때, 우연한 공격 또는 의도적인 공격으로부터의 손상을 최소화시킬 수 있다.

② 메커니즘의 경제성 : 보안 시스템의 설계는 소규모로, 단순하며, 간단하여야 한다. 이러한 보안 시스템은 충분한 분석, 시험 및 검증이 가능하다.

③ 개방형 설계 : 개방형 설계는 보안 메커니즘에 대한 많은 검토를 가능하게 하여 보안 설계에 대한 독립적인 확인을 제공한다.

④ 완전한 조정 : 모든 접근 시도를 완전히 검사해야 한다. 이에는 직접적인 접근 시도와 접근 통제 메커니즘을 교묘히 피하려는 접근시도까지 모두 포함되어야 한다.

⑤ 허용에 근거한 접근 : 모든 이용자의 접근에 대한 기본 원칙은 접근 거부여야 한다. 따라서 설계자는 접근을 허용해야 하는 항목의 식별에 주의하여야 한다.

⑥ 권한 분리 : 객체에 대한 접근 권한은 두 개 이상의 조건에 의존해야 한다. 따라서 하나의 보안 시스템이 파괴된다 하여도 완전한 접근이 허용되지 않도록 해야 한다.

⑦ 사용의 용이성 : 보안 메커니즘의 사용은 편리해야만 사용자에 의한 보안 메커니즘 활용 회피 가능성이 줄어든다.

4) 개발 전략

SOS는 참조 모니터가 존재한다는 것을 제외하면, 보통의 OS 설계 개념과 유사한데 다음과 같은 세 가지 구현 전략이 있다.

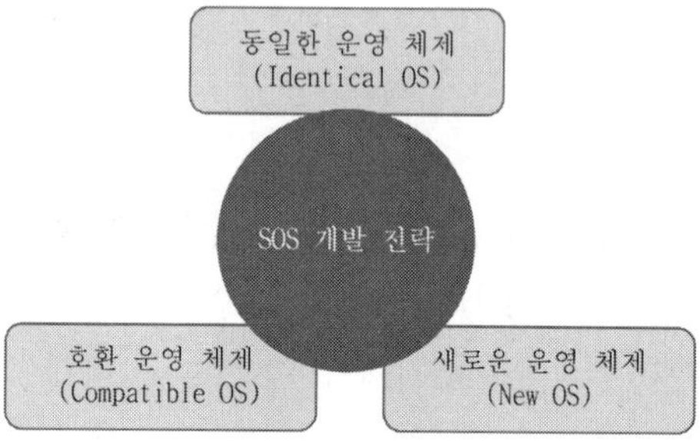

[그림 12-8] SOS 개발 전략

가) 동일한 운영 체제(Identical OS)

보안 운영 체제를 구현한 대다수의 경우 사용하게 되는 전략인데 기존의 모든 AP(Access Policy)에 변경 없이 지원 가능하다. 이때 커널은 ISOS(Insecure OS) 별로, 접근 통제 메커니즘을 적용해야 한다.

이 전략은 OS의 새 버전마다 지원해야 하고, 가상 ISOS가 많아질수록 시스템의 오버헤드가 증가할 우려가 있다.

나) 호환 운영 체제(Compatible OS)

AP와 ISOS 사이에는 기존 인터페이스와 같게 Emulator를 구현하는 전략이며 ISOS와 커널 사이에는 제약이 없다.

이것은 기존의 인터페이스를 이용하기 때문에 새로 적용하려는 보안 정책(Security Policy)과 맞지 않아 안전하지 않거나, Emulate하기 어려운 기능들이 존재할 가능성이 있다.

다) 새로운 운영 체계(New OS)

기존의 ISOS나 사용자 AP에 제약을 받지 않고, 완전히 새로운 SOS와 커널을 제작할 수 있는 전략이며 기존의 OS와 성능 면에서 크게 차이가 나지 않는 SOS의 구현이 가능하다.

이 전략은 커널이 가지고 있는 보안 정책을 잘 반영할 수 있고, 가장 안정적인 보안 정책의 구현이 가능하다.

12.3 커널(Kernel)

1) 개 념

컴퓨터 운영체계의 가장 중요한 핵심으로서 운영체계의 다른 모든 부분에 여러 가지 기본적인 서비스를 제공한다. 커널은 셀(shell)과 대비될 수 있는데, 셀은 운영체계의 가장 바깥부분에 위치하고 있으면서, 사용자 명령어에 대한 처리를 담당한다.

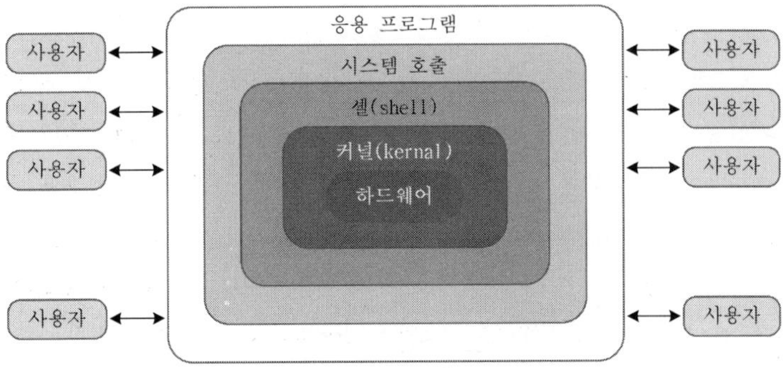

[그림 12-9] 커널의 개념도

커널은 메모리나 저장장치 내에서 운영체계의 주소공간을 관리하고, 이들을 모든 주변 장치들과 커널의 서비스들을 사용하는 다른 사용자들에게 고루 나누어주는 메모리관리자를 가지고 있다. 커널의 서비스는 운영체계의 다른 부분이나, 흔히 시스템 호출이라고 알려진 일련의 프로그램 인터페이스들을 통해 요청된다.

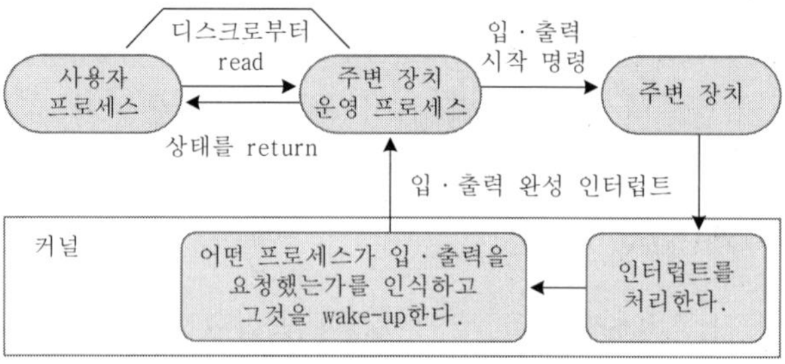

[그림 12-10] 커널의 기능

| 학 습 활 동 |

셸(shell)

운영체제와 사용자 간의 대화를 담당하는 프로그램으로 명령어 해석기(Command Interpreter)라고 한다. 즉, 사용자 프로그램의 명령어 해석은 물론 입출력 오류 발생시의 오류 원인을 알려준다거나 올바른 입출력의 방향도 제시한다. 커널과 달리 주기억장치상에 상주하지 않고 필요시에 디스크에서 불려 들여져 사용된다.

또한, 커널은 운영 체제의 기능 중에서 운영 체제를 구성하는 프로세스와 운영 체제의 제어 아래서 주행하는 프로그램에 대해 자원 할당(resource allocation)을 수행하는 부분으로서 중핵(nucleus)이 거의 같은 뜻으로 쓰이지만, 본래는 제어 프로그램 중에 주기억장치에 상주하는 부분을 가리킨다.

한편, 커널의 구성 요소는 인터럽트 처리기, 스케줄러, 슈퍼바이저(supervisor) 그리고 메모리 관리자로 되어있는데 그 내용은 다음과 같다.

〈표 12-1〉 커널의 구성 요소

인터럽트 처리기	입·출력 연산 등 커널의 서비스를 경쟁적으로 요구하는 모든 요청들을 처리한다.
스케줄러	어떤 프로그램들이 어떤 순서로 커널의 처리시간을 공유할 것인지를 결정한다.
수퍼바이저	스케줄이 끝나면 실제로 각 프로세스들에게 컴퓨터의 사용권을 부여한다.
메모리 관리자	메모리나 저장 장치 내에서 운영 체계의 주소 공간을 관리하고, 이들을 모든 주변 장치들과 커널의 서비스를 사용하는 다른 사용자들에게 고루 나누어준다.

| 학 습 활 동 |

커널의 서비스

운영 체제의 다른 부분이나, 흔히 시스템 호출이라고 알려진 일련의 프로그램 인터페이스들을 통해 요청된다.

2) 마이크로 커널

가) 도입 배경

운영 체제를 설계하는 방법 중에는 모놀리식 커널(Monolithic Kernel)과 마이크로 커널(Micro Kernel)이 있다. 전자는 전통적인 운영 체제 설계 방법으로서 프로세스 관리, 메모리 관리, 파일 시스템 같은 커널의 모든 기능들이 하나의 커널에 들어가 있고, 모두 커널 모드에서 실행되는 방법이다. 이때 각 구성 요소들이 서로의 자료 구조를 공유하며 서로의 기능을 자유롭게 활용하므로 요소들 사이에 많은 의존성을 가지게 된다.

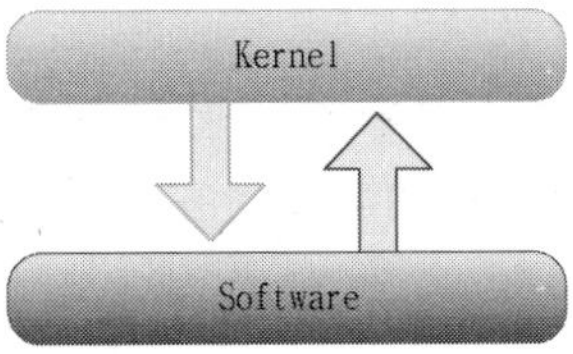

[그림 12-11] 모놀리식 커널의 개념도

모놀리식 커널은 서로의 자료구조를 공유하므로 효율성을 극대화시킬 수 있지만, 모두 같은 메모리상에서 실행되므로 한 부분에서 발생한 문제 때문에 시스템 전체가 망가질 수 있을 뿐만 아니라 각 구성 요소들이 서로의 자료 구조를 공유하기 때문에 규모가 커질수록 개발과 디버깅이 어렵다는 문제점을 드러내고 있다. 그러므로 마이크로 커널이 이에 대한 해결책으로 제시되고 있다.

마이크로 커널은 커널의 기능을 최소화하고, 가장 핵심적인 기능만을 모아 놓은 구조로서 마이크로프로세서로부터의 종속성을 탈피, 이식성을 강조하기 위해 최소한의 코드만으로 구성되어 있다.

용어설명

이식성

원시 프로그램을 다른 기종으로 옮기는 것이 얼마나 용이한가를 나타내는 정도로, 다른 기종에 다시 컴파일하기만 해도 바로 돌아가는 프로그램은 이식성이 높다고 한다.

나) 구현 방법

마이크로 커널은 프로세스 간 통신(InterProcess Communication, IPC), 주소 공간, 기본적인 스케줄링을 포함한 몇몇 소수의 핵심 기능만을 커널에 포함시키고 그 밖의 운영 체제 서비스들은 서버라 불리는 프로세스에 의해 제공되는 방식이다.

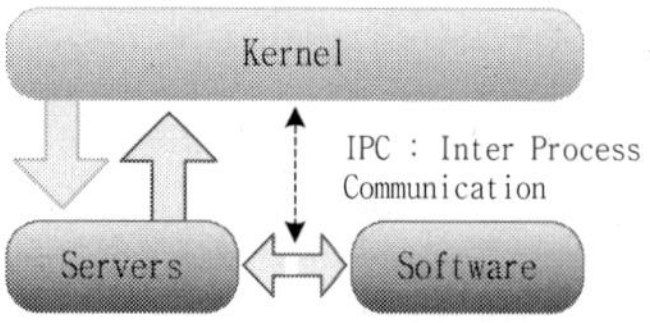

[그림 12-12] 마이크로 커널의 개념도

기존 모놀리식 커널에서 핵심적인 부분을 떼어낸 마이크로 커널은 커널 모드에서 동작하는 반면, OS의 나머지 부분들은 API(Application Programming Interface)를 통해 사용자 모드 서비스(User Mode Service)로 동작하게 되며 사용자 수준의 함수들인 스레드 라이브러리 호출(Thread Library Call)로서 직접 액세스될 수 있다.

이런 방식은 OS 기능 가운데 하드웨어를 제어하는 하위 레벨과 고유 OS 기능을 제공하는 상위 레벨로 완전 분리 모듈화 함으로써 확장성을 강조한 것이라고 할 수 있으며 커널의 기능을 최소화하고, 가장 핵심적인 기능만을 모아 놓은 구조이다.

실제 핵심 기능으로만 구성된 마이크로 커널의 코드 규모는 2만~8만 줄에 불과하므로 50만~1백만 줄에 이르는 다른 OS와 비교되고 있다.

모놀리식 커널은 여러 서브시스템들이 하나의 큰 커널 안에 뭉뚱그려져 들어 있으며 사용자 운영 프로그램과 함께 동작하는 반면 마이크로 커널은 커널의 컴포넌트 서버를 사용자 모드에서 실행하고, 필수 커널 루틴만을 코어 커널이 가지고 있다.

▌학 습 활 동 ▌

HAL(Hardware Abstraction Layer)

드라이버 개발자와 하드웨어 개발자가 제시한 기본적인 표준이 되는 것으로 드라이버 개발자가 하드웨어 개발자가 개발한 새로운 하드웨어에 대해 모두 알 필요가 없다는 것을 의미한다. 즉, 하드웨어가 개발한 소프트웨어와 원활히 통신할 수 있도록 도와주는 번역자 역할을 하고 있다.

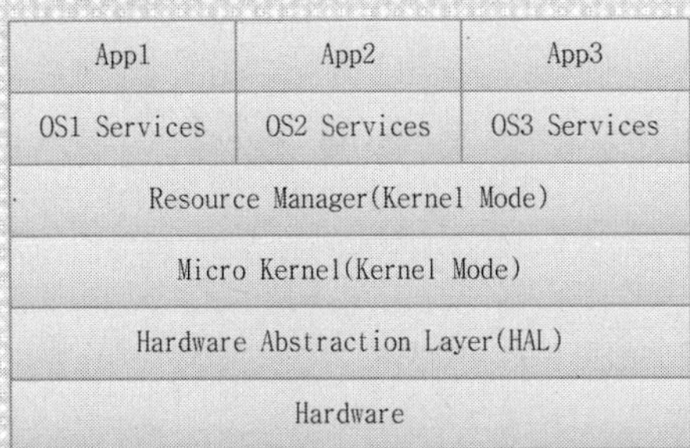

[그림 12-13] 마이크로 커널의 계층화

용어설명

API(Application Programming Interface)

응용 프로그램에서 사용할 수 있도록 운영 체제나 프로그래밍 언어가 제공하는 기능을 제어할 수 있게 만든 인터페이스를 뜻한다. 주로 파일 제어, 화상 처리 및 문자 제어 등을 위한 인터페이스를 제공한다.

다) 장 점

① 대부분이 사용자 모드에서 동작하기 때문에 한 부분에서 발생한 문제가 시스템 전체를 망가뜨리지 않으며, 해당 서버만을 교체함으로써 시스템 복구가 가능하다.

② 이식성이 높으므로 처리 제어나 장치 드라이버 등 하드웨어에 의존하는 기능이나 실시간 처리에 필요한 기능만을 갖도록 한다.

③ 버그 수가 감소되므로 커널 모드에서 수행되는 코드의 크기가 아주 작아진다.

④ 마이크로 커널을 기반으로 다양한 운영체제를 동시에 운영할 수 있다.

라) 단 점

① 안정적인 시스템이지만, 서비스를 사용하는 과정에서 여러 번의 메시지 전송과 문맥 교환(Context Switching)이 발생된다.

② 실용적인 면에서는 속도가 느리기 때문에 실제로 마이크로 커널 방식만으로 구현되는 시스템은 많지 않다.

③ 다양한 운영체제를 동시에 올릴 수는 있으나, 일부 소스 코드(Source Code)를 수정해야 한다.

| 학 습 활 동 |

대칭키 알고리즘

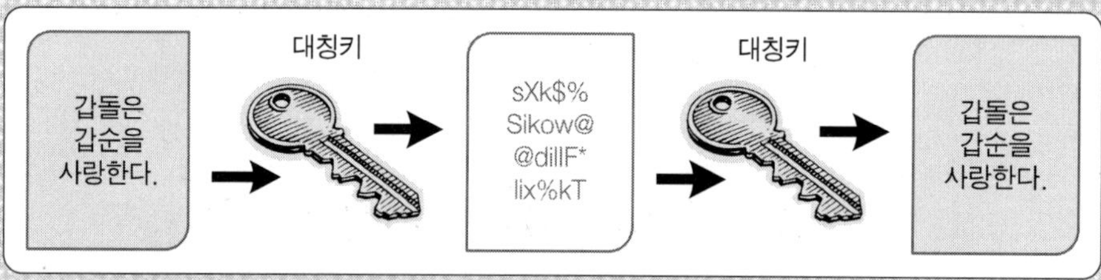

대칭키 알고리즘

- ◆ 암호화나 복호화에 쓰이는 암호화 키 K_e와 복호화 키 K_d가 동일(대칭키)할 때 사용
- ◆ 같은 키를 사용해 메시지의 내용이 불명확하도록 평문을 재구성하여 암호문 작성

[그림 12-14] 대칭키 알고리즘

12.4 커널 설계

1) 필요성

패스워드의 설정 및 접근 허용의 변경 등과 같은 보안 관련 작업을 수행할 때 사용자는 안전한 경로(Trusted Path)라고 불리는 안전한 통신을 원한다. 보안 커널은 사용자에게 이러한 안전한 경로를 제공할 수 있어야 한다. 여기서는 커널 설계가 등장하게 된 필요성에 대하여 생각해보기로 한다.

가) 정보 보호 시스템에 대한 관심 고조

인터넷의 급속한 확산으로 인한 해킹 및 바이러스 침해 사고의 급증으로 보안상의 취약점을 가지고 있지만 불법 침입에 대한 시스템 접근이 대부분 제한되어 있으므로, 그 중에서도 적은 부분만이 공격자에 의해 사용된다. 따라서 보안커널을 설계하게 되면 시스템의 경제성과 함께 효율성을 높일 수 있다.

나) 응용 프로그램 수준 정보 보호 시스템의 한계

시스템 운영자나 관리자들이 수립하는 정책이나 시스템 제어 절차를 통한 보안 커널에서 부분적인 보안 제품 적용으로 인해 고비용이 발생할 뿐만 아니라 다양한 보안 제품의 사용으로 인해 보안 관리의 어려움이 따르고 있다.

다) 운영 체제의 보안 문제

최근 운영 체제의 버그 등 자체 취약성을 이용한 공격의 증가가 나타날 뿐만 아니라 운영 체제 자체의 보안 기능이 부족하다. 더구나 패치, 업그레이드 등을 이용한 임시방편적인 대응이 도리어 보안 커널의 취약성을 드러내게 되었다.

용어설명

패치(patching)

이미 발표된 소프트웨어 제품에서 발견된 사소한 기능 개선 또는 버그나 오류 등을 수정하기 위해 개발자(개발 회사)가 내놓는 업데이트 프로그램

2) 보안 커널

보안 커널은 참조 모니터의 개념을 구현한 TCB(Trusted Control Block)의 하드웨어, 펌웨어 및 소프트웨어 요소로서 시스템 자원에 대한 접근을 통제하기 위한 기본적인 보안 절차를 구현한 컴퓨터 시스템의 중심부이다.

용어설명

펌웨어

처리 과정 동안 컴퓨터에 의해 동적으로 변경이 불가능한 기억장치에 적재된 컴퓨터 프로그램과 자료들

보안 커널은 운영체제의 보안 메커니즘을 시행하는 책임을 진다. 보안 커널은 하드웨어, 운영체제 및 컴퓨팅 시스템의 기타 부분 간의 보안 인터페이스를 제공한다. 일반적으로 보안 커널은 운영체제 커널 내부에 포함된다.

보안 커널은 다음과 같은 요구 사항을 가지고 있으며 그 내용은 다음과 같다.

① 범위 : 보호 대상 객체에 대한 모든 접근은 반드시 보안 커널을 통과해야 한다. 이는 접근이 검토된다는 것을 보장한다.
② 독립성 : 보안 메커니즘을 운영체제의 나머지 부분과 사용자 공간으로부터 분리시킴으로써 운영체제나 사용자에 의한 침입으로부터 보안 메커니즘을 보다 용이하게 보호할 수 있다.
③ 단일성 : 모든 보안 기능이 단일 코드 집합에 의해 수행된다.
④ 무결성 : 보안 메커니즘에 대한 무결성 검사가 용이하다.
⑤ 간결성 : 보안 기능만을 수행하기 때문에 보안 커널이 상대적으로 작아진다.
⑥ 검증 가능성 : 보안 커널이 상대적으로 작기 때문에 보안 커널에 대한 분석 검증이 가능하다.

3) TCB(Trusted Control Block)

TCB는 보안 정책의 시행을 책임지는 하드웨어, 펌웨어, 소프트웨어 및 이들의 조합을 포함하는 컴퓨터 시스템 내의 모든 보호 메커니즘을 의미한다. 이것은 운영체제의 기본적인 작업(프로세스 활성화, 실행 영역 교환, 메모리 보호, I/O 연산 등)에 대한 보안성 및

무결성을 감시하는 데 필요하다.

[그림 12-15] TCB의 계층화

TCB 분할은 TCB를 계층화 구조로 구현한 것으로서 각 계층은 고유의 보안 정책을 정의하므로 기존 TCB 영역을 재사용하는 것이 가능하고, TCB 계층의 확장이 용이하다.

운영체제의 보안성과 무결성을 유지하여야 하는 TCB는 다음과 같은 네 가지의 기본적인 작업을 감시한다.

① 프로세스 활성화
한 프로세스에서 다른 프로세스로의 변경은 레지스터, 재배치 요인, 파일 접근 목록, 프로세스 상태 정보 및 포인터 등과 같은 보안에 민감한 정보의 완전한 교환을 필요로 한다.

② 실행 메시지 교환
한 도메인에서 실행되는 프로세스는 운영체제의 보안을 위해 다른 도메인의 프로세스를 호출한다.

③ 메모리 보호
각각의 도메인은 데이터가 저장되어 있는 메모리를 포함하기 때문에, TCB는 각 도메인의 보안성과 무결성을 보장하기 위하여 메모리 참조를 감시하여야 한다.

④ I/O 연산
I/O 연산에서 문자를 전송하는 소프트웨어는 사용자 프로그램을 I/O 장치와 연결시킨다. 따라서 이러한 소프트웨어는 여러 영역을 통과할 수 있다.

쉬 어 가 기

SEED는 우리의 암호 기술!

1) 도입 배경

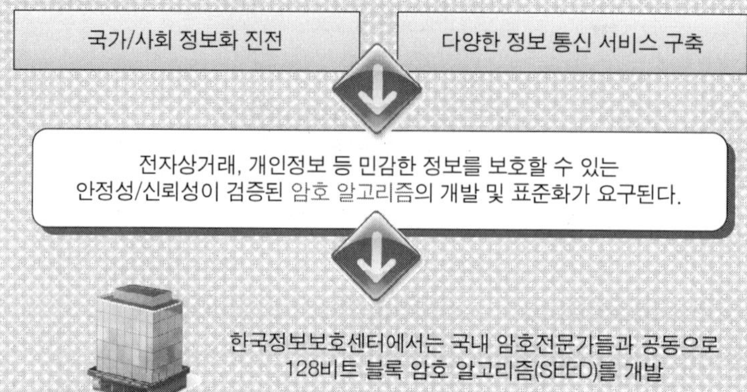

2) 구조

- 128비트 입력 평문 블록을 2개의 64비트 블록으로 나눈다.
- 16개의 64비트 라운드 키를 이용하여 16 라운드를 수행한 후, 최종 128비트 암호문 블록을 출력하는 구조이다.

4) 참조 모니터(Reference Monitor)

보안 운영 체제는 보안 커널에 참조모니터라고 불리는 모듈을 통해 어떠한 주체가 어떠한 객체(파일, 디렉터리, 디바이스 등)에 연산을 요청하더라도 항상 액세스를 제어해 승인과 거절을 수행한다.

참조 모니터는 보안 커널의 가장 중요한 부분으로서, 객체에 대한 접근을 통제하는 부분이다. 참조 모니터는 다음과 같은 특성을 지녀야 한다.

① 참조 모니터에 대한 부정행위를 방지할 수 있어야 한다.
② 참조 모니터는 항상 호출되어야 한다.
③ 참조 모니터는 분석과 시험이 용이하도록 충분히 작아야 한다.

그러나 참조 모니터는 감사(audit), 식별 및 인증, 보안 매개 변수 설정 등과 같은 다른 보안 메커니즘과 데이터를 교환하면서 상호작용을 수행한다. 참조 모니터 개념은 많은 보안 운영 체제의 개발에 사용되고 있다.

이상과 같이 언급했던 보안 커널, TCB 그리고 참조 모니터는 혼동을 일으킬 만큼 상호간에 밀접하게 관련되어 있다. 그러나 이들은 운영체제의 무결성 보장과 보안 커널의 설계를 위하여 반드시 구분되는 것이 바람직하다.

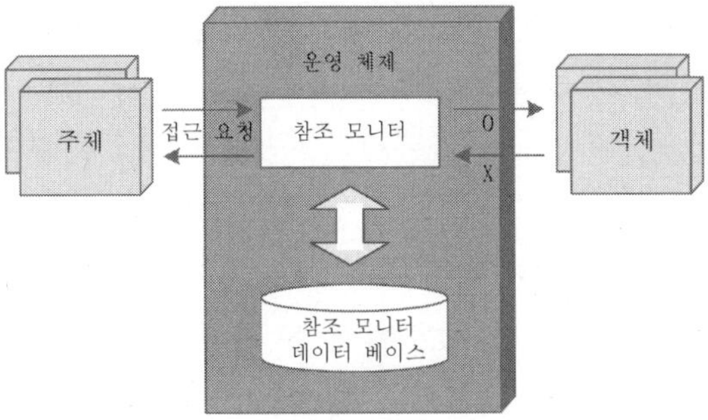

[그림 12-16] 참조 모니터의 개념

12.5 TCSEC(Trusted Computer System Evaluation Criteria)

보안 등급이란 정보가 얼마나 안전한가에 대해서 보안을 실시하고자 할 때 그 기준을 말하며 여러 보안 등급 중에서 TCSEC가 유명하다. 미국은 1983년에 오렌지 북이라고 불리는 안전한 컴퓨터 시스템 평가 기준인 TCSEC 초안을 제정하고, 이에 대한 약간의 수정을 가한 후 1985년에 미 국방성의 표준으로 이를 채택하였다.

TCSEC에서는 컴퓨터 보안에 관해 여섯 가지 기본 항목을 정하였고, 그 사항을 만족시키는 수준에 따라 일곱 가지의 평가 등급을 제시하고 있다. TCSEC의 평가 등급은 전형적인 보안 요구 사항의 패턴을 다루기 위하여 설계되었다. 이 때문에, 특정한 보안 특징 요구사항과 보증 요구사항이 평가 등급의 정의에서 결합되어 있다.

그러면 언급한 TCSEC의 기본적인 여섯 가지 기본 항목에 대하여 살펴보도록 한다.

① 보안 정책(Security Policy) : 올바르게 정의된 보안 정책이 시스템에 의해 존재되어야 한다. 즉, 주체와 객체의 항목으로 표현된 강제적 통제 정책과 신뢰할 수 있는 경로가 존재해야 한다.

② 평가(Marking) : 접근 제어 정보(Access Control Information)는 각 개체(Object)에 포

함되어야 한다.

③ 신분증명(Identification) : 모든 사용자는 신분 증명을 거쳐야 한다.

④ 책임성(Accountability) : 사용 기록 가운데 일부는 보관되어 보안에 영향을 주는 행동이 관리자에 의해 추적될 수 있어야 한다.

⑤ 보증(Assurance) : 컴퓨터 시스템은 소프트웨어와 하드웨어의 각 부분이 분리되어 위의 네 가지 요건을 만족하는지 평가될 수 있어야 한다.

⑥ 지속적인 보호(Continuous Protection) : 기본 요건을 강제하는 신뢰 구조(Trusted Mechanism)는 이를 방해하거나 부정하게 바꾸려는 시도로부터 계속적으로 보호되어야 한다.

관리자는 시스템을 어느 정도의 보안 등급으로 구축할 것인지를 결정해야 하며, 이때 주의해야 할 사항은 보안 등급이 높다고 해서 꼭 좋은 것은 아니다. 그러므로 보안 수준과 사용자의 편의 사이에서 적절한 균형을 유지하여야 하며 앞으로 TCSEC는 국가 주요 정보 기반 구조 보호에 대한 인식이 확산됨에 따라 국가적인 정보 보호 인프라를 구축하여 국가 주요 정보 기반 구조를 보호하기 위한 강력한 도구로써 안전한 운영 체계가 활용되어질 것이다.

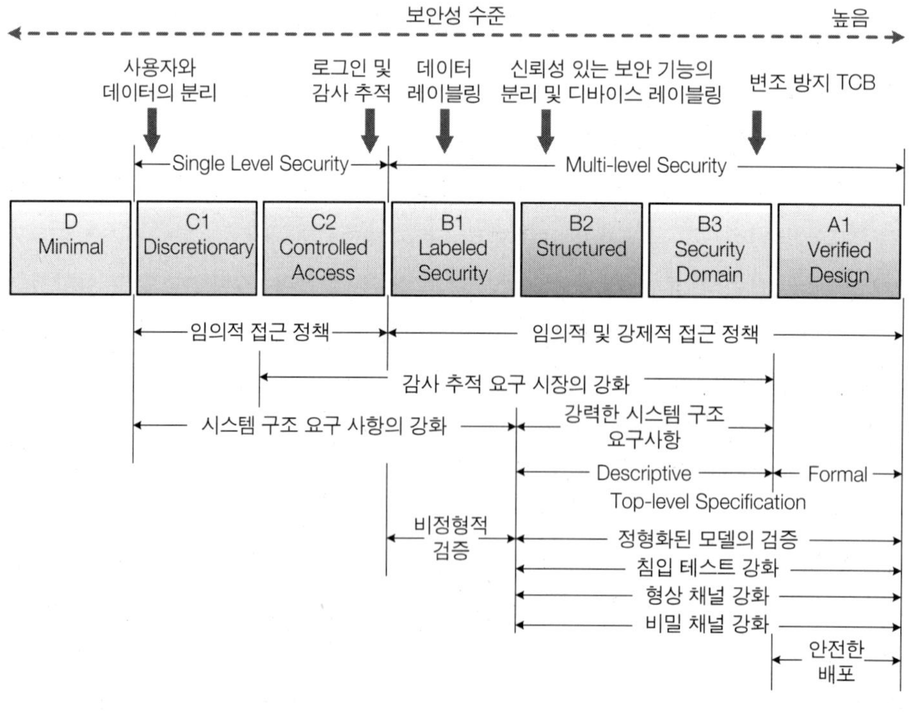

보안 등급은 D, C, B, A 등으로 나누어 지고,
여기서 C는 C1, C2, B는 B1, B2, B3 등으로 나누어지며
A 등급으로 갈수록 보안이 더욱 튼튼해짐

보안등급		특성
D (Minimal Protection)		- 보안이 거의 또는 전혀 고려되지 않은 상태로 주로 외부에 완전히 공개되어 있는 PC 등이 해당함
C	C1 (Discretionary Security Protection)	- 사용자가 서로 침범할 수 없게 되어 있고 정보는 모두 사용자 단위로 접근(Access) 허가를 줄 수 있어서 모든 사용자는 각자 특정한 정보에 대한 접근 권한만을 가지게 됨 - 강력한 보안은 아니며, 단지 사용자가 실수로 다른 사용자의 정보에 접근할 수 없도록 한 정도 - 유닉스 시스템
	C2 (Controlled Access Protection)	- C1보다 약간 엄격한 정도로 암호화 패스워드조차도 읽을 수 없도록 숨기고 사용자들의 로그인(Login) 정보 등 보안과 관계된 로그 정보를 저장해 두어서 필요할 때 보안감사(Auditing)를 할 수 있도록 하는 정도의 보안이며 안정하다고 할 수 있는 등급
B	B1 (Controlled Access Protection)	- C2의 모든 것을 포함하고, 보안 정책이 있어야 하고, 모든 데이터는 레이블(Label)을 붙일 수 있어야 한다. - 자료 객체(Data Object)에 보안 등급 같은 것을 정해 놓을 수 있어서 낮은 보안 등급을 가지고 있는 사용자가 높은 보안 등급을 가지고 있는 정보에 접근하지 못하도록 해야 한다.
	B2 (Structured Protection)	- B1의 모든 것을 포함하고 보안 정책도 일정한 형식을 가지고 정의되어 있어야 한다. - 시스템의 모든 데이터에 대하여 각각의 접근 방법을 여러 가지로 정의할 수 있어야 한다.
	B3 (Security Domain Protection)	- 분석이나 테스트가 용이하도록 보안정책에 불필요한 코드는 제거 - 감사 메커니즘이 보안관련 이벤트를 표시해야 하고, 시스템 복구 절차가 마련되어 있어야 하며, 침해하기가 매우 어려워야 한다.
A1 (Verified Design Protection-검증된 설계)		- B3와 거의 동일하나, 보다 엄격한 형상관리가 필요하고 안전하게 시스템을 사이트에 분배하기 위한 절차 마련이 요구되며, 시스템이 보안상 안전하다는 것을 수학적으로 증명할수 있어야 한다.

[그림 12-17] TCSEC 보안 등급

요 약

1. 가로채기란 통신선로를 도청하거나 패킷을 스니핑(sniffing)하여 송 · 수신자 간의 데이터를 가로채서 권한이 없는 사람이 그 내용을 보는 것을 말한다.
2. 두절이란 송신자의 데이터가 수신자에게 전달되지 못하도록 중간에서 하드웨어와 소프트웨어를 파괴하거나 통신선로를 단절시키는 행위를 말한다.
3. 변조란 송신자의 데이터를 중간에서 변조하여 다시 수신자에게 전송하는 침해 행위를 말한다.
4. 위조는 컴퓨터 내의 시스템이나 기억장치에 있는 정보, 혹은 네트워크상에 전송되는 정보의 내용의 일부 또는 전부를 다른 내용으로 바꾸는 행위이다.
5. 보안 운영 체제(Secure OS)는 각종 해킹으로부터 시스템을 보호하기 위하여 기존의 운영체제 내에 보안 기능이 통합된 보안 커널(Security Kernel)을 이식한 운영 체제를 말한다.
6. 보안 운영 체제 구현 전략에는 동일한 운영 체제(Identical OS), 호환 운영 체제(Compatible OS) 그리고 새로운 운영 체제(New OS)가 있다.
7. 커널(kernel)은 컴퓨터 운영체계의 가장 중요한 핵심으로서 운영체계의 다른 모든 부분에 여러 가지 기본적인 서비스를 제공한다.
8. 마이크로 커널은 커널의 기능을 최소화하고, 가장 핵심적인 기능만을 모아 놓은 구조로서 마이크로프로세서로부터의 종속성을 탈피, 이식성을 강조하기 위해 최소한의 코드만으로 구성되어 있다.
9. 보안 커널은 참조 모니터의 개념을 구현한 TCB(Trusted Control Block)의 하드웨어, 펌웨어 및 소프트웨어 요소로서 시스템 자원에 대한 접근을 통제하기 위한 기본적인 보안 절차를 구현한 컴퓨터 시스템의 중심부이다.
10. TCB(Trusted Control Block)는 보안 정책의 시행을 책임지는 하드웨어, 펌웨어, 소프트웨어 및 이들의 조합을 포함하는 컴퓨터 시스템 내의 모든 보호 메커니즘을 의미한다.
11. 참조 모니터는 보안 커널의 가장 중요한 부분으로서, 객체에 대한 접근을 통제하는 부분이다.
12. 보안 등급이란 정보가 얼마나 안전한가에 대해서 보안을 실시하고자 할 때 그 기준을 말하며 여러 보안 등급 중에서 TCSEC가 유명하다.

기초 문제

1. 데이터 암호화 시스템 중, 암호화키와 해독키가 따로 존재하여 암호화키는 공용키로 공개되어 있고 해독키는 개인키로 비밀이 보장되어 있는 방식은?

① 비밀 번호(Password) ② DES(Data Encryption Standards)
③ 공개 키 시스템(Public Key System) ④ 디지털 서명(Digital Signature)

(정답) ③
(해설) 공개 키 시스템에서 공개키로 암호화된 메시지는 대응되는 유일한 비밀키로 해독되며 그 역도 성립한다.

2. 다음 중 마이크로 커널에서 말하는 특징이 아닌 것은?

① 속도가 느리지만 안정적인 시스템이며 Context Switching이 일어나지 않는다.
② 커널 모드에서 수행되는 코드의 크기가 아주 작아지므로 버그 수가 감소한다.
③ 대부분의 기능이 사용자 모드에서 동작하기 때문에 한 부분에서 발생한 문제가 시스템 전체를 망가뜨리지 않는다.
④ 마이크로 커널을 기반으로 다양한 OS를 동시에 운영할 수 있다.

(정답) ①
(해설) 마이크로 커널에서는 서비스를 사용하는 과정에서 여러 번의 메시지 전송과 문맥 교환(Context Switching)이 발생한다.

3. 다음 중 정보가 얼마나 안전한가에 대해서 보안을 실시하고자 할 때 그 기준이 되는 것은?

① TCSEC ② SEED
③ PKI ④ 방화벽

(정답) ①
(해설) TCSEC에서는 컴퓨터 보안에 관해 여섯 가지 기본 항목을 정하였고 그 사항을 만족시키는 수준에 따라 일곱 가지의 평가 등급을 제시하고 있다.

4. 보안 정책의 시행을 책임지는 하드웨어, 펌웨어, 소프트웨어 및 이들의 조합을 포함하는 컴퓨터 시스템 내의 모든 보호 메커니즘은?

① 마이크로 커널 ② TCB
③ IDS ④ VPN

(정답) ②
(해설) TCB(Trusted Control Block)은 보안 정책의 시행을 책임지는 하드웨어, 펌웨어, 소프트웨어 및 이들의 조합을 포함하는 컴퓨터 시스템 내의 모든 보호 메커니즘이다.

5. 다음 중 Secure OS의 기본 기능이 아닌 것은?

① 접근 제어 정책 ② 인증 사용 정책
③ 암호 사용 정책 ④ 경로 제어 정책

(정답) ④
(해설) 인터넷에서 라우팅은 경로 제어에 해당한다.

심화 문제

1. 보안적인 측면에서 전자 상거래에서 발생할 수 있는 침해 유형에 대하여 자세히 설명하시오.

2. 보안 운영 체제(Secure OS)의 도입 배경과 기본 기능에 대하여 설명하시오.

3. 보안 운영 체제(Secure OS)의 개발 전략에 대하여 열거하여 설명하시오.

4. 마이크로 커널의 필요성과 구현 방법에 대하여 설명하시오.

5. 보안 커널의 정의 및 요구 사항에 대하여 설명하시오.

6. TCSEC(Trusted Computer System Evaluation Criteria)에서는 컴퓨터 보안에 관해 여섯 가지 기본 항목을 정하였고, 그 사항을 만족시키는 수준에 따라 일곱 가지의 평가 등급을 제시하고 있다. 자세한 내용을 열거하여 설명하시오.

7. 다음을 간단히 설명하시오.
   1) 바이러스
   2) TCSEC
   3) 마이크로 커널의 장단점
   4) TCB(Trusted Control Block)
   5) 참조 모니터
   6) SEED

약 어

SOS(Secure OS)

ACP(Access Control Policy)

AUP(Authentication Usage Policy)

CUP(Cipher Usage Policy)

ISOS(Insecure OS)

IPC(InterProcess Communication)

API(Application Programming Interface)

HAL(Hardware Abstraction Layer)

TCB(Trusted Control Block)

TCSEC(Trusted Computer System Evaluation Criteria)

13 유비쿼터스 소프트웨어

유비쿼터스 컴퓨팅이란 도로, 다리, 터널, 빌딩 그리고 빌딩벽 등 모든 물리공간에 보이지 않는 컴퓨터를 집어넣어 모든 사물과 대상이 지능화되고 전자공간에 연결돼 서로 정보를 주고받는 공간을 만드는 개념으로 기존 홈네트워킹, 모바일 컴퓨팅보다 한 단계 발전된 컴퓨팅 환경을 말한다. 유비쿼터스란 라틴어로 '언제 어디서나 있는'을 뜻하는 말로서 사용자가 컴퓨터나 네트워크를 의식하지 않는 상태에서 장소에 구애받지 않고 자유롭게 네트워크에 접속할 수 있다.

유비쿼터스 네트워크를 위해서는 모든 전자기기에 컴퓨팅과 통신 기능이 부가돼야 한다. 이를 위해서는 각 전자기기가 고유한 주소를 가져야 하며 유선 혹은 무선을 통해 광대역 네트워크에 접속될 수 있어야 한다. 유비쿼터스 컴퓨팅을 실현하기 위해 유비쿼터스 네트워크는 유연하고도 확장 가능한 유·무선 통신망, 끊김없는 이동성 인터페이스, 상황인식, IPv6, 각종 초소형 칩·센서 인프라와의 연동 등의 기술을 확보해야 한다. 특히 IPv6은 인터넷의 주소 부족을 타개하기 위해 만들어진 새로운 인터넷 주소체계로 32비트의 주소체계로 이뤄진 현재의 인터넷은 주소 고갈의 상황에 직면했다. IPv6은 기존 주소체계의 네 배인 128비트로 주소를 구성하기 때문에 주소의 숫자가 사실상 무한대에 가깝기 때문에 지구상의 모든 기기에 독립적인 주소를 부여할 수 있도록 해준다.

유비쿼터스 네트워크를 구축하기 위해서는 정보기술(IT)의 고도화가 전제돼야 한다. 그러므로 모든 기기에 통신 능력을 부여하기 위해서 컨버전스 기술의 일반화, 광대역화, IT기기의 저가격화 등이 실현되어야 할 것이다. 유비쿼터스 시대가 열리게 되면 자동차, 가정, 실외 등의 다양한 공간에서의 IT 활용이 늘어나고 네트워크에 연결되는 컴퓨터 사용자의 수도 늘어나는 등 IT산업의 규모와 범위는 더욱 커지게 될 전망이다.

이제 유비쿼터스는 단순히 컴퓨팅 환경을 개선하는 것에만 그치는 것이 아니라 인류의 사회 문화까지 송두리째 바꿔놓을 것으로 예상된다. 유비쿼터스 환경에서 사용자는 구체적으로 원하는 것을 명시하지 않아도 필요한 서비스를 접속 방식과 무관하게 저렴한 가격으로 제공받을 수 있다. 인터넷의 빠른 확산은 언제 어디서나 접근 가능한 유비쿼터스 네트워킹의 필요성을 제기하고 있다.

먼저 유비쿼터스의 역사를 살펴본 뒤 핵심 요소 기술을 구현하고 지금 진행 중인 유비쿼터스 적용 기술에 대하여 서술하고자 한다.

학 습 목 표

1. 유비쿼터스가 탄생하게 된 배경에 대하여 설명할 수 있다.
2. 유비쿼터스 컴퓨팅 환경 구축을 위한 기반 기술을 살펴본다.
3. 유비쿼터스 환경을 적용하는 응용 서비스에 대하여 공부한다.

사 전 학 습

▶ 임베디드 소프트웨어

마이크로프로세서 위에 내장되어 가전기기, 자동 센서 등의 기능을 다양화하고 부가가치를 높이는 핵심 소프트웨어이며 임의, 단독, 개별적으로 동작하지 않으므로 일반 컴퓨터의 소프트웨어와는 차이를 둔다.

한편, 임베디드 소프트웨어 플랫폼은 도메인별로 임베디드 OS, 임베디드 미들웨어, 임베디드 기본 응용 등의 소프트웨어 풀 스택과 개발도구를 모두 포함한 기술이다. 향후 임베디드 소프트웨어로 인해 기존의 산업의 경쟁력을 강화시킬 뿐만 아니라 다양한 서비스 제공이 가능하다.

13.1 유비쿼터스 역사

유비쿼터스는 원래 라틴어에서 유래한 단어로 '신이 언제나, 어디에나 존재한다'는 뜻이다. IT 용어로 사용되기 시작한 것은 1991년 미국의 마크 와이저 박사가 '기술이 배경으로 사라진다'고 주장하며 '유비쿼터스 컴퓨팅'이란 말을 사용하면서부터다. Ubiquitous 사회가 실현되면 이동통신의 발달로 언제, 어디서나 통신서비스를 제공받을 수 있다. Ubiquitous는 any Where, any Time, any Network, any Device, any Service의 의미를 가지고 있다.

최근에는 유비쿼터스 컴퓨팅과 비슷한 개념으로 주로 '생활 속의 컴퓨팅 (Pervasive Computing)', '눈에 보이지 않는 컴퓨팅 (Invisible Computing)', '끊김 없는 컴퓨팅 (Seamless Computing)' 등 여러 개념이 사용되고 있다.

〈표 13-1〉 유비쿼터스 시대의 부문별 변화

	현 상 황	유비쿼터스 컴퓨팅 시대
컴퓨터 위치	PC, 서버 등으로 존재	물체 내에 컴퓨터 내장
네트워크	일부 컴퓨터만 접속	모든 컴퓨터가 항상 유·무선으로 네트워크 접속
가정	일부 사이버 아파트에서만 디지털 홈 구현	대부분 가정이 홈네트워크로 가전제품 제어 가능
사무실	일부 업체만 지문인식시스템 채용	네트워크화한 음성 인식 컴퓨터, 홍채 인식 출입문 등 등장
도로, 자동차	일부 자동차 항법 장치 설치	무선인터넷 가능한 자동차 등장, 자동차와 톨게이트 사이의 정보교류가능

인터넷 물결은 이제 '90년대 구세대 흐름의 맨 끝 줄기, 과거 한때의 유행어'로 전락하고 있다. 유비쿼터스가 2000년대 초반부터 새로운 물결의 중심에 자리 잡고 세계 곳곳에서 거대한 변화를 일으키고 있기 때문이다. 유비쿼터스는 통신·반도체·소프트웨어 등 각 분야에서 축적돼 온 첨단기술이 표준화되고 저렴해지면서 우리도 모르는 사이 첨단 기술의 혜택을 값싸고 쉽게 누리게 되는 흐름을 뜻한다.

한편, 유비쿼터스는 많은 면에서 가상현실(Virtual Reality)과 반대되는 개념이다. 가상현실은 컴퓨터가 만드는 가상 속에 사람을 끌어들여 현실 속의 사람을 가상 속에서 활동하게 하는 것이지만, 유비쿼터스 세계는 현실 세상에 컴퓨터를 침투시켜 현실 속에 있게 한다.

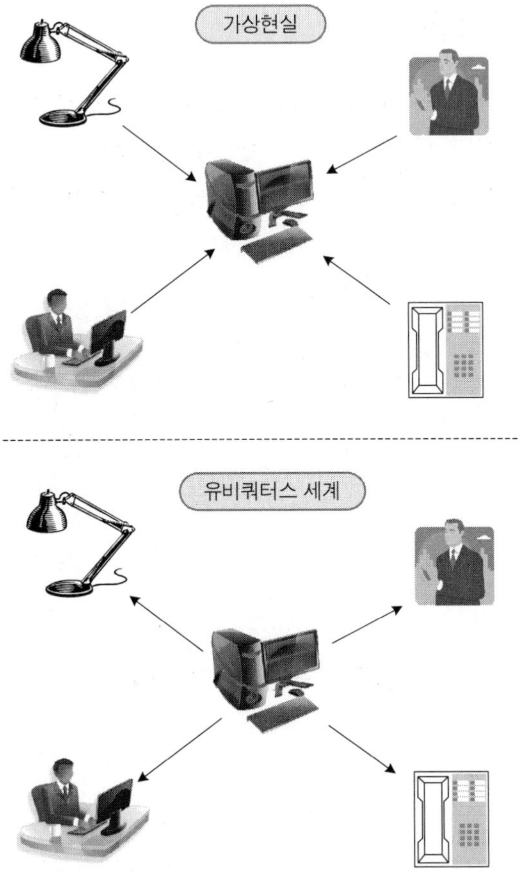

[그림 13-1] 가상현실과 유비쿼터스 세계

〈표 13-2〉 기존 IT와 유비쿼터스 IT의 특징 비교

구 분	정보화시대(기존 IT)	유비쿼터스 시대(u-IT)
처리 대상	정보/지식	사물
목표	정보/지식의 유통 및 공유	기능 최적화
주요 분야	정보/지식관리	공간(환경/사물) 관리
핵심기술	인터넷 네트워크	센서, Mobile
사용자	기존 사용자 중심	원격 사용자 지향
정보제공서비스	One-Stop(통합), Seamless 서비스	보이지 않는 실시간 맞춤 서비스
개인이 추구하는 서비스	표준화된 서비스	지능형 서비스

13.2 핵심 요소 기술

유비쿼터스 환경은 모든 사물에 컴퓨팅과 네트워킹 기능을 이식하는 작업에서 출발한다. 유비쿼터스 컴퓨팅 환경 구축을 위한 기반 기술을 요약하면 ① 디바이스 기술 ② 네트워크 접속기술 ③ 센싱 기술 ④ 인터페이스 기술 ⑤ 암호화 기술을 들 수 있다.

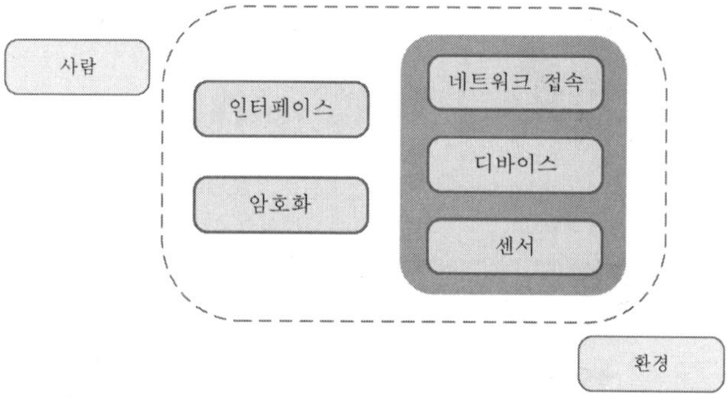

[그림 13-2] 5대 구성요소

1) 디바이스 기술

여러 장소에서 멀티미디어 서비스를 받으려면 고성능의 처리장치가 필요할 뿐만 아니라 다양한 장치에 처리장치가 내장되려면 칩의 소형화, 저소비 전력화 기술도 필요하다. 이러한 디바이스를 구성하는 기술 분야로서 대표적으로 IT SoC(System on Chip)와 MEMS(Micro Electro Mechanical Systems)가 있다.

IT SoC는 정보 · 통신기기의 핵심기능을 수행하는 부품으로서, 정보를 저장하는 메모리, 아날로그 및 디지털 신호를 제어 · 가공 · 처리하는 신호처리부와 내장 소프트웨어로 구성되어 있으며, 사용자의 요구를 만족시키기 위한 시스템 솔루션을 반도체 수준에서 직접 제공하는 기술 및 제품을 가리킨다.

한편, MEMS는 미세 기술로서 기계 부품, 센서, 전자회로를 하나의 실리콘 기판 위에 집적화 한 장치를 가리킨다. 한 개의 칩에 복수 개의 기능소자 및 신호처리부 등을 집적화할 수 있어 고성능 · 고신뢰성을 얻을 수 있다. 또한 동시에 다량으로 제조하여 가격을 낮출 수 있다.

2) 네트워크 접속 기술

지리적으로 분산된 가용한 모든 자원들을 네트워크를 통해 상호 공유 할 수 있도록 하기 위해서는 유비쿼터스 네트워크의 핵심기술, 근거리 무선 액세스 기술 그리고 슈퍼컴퓨팅을 확보하기 위한 네트워크 기술이 필요하다.

가) BcN(Broadband convergence Network)

유비쿼터스 환경에서의 네트워크 서비스는 모든 형태의 정보통신 서비스에 대해 지원할 수 있도록 개방성을 가져야 할 뿐만 아니라 각각 다른 네트워크에 대하여 공통의 구조를 채택하여 통합하여야 한다.

그러므로 광대역 통합망(Broadband convergence Network, BcN)이 필요한데 패킷 기반 전송기술을 이용하여 다양한 형태의 통신 서비스를 모두 수용하고 전송할 수 있어야 하며, 각 서비스들은 표준화된 개방형 프로토콜로 상호 유기적으로 동작하며 음성과 데이터의 통합, 인터넷, 멀티미디어 등 각종 서비스가 하나의 통합 인프라상에서 제공되어야 한다.

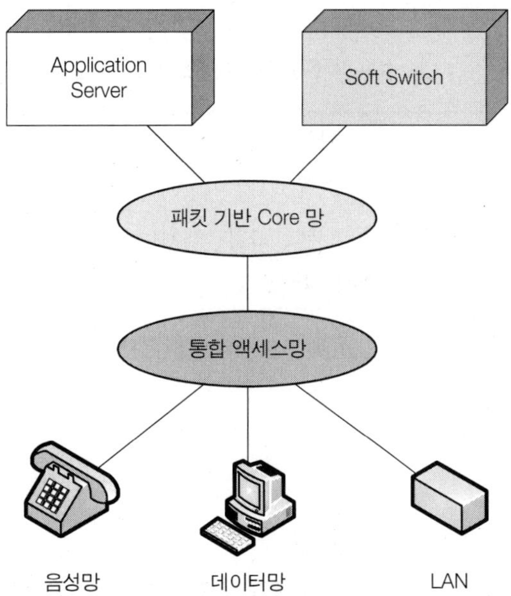

[그림 13-3] BcN 개념도

현재 통신망과의 차이점은 ① 기존의 통신망에서는 개별 서비스마다 각각 다른 접속 노드를 사용했으나 BcN은 하나의 접속 노드로 개별 서비스들을 통합 수용할 수 있다는 점 ② BcN에서는 기존의 통신망에서 불가능했던 서비스 제어 및 운용관리의 통합으로 인한 망구축/운용의 효율화 및 비용 절감을 꾀하고 다양한 서비스들을 통합해서 제공할 수 있게 되는 점이다.

나) IPv6

32비트 주소 체계를 사용하는 IPv4는 논리적으로 약 40억 개의 주소공간을 제공할 수 있으나 인터넷 초기 시절, 무분별한 클래스(A, B, C) 단위의 할당으로 인하여 실제 사용 가능한 주소의 수는 그보다 훨씬 적은 상태이다.

이러한 인터넷의 한계 상황 극복을 위해 새롭게 등장한 기술이 IPv6로 일컬어지는 차세대 인터넷 프로토콜로서, IPv6은 충분한 인터넷 주소공간의 제공뿐만 아니라 IPSec(IP Security)의 필수 사용으로 인하여 향상된 보안기능을 제공할 수 있다는 특성을 가진다. 이 외에도 자동구성(Auto-Configuration) 및 이동성을 고려한 설계로 인하여 IPv4에 비하여 효율적인 네트워킹 환경을 구성할 수 있다는 특성을 지닌다.

〈표 13-3〉 IPv6와 IPv4의 특성 비교

	IPv6	IPv4
주소 길이	128 비트	32 비트
주소 개수	2128개(43억×43억×43억×43억)	232개 (약 43억 개)
패킷 헤더	고정 사이즈	변동 사이즈
주소 할당 방법	순차적 할당	사전적 할당

용어설명

CIDR(Classless Inter-Domain Routing)

IP 주소 할당 방법의 하나로, 통신망부와 호스트부를 구획하지 않는 방법으로써 한정된 자원인 IP 주소를 쓸데없이 사용하는 것을 방지하거나 라우터의 처리 부하를 경감시킬 목적으로 개발되었다.

다) 근거리 액세스 기술

근거리 무선 통신에 사용되는 기술 중에서는 컴퓨터를 활용해 네트워크에 접속하는 분야인 무선 LAN, 이동통신기기와 주변의 정보 기기들과 정보를 교환하는 블루투스, 적외선을 활용해 가까운 거리의 정보 기기들 간의 데이터를 교환하는 IrDA(Infrared Data Association), 그리고 수 GHz대의 매우 넓은 주파수를 사용하여 레이더 등에 사용되고 있는 UWB(Ultra Wide Band)가 대표적인 예이다.

일반적으로 근거리 액세스 기술이 나타내는 특징은 다음과 같다.

① 목적지 주소와 목적지 위치가 동일하지 않다.
② 무선 매체는 경계가 모호하며, 유선 매체보다 전송 에러 발생률이 높다.
③ 외부 신호로부터 간섭을 받기 쉬우며, 공유자원을 이용하여 통신을 하기 때문에 다른 스테이션의 통신 내용을 들을 수 있다.
④ 무선의 경우는 한정된 대역폭을 공유하여 이용하기 때문에, 사용되는 프로토콜은 높은 처리량을 실현할 수 있어야 한다.
⑤ 단말기가 이동을 한다는 점이다.

학 습 활 동

RTOS (Realtime OS)

실시간 시스템에서 사용되는 OS로서 실시간 시스템(Real-time System)에서는 어떤 일을 빨리 처리하느냐가 그 목적이 아니라 정해진 시간 내에 어떤 일을 해결할 수 있는 지에 의미를 두고 있다.

	RTOS	일반 OS
공통점	스케줄링, 태스크 통신, 인터럽트, 타이머, I/O 제어 등의 기능을 가지고 있다.	
차이점	Process 간의 공평성과 시간적 제약	자원의 할당 및 효율적 관리

라) 그리드 컴퓨팅(Grid Computing)

유비쿼터스 컴퓨팅에서는 분산된 자원을 연결해 하나의 시스템처럼 사용하고자 하는 노력이 진행됐으며, 이를 메타 컴퓨팅, 또는 P2P 슈퍼컴퓨팅이나 그리드(Grid)라고 부른다. 그리드는 '격자' 라는 말에서 유래한 것으로 피어끼리 서로 연결돼 마치 격자 모양을 이루는 데서 이런 이름이 붙여졌다.

그리드 컴퓨팅은 지리적으로 분산된 PC, 고성능 컴퓨터, 대용량 저장 장치, 데이터베이스, 첨단 실험 장비, 나아가 인력 자원 등의 가용한 모든 자원들을 인터넷을 통해 상호 공유 할 수 있도록 해 주는 디지털 신경망 구조의 차세대 인터넷 서비스이다. 그리드 컴퓨팅은 단일 문제를 풀기 위해 네트워크상에 있는 수많은 컴퓨터들의 자원을 동시에 이용하는 것을 말하는데, 대개 엄청난 컴퓨터 처리 사이클을 요하거나 많은 양의 데이터 접근을 요하는 과학 기술에 관한 문제들이 여기에 해당된다.

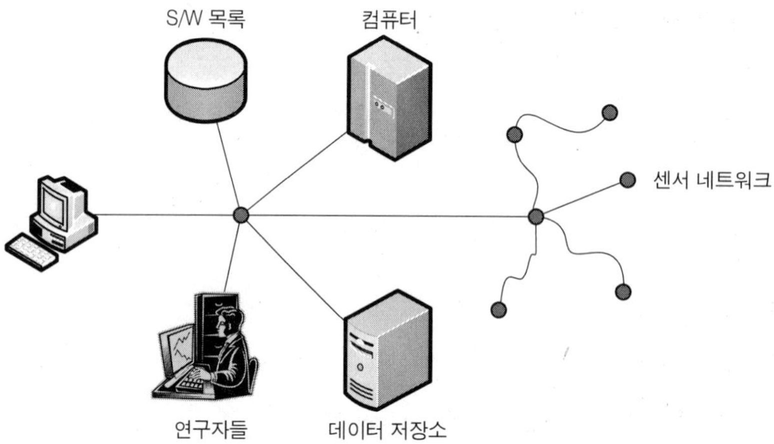

[그림 13-4] 그리드(Grid) 개념도

| 학 습 활 동 |

리눅스(Rinux)

다중 프로세스를 지원하는 다중 사용자 운영체제로 표준 UNIX 운영체제를 근거로 개발되었다. 표준 UNIX 시스템과 호환이 가능한 사용자 인터페이스와 프로그래밍 인터페이스를 제공하고 있다.

3) 센싱 기술

센싱 기술은 필요한 사물이나 장소에 전자태그를 부착하여 주변상황 정보를 획득하고, 실시간으로 정보를 전달하는 핵심요소 기술로서 USN(Ubiquitous Sensor Network) 등과 같은 기술요소가 필요하다. USN은 우선 인식정보를 제공하는 RFID(Radio Frequency IDentification)을 중심으로 발전하고, 이에 센싱(Sensing) 기능이 추가되면서 이들 간 네트워크가 구축되는 형태로 진화되고 있다.

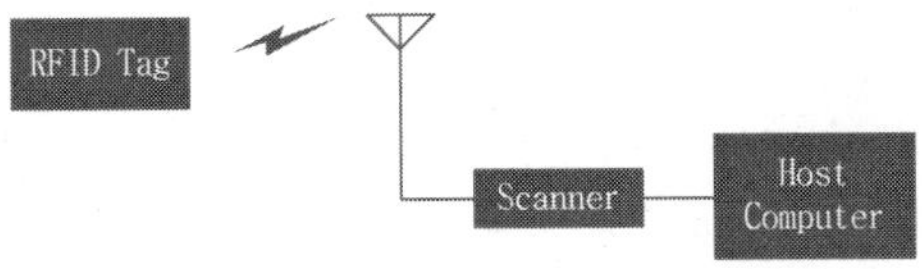

[그림 13-5] RFID 시스템의 구성

USN은 다음과 같이 다섯 가지 기술이 합하여 형성된다.

① 브로드밴드(broadband)를 통하여 동영상을 이용하는 정보량이 풍부한 통신
② 모바일 단말기를 통한 유비쿼터스 실현
③ 상시접속에 의한 자연스러운 통신
④ 장애 없는(barrier-free) 인터페이스로 어린이, 고령자, 장애인 모두 쉽게 이용
⑤ IPv6를 채용하여 ID가 부여된 단말기 수의 대폭적 증가

앞으로는 극초단파(900 MHz)와 마이크로파(2.4 GHz)를 중심으로 인식거리가 늘어나고

가격이 저렴해지면서 유통, 물류, 환경 감지, 교통 등 다양한 분야에 적용될 것이다. 나아가, 현재의 단순 인식 기능에 센싱 기능이 추가되어 의료, 안전, 국방 분야 등으로 이용이 확대되면 본격적인 유비쿼터스 네트워크의 핵심 기반으로 발전될 것으로 전망된다.

〈표 13-4〉 매체별 특성 비교

구 분	Barcode	자기카드	RFID
인식방법	비접촉식	접촉식	비접촉식
인식거리	0~50cm	리더기에 삽입	0~5cm
투과력	불가능		가능(금속 제외)
보안능력	거의 없음		복제 불가
사용 기간	무제한	1만 번(4년)	10만 번(60년)

4) 인터페이스 기술

사용자의 편리성을 고려하여 컴퓨터와 인간의 상호작용을 위한 사용자 인터페이스(User Interface)는 인간과 컴퓨터가 어떤 방식으로 이루어지는 가에 대해 인간들이 연구하는 분야가 되었다.

인간과 컴퓨터 상호작용(Human Computer Interaction, HCI)은 한마디로 사람들이 쉽고 편하게 컴퓨터 시스템과 상호작용할 수 있는 가에 관련한 학문이라고 할 수 있다. HCI는 매우 다양한 요소들을 포함하며, 그 중에서 인간, 컴퓨터 그리고 상호작용이 주요 구성 요소가 된다.

전통적인 초기의 컴퓨터는 키보드나 일반적인 커맨드 방식인 텍스트에 의존하였다. 이후에 키보드 외에도 마우스, 아이콘 등이 등장하게 되었고 2000년 이후 인공지능 기법이 많이 활용되었으며 대표적인 것이 사람의 음성을 인식하고 합성하는 방식이다.

〈표 13-5〉 HCI 구성 요소의 주요 특징

구 분	주 요 특 징
인 간	· 자발적인 인지 능력을 가지고 있으며 컴퓨터와 조화롭게 일하고 있다. · 자신의 감성이 외부의 자극에 대해 어떻게 영향을 받는지 판단할 수 있다.
컴퓨터	인간과 협업하는 HCI의 구성 요소로서 노트북이나 디지털 TV와 같은 단말기를 말한다.
상호작용	컴퓨터와 인간의 상호 작용, 컴퓨터를 매개로 인간과 인간 사이에 발생하는 상호 작용을 포함한다

용어설명

사용자 인터페이스(User Interface, UI)

사람(사용자)과 사물 또는 시스템, 특히 기계, 컴퓨터 프로그램 등 사이에서 의사소통을 할 수 있도록 일시적 또는 영구적인 접근을 목적으로 만들어진 물리적, 가상적 매개체를 뜻한다. 사용자 인터페이스는 사람들이 컴퓨터와 상호 작용하는 시스템이다.

5) 보안 기술

기존의 보안 요건을 그대로 적용할 경우 유비쿼터스 컴퓨팅 환경에서의 적합한 해결 방안이 될 수 없다. 유비쿼터스 환경에서는 모든 정보가 공유될 수 있고, 누구나 악의적으로 쉽게 접근할 수 있는 가능성을 가지고 있다. 즉 개인의 정보가 다른 사람에게 쉽게 유출되어 개인적인 사생활의 보장이 유실될 가능성이 많다.

지금까지 언급한 위협적인 요소에 대응하기 위해서 요구되는 기본사항은 ① 비밀성(security) ② 무결성(integrity) ③ 가용성(availability)의 세 가지로 구분된다.

가) 기밀성

기밀성은 정보의 소유자가 원하는 대로 정보의 비밀이 유지되어야 한다는 원칙으로 하며 허가되지 않은 사용자에게 민감하거나 중요한 정보가 노출되어서는 안 되며 비밀성이 노출되지 않도록 반드시 인가된 자에 의해서만 접근이 가능해야 한다. 비밀성을 보장하기 위한 메커니즘에는 접근통제와 암호화가 있다.

나) 무결성

무결성은 비인가된 자에 의한 정보의 변경, 삭제, 생성 등으로부터 보호하여 정보의 정확성, 완전성이 보장되어야 한다는 원칙이다. 정보가 정확하게 유지되는 문제는 비밀성보다 중요도가 높다. 무결성을 보장하기 위한 정책으로 ① 정보 변경에 대한 통제 ② 오류나 태만으로부터의 예방이 있다.

다) 가용성

정당한 방법으로 권한이 주어진 사용자에게 정보 서비스를 거부해서는 안 된다는 것을 말한다. 시스템의 사용을 완전히 배제하는 보안성과 시스템의 사용을 자유로이 허용하려는 가용성 간에는 상호 이율배반적인 면이 있으므로 적절한 수준에서 균형을 이루도록 절충하는 것이 바람직하며 사용자가 사용하고 있는 정보를 적시에 적절하게 사용할 수 없다면 그 정보는 이미 소유의 의미를 잃게 되거나 정보 자체의 가치를 상실하게 된다. 가용성을 확보하기 위한 통제 수단에는 ① 데이터의 백업 ② 중복성의 유지 ③ 물리적 위협요소로부터의 보호 등이 있다.

13.3 유비쿼터스 적용 기술

유비쿼터스화가 실현되면 현실공간과 가상공간 사이의 경계가 사실상 무의미해지며 가상공간이 네트워크로 편입되면서 현실공간과 가상공간은 점점 격차를 좁혀지고 있다. 사람들은 이러한 환경을 의식하지 못하면서 서비스를 제공받고 있으며 구체적인 예를 들면 다음과 같다.

1) 상황 인식 컴퓨팅

상황 인식 컴퓨팅(Context-Aware Computing)은 1994년 Schilit와 Theimer에 의하여 논의되었다. 여기에서 상황 인식 기술을 '사용 장소, 주변 사람과 물체의 집합에 따라 적응적이며, 동시에 시간이 경과하면서 이러한 대상의 변화까지 수용할 수 있는 기술'로 정의하였다.

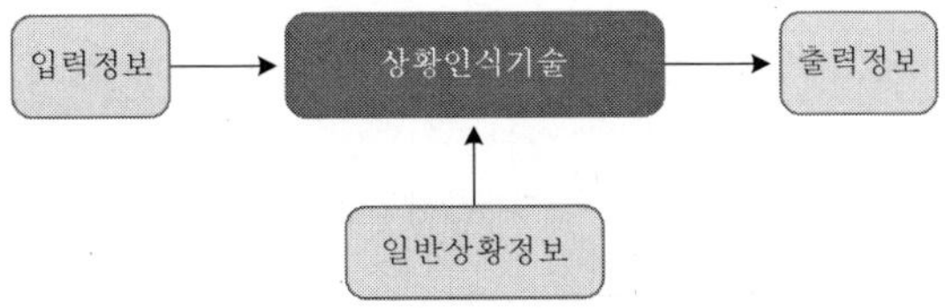

[그림 13-6] 상황 인식 기술 개념도

상황에 대한 정의는 사용자와 관계를 갖는 정보를 말한다. 즉, 사용자를 둘러싸고 있는 정보를 의미한다. 유비쿼터스의 사용자는 지속적으로 이동을 하고 사용자와 관계를 갖는 환경 역시 변경된다. 과거의 컴퓨터의 수행 환경에서 사용자의 상황 정보는 사용자 자신이 입력함으로써 유지되었다. 그러나 유비쿼터스 컴퓨팅에서는 인간이 느낄 수 있는 모든 것이 상황이 된다.

상황 인식 기술에서의 자율 제어 기능은 여러 네트워크들의 융합형태를 가지고 있다. 시스템이 점점 복잡해지고 상호 연동되면서 하나의 중앙 집중적인 controller가 제어함으로써 자발적으로 환경 적응을 위한 새로운 질서를 만들어 내어 시스템이 새로운 변화에 매우 유연하게 대응을 해야 할 것이다.

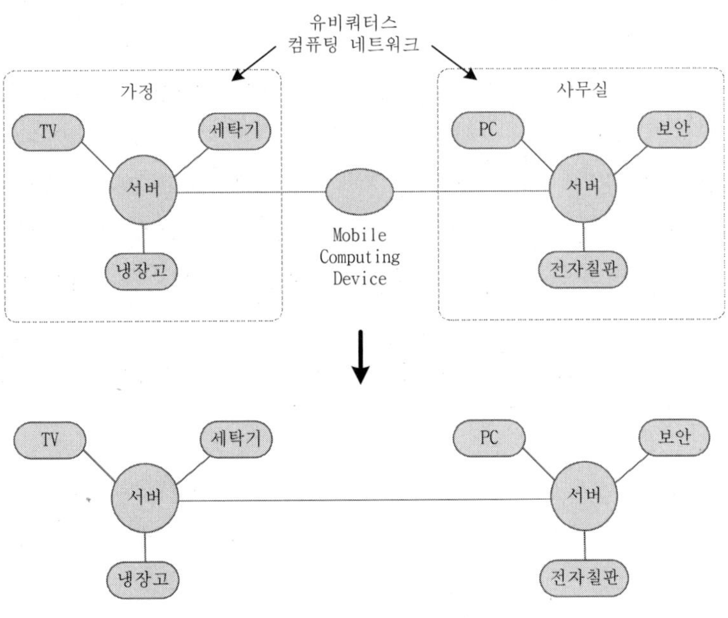

[그림 13-7] 유비쿼터스 컴퓨팅 네트워크의 진화

일반적인 상황 정보는 다음과 같이 분류할 수 있다.

▶ 사용자 상황 (정상, 병환, 사고피해, 장애발생)
▶ 물리적 환경 상황 (실내, 자동차, 실외, 야외)
▶ 컴퓨팅 시스템 상황 (전원 On/Off, 인터넷 On/Off-line, 로그 In/Out)
▶ 사용자-컴퓨터 상호 작용 이력
▶ 건축물 및 내부 구성 물체의 IPv6 운영 상황

최근에 개선된 상황 인식 기술의 정의는 사용자의 작업과 관련 있는 적절한 정보 또는 서비스를 사용자에게 제공하는 과정에서 '상황'을 사용하는 경우라고 할 수 있다. 상황 인식 기술은 인간 세계의 의사소통과 거의 동일한 수준으로 인간과 컴퓨터 간의 의사소통이 가능하도록 한다는 동기와 목표에서 출발하고 있다. 이러한 상황 정보의 수집 및 교환을 통해 인식하고, 해석 및 추론과 같은 처리 과정을 거쳐, 사용자에게 상황에 적절한 서비스를 제공하는 상황 인식 서비스는 특히 유비쿼터스 환경과 맞게 의료, 교육, 재난, 구호, 쇼핑 등 사회 전 분야에 걸쳐 많은 영향을 줄 수 있는 서비스로 발전될 것이다.

2) 웨어러블 컴퓨터(Wearable Computer)

가) 정 의

Wearable Computer는 일반적으로 '몸에 지니고 다닐 수 있는 컴퓨터'라고 하는데 휴대하고 다니면서 언제 어디서나 간편하게 사용할 수 있으며, '입는 컴퓨터'라고도 한다. 이 컴퓨터는 PDA 등 팜톱 컴퓨터의 기본 기능 외에 착용하고 있는 동안 계속 작동한다. 이용자가 요구하지 않았을 때도 수시로 정보를 알려 주기 때문에 기억장치의 용량이 많이 필요하다. 이 컴퓨터는 대형 컴퓨터나 데스크톱 컴퓨터, 팜톱 컴퓨터로 이어지는 컴퓨터 변천사에서 중요한 자리를 차지할 것으로 보인다.

컴퓨터를 휴대할 수 있는 방법은 사람의 행동을 나타내는 동사를 이용하여 다음과 같이 분류할 수 있다.

〈표 13-6〉 웨어러블 컴퓨터의 기본 기능

기 능	내 용
착용감	일상생활에서 사용하는 의복, 액세서리와 같이 착용을 의식하지 않을 정도의 무게감과 자연스러운 착용감 제공
항시성	사용자 요구에 즉각적인 반응을 제공하기 위하여 컴퓨터와 사용자 간 끊임없는 통신을 지원할 수 있는 채널 존재
사용자 인터페이스	인간의 신체적, 지적 능력의 연장선상에 있어야 하므로 사용자와의 자연스러운 일체감과 통합감 제공
안정성	장시간 착용에 따른 불쾌감과 신체적 피로감을 최소화하고 전원 및 전자파 등에 대한 안정성 보장
사회성	착용에 따른 문화적 이질감을 배제하고 사회문화적 통념에 부합되는 형태와 개인의 프라이버시 보호

'입는 컴퓨터'는 미국 MIT에서 1960년대부터 본격적으로 연구되기 시작하였다. '입는 컴퓨터'의 역사는 기원전 2600년경의 중국의 주판에서부터 시작되었다. 그리고 1900년 초의 손목시계의 제작, 1966년 MIT에서 최초의 아날로그형 '입는 컴퓨터' 개발, 1970년대의 손목시계 계산기 등장과 디지털 '입는 컴퓨터' 발명, 1990년대의 노트북 및 PDA 등의 복합형 정보통신기기 등이 '입는 컴퓨터'의 범주에 속한다.

나) 적용 서비스

(1) 생체신호 모니터링

웨어러블 시스템은 사용자가 직접 착용함으로써 개인의 생체신호를 지속적으로 측정하기 좋은 조건을 가지는 반면, 사용자의 움직임으로 인해 정확한 데이터 추출이 어렵다는 양면성을 가진다. 열, 움직임, 착용 시 압력 변화, 측정 신체 부위 등에 의해 데이터가 달라지기 때문이다.

생체신호 송·수신 서비스가 가능한 무선 트랜시버를 단일 칩화하기 위해서는 기존의 디지털 IC와 더불어 RF IC의 집적화가 매우 중요하며, 이를 위한 구체적 방안으로써 RF MEMS(Micro Electro Mechanical Systems)기술의 개발에 많은 연구 노력이 투입되고 있다.

단말기를 구성하는 기존의 RF 반도체 중에서 스위치(Relay 및 Switching Matrix, Reconfigurable Antenna), 튜너블 컴포넌트(Variable Capacitor, Inductor, Filter Bank)와 필터(Resonant Comb-drive, Resonant Beam) 등이 MEMS로 대체될 경우, 저가격, 낮은 삽입손실, 양호한 소자분리, 광대역 칩 크기의 소형화, 작은 중량과 낮은 전력 소모 그리고 단순한 회로설계 등의 많은 장점을 가지고 있다.

RF 응용을 포함하는 MEMS 소자의 집적도는 현재 매우 낮은 수준에 불과하지만 가까운 장래에 각각의 응용 분야별로 크게 발전할 것으로 예상된다.

(2) 증강현실(Augmented Reality, AR)

증강현실이란 실제 세계에 가상 물체를 겹쳐 보여주는 기술이다. 사용자가 눈으로 보는 현실 세계에 실시간으로 가상 세계를 합쳐 하나의 영상으로 보여줘 혼합현실(Mixed Reality)이라고도 불린다.

1968년 유타 대학의 Sutherland에 의해서 머리 부분 탑재형 디스플레이(Head Mounted Display)가 제안된 것이 최초의 증강현실이라고 한다. 시각을 이용한 증강현실로는 1991년 일리노이 대학에서 제안된 CAVE(Cave Automatic Virtual Environment, 몰입형의 투영 디스플레이)가 유명하다.

증강현실은 삼차원의 공간성, 실시간의 상호 작용, 자기 투사성의 세 요소를 수반한다. 인터페이스는 일반적으로 시각과 청각을 이용하지만, 촉각, 힘의 감각 등 다양한 인터페이스를 이용한다. 마치 공상 과학의 주인공이 손가락을 허공에 현란하게 움직이면 거기에 맞춰 사진과 각종 정보가 배열되는 것은 증강현실의 의미를 반영하고 있다.

증강현실이 주목받는 이유는 궁금한 것, 원하는 것, 필요한 것은 그 자리에서 빨리 해소해야 직성이 풀리는 스마트폰 시대 소비자 트렌드와 맞아 떨어지기 때문이다. 현장에서 실시간으로 유용한 정보를 제공하는 해결사 역할을 한다.

(3) 디지털 의류

2000년대에 들어오면서 가젯(gadget) 형태의 디지털 기기를 옷에 착용(on-cloth)하는 단계를 넘어서 옷에 디지털 기능을 내장(in-cloth)하는 단계로 발전하고 있다.

디지털 의류는 넓은 의미에서 섬유와 IT가 융합된 웨어러블 인터랙티브 일렉트로닉 텍스타일(Wearable Interactive Electronic Textile)을 지향한다. 이러한 디지털 의류를 제작하기 위해서는 기존과 다른 섬유 및 IT 융합기술이 요구된다.

초기에는 MP3 스노보드 재킷과 같이 의복단계에서 통합이 이루어졌다. 하지만 단순히 IT 부품을 옷 안으로 넣는 형태는 착용과 사용의 번거로움이 존재한다. 이후 착용감을 높이기 위해 디지털 기기를 직물에 통합하는 직물단계의 통합 연구가 이뤄지고 있다.

쉬 어 가 기

상상해볼 수 있는 유비쿼터스 세상

- 원격 신고/원격 비상 처리

  사이버 아파트에서 화재 경보 벨이 울릴 때 이를 발견한 가족이 119를 소리치자 음성 인식 장치를 통해 아파트의 위층과 아래층의 가스, 전력 그리고 수도의 상황을 종합 감시하고 통제하고 있던 시스템이 차단에 들어갔고 신속히 출동한 119 소방대원들이 이를 진압하였고 화재 원인을 경찰이 원격으로 조사 처리하였다.

- 자동 건강 관리

  아침에 일어나 화장실 문을 여는 순간 손잡이에 장착된 센서는 혈압과 체온 상태를 체크한다. 변기를 통해서는 당뇨 등이 점검된다. 체크 결과는 곧바로 주치의의 단말기에 전달되고 주치의는 원격 검진을 받아볼 것을 제안한다. 스마트 센서가 달린 알약은 우리 몸속의 지정된 위치까지 정확하게 약을 운반해준다.

요 약

1. 유비쿼터스는 원래 라틴어에서 유래한 단어로 '신이 언제나, 어디에나 존재한다'는 뜻이며 미국의 마크 와이저 박사가 '기술이 배경으로 사라진다'고 주장하며 '유비쿼터스 컴퓨팅'이란 말을 사용하면서부터다.
2. 가상현실은 컴퓨터가 만드는 가상 속에 사람을 끌어들여 현실 속의 사람을 가상 속에서 활동하게 하는 것이지만, 유비쿼터스 세계는 현실 세상에 컴퓨터를 침투시켜 현실 속에 있게 한다.
3. 유비쿼터스 컴퓨팅 환경 구축을 위한 기반 기술은 ① 디바이스 기술 ② 네트워크 접속기술 ③ 센싱 기술 ④ 인터페이스 기술 ⑤ 암호화 기술이다.
4. 그리드 컴퓨팅은 지리적으로 분산된 가용한 모든 자원들을 인터넷을 통해 상호 공유 할 수 있도록 해 주는 디지털 신경망 구조의 차세대 인터넷 서비스이다.
5. 인간과 컴퓨터 상호작용(Human Computer Interaction, HCI)은 사람들이 쉽고 편하게 컴퓨터 시스템과 상호작용할 수 있는 가에 관련한 학문이다.
6. 위협적인 요소에 대응하기 위해서 요구되는 기본사항은 ① 비밀성(security) ② 무결성(integrity) ③ 가용성(availability)의 세 가지로 구분된다.
7. 상황 인식 기술을 '사용 장소, 주변 사람과 물체의 집합에 따라 적응적이며, 동시에 시간이 경과하면서 이러한 대상의 변화까지 수용할 수 있는 기술'로 정의한다.
8. Wearable Computer는 일반적으로 '몸에 지니고 다닐 수 있는 컴퓨터'라고 하는 데 휴대하고 다니면서 언제 어디서나 간편하게 사용할 수 있으며, '입는 컴퓨터'라고도 한다.

기초 문제

1. 다음 중 ubiquitous computing의 특징으로 맞지 않는 것은?

① 연결되지 않은 장치들의 개별적인 동작
② 눈에 보이지 않음
③ 상황에 따라 제공되는 서비스가 다름
④ 현실 세계 어디서나 서비스가 제공됨

(정답) ①
(해설) ubiquitous computing은 연결되지 않은 장치들끼리 서로 연관을 가지고 있다.

2. 미세 기술로서 기계 부품, 센서, 전자회로를 하나의 실리콘 기판 위에 집적화한 장치를 말하며 한 개의 칩에 복수 개의 기능 소자 및 신호 처리부 등을 집적화할 수 있어 고성능 · 고신뢰성을 얻을 수 있는 것은?

① MEMS(Micro Electro Mechanical System) ② 그리드 컴퓨팅(Grid Computing)
③ 상황 인식 컴퓨팅 ④ URC(Ubiquitous Robot Companion)

(정답) ①
(해설) MEMS는 기계 부품, 센서, 전자회로를 하나의 실리콘 기판 위에 집적화한 장치를 말하며 한 개의 칩에 복수 개의 기능 소자 및 신호 처리부 등을 집적화할 수 있어 고성능 · 고신뢰성을 얻을 수 있다.

3. 다음 중 보안 기술의 3대 요소가 아닌 것은?

① 기밀성 ② 무결성
③ 가용성 ④ 접근성

(정답) ④
(해설) 보안 기술의 3대 요소는 기밀성, 무결성 그리고 가용성이다.

4. 다음 중 RFID의 특징이 아닌 것은?

① 인식 방법은 접촉식이다. ② 금속을 제외하고는 투과력이 가능하다.
③ 복제가 불가능하다. ④ 사용기간은 10만 번 정도이다.

(정답) ①

(해설) RFID의 인식 방법은 비접촉식이다.

5. 지리적으로 분산된 가용한 모든 자원들을 인터넷을 통해 상호 공유 할 수 있도록 해 주는 디지털 신경망 구조의 차세대 인터넷 서비스는?

① 그리드 컴퓨팅
② URC(Ubiquitous Robot Companion)
③ WMN(Wireless Mesh Network)
④ 웨어러블 컴퓨터

(정답) ①

(해설) 그리드 컴퓨팅은 지리적으로 분산된 가용한 모든 자원들을 인터넷을 통해 상호 공유 할 수 있도록 해 주는 디지털 신경망 구조의 차세대 인터넷 서비스이다.

심화 문제

1. 유비쿼터스의 개념을 설명하고 적용 서비스에 대하여 나열하시오.

2. 유비쿼터스 환경을 구축하는데 필요한 핵심기술 다섯 가지를 설명하시오.

3. BcN(Broadband convergence Network)의 개념 및 계층별 특성을 설명하고 현재 통신망과의 차이점을 나타내시오.

4. 상황 인식 컴퓨팅의 정의 및 진화 방향에 대하여 설명하시오.

5. 웨어러블 컴퓨터(Wearable Computer)의 개념 및 적용 서비스에 대하여 설명하시오.

6. 다음 용어를 간단히 설명하시오.
   1) 그리드 컴퓨팅
   2) 가상 현실
   3) HCI(Human Computer Interaction)
   4) 증강 현실

약 어

IT SoC(System on Chip)

MEMS(Micro Electro Mechanical Systems)

BcN(Broadband convergence Network)

USN(Ubiquitous Sensor Network)

CIDR(Classless Inter-Domain Routing)

IrDA(Infrared Data Association)

UWB(Ultra Wide Band)

RTOS(Realtime OS)

USN(Ubiquitous Sensor Network)

RFID(Radio Frequency IDentification)

HCI(Human Computer Interaction)

UI(User Interface)

HCI(Human Computer Interaction)

참고문헌

[1] 이계영, 운영체제, 정익사, 2006년.

[2] 구현희, 운영체제, 한빛미디어, 2008년.

[3] 이병관, 운영체제의 이해, 남두도서, 2000년.

[4] 엄영익 외 1인, 컴퓨터 운영체제론, 생능출판사, 2006년.

[5] 이강수 외 1인, 운영체제 개념과 원리, 생능출판사, 2000년.

[6] 김창환 외 2인, 데이터 통신과 네트워크의 이해, 복두출판사, 2013년.

[7] 김창환 외 2인, 정보통신개론, 복두출판사, 2013년.

[8] 김병기 외 1인 공역, 운영체제론, 회중단, 1993년.

[9] 김영찬 역, 최신 운영체제, 홍릉과학출판사, 1993년.

[10] 전자신문(http://www.etnews.co.kr)

[11] 디지털 타임즈(http://www.dt.co.kr)

[12] 한국정보통신신문(http://www.koit.co.kr)

[13] http://www.seri.org

찾아보기

ㅅ

ㅇ

ㅈ

ㅊ

ㅋ

R

S

T

U

V

W

저자와의
협의에 의해
인지 생략

운영체제 길라잡이

2판 1쇄 2017년 9월 5일

저 자	김창환
발행인	송광헌
발행처	복두출판사
주 소	서울특별시 영등포구 경인로82길 3-4 센터플러스 807호 (우) 07371
전 화	02-2164-2580
FAX	02-2164-2584
등 록	1993. 11. 22. 제 10-902 호

정가 : 23,000원

ISBN : 979-11-5906-296-4 93560

한국과학기술출판협회 회원사

불법복사는 지적재산을 훔치는 범죄행위입니다.(저작권법 제97조 5항)